U0520402

李忠杰 著

走向现代文明
The Bright Future of Chinese Civilization

北京联合出版公司
Beijing United Publishing Co.,Ltd.

图书在版编目（CIP）数据

走向现代文明 / 李忠杰著 . -- 北京：北京联合出版公司 , 2024.3
ISBN 978-7-5596-7264-3

Ⅰ . ①走… Ⅱ . ①李… Ⅲ . ①中华文化—研究 Ⅳ . ① K203

中国国家版本馆 CIP 数据核字（2023）第 208515 号

走向现代文明
作　　者： 李忠杰
出 品 人： 赵红仕
责任编辑： 李艳芬
封面设计： 张　敏
版式设计： 张　敏
责任编审： 赵　娜

北京联合出版公司出版
（北京市西城区德外大街 83 号楼 9 层 100088）
北京华景时代文化传媒有限公司发行
北京中科印刷有限公司印刷　　新华书店经销
字数 368 千字　　　710 毫米 ×1000 毫米　　1/16　　29.5 印张
2024 年 3 月第 1 版　　2024 年 3 月第 1 次印刷
ISBN 978-7-5596-7264-3
定价：88.00 元

版权所有，侵权必究
未经书面许可，不得以任何方式转载、复制、翻印本书部分或全部内容。
本书若有质量问题，请与本公司图书销售中心联系调换。电话：（010）83626929

前 言

个人要讲文明，国家更要讲文明。每个人的成长，本质上都是接受和走向文明的过程。而每个国家和民族的发展进步，归根到底也都集中在文明的提升和完善上。无论个人还是国家，文明的水平，都标志着脱离蒙昧和野蛮的距离。

文明来自文化。从广义上来说，文化是"人化"和"化人"的统一。文明是文化发展的成果。提升文明水准，就要大力加强文化建设，以文化的劳作滋润文明的生长，推动人类社会和我们自己更好更快地走向现代文明。

多年来，我始终保持着对文化和文明的热爱和关注，在研究各种理论和实践问题的过程中，也对文化和文明问题进行了很多探讨，先后发表了许多文章，做了许多演讲、访谈，也为他人著作作序，讲过不少文化和文明的课程，提出过不少关于文化建设的意见和建议，并做了一些实际工作，产生了一定的影响。

党的十八大以来，习近平总书记提出了丰富的文化思想。党的二十大把文化提升到党的指导思想的高度，强调要把马克思主义基本原理同中华优秀传统文化相结合。党的二十大以来，习近平总书记又明确提出了建设中华民族现代文明的要求，形成了完整的文化思想。新时代的文化建设面临着崭新的机遇，正在向着现代文明的目标奋进。

在此大背景下，为了进一步加强对文化和文明问题的研究，普及文化和文明知识，解析关于文化和文明的许多问题，促进中华民族现代文明的建设，经与出版社商量，我将自己迄今关于文化和文明问题的各种研究成果集中起来，编成了《走向现代文明》一书。

书中收录的各种成果，时间不一，但都具有较强的现实性、针对性和实用性。有些观点，在几十年前就已提出，至今仍然需要强调；有些建议，已成党和国家政策主张，令人欣慰；党的二十大以来发表的多篇文章和演讲、访谈，更是集中学习、阐述和研究了建设中华民族现代文明的基本问题。多数文稿，既有理论思考，也有现实工作，涉及文化建设的方方面面，内容比较丰富，离日常生活很近，希望能对读者的现实需求有所满足。

这些成果收入本书时，基本上都保留了原貌，只在文字上作了一点梳理和补正。政治术语按现行出版要求作了统一规范和删改。有些文章，在报刊发表时，限于篇幅，或按照有关规则和惯例，作了不同程度的修改和压缩。这次收入本书时，为了保留我对一些问题更加深入、更具学术价值的研究，还是使用了原稿。原来不同文章中有些重复的内容，在不影响原意和连贯性的前提下，作了适当删除。全书按七个方面进行编排，分别集中论述有关问题，以便保持一定的系统性和逻辑关系。

在每篇文稿之前，我都加写了一篇"纪事和说明"，一是简要介绍这篇文稿的来龙去脉，二是介绍这篇文稿有点新意的重要观点。采用这一有点创新的编撰方式，是为了更好地把历史与现实结合起来，加深对建设现代文明有关问题的认识和研究。

建设中华民族现代文明是一项历史性任务，希望本书在我们走向现代文明的道路上，能聊尽绵薄之力。

李忠杰

2024 年 1 月

目 录

第一章 建设新型的中华民族现代文明

做好马克思主义基本原理同中华优秀传统文化相结合的文章　/ 002

马克思与我们　/ 014

不断提高中华文明水平　/ 027

创造人类文明新形态　/ 031

建设新型的中华民族现代文明　/ 034

以何种路径建设中华民族现代文明　/ 046

迎接中华民族的伟大复兴　/ 055

构建中国特色社会主义的核心价值观　/ 066

从中国文化读懂中国未来

——2018年第三届"读懂中国"国际会议文化专场开幕式致辞　/ 084

第二章 充分发挥文化在中国式现代化中的作用

文化的界定和力量　/ 090

文化国运两相依　/ 098

铸就社会主义文化新辉煌　/ 106

高举先进文化的旗帜　/ 110

现代化本质上是人类文明发展进步的过程　/ 120

发挥传统文化在中国式现代化中的重要作用　/ 132

正确处理中国式现代化中传统与现代的关系　/ 137

提高中国话语体系的科学化大众化国际化水平　/ 145

第三章　科学认识和传承中华文明

人类和中华文明的脚步　/ 158

中国发明的对外传播和世界影响　/ 165

长城的伟大历史价值　/ 173

毛笔书法的双重功能　/ 182

答"李约瑟之问"　/ 185

马克思、恩格斯论中华文明及其对世界的贡献　/ 192

马克思、恩格斯对近代中国社会经济结构及其惰性的深刻剖析　/ 208

坚定历史自信，书写新的答卷　/ 222

借协同发展契机，建一体化保护利用体系　/ 234

阅读古诗文：一种不可缺少的修养　/ 238

第四章　珍惜、保护和弘扬红色文化

从革命文化中汲取营养和智慧　/ 244

大力弘扬红色文化　/ 248

弘扬以伟大建党精神为源头的中国共产党人精神谱系　/ 253

发挥红色历史遗址在基本公共文化服务均等化中的作用 / 256

加强红色遗址保护，充分发挥红色资源作用

——全国红色遗址状况及其保护问题 / 259

"北京红色文化丛书"序言 / 286

长征——永载史册的伟大文明

——《长征图鉴》序言 / 300

做好网络空间的党史宣传工作 / 308

第五章 建设先进的政治文明

追求真善美 / 314

建设先进的党内政治文化 / 319

把廉政文化建设作为一项基础性工程不断推向前进 / 328

第六章 正确认识和对待世界文明多样性

论世界文明的多样性 / 342

让亚洲的太阳更加温暖和明亮

——构建互利共赢的亚洲命运共同体 / 352

以互鉴之笔添彩世界文明画卷 / 359

奥林匹克与人类文明 / 366

让图书插上翅膀，促进中外文明交流

——在第 21 届北京国际图书节和第 29 届北京国际图书博览会"名家大讲堂"的演讲 / 379

展现可信、可爱、可敬的中国形象　/ 414

架设世界不同文明交流的桥梁　/ 417

《一个中国人画〈资本论〉》（画册）序　/ 428

第七章　切实推进社会文明建设

融通先进文化，建设社会文明　/ 436

思考"幸福"　/ 441

让科学之光普照大地　/ 450

李谷一艺术实践在改革开放进程中的历史地位

——在李谷一艺术实践研讨座谈会上的讲话　/ 456

第一章

建设新型的中华民族现代文明

做好马克思主义基本原理
同中华优秀传统文化相结合的文章

纪事和说明：

  党的二十大结束后，我先后完成了《党代会基本知识》（中共党史出版社出版），《读懂党章》《二十大关键词》（人民出版社出版）三部书稿，还作了多次二十大精神的宣讲，发表了一些文章，参加了一些座谈会和研讨会。其中都学习和解读了二十大提出的"两个结合"，特别是"把马克思主义基本原理同中华优秀传统文化相结合"的重要论断。本文把在不同场合学习和解读的有关内容综合起来，特别是选取 2022 年 11 月 19 日在国家开放大学举行的第二届"当代马克思主义理论研究高层论坛"和 2023 年 4 月 15 日在江苏南通召开的江苏省习近平新时代中国特色社会主义思想研究基地研讨会上的发言，形成了现在这里比较完整的论述。

  在这篇文稿中，对"两个结合"的表述作了适当的探讨，回溯了中国共产党对待传统文化的历史过程，特别是提供了许多人都不太了解的 1943 年《中国共产党中央委员会关于共产国际执委主席团提议解散共产国际的决定》中一段非常重要的论述；说明了新时代明确提出"第二个结合"的意义和所达到的新境界；强调"第二个结合"提出了许多需要进一步深入研究的重要课题；建议加强对优秀传统文化的保护和发掘、梳理和鉴别、发展和创新工作。

同志们、朋友们：

大家好！

首先祝贺研讨会的召开。很高兴能有机会向大家学习。我发言的题目是"做好马克思主义基本原理同中华优秀传统文化相结合的文章"。准备讲 5 层意思，用 5 个关键词来概括。

一、重要命题

在百年奋斗探索征程中，中国共产党先后提出了马克思主义中国化和时代化的要求。党的十八大以来，又开创了中国化时代化新境界。其重要创新之一，就是正式提出了把马克思主义基本原理同中华优秀传统文化相结合的重大命题和现实要求。

对这个命题的表述问题，有两点需要思考和理解。

一个是把马克思主义与中国具体实际相结合的表述问题。这句话我们党已经说了几十年。对这个命题的表述，我多年来一直有个想法和建议。在民主革命特别是共产国际时期，马克思主义和苏联经验对中国起着至高无上的指导作用，所以，中国的国情和运用只能说是"具体实际"。但到了现在，中国的实际还要加一个"具体"，已经不适合了。当代中国的实际，无论从广度还是深度来说，都已经不是具体的实际，而是具有战略性、宏观性、时代性、深刻性的实际，它与马克思主义的关系，已经远远不是具体运用和验证的关系，而是不仅在以宏大的实际检验马克思主义，而且在以深刻的时代内容丰富和发展着马克思主义，并在很多方面实现了重大的突破与创新。因此，再仅仅简单地说中国是具体实际，就像 10 岁孩子的衣服穿在 50 岁的成人身上，已经套不住了。多年来，我曾经呼吁，也尝试在自己参与起草的文件文稿中，把"具体"一词去掉，直接说中国国情或中国实际，但由于用语规范化问题，都没有成功。希望未来能有所调整。

与此相关的第二个问题，即"两个结合"的关系问题。有人觉得，中国文化也是中国实际和中国国情，因此，马克思主义与中国实际相结合，是否已经包含了与中华优秀传统文化相结合。我认为，从文字内涵和语义上来说，中华优秀传统文化应该也属于中国国情和中国实际，所以中国实际和中国国情可以将中华优秀传统文化包含在内。但我们也要注意，中华与中国两个词有着微妙的差别，为什么这里没有用中国而是用中华呢？按我的理解，中华的范围比中国更广。中华优秀传统文化与中国优秀传统文化，基本内容是一致的，但就涵盖的范围来说，中华优秀传统文化不仅包括中国大陆的中华文化，也包括港澳台传承的中华文化，同时，还应该包含世界各地华人华裔所传承、保留和体现出来的中华文化。所以，中国实际、中国国情与中华优秀传统文化并不完全是包含与被包含的关系，两个"化"在一定程度上也是可以平列的。

从现实的需要和作用来看，在一定的环境和条件下，对马克思主义基本原理同中华优秀传统文化相结合的问题突出地加以强调，不仅具有政治的意义，而且进一步提升了文化的地位，对加强中华优秀传统文化的学习、研究、传播都有巨大的推动作用，对中华文脉的传承是大有好处的。

二、历史发展

对中国传统文化的认识，我们党经历了一个长期和复杂的过程。

建党前后，中国的先进分子就很注意研究中国国情，并据以选择适合中国国情的道路和主义。周恩来在南开大学读书期间，精读和涉猎了中外思想家，如顾炎武、王夫之、梁启超以及欧洲卢梭、赫胥黎、亚当·斯密等人的著作。他在读了亚当·斯密的《原富》后，与孟子的思想进行对比，于1915年秋写了一篇文章，题目叫《子舆氏不言利，司密氏好言利，二说孰是，能折衷言之欤》。内容是说，国家适值存亡之秋，如何拯救中国，有的主张"必自正人心始"，有的则主张"国富则民必强，民强则国斯兴"。周恩来则提出，孟子的"言义不言利，乃正人心之所本也"，亚当·斯密的"言利不及义，斯富国之左（佐）证也"。"二氏之说尽善"，但如果分而行之，只能"促吾国之亡"。所以二者不可偏废，需折衷取之，结合起来。[①]

陈独秀、李大钊、毛泽东、周恩来、刘少奇、邓小平等人都接受过中国文化的长期熏陶，善于把马克思主义中国化。在他们的讲话、文章里，都曾经用过"天下兴亡，匹夫有责""先天下之忧而忧，后天下之乐而乐""吾日三省吾身""慎独""舍生取义""富贵不能淫，贫贱不能移，威武不能屈"这样的语言，对优秀传统文化作了现实的运用和升华。

1937年8月，在《矛盾论》一文中，毛泽东举例说，孙子论军事说："知彼知己，百战不殆。"他说的是作战的双方。唐朝人魏徵说过："兼听则明，偏信则暗。"也懂得片面性不对。《水浒传》上宋江三打祝家庄，两次都因情况不明，方法不对，打了败仗。后来改变方法，从调查情形入手，于是熟悉了盘陀路，拆散了李家庄、扈家庄和

[①] 参见中共中央文献研究室、南开大学编：《周恩来早期文集（1912年10月—1924年6月）》上卷，中央文献出版社、南开大学出版社1998年版，第67、68页。

祝家庄的联盟，并且布置了藏在敌人营盘里的伏兵，用了和外国故事中所说木马计相像的方法，第三次就打了胜仗。《水浒传》上有很多唯物辩证法的事例，这个三打祝家庄，算是最好的一个。[①]

特别是1943年5月，《中国共产党中央委员会关于共产国际执委主席团提议解散共产国际的决定》中，说了一段富有深意的话。这段话估计绝大多数领导干部都没有看到过，所以我全段引用在此：

"中国共产党人是马克思列宁主义者。因为马克思列宁主义是科学，而科学是没有国界的。中国共产党人必将继续根据自己的国情，灵活地运用和发挥马克思列宁主义，以服务于我民族的抗战建国事业。中国共产党人是我们民族一切文化、思想、道德的最优秀传统的继承者，把这一切优秀传统看成和自己血肉相连的东西，而且将继续加以发扬光大。中国共产党近年来所进行的反主观主义、反宗派主义、反党八股的整风运动就是要使得马克思列宁主义这一革命科学更进一步地和中国革命实践、中国历史、中国文化深相结合起来。"[②]

这段话中明确提出了马克思主义与中国文化相结合的问题，并明确宣布："中国共产党人是我们民族一切文化、思想、道德的最优秀传统的继承者，把这一切优秀传统看成和自己血肉相连的东西，而且将继续加以发扬光大。"

即使过去了80年，今天看到和读起这段话，我们仍然感到那样的熟悉、亲切和发人深省，仿佛就像今天说的一样。

1945年4月24日，毛泽东在七大政治报告《论联合政府》中指出："对于外国文化，排外主义的方针是错误的，应当尽量吸收进步的外国文化，以为发展中国新文化的借镜；盲目搬用的方针也是错

[①] 参见《毛泽东选集》第一卷，人民出版社1991年版，第313页。
[②] 中共中央文献研究室、中央档案馆编：《建党以来重要文献选编（1921—1949）》第二十册，中央文献出版社2011年版，第318—319页。

误的，应当以中国人民的实际需要为基础，批判地吸收外国文化。苏联所创造的新文化，应当成为我们建设人民文化的范例。对于中国古代文化，同样，既不是一概排斥，也不是盲目搬用，而是批判地接收它，以利于推进中国的新文化。"[1]

由于种种主观和客观的原因，我们党在对待传统文化问题上也曾经走过弯路。在"左"倾错误发展，特别是在"文化大革命"期间，对传统文化造成了极大的破坏，这种破坏大多是无法弥补的，教训也是极为深刻的。

好在改革开放以来，党和国家对传统文化逐步采取了科学的态度，不断以极大的力量和多种方式保护、挖掘和利用优秀传统文化，取得了明显的成效。

三、新的境界

进入新时代，习近平总书记对保护和利用优秀传统文化发表了许多重要论述。

特别是在庆祝中国共产党成立 100 周年大会上，习近平总书记要求，在新的征程上，我们必须"坚持把马克思主义基本原理同中国具体实际相结合、同中华优秀传统文化相结合，用马克思主义观察时代、把握时代、引领时代，继续发展当代中国马克思主义、二十一世纪马克思主义"[2]。

这一论断意味着，我们党在长期坚持的"把马克思主义基本原理同中国具体实际相结合"的基础上，又提出了"第二个结合"，即"同中华优秀传统文化相结合"。

党的十九届六中全会通过的《中共中央关于党的百年奋斗重大成

---

[1] 《毛泽东选集》第三卷，人民出版社 1991 年版，第 1083 页。
[2] 《习近平著作选读》第二卷，人民出版社 2023 年版，第 483 页。

就和历史经验的决议》指出,"以习近平同志为主要代表的中国共产党人,坚持把马克思主义基本原理同中国具体实际相结合、同中华优秀传统文化相结合,坚持毛泽东思想、邓小平理论、'三个代表'重要思想、科学发展观,深刻总结并充分运用党成立以来的历史经验,从新的实际出发,创立了习近平新时代中国特色社会主义思想"①。

这一论断,由祈使句的表达方式改成了结论性的判断句,突出强调了习近平新时代中国特色社会主义思想不仅是把马克思主义基本原理同中国具体实际相结合的产物,还是同中华优秀传统文化相结合的产物。

党的二十大对这两个结合作出了进一步分析和强调:"中国共产党人深刻认识到,只有把马克思主义基本原理同中国具体实际相结合、同中华优秀传统文化相结合,坚持运用辩证唯物主义和历史唯物主义,才能正确回答时代和实践提出的重大问题,才能始终保持马克思主义的蓬勃生机和旺盛活力。"②

党的二十大报告进一步指出:"坚持和发展马克思主义,必须同中华优秀传统文化相结合。只有植根本国、本民族历史文化沃土,马克思主义真理之树才能根深叶茂。""我们必须坚定历史自信、文化自信,坚持古为今用、推陈出新,把马克思主义思想精髓同中华优秀传统文化精华贯通起来、同人民群众日用而不觉的共同价值观念融通起来,不断赋予科学理论鲜明的中国特色,不断夯实马克思主义中国化时代化的历史基础和群众基础,让马克思主义在中国牢牢扎根。"③

党的二十大报告还专门和集中列举了"天下为公、民为邦本、为政以德、革故鼎新、任人唯贤、天人合一、自强不息、厚德载物、讲信修睦、亲仁善邻"等传统文化的经典思想和名言警句。

---

① 《中国共产党第十九届中央委员会第六次全体会议文件汇编》,人民出版社2021年版,第45—46页。
② 《习近平著作选读》第一卷,人民出版社2023年版,第14页。
③ 《习近平著作选读》第一卷,人民出版社2023年版,第15页。

四、理论课题

提出把马克思主义基本原理同中华优秀传统文化相结合，不是一个完成时，而是一个进行时。其中有很多的问题需要研究。

以家庭为例。我国农民创造了以家庭承包为主要形式的包产到户、包干到户等生产责任制。1983年的中央一号文件，对家庭联产承包责任制作出高度评价，确认"这是在党的领导下我国农民的伟大创造，是马克思主义农业合作化理论在我国实践中的新发展"[1]。家庭联产承包责任制作为中国农村改革的一项战略决策由此正式确立。

此后，家庭联产承包责任制不断完善，最终形成农民家庭承包经营制度。家庭联产承包责任制的实行，使广大农民获得了充分的经营自主权，极大地调动了农民的积极性，解放和发展了农村生产力。

农村改革的争议，集中在什么是社会主义、怎样建设社会主义问题上。其实往深层次来说，还涉及对家庭功能和作用的认识问题。

家庭是社会的细胞，也是中国几千年来最基本的生产单位。虽然以户为单位的生产经营有其不足和弊端，但却具有强大的生存能力、聚合能力，可以保证人们最基本的生存需求和最基础的社会稳定。这是中国的国情和现实。邓小平1992年曾经说过："欧洲发达国家的经验证明，没有家庭不行，家庭是个好东西。"[2] 改革开放初期农民创造的家庭联产承包责任制，改变了集体生产中平均主义浓厚的分配方式，将生产成果的分配直接与家庭及其劳动贡献联系起来，"保证国家的，留足集体的，剩下全是自己的"，因而深受农民欢迎，明显促进了农业生产，不仅解决了农民的生存问题，而且大幅度增加了农业

---

[1] 中共中央文献研究室编：《十二大以来重要文献选编》（上），中央文献出版社2011年版，第216页。
[2] 中共中央文献研究室编：《邓小平年谱（1975—1997）》（下），中央文献出版社2004年版，第1338页。

产量。中国家庭联产承包责任制的出现和发展，证明了家庭即使在现代社会，也具有独特的生产功能，而且就其凝聚力、创造力来说，是其他很多经济形式都难以比拟的。

但是，长期以来，我们习惯于把家庭当作私有制的典型，家庭所有就是私有。而私有制是万恶之源，家庭拥有财产特别是生产资料，也就是万恶之源。这些认识，都悖逆了中国的历史传统和基本现实，忽视了中国家庭的特殊性质和特殊作用，不是从中国实际出发，而是从书本和想象出发。而且，总是认为农民落后，农民无时无刻不在自发地产生着资本主义，因而经常都在"瞪大眼睛"提防着农民。即使主观上想为农民办事，但大都是代替农民选择和作主，而不是让农民自己选择和作主。事实证明，在涉及家庭和农民的这些问题上，犯错误的不是农民，而恰恰是我们自己。

当然，家庭也有另外的一面，需要正确对待。例如，中国的腐败问题很多都与家庭有密切的关系。不少人受贿敛财，都是在为配偶、子女、亲戚朋友办事，为家庭和家族积聚财富。有的还直接通过配偶、子女收取贿赂。这就告诉我们，家庭虽好，家人虽亲，但都要遵守宪法和法律的规定，严格遵纪守法，不能把家庭置于法律之上，不能突破法律的底线。

进而思考，中国的腐败，也与我们长期以来形成的社会结构和文化传统有密切关系。

中国自古以来就是一个大国，大国有大国的好处，也有大国的难处。作为大国，为了保持社会的稳定和秩序，便逐步建立了一整套非常严密的等级结构，因而也就形成了官本位的秩序和思想。即使到今天，也很难完全消除。

干部的腐败问题，相当程度上与手中掌握的权力和资源密切相关。权力大、资源多，有人就要来求你，甚至设下圈套把你拉下水。

所以，消除腐败，必须进一步完善社会主义市场经济体制，调整资源和利益分配关系，减少政府和领导干部对经济活动的直接干预；加强民主法治建设，提高决策的民主化、科学化水平，减少繁琐的程序和手续；健全干部考核、评价、任用、提拔、监督的各项制度，防止干部考察中的失真失察现象；加大对权力的监督力度，制定严格的规范，加大查处的力度，减少腐败现象的发生。

再以张謇为例。2020年11月12日，习近平总书记来到南通博物苑张謇故居考察调研，赞扬张謇是中国民营企业家的先贤与楷模。张謇已成了南通的名片。

如何评价张謇，涉及历史文化传统中的创业问题，也进一步涉及深层次的理论问题。张謇是如何发展起自己的大量实业的？这与中国历史文化传统中的创业精神有关。中国人历来勤劳朴实，绝大多数都是靠自己的劳动养活自己、养活家庭。其中特别勤奋和能干的，在发展生产、积累财富的基础上，逐步添置家产、购买土地。进入近代以后，很多人开商店、办贸易、建工厂，就成了实业家、企业家。张謇是近代中国民营企业家的杰出代表，类似张謇这样的人物还有很多。没有张謇那样影响和名声的民营企业家更多。

但是，如果按照我们传统的政治经济学理论，这些所谓的实业家、企业家，都是资本家。资本家所做的一切，都是剥削。资本家属于应被我们消灭的敌人。这样的理论，明显与习近平总书记对张謇及民营企业家的评价不符，与中国的历史和现实不符。如何解决这个矛盾，是一个重大的基础性理论问题。这个问题不解决，中国当今和未来的很多问题都不能得到科学的解决。

因此，如何正确对待中国实际、正确对待传统文化、正确对待历史人物、正确对待传统理论，还有很多复杂的问题需要进一步研究。

五、深化研究

提出把马克思主义基本原理同中华优秀传统文化相结合，既是重大的理论创新，更向我们提出了一系列重大的理论和实践的课题，需要我们深化研究，并切实做好优秀传统文化的保护、传播、利用等工作。

（一）保护和发掘

对中华传统文化，首先要保护。保护是一切发掘、利用、研究、传播、转化的基础。在以往坎坷沧桑的悠悠岁月中，曾经有多少宫殿、园林惨遭破坏，有多少典籍文库化为灰烬，有多少先贤文人被折磨致死，有多少文物遗址被夷为平地。所有这些，都是中华民族无可弥补的损失。吸取历史的教训，保护才能存留，保护才能利用，保护才能赓续历史的文脉。这种保护，不需要先做进步与落后之类的价值判断。以往很多对历史文化的破坏，恰恰是在某些政治旗号下毫无忌惮地实施的。这种蠢事，不能再重复了。甚至，由于已经毁得差不多，连重复的可能都没有了。

在保护的基础上，要做好挖掘工作。组织专业人员进一步展开对历史典籍的阅读、梳理和研究，从中提炼能够用于今天社会现实特别是中国式现代化的重要思想和丰富智慧。加强对各种文物的研究和破译工作，扩展和深化对中华文明发展脉络的解析和认识。对现有的物质和非物质文化遗产也要加强研究，从中挖掘更多的文化元素和科技元素，丰富当代科学技术和人民生活的内涵。

（二）梳理和鉴别

中华传统文化内容丰富，但也比较庞杂。特别是随着时代的进步，其中的不少内容已经落后。特别是封建专制主义的一套架构、理念和思想体系，曾经长期阻碍了中国社会的发展进步。三从四德等封建主义的纲常伦理，大部分早已被历史抛弃。男尊女卑、见官下跪之类的愚昧习俗，更不应该沉渣泛起。我们要大力挖掘传统文化中的宝贵财富，包括治国理政的许多经验和理念，但绝不能再把封建糟粕捡拾起来。

所以，对中华民族传统文化，必须进一步做好梳理和鉴别工作。通过科学的研究分析，实事求是地阐明和回答哪些是精华、哪些是糟粕。大胆地将文化精华吸收到当代中国文化中，吸收到当代中国马克思主义中，吸收到中国式现代化中。对于那些已被证明属于封建糟粕的东西，则要坚决抵制，防止其再次毒害中国社会和中国人民。当然，这种分析鉴别必须是科学的、理性的、冷静的、实事求是的，而不是随随便便戴一顶大帽子，也不是随随便便刮一阵风，更不能再干扫除所谓"封资修"的蠢事。

（三）创新和发展

保护和弘扬中华民族优秀传统文化，某种意义上需要回望过去，但我们最现实的任务是立足当下，走向未来。历史的财富可以为我们提供经验、增加资源，但解决现实问题，更需要面向未来，用发展的眼光和方式推动社会的进步。因此，在继承和弘扬中华民族优秀传统文化的基础上，我们更要注意创新和发展。要善于把中华民族优秀传统文化与当代中国实际结合起来，坚定不移地解放思想、实事求是、与时俱进、求真务实，紧跟时代的步伐，从人民群众中吸取营养和智慧，从当下实践中寻求答案和方法，从时代潮流中把握文明发展走向，在继承与创新的交互融合中全面建设社会主义现代化国家。

中国共产党在推进马克思主义中国化时代化的历史进程中，以马克思主义真理力量激活了源远流长的中华文明，使中华文明再次焕发出蓬勃的生机与活力。同时，中华优秀传统文化也使马克思主义获得了丰富的文化滋养，使中国化马克思主义具有了鲜明的中国风格、中国气派。在新时代的实践中，如何把马克思主义基本原理同中华优秀传统文化相结合，是一篇大文章，我们要力求把这篇大文章写好、写实、写漂亮。

马克思与我们

纪事和说明：

本文为纪念马克思诞辰 200 周年而写。2018 年 5 月 7 日的《北京日报》以一个整版的篇幅刊发。

此前的 2017 年，我已撰写了《马克思恩格斯怎样看中国》一书，本希望由北京人民出版社在马克思诞辰 200 周年之前出版，但因种种原因，拖至 2019 年才得以出版。该书是我查阅了《马克思恩格斯全集》和《马克思恩格斯选集》中所有涉及中国的文章、文字，甚至孤立的每一个词，经过梳理而写出的。该书第一次完整地梳理研究了马克思、恩格斯对于中国的认识、评价、分析和预见，填补了马克思主义研究的一个空白。

尤为特殊的是，该书一改马克思主义理论著作都是端着架子说大道理的风格，完全以与读者聊天、交流的语言说话，充满了风趣、幽默、调侃，纵论古今，挥洒中外。特别是还穿越了一把，"邀请马克思、恩格斯到中国来旅游"，请马克思、恩格斯看看中国的长城、坐坐中国的高铁，与中国大妈一起跳跳广场舞，然后谈谈对今日中国的感受。这样的写作风格是马克思主义理论研究著作中从来没有过的，大大增强了马克思主义理论研究著作的可读性和吸引力。因此，该书入选中宣部"十三五"国家重点出版物出版规划，被列为"'十三五'国家重点图书"，入选为北京市文化精品工程，并于2022年被中国马克思主义研究基金会评为优秀著作。

《马克思与我们》一文，就是在该书书稿基础上撰写的，也充满了与《马克思恩格斯怎样看中国》一书同样的风格，生动、风趣、幽默。论述的马克思、恩格斯的思想是郑重的、严肃的、规范的、准确的，但大都通过口语化的文字表达出来，就像在与读者聊天。

这样的风格好不好？中央编译局原局长、著名的马克思主义理论翻译家韦建桦在与我谈到该书时，一再肯定说："马克思主义为什么一定要板着脸说话？这样的写法和风格非常好，大家爱看，也能看得进去。请马克思、恩格斯到中国来旅游，很好，让他们看看中国的长城，跳跳中国的广场舞，看看中国的发展和变化，更能实际感受中国坚持和发展马克思主义的成就。"

希望以这样的风格，推动马克思主义在中国火起来。

一、马克思距我们不到200步

马克思诞辰200年了。200年，似乎是个漫长的时间，因此，马克思似乎离我们很遥远。但其实，如果换一个角度，想一想，宇宙的年龄多大？170亿岁。地球的年龄多大？不到50亿岁。人类的年龄多大？大约200万岁。中华民族的年龄多大？5000岁，也许能到8000岁。用200与5000、200万、50亿、170亿比较一下，不就是眼睛一眨的瞬间吗？

恩格斯说过，世界不是既成事物的集合体，而是过程的集合体。[①]万事万物，其实都是绵延不断、前后相继、此伏彼起的发展过程。马克思与我们一样，都行进在这个过程中。每个人降临于这个世界后，都经历着由小到大、由大变老的过程；每个人都是社会之人，既受着社会的制约，又都影响着社会。就此而言，我们与马克思、恩格斯是一样的，概莫能外。

毛泽东曾经把中国革命比作万里长征，到1949年时，还仅仅是万里长征走完了第一步。按此标准计算，200年算几步？还不到10步。当然，为了计算方便，我们姑且把一年当一步，所以，马克思从诞生算起，距我们现在只有200步，如按他逝世的1883年计算，只有135步，不到200步，所以，距离并不遥远。

不遥远，我们就有比较紧密的内在联系；不遥远，我们就可以对话；不遥远，我们就可以比较；不遥远，我们就可以共同切磋走过的道路、思考未来的旅途。

当然，毕竟有200步的距离，所以，就有一定的时间差，当年的世界与我们现在的世界有一定差异，当年的马克思与今天的我们也有一定差异。而且，我们也得承认，马克思比我们先走了200步。除了客观的时空距离外，就主观个体而言，当然也有先见之明，也有"老马识途"。所以，我们必须向马克思学习，对"老马"的智慧和经验不可小觑。

二、"老马"与我们可以很亲近

我称马克思为"老马"，并非高攀或不敬。因为当年就有人称马克思为"老马"。而共产主义者同盟的成员们在1848年前就称他为

[①] 《马克思恩格斯选集》第四卷，人民出版社2012年版，第250页。

"马老"了，当时马克思还不到 30 岁。

与我们生活中的许多人一样，马克思也有绰号。马克思的孩子们不叫他"父亲"，而叫他"摩尔"。"摩尔"来自希腊文 μαυρσδ，意为黝黑的，欧洲人常用以泛指黑皮肤的人。马克思长着一副较黑的面孔，特别是乌黑的头发和胡须，于是孩子们便给他取了个"摩尔"的绰号。他的朋友也这样叫他。

想一想，如果我们和马克思互称"老马""老李""小王""大刘"，或尊称"马老"，那是多么随和、多么亲切！即使 200 步的时空距离，也会在这洋溢着生活气息的称呼中消失殆尽！

一声"马老"或"老马"，告诉我们的是，马克思是人，不是神。马克思与我们，都是人类的一员。所以，我们来到世上，都要生活，都要工作，都有七情六欲，都有喜怒哀乐，都要面对生活的挑战，都要享受人生的乐趣。我们不能例外，马克思也不能例外。

所以，生活中的马克思，与我们并无太大差异。

马克思有爱情。他与燕妮从小就认识，17 岁订婚，1843 年 25 岁时结婚。燕妮比他大 4 岁。他们生了 7 个孩子，但 3 个在很小的时候就死了。马克思很爱燕妮，也很爱家庭。

马克思喜欢孩子，经常与孩子们嬉闹玩耍，常常一玩就是几个钟头。天气好的时候，他们会全家都去郊游。他曾经折叠了好多纸船，然后与孩子们一起放在水里演练海战。他还背着孩子与别人赛跑，让孩子们得到莫大的欢乐。这种场景，与我们今天的父母们多么相似。

马克思喜欢下象棋。如果赢了，就兴高采烈。一旦陷入窘境就生气，输一盘就会发火，要求再来。这种心态，与我们所有象棋爱好者的心态多么类似。

马克思在英国住的房子，与我最早分得的房子差不多——两个房间。他的房子的一面墙前堆满了书籍报纸，甚至一直摞到靠近天花板。而中国的许多知识分子，大概都不会忘记当年自己家里的类似景象。

马克思的一生贫困潦倒、颠沛流离。我们老一辈的很多人都经历过这样的日子。马克思还被好几个国家驱逐出境过，这种待遇当年的中国人还"享受"不到，但其苦涩的滋味可以想见。

因为马克思是人，我们就不要把他当神看待。一当神，就只能对他顶礼膜拜，我们的膝盖就要跪下了；一当神，就会把他的著作和理论当作宗教而不是科学来对待了。

不当神，而当人，我们与马克思之间就可以很亲近，就可以无拘无束、亲切交流，就可以一边散步一边聊天了。

不当神，而当人，马克思的思想理论就能够以其逻辑力量而不是外力强制赢得我们的尊敬了。

不当神，而当人，我们甚至就可以请他加入中国国籍了。马克思当年几乎没有祖国，即使今天在他的祖国德国的地位也没有在中国高。如果他仍然坚持"工人没有祖国"，那我们也可以想法授予他"荣誉中国公民"的称号。

三、年龄相同但业绩不凡

当然，马克思也不是等闲之人。虽然不是神仙下凡，但肯定算是人中精英、人中豪杰，亦即非凡之人。

1848年，马克思刚刚30岁，就与时年28岁的恩格斯一起，写出了《共产党宣言》，在人类思想史上实现了一次伟大的变革。

1867年，马克思49岁，出版了《资本论》第一卷，随后，又写出了第二卷、第三卷，对马克思主义理论做了最深刻、最全面的论证，成为马克思主义发展史上的里程碑。

马克思还写了其他大量的著作，许多成为国际共产主义运动史和人类思想史上的经典著作。

马克思还参加了实际的革命斗争，成为国际工人运动的导师。许多国家的工人领袖都来向他请教。

恩格斯在马克思去世时说："他的英名和事业将永垂不朽！"[1] 事实证明了这一预言。马克思主义的影响几乎遍及世界，还一直延续到现在。

我们无数的人，都有过像马克思一样的30岁、40岁、50岁、60岁……有的，也在同样年龄作出了非凡的贡献。但比较而言，马克思的业绩和贡献还是大大超过了绝大多数同样年龄的人。

所有这些成就，不是神赐的。马克思的成就，首先建立在一定的社会历史基础之上，同时，也是得益于马克思自身的素质和努力。

学习！学习！这就是他经常向同伴和学生们大声疾呼的至上命令。他自己就是这方面的榜样。他差不多每天都读歌德、莎士比亚、莱辛、但丁和塞万提斯的作品，认为他们是他的语言教师。

马克思特别注意自然科学（包括物理和化学）和历史学领域内的每一个新现象和每一个新的成就。

到大英博物馆查阅的资料不计其数。与工人群众的接触更增加了他对于社会现实的感性认识。

"天才就是勤奋。"马克思所具有和取得的一切，都是通过努力、奋斗、创造而得来的。

马克思从来不愿意别人给他过多的赞扬。甚至"群众的赞美和声望，在马克思看来就是一个人走上邪路的证据"[2]。

---

[1] 《马克思恩格斯选集》第三卷，人民出版社2012年版，第1004页。
[2] 保尔·拉法格等著：《回忆马克思恩格斯》，马集译，人民出版社1973年版，第40页。

四、马克思与我们的工作

我们和马克思一样,都在不停地工作。为什么工作?马克思回答得很清楚:"为人类而工作。"这是他最喜欢说的名言之一。他说:"有幸能够致力于科学研究的人,首先应该拿自己的学识为人类服务。"[①]

工作,成了马克思的一种癖好。马克思每天工作的时间很长,而且几乎通夜工作,到早晨才去睡觉。他常常要被呼唤好多遍才下楼到餐室去,而且几乎不等咽下最后一口饭就又回到他的书房去了。

其实,在我们中间或我们的前辈中间,凡是取得一定成就的人,对这种废寝忘食的工作方式,一定不会陌生。因为没有这种专心致志甚至废寝忘食的精神,是很难取得成就的。

当然,最重要的是,我们当下的工作和工作方式,或多或少与马克思有关。因为马克思揭示了人类社会生产力与生产关系的矛盾运动,并且预见到这种矛盾运动必然会带来很多社会变革。从南湖红船起航之时,马克思主义就成为中国共产党的指导思想,中国革命是在马克思主义指导下,在马克思主义与中国实际相结合的过程中发展和胜利的。马克思主义及其中国化改变了我们的社会结构、改变了我们的生产方式,当然,也就在相当程度上造就了我们今天的工作环境和工作方式。

马克思要求我们以社会主人的身份从事工作。正如国际歌所说,从来就没有什么救世主,也不靠神仙皇帝,要创造人类的幸福,全靠我们自己。在中国特色社会主义的伟大事业中,每一个人都是主人,也都应该发挥最大的主观能动性,履行主人应尽的职责。

马克思要求我们以严谨的态度工作。他自己工作的态度就非常认

[①] 保尔·拉法格等著:《回忆马克思恩格斯》,马集译,人民出版社1973年版,第2页。

真和严谨。他从不引用他还未十分确信的事实，对很多事情都要追根溯源。这种态度对我们今天的工作仍然是需要的。我在工作中就深有体会。党史上的任何一件事情，都有时间、地点、人物等许多细节。为了保证历史的准确性，我们必须一个字一个字地抠，翻来覆去地考证、核实，很多都要直接查到最原始的材料，才能作为依据。实践告诉我们，学习马克思的工作态度，对我们做好今天的工作，仍然是十分重要的。

五、马克思与我们的生活

马克思主义的基本原理，某种程度上是从人的生活开始的。在马克思看来，穿衣、吃饭、住房是人类最基本的生活需要。人类要满足衣、食、住、行等方面的需要，就必须从事生产活动。于是，就有了物质资料的生产方式，从而产生了生产方式内部的矛盾运动。社会的发展和进步，归根结底是由这种矛盾运动推动的。

由此可见，马克思揭示了社会生活的本质。只要往深处一探究，就可以发现，我们的生活，时时处处都有马克思打下的烙印。

比如，按马克思所说，物质文化生活的需要，是人类最基本的需求。因此，治国理政的最大任务，就是如何更好地满足这种需求。新时代中国的主要矛盾，就是人民对于美好生活的需要同不平衡不充分的发展之间的矛盾。我们的所有工作和活动，都是要围着解决这种矛盾、满足这种需求展开。

在现代社会，人们的一切生活资料都是以商品的形式出现的。马克思把商品作为社会的细胞进行了深刻的解剖，揭示了商品从生产、流通、交换到消费的全过程及其规律。现代社会的商品生产，我们每一个人对于商品的需求及其实现，都受着这种规律的支配，因此，也都必须遵循和利用这种规律。

马克思要求创造和建设一种新型的社会形式和社会关系，使人类社会成为一种自由人的联合体，在这种联合体中，每个人的自由发展是一切人的自由发展的条件。我们今天的社会，正越来越增加着马克思所预言的因素。

因此，为了更好地生活，我们就要认真研究马克思对于社会生活内在规律的揭示，掌握和运用这种规律，更好地创造美好的生活。

当然，马克思毕竟比我们早生了100多年甚至200年，所以，我们今天的生活已经大大超过了马克思当年的状况和水平。

比如说，马克思没有打过电话，没有坐过汽车，没有乘过飞机，没有看过电影，家里没有电视，更没有使用过手机和互联网……因为所有这一切，当时还没有发明或实际运用。所以，马克思没有能够享用过这些现代生活方式。

由此，我们当然也就可以理解，马克思不可能预见和回答当代社会的一切问题。也就是说，今天我们所做的一切，如果都要到马克思那里找答案，那就无异于刻舟求剑，是不现实的。我们今人的生活更丰富、眼界更宽广、信息更丰富，因此，我们完全有理由把马克思主义看作奔流的长河，站在时代的高度，继续把马克思主义推向前进。

六、马克思与我们的思维方式

马克思倡导的思维方式，已经深深地烙在我们的脑海中、溶化在我们的血液里，甚至连我们自己都可能感觉不到，但却经常下意识地表现出来。

马克思揭示了一定时代的生产方式和交换方式是该社会的观念和思想的现实基础，而生产力则是推动社会历史发展的最终动力。这一理论，迄今都是我们认识各种社会问题的思想基础，对中国共产党科学地治国理政起着重要的指导作用。

马克思的唯物辩证法揭示了世界的普遍联系和永恒发展，要求我们用联系的观点而不是孤立的观点、用发展的观点而不是静止的观点认识世界。这一思想，已经成为我们认识问题、解决问题的基本方法。

马克思强调实践在人类社会中的基础性作用，指出实践是认识的基础，是检验认识是否具有真理性的标准。中国的改革开放，就是从真理标准问题的讨论开始的。我们每个人，无论有意识还是没有意识，每天都在从事一定的实践，都在实践中积累经验，增长才干。

马克思的视野开阔，并不把他的活动局限于他所生长的国度。他说："我是世界的公民，我走到哪儿就在哪儿工作。"[1] 与此类似，邓小平也说过："我荣幸地以中华民族一员的资格，而成为世界的公民。我是中国人民的儿子，我深情地爱着我的祖国和人民。"[2] 这种宽广的视野，成为处理中国特色与世界眼光、在中国与世界双向互动中建设中国特色社会主义的基本要求。

马克思认为，在人类历史发展进程中，奔涌着一条世界化的洪流，这就是由民族历史向世界历史的转化过程。中国的对外开放，其实正是这种世界化，也就是我们现在所说的全球化的表现。想当年，中国人连与外国人结婚都几乎不可能。1977年10月，澳大利亚公民苏珊要求与中国一公民结婚，这一问题一直报到了最高层。李先念批示："我意可批准结婚。"邓小平批示："很赞成。"[3] 至此，这一问题才得到解决。中国人的生活国际化了，中国的学生可以大批出国留学了。40年的对外开放，极大地改变了我们的生活方式，也改变了我们的思维方式。

---

[1] 保尔·拉法格等著：《回忆马克思恩格斯》，马集译，人民出版社1973年版，第2页。
[2] 中共中央文献研究室编：《邓小平年谱（1975—1997）》（下），中央文献出版社2004年版，第714页。
[3] 中共中央文献研究室编：《邓小平年谱（1975—1997）》（上），中央文献出版社2004年版，第226页。

七、邀请马克思到中国来旅游

时光能不能倒转？这在科学上还是一个热门的话题。假如时空可以穿越，我一定要向马克思发出一份热情而郑重的邀请，邀请他到中国来旅游。

今天的交通方式，已经比马克思当年不知先进了多少倍。所以，无论他住在德国还是英国，乘坐飞机也就10多个小时的时间，来一趟中国不是很难。

马克思也肯定愿意到中国来看一看，因为他对中国本来就很关心。1842年，他在人生的第一篇政论性文章里，就第一次提到了中国。同年写的另一篇文章，提到了一位"中国人"，即孔子，还提到了"中国人的直线"——《易经》中的"八卦"。1851到1862年间，马克思、恩格斯专门论述中国问题的文章就有21篇。

所以，邀请马克思到中国来一趟，无论是正式访问，还是私人旅游，都是合情合理的。

马克思到中国来，我们一定要请他看看中国的长城。他们当年提到过长城。但现在的长城，既不是防御外来入侵的工事，更不是闭关自守的象征，而是世界宝贵的历史文化遗产。绵延万里的长城，见证了中国几千年的历史变迁。

马克思到中国来，我们一定要请他到上海中共一大会址和浙江嘉兴南湖看看。1920年，陈望道第一次翻译出版了《共产党宣言》的中文全译本。中国共产党最早的历史文献，就是根据《共产党宣言》的基本精神起草的。马克思、恩格斯的这本历史性著作，对中国直至今天的历史进程产生了深远的影响。

马克思到中国来，我们一定要请他坐坐中国的高铁。到2017年底，中国铁路营业里程已达12.7万千米，其中高铁2.5万千米，高铁里程占世界总量的66.3%。坐在高铁上，从启动到停车，哪怕运行上千千米，茶杯里的水都不会洒出来。坐趟高铁，也就直接尝到了中国现代化的滋味。

马克思到中国来，我们一定要请他用用中国华为的手机。现在中国智能手机用户规模已达6.68亿，甚至连街头卖红薯的大爷大妈，都有用手机进行网上支付的。马克思要查什么资料，不一定要到大英博物馆一本本去翻书了，用手机一查，资料马上就可以找到了。

看到这一切，马克思或许会感到迷茫，因为他们当年从来没有见过呀！所以，即使马克思是伟人，我们还得请一位小青年教他怎样使用手机、怎样进行网上转账、怎样用手机翻译他与我们的谈话。

看到这一切，马克思会满意吗？我想，应该会满意的。因为他最看重的是实践。实践已经展示了人民满意的最大成效，一直为人民着想的马克思有什么理由不满意呢？而且马克思主义不仅在中国得到了最大的应用，而且得到了最大的发展。马克思连高兴还来不及呢。

当然，马克思肯定也会有稍许不快。因为世界上的事物从来就没有十全十美的。一切都在进步，一切还要发展。当年，恩格斯到美国去，就曾批评美国是一个暴发户，一下子有钱了，得意洋洋，但是缺乏教养，缺少绅士的风度。甚至"美国人与欧洲人比较，就像外省人和巴黎人一样"。马克思会不会也这样批评中国呢？这个问题等马克思来了中国再直接问他吧。

马克思到中国来，肯定也会发现，中国的现实与他的某些预想不是完全吻合。比如，社会主义市场经济，马克思就从来没有说过，更没有见过。对此，只要像马克思那样对待马克思的理论，就可以预见，马克思一定会这样回答：

"我们的理论是发展着的理论，而不是必须背得烂熟并机械地加以重复的教条。"[①] "这些原理的实际运用，正如《宣言》中所说的，随

[①] 《马克思恩格斯选集》第四卷，人民出版社2012年版，第588页。

时随地都要以当时的历史条件为转移"①。

　　他可能还会更加坚定地说,"原则不是研究的出发点,而是它的最终结果;这些原则不是被应用于自然界和人类历史,而是从它们中抽象出来的;不是自然界和人类去适应原则,而是原则只有在符合自然界和历史的情况下才是正确的。这是对事物的唯一唯物主义的观点"②。

---

① 《马克思恩格斯选集》第一卷,人民出版社2012年版,第376页。
② 《马克思恩格斯选集》第三卷,人民出版社2012年版,第410页。

不断提高中华文明水平

纪事和说明：

本文摘编于我 2018 年由人民出版社出版的《从百年征程看初心和使命》一书。

本文主要强调，人类社会的发展是以人类文明的程度来度量的。人类的脚步，根本上是社会文明的脚步；社会的发展，根本上是人类文明的升华。中国特色社会主义的建设成果，归根结底要体现在五大文明的提升上。五大文明的发展和进步，意味着中华民族文明水准的不断发展和提升。

人类社会的发展是以人类文明的程度来度量的。人类的脚步，根本上是社会文明的脚步；社会的发展，根本上是人类文明的升华。

中国共产党"为中国人民谋幸福，为中华民族谋复兴"，归根到底，是要不断提高中华文明的水平。中国现代化建设的目标，按党的十九大的规定，是要建成富强民主文明和谐美丽的社会主义现代化强国。其中一个重要的战略目标和战略要求，就是文明。

改革开放以来，党和国家逐步提出了文明的要求，并且不断扩充其内容，先后提出了物质文明、精神文明、政治文明、生态文明、社会文明，它们融汇一起，成为现代化建设的战略目标和战略任务。

早在1979年，邓小平就指出："我们要在建设高度物质文明的同时，提高全民族的科学文化水平，发展高尚的丰富多彩的文化生活，建设高度的社会主义精神文明。"①

根据邓小平的思想，党的十三大制定的党在社会主义初级阶段的基本路线把"文明"一词列入其中，明确规定要把我国建设成为富强、民主、文明的社会主义现代化国家。这就是说，我们要建设的现代化中国，不仅是富强、民主的中国，也是文明的中国。

1986年9月，党的十二届六中全会专门研究精神文明建设问题，作出了《关于社会主义精神文明建设指导方针的决议》。

时隔10年后的1996年，党的十四届六中全会再次研究精神文明建设问题，作出了《关于加强社会主义精神文明建设若干重要问题的决议》，系统地制定了跨世纪精神文明建设的发展战略。

1997年，党的十五大在与社会主义精神文明相同的意义上，使用了"有中国特色的社会主义文化"的概念，从全局高度对社会主义文化建设作了进一步的部署。

随着社会主义民主政治的发展，江泽民在2001年1月提出了"政治文明"的重要概念。随后，又把政治文明与其他两个文明并列，作为社会主义现代化建设的重要目标。

2007年，党的十七大第一次明确把"建设生态文明"作为全面建设小康社会的新要求，强调坚持生产发展、生活富裕、生态良好的文明发展道路，在全社会牢固树立生态文明的观念。这对发展中国特色社会主义事业产生了重大影响。

---

① 《邓小平文选》第二卷，人民出版社1994年版，第208页。

2012年，党的十八大首次把"美丽中国"作为生态文明建设的宏伟目标，还发出了"走向社会主义生态文明新时代"的号召。2013年7月18日，习近平总书记在致生态文明贵阳国际论坛2013年年会的贺信中指出："走向生态文明新时代，建设美丽中国，是实现中华民族伟大复兴的中国梦的重要内容。"[①]

到党的十九大，生态文明建设更上一层楼。习近平总书记在报告中强调，建设生态文明是中华民族永续发展的千年大计。党的十九大修改后的党章，将"美丽"一词列入全面建成社会主义现代化强国的目标，使之成为"两个一百年"奋斗目标和中华民族伟大复兴中国梦的内容之一。

党的十九大报告还第一次使用了"社会文明"的概念，将我们所要建设的文明扩充为五个文明，分别对应五个建设，解决了原来长期不够对应的问题。在此之前的2007年，我协助时任中共中央党校副校长龚育之（我自己是国际政治学博士研究生导师）指导博士研究生于建荣完成的博士论文，题目就是《论建设中国特色社会主义的社会文明》。10年后的党的十九大正式使用"社会文明"的概念，并纳入现代化建设的总体布局，虽然并非是接受了我们的建议，但党和国家把社会文明放到现代化全局的重要位置上，还是十分令人高兴的。

由此，我们建设社会主义强国的目标就扩充为"富强民主文明和谐美丽"五个方面，要建设的文明也就相应地包括了物质文明、政治文明、精神文明、社会文明、生态文明五个文明。这一扩展，更加体现了中国特色社会主义是全面发展的社会主义，中国的现代化是全面进步的现代化。

人类世界，作为一个活的有机体，是由经济、政治、文化、社

[①]《习近平关于实现中华民族伟大复兴的中国梦论述摘编》，中央文献出版社2013年版，第8页。

会、生态等各方面组成的超大系统，需要统筹建设和发展，而其成果，则分别体现为物质文明、政治文明、精神文明、社会文明和生态文明。社会主义离不开这五大文明。中国特色社会主义的建设成果，归根结底要体现在五大文明的提升上。人民对于未来中国的向往，说到底也要落实到五大文明的提升上。五大文明的发展和进步，意味着中华民族文明水准的不断发展和提升。社会主义现代化的进程，就是这五大文明不断提升的进程。

创造人类文明新形态

纪事和说明：

本文摘编于我 2023 年由人民出版社出版的《二十大关键词》。

党的二十大报告在总结新时代的伟大成就时强调，我们对新时代党和国家事业发展作出科学完整的战略部署，"不断丰富和发展人类文明新形态"。报告在第三部分"新时代新征程中国共产党的使命任务"中，进一步强调"中国式现代化的本质要求"之一是"创造人类文明新形态"。

人类社会，从来就是一个由不同类型文明构成的共同体。多样性是世界文明的一个基本特质。总体的人类文明既是由各种文明中的共同价值组成的，又是由色彩纷呈的多样性丰富、补充的。人类的各种文明，自诞生以来，就以生活交往、经济活动、科技交流等为纽带，进行着不同形式的联系和交流。文明的多样性如同色彩的多样性，从三原色出发，可以组合演化出无穷无尽的图案、图画来。

因此，人类文明是共性与个性、普遍性与多样性的统一。任何国家、任何文明，都要正确对待文明类型的差异和矛盾，既不能妄自菲薄，也不能当"文明霸主"。要坚持求同存异、相互尊重，相互借鉴、相互吸收，做到共同发展、共同繁荣。

改革开放以来，中国共产党不断深化对文明问题的认识，提出了把我国建成富强民主文明和谐美丽的社会主义现代化强国的目标，并逐步提出了物质文明、政治文明、精神文明、社会文明、生态文明建设的要求，推动中国文明不断丰富和发展。

党的十八大以来，党和国家不断从文明新形态的高度，解读中国制度，讲述中国故事，传播中国声音，提供中国方案。

党的十九大提出，到 2035 年时，我国物质文明、政治文明、精神文明、社会文明、生态文明将全面提升，中华民族将以更加昂扬的姿态屹立于世界民族之林。同时，在国际上，要求尊重世界文明多样性，以文明交流超越文明隔阂、文明互鉴超越文明冲突、文明共存超越文明优越。

党的十九届六中全会通过的《中共中央关于党的百年奋斗重大成就和历史经验的决议》明确宣布："党领导人民成功走出中国式现代化道路，创造了人类文明新形态，拓展了发展中国家走向现代化的途径，给世界上那些既希望加快发展又希望保持自身独立性的国家和民族提供了全新选择。"

2022 年 5 月 27 日，在中共中央政治局第三十九次集体学习时，习近平总书记指出："要建立中国特色、中国风格、中国气派的文明研究学科体系、学术体系、话语体系，为人类文明新形态实践提供有力理论支撑。"[①]

所以，党的二十大报告明确使用了"人类文明新形态"的重要概念。指出，中华优秀传统文化源远流长、博大精深，是中华文明的智

---

① 习近平：《把中国文明历史研究引向深入 增强历史自觉坚定文化自信》，《求是》2022 年第 14 期。

慧结晶。我们必须坚定历史自信、文化自信,坚持古为今用、推陈出新,把马克思主义思想精髓同中华优秀传统文化精华贯通起来、同人民群众日用而不觉的共同价值观念融通起来,不断赋予科学理论鲜明的中国特色。

党的二十大报告还指出,要"以海纳百川的宽阔胸襟借鉴吸收人类一切优秀文明成果"[①],"深化文明交流互鉴,推动中华文化更好走向世界"[②]。

---

① 《习近平著作选读》第一卷,人民出版社2023年版,第18页。
② 《习近平著作选读》第一卷,人民出版社2023年版,第38页。

建设新型的中华民族现代文明

纪事和说明：

　　本文于 2023 年 8 月撰写，从三个方面对建设新型的中华民族现代文明问题作了比较深入的研究和阐述。

　　该文通过对历史的梳理，论述了书写中华文明发展进步时代篇章的必然性和重大意义；对文化、文明概念作了清楚的辨析；通过回溯中国特色社会主义的形成和发展，说明中国特色社会主义的所有建设最终都要归结到深层次的文明建设、文明进步上，中国特色社会主义就是中华民族新型的文明形态；中华文明是世界文明的重要组成部分和独特类型，建设中华民族现代文明，必须正确认识和处理中华文明与世界文明的关系；只有跨入世界文明的大海，在比较中展示优劣，在对照中辨析长短，在交流中博采众长，在交融中摘取桂冠，中华文明才能真正自强自立。

　　文明，是一个美好和靓丽的字眼，也是人类始终不懈追求的目标。中国全面建设社会主义现代化国家的目标之一就是"文明"。党的二十大在揭示中国式现代化本质要求时，强调要"创造人类文明新形态"。党的二十大之后，习近平总书记明确提出"建设中华民族现代文明"的号召和要求，从文明发展的高度指出了中华民族发展进步的方向，进一步激发了全国各族人民向着现代文明的目标奋力前行的热情和动力。

一、书写中华文明发展进步的时代篇章

中华文明源远流长，至少经历了5000年的发展历史。按现在的考古发现，还可以追溯到七八千年甚至1万年以前。从大禹治水的历史传说，到春秋战国的百家争鸣；从"天下"一统的车书同制，到历经千年的郡县架构；从孔孟代表的儒家学说，到卷帙浩繁的二十四史；从精妙绝伦的唐诗宋词，到流光溢彩的中国建筑；从影响世界的四大发明，到天人合一的思想理念；从开眼求知的国门初启，到革故鼎新的革命洗礼；从追赶潮流的现代梦想，到改革开放的关键一招；从绝对贫困的挥手告别，到百年目标的持续进军……中华民族历史上一个个这样的节点和成就，连接起了中华文明漫长的历史画卷。

习近平总书记指出："中华文明源远流长、博大精深，是中华民族独特的精神标识，是当代中国文化的根基，是维系全世界华人的精神纽带，也是中国文化创新的宝藏。"[1] 拥抱这辉煌的历史，我们有充分的理由为中华文明的伟大成就感到自豪，也理当以高度的历史责任感精心保护先人为我们留下的宝贵资源。

人类文明的发展没有穷期。中华文明从历史的深处走来，还要继续走向新的未来。

---

[1] 习近平：《把中国文明历史研究引向深入 增强历史自觉坚定文化自信》，《求是》2022年第14期。

当年，恩格斯在论述马克思对黑格尔辩证法所作的变革时指出，"世界不是既成事物的集合体，而是过程的集合体，其中各个似乎稳定的事物同它们在我们头脑中的思想映象即概念一样都处在生成和灭亡的不断变化中，在这种变化中，尽管有种种表面的偶然性，尽管有种种暂时的倒退，前进的发展终究会实现"。恩格斯认为这是一个"伟大的基本思想"。① 在这种思想面前，"不存在任何最终的东西、绝对的东西、神圣的东西；它指出所有一切事物的暂时性；在它面前，除了生成和灭亡的不断过程、无止境地由低级上升到高级的不断过程，什么都不存在"②。

马克思、恩格斯的这一思想告诉我们，整个世界，无论自然物质，还是人类自身；无论社会生活，还是意识观念，说到底，都是作为一种过程而存在的。无数的过程相互交织，此起彼伏；无数的过程前后相继，推陈出新。因此，世界上从来不可能有任何绝对的东西、永恒的东西、达于顶峰而至高无上的东西。

万事万物如此，人类文明也同样如此。数百万年的人类历史，与地球47亿年左右的历史比较起来，只不过是短短一瞬。人类文明发展的数万年，似乎足够漫长，其实也仅仅是弹指一挥。因此，人类文明的发展永远都是在路上。过去在路上，现在在路上，未来仍然在路上。在路上，会有畅通，但不会无阻；会有灿烂，但不会有顶峰。过去有过辉煌，不等于所有的都是辉煌。过去曾经辉煌，不等于现在和将来就永远辉煌。

纵览中华文明，同样是永远在路上的过程。长达5000多年的历史，屈指计算，已足够长远，但用天文学的眼光来看，不过是白驹过隙。时间的长短，能说明很多问题，但并不是判断一种文明长短优劣

---

① 《马克思恩格斯选集》第四卷，人民出版社2012年版，第250页。
② 《马克思恩格斯选集》第四卷，人民出版社2012年版，第223页。

的根本标准。其关键在于它是不是具有内在的强大活力，是不是始终走在时代的前列，是不是代表人民的根本利益。漫长的历史，说明其具有顽强的韧性，但也可能隐含着长久的保守和停滞。旧事物的过于成熟，或许更利于守旧而不利于创新。中国共产党从来认为，中华文明，既有精华，也有糟粕。当年，马克思、恩格斯高度评价了中华文明对于世界历史的贡献，但也尖锐批评了当时中国与世隔绝的落后状态，称中国是"世界上最古老最巩固的帝国"[1]，是"活的化石"[2]，甚至是"最反动最保守的堡垒"[3]。正是在这种科学和辩证解析中华文明的基础上，马克思、恩格斯才对未来中国寄予热切的期望。

历史在前进，中华文明也在前进。当代中国的文化，已经融合了中华传统文化、革命文化、社会主义文化，以及新时期以来的改革创新文化，成为新型的中国文化和中华文明。中国特色社会主义各项事业的发展，书写了中华文明的新篇章。但这样的篇章没有结束，而是要继续写下去。新时代的历史性变革、中国面临的机遇和挑战，都要求我们把中华文明的新篇章、大篇章、长篇章不断地书写下去，而且要写得更美、更好，使中华文明在凝聚文化建设和其他各项建设成果的基础上，焕发出新的光彩。

习近平总书记指出："时代是思想之母，实践是理论之源。一切划时代的理论，都是满足时代需要的产物。用以观察时代、把握时代、引领时代的理论，必须反映时代的声音，绝不能脱离所在时代的实践，必须不断总结实践经验，将其凝结成时代的思想精华。"[4] 理论的创新如此，文明的发展也是如此。

所以，习近平总书记 2023 年 6 月 2 日在出席文化传承发展座谈

---

[1] 《马克思恩格斯全集》第十卷，人民出版社 1998 年版，第 277 页。
[2] 《马克思恩格斯全集》第十五卷，人民出版社 1963 年版，第 545 页。
[3] 《马克思恩格斯全集》第十卷，人民出版社 1998 年版，第 277 页。
[4] 《习近平在中共中央政治局第六次集体学习时强调 不断深化对党的理论创新的规律性认识 在新时代新征程上取得更为丰硕的理论创新成果》，《人民日报》2023 年 7 月 2 日。

会时，强调要"在新的起点上继续推动文化繁荣、建设文化强国、建设中华民族现代文明"。要"秉持开放包容"，"坚持马克思主义中国化时代化，传承发展中华优秀传统文化，促进外来文化本土化，不断培育和创造新时代中国特色社会主义文化"。[①]2023年6月7日，习近平总书记致信首届文化强国建设高峰论坛，强调要"更好担负起新的文化使命，坚定文化自信，秉持开放包容，坚持守正创新，激发全民族文化创新创造活力，在新的历史起点上继续推动文化繁荣、建设文化强国、建设中华民族现代文明，不断促进人类文明交流互鉴，为强国建设、民族复兴注入强大精神力量"[②]。

建设中华民族现代文明，就是对新形势下中国之问、世界之问、人民之问、时代之问的重要回答之一。面向未来，全党全国各族人民将以中国式现代化全面推进中华民族伟大复兴，努力实现第二个百年奋斗目标。目标明确，愿景清晰。中国社会生活的各个方面都要走向现代化，中华文明也必须书写时代的新篇章。

二、构建中国特色社会主义的新型文明

文明是文化发展的成果和标志。文化是一个极其复杂的概念，深入解析，首先要区分大文化、中文化和小文化。大文化即广义的文化，是指人类改造物质世界和精神世界的所有活动及其成果的总和。中文化即精神文化，其中包括语言文字文化、生活习俗文化、思想道德文化、文学艺术文化、科学理性文化、制度规范文化等。文化部门所管的，主要是文学艺术文化。而通常所说的学习文化知识，大致只是学习语言文字文化，只能算是小文化。

[①] 习近平：《在文化传承发展座谈会上的讲话》，《求是》2023年第17期。
[②] 参见《习近平致信祝贺首届文化强国建设高峰论坛开幕强调 更好担负起新的文化使命 为强国建设民族复兴注入强大精神力量》，《人民日报》2023年6月8日。

大文化所以为大，因为其范围很广。一切人化自然，即有人作用其上的自然物质，都留下了人类认识自然、改造自然的痕迹，因而都是文化。长城、运河是物质性实体，我们为什么称其为文化，因为它高度凝聚了中华民族认识自然、改造自然的物质和精神成果。三星堆遗址及其发掘的成果，是物质性器物，但为什么也是文化，因为它标志和放射着中华民族追求和创造美的智慧的光芒。

文明由文化而来。所有文化积聚的成果，统称为文明。世界范围的文明在长期发展过程中，形成了许多不同形态的文明，如玛雅文明、两河文明、中华文明等，它们都各有自己的内涵和特点，一般都是物质文明与精神文明的统一。而生活中作为形容词使用的"文明"，则是指文化发展的积极成果和衡量其发展水平的标准，如举止文明、文明程度等。

中国共产党在认识和建设中国文化、中华文明的道路上走过了不寻常的历程。其间有过迷茫和曲折，但总体上是清醒和坚定。早在1943年5月，《中国共产党中央委员会关于共产国际执委主席团提议解散共产国际的决定》就强调："要使得马克思列宁主义这一革命科学更进一步地和中国革命实践、中国历史、中国文化深相结合起来。"

改革开放以来，党和国家把文化和文明建设摆在更加重要的位置上。党的十二大第一次明确提出："社会主义精神文明是社会主义的重要特征，是社会主义制度优越性的重要表现。"[①] 党的十二届六中全会和十四届六中全会两次专门研究精神文明建设问题并作出重要决议。党在社会主义初级阶段的基本路线，始终把"文明"作为中国社会主义现代化建设所要达到的目标之一。进入新时代，不仅形成了社会主义现代化建设"五位一体"的总体布局，而且又提出了"四个全

---

① 中共中央文献研究室编：《十二大以来重要文献选编》（上），中央文献出版社2011年版，第22页。

面"战略布局。在全面建成小康社会的基础上,党又领导人民向着分两步建成社会主义现代化强国的目标前进。

按照现代化建设总体布局和战略安排,中国现代化建设的目标,是建成富强民主文明和谐美丽的社会主义现代化强国。为此,要全面加强中国特色社会主义的经济建设、政治建设、文化建设、社会建设和生态文明建设。而与这五大建设分别对应的,则是中国特色社会主义的物质文明、精神文明、政治文明、社会文明和生态文明。中国特色社会主义的所有建设,最终都要归结到深层次的文明建设、文明进步上。

这是中华民族新型的文明形态。这种文明,是5000多年中华民族传统文明的继承和延续,但又在不断地剔除不符合社会发展要求的各种糟粕,不断地实行着更新、发展、转化、创造,始终紧跟时代前进的步伐,充满时代进步的气息。这种文明,既集中体现在社会主义精神文明方面、体现在建设社会主义文化强国方面,同时,又体现在经济、政治、文化、社会、生态各个领域的建设和成就方面,是包含和反映中国社会全面发展、全面进步的整体性文明形态。

新时代新征程上,中国共产党的中心任务是团结带领全国各族人民全面建成社会主义现代化强国、实现第二个百年奋斗目标,以中国式现代化全面推进中华民族伟大复兴。中国式现代化的本质要求是:坚持中国共产党领导,坚持中国特色社会主义,实现高质量发展,发展全过程人民民主,丰富人民精神世界,实现全体人民共同富裕,促进人与自然和谐共生,推动构建人类命运共同体,创造人类文明新形态。[①] 最后的落脚点之一,是创造人类文明新形态。

现代化与文明密不可分。所谓现代化,是自工业革命以来,人类社会发展的一种变革过程,其主要内容首先是工业化的发展,并伴以民主化、法治化的进步。到当代,已进一步发展为不断加强的信

---

① 《习近平著作选读》第一卷,人民出版社2023年版,第20页。

息化、智能化以及全球化进程。世界向"现代"的转"化"是历史趋势，但转"化"的内容在不同时期有所不同。未来会是什么？只能由未来去回答。透过迄今向"现代"转"化"的种种现象看其本质，所谓现代化，实际上是人类文明基于不平衡发展规律而在全世界范围内的一种运动过程。从纵向来看，从农业文明向工业文明转化是一种进步，从传统的工业化向信息化、智能化转化也是一种进步。这种发展进步是无止境的。从横向来看，不同地域、国家的文明发展又都是不平衡的。在每一个特定时刻，总是有一些类型或国家的文明，处于比较领先亦即"现代"的水平。而其他的，就要不断地追赶，争取达到比较先进的水平，也就是向"现代"转"化"。所谓现代化，就是这样一种你追我赶、不断超越的广阔图景和历史进程。

无论中国式现代化，还是中国特色社会主义，说到底都是一种文明发展的进程。这种文明新形态的内容，包含经济、政治、文化、社会、生态五大文明的发展和成果，其本质，是中华文明在新的历史条件下的发展进步。我们建设中华民族现代文明，就是要在以中国式现代化全面推进中华民族伟大复兴过程中，以更大的力度、更大的规模、更高的标准，推动中华文明获得新的发展，在集5000多年中华文明大成基础上，发展成为一种新型的中华民族现代文明。习近平总书记号召建设中华民族现代文明，揭示的就是这样一种本质，指明的就是这样一种进步的方向。

三、在与世界文明交融竞赛中自强自立

中华文明不是孤立存在和发展的。即使曾经在长时期内主要依靠自身内部的因素辉煌一时，但自马克思所说人类历史由民族历史转化为世界历史之后，无论是中华民族还是中华文明，即使蒙受凌辱，即使迫于无奈，但都已经卷入到一种浩浩荡荡的现代化、世界化、全球

化的进程中。

如同中华文明一样，世界文明的发展也是一个过程。从落脚地面直立行走，到学会取火迎来光明；从语言发育交流思想，到文字发明传播信息；从城市兴起社会聚集，到阶级分化建立国家；从崇拜神灵宗教形成，到文艺复兴尊崇人性；从机器生产科技进步，到世界贸易扩张全球；从战火频仍寻求和平，到革命浪潮席卷世界；从民主法治建立规范，到保护生态尊重自然……世界历史的一个个节点和过程，连接起了人类文明的漫长篇章。其间，有血与火，也有诗与画；有暴力与强权，也有智慧与梦想。世界发展的历史，本质上也是人类文明在曲折中发展进步的历史。如同中华文明也有精华与糟粕一样，世界文明也是一种不断用文明战胜野蛮、用人性战胜兽性的过程。尽管有各种障碍和曲折，但世界文明终究在走向前方。

世界历史的发展也告诉我们，人类文明的发展是共性与个性、统一性与多样化的统一。人类文明拥有基本的元素、原则和要求，也拥有许多共同的价值，但这些元素、原则、要求和共同价值的具体内容和形式又会有很大差别。比如，所有文明类型都有语言文字并用以交流思想、传播信息、传承文化，这是共同的，无一可以例外，但语言文字的构成和形式却各不相同，因而必须由翻译作为中介才能正常交流。再如，当代世界几乎所有国家都拥有各种机器设备、交通工具，具体的形态和方式五花八门，但它们都有相对固定的标准，多数还是国际标准。无论设计、制造，还是使用、维修，都要依据和执行这些标准。因为这些标准都是前人经验的总结，有的甚至是用鲜血和生命换来的，不执行就会带来种种麻烦和危险。至于标准如何制定，就要看谁先发明、谁先创造，谁积累了更多的经验，谁制定的标准更科学了。先行者可得先机，跟进者也可以后来居上。

所以，共性与个性不可分离，统一性与多样性同时存在。人类文明的发展必须处理好多样化文明类型之间的关系。事实证明，人类文明并没有先天的标准模式，也不是先有统一性再有多样性，而是在个性中产生共性，多样性中产生统一性。不同类型的文明，只有坚持沟通、交融，才能共同推动人类文明的发展和进步。

党的十八大以来，习近平总书记提出了构建人类命运共同体的重要思想，强调要继承和弘扬联合国宪章宗旨和原则，构建以合作共赢为核心的新型国际关系，打造人类命运共同体。构建人类命运共同体的理念，直面当今世界最重要问题，为各国如何处理相互关系指明了方向，也为人类文明的发展提出了中国建议、中国方案。

中华民族是世界大家庭的重要成员，中华文明是世界文明的重要组成部分和独特类型。中华文明曾经给世界以深远的影响，也从世界文明中汲取了丰富的营养。中华文明与世界文明，是相互联系、相互影响、相互作用的辩证统一关系。中华文明的发展离不开世界，世界文明的发展也离不开中国。中国发展进步的过程，很大程度上就是中国与世界双向互动、合作博弈的过程，是中华文明与世界其他文明相互碰撞、相互学习、相互竞赛、相互融合的过程。中国越是快速崛起，就越需要以更加自信而又谦和、更加坦诚而又理性的态度，与世界对话，向世界学习，加强与外部世界的沟通和交流。

中华文明有自己漫长的历史，既有独特的思想体系，也有牢固的价值理念；既有精深的语言文字，也有丰富的文化内涵；既有坚强的品质意志，也有百折不挠的强大韧性，因此，历经5000多年而不中断。特别是经历过革命风雨的锤炼考验和改革开放的凤凰涅槃之后，中华文明拥有了新的血液和新的筋骨，因此，虽然不时遇到各种风浪的挑战，但依然能够不畏艰险，巍然矗立。

在"两个大局"加速演进并深度互动的时代背景下，人类社会面临许多亟待解决的共同问题，我国改革发展稳定、内政外交国防、治党治国治军等各个领域也都面临着一系列新的重大课题。世界正处在一个十字路口，中国也处在一个十字路口。中国之问、世界之问、人民之问、时代之问给我们提出的新考题比过去更复杂、更艰深。我们不仅要继续面对四个风险，迎接四个挑战，而且要有应对狂风暴雨和惊涛骇浪的准备。沧海横流方显英雄本色，只有真正具有先进性的文明，才能在风雨来袭时发挥强大的凝聚作用和引领作用，也才能在风狂雨猛之时始终屹立不倒、傲然苍穹。

所以，越是处在世界的十字路口，越是要准备接受各种考验，也越是要加强中华文明的建设，越是要在与世界文明的沟通和交融中增强自身的刚性和韧性。比较见真容。没有比较，不经考验，光是自说自话，自我捧场，甚至自我吹嘘都是靠不住的。只有跨入世界文明的大海，在比较中展示优劣，在对照中辨析长短，在交流中博采众长，在交融中摘取桂冠，中华文明才能真正自强自立。

怎样认识和处理中国与世界的关系，不仅是关系中国党和国家前途命运的大事、关系能不能全面建成社会主义现代化强国、实现中华民族伟大复兴的大事，也是一个国家和民族价值观念、文明水准的重要体现，是衡量一个国家和民族是否成熟的重要标志。

习近平总书记要求我们："牢固树立大历史观，以更宽广的视野、更长远的眼光把握世界历史的发展脉络和正确走向，认清我国社会发展、人类社会发展的大逻辑大趋势，把握中国式现代化的历史沿革和实践要求"，"拓宽理论视野，以海纳百川的开放胸襟学习和借鉴人类社会一切优秀文明成果，在'人类知识的总和'中汲取优秀思想文化资源来创新和发展党的理论，形成兼容并蓄、博采众长的理论大格局大气象"。[1]

---

[1] 《习近平在中共中央政治局第六次集体学习时强调 不断深化对党的理论创新的规律性认识 在新时代新征程上取得更为丰硕的理论创新成果》，《人民日报》2023年7月2日。

建设中华民族现代文明的任务光荣艰巨，中外文明的交融竞赛任重道远。建设中华民族现代文明，需要中国特色加世界眼光，祖国根基加世界胸怀。特色要鲜明，视野要广阔；根基要扎实，胸怀要博大。两者紧密结合起来，我们才能真正立于时代的制高点上，跟上和引领世界文明潮流的前进。因此，我们必须随时随地关注世界潮流的变动，紧紧瞄住世界文明发展的前沿，海纳百川，兼收并蓄，守正创新，文明互鉴，不断提升中华民族现代文明的质量和水准。

习近平总书记指出："中华文明自古就以开放包容闻名于世，在同其他文明的交流互鉴中不断焕发新的生命力。"建设中华民族现代文明，就要按照习近平总书记的要求，"坚持弘扬平等、互鉴、对话、包容的文明观，以宽广胸怀理解不同文明对价值内涵的认识，尊重不同国家人民对自身发展道路的探索，以文明交流超越文明隔阂，以文明互鉴超越文明冲突，以文明共存超越文明优越，弘扬中华文明蕴含的全人类共同价值"，"推动构建人类命运共同体"。"要立足中国大地，讲好中华文明故事，向世界展现可信、可爱、可敬的中国形象。要讲清楚中国是什么样的文明和什么样的国家，讲清楚中国人的宇宙观、天下观、社会观、道德观，展现中华文明的悠久历史和人文底蕴，促使世界读懂中国、读懂中国人民、读懂中国共产党、读懂中华民族。"[①]

中华文明只有在这样的广阔视野和时代高度上，与时代共振，与世界同行，在比较中展现自我，在挑战中奋勇前行，不断提高中华民族现代文明的质量和水平，才能真正做到"千磨万击还坚劲，任尔东西南北风"！

---

① 习近平：《把中国文明历史研究引向深入 增强历史自觉坚定文化自信》，《求是》2022年第14期。

以何种路径建设中华民族现代文明

纪事和说明：

 这是我为贵州省委宣传部和红旗文稿杂志社 2023 年 8 月 30 日联合主办的"深入学习贯彻习近平总书记文化传承发展座谈会重要讲话精神 建设中华民族现代文明"理论研讨会准备的发言稿。这篇发言稿不是一般地论述建设中华民族现代文明的意义，而是进一步深化，着重从三个方面说明了应该如何建设中华民族现代文明。

 发言提出了诸多建议，如：以更大的力度做好中华优秀传统文化的发掘和利用工作；对历史典籍，不仅要妥善保存，更要组织人力物力进行大规模的整理和研究，从中发现和发掘更多的精华和财宝；要对中华传统文化进行认真的鉴别，科学区分哪些是精华、哪些是糟粕；大力倡导创新精神，建议国家制定一部比知识产权法更为宽广的鼓励和保护创新法，部署和推动在有关领域设置不同类型的创新奖；注意保护中华文明的多样性，尊重和发展各民族、各地区的文化特色，加强各种类型文化的交流和交融；继续推广普通话，也要注意保护方言；注意形成既有民族特色又有现代风格的中国现代建筑的整体风格和特点；组织全国范围的方言普查、文化品类和项目普查、老旧建筑普查等。

发言还梳理分析了贵州文化的历史和特色，对贵州如何在建设现代文明中作出自己的贡献提出了一些建议，如建议贵州进一步加强大数据的应用，发展大数据产业，建立大数据文化研究中心等。

很高兴参加由贵州省委宣传部和红旗文稿杂志社联合主办的建设中华民族现代文明理论研讨会。党的二十大在揭示中国式现代化本质要求时，强调要"创造人类文明新形态"。党的二十大以后，习近平总书记进一步提出了"建设中华民族现代文明"的号召和要求。学习研讨这一号召，对于深入理解建设中华民族现代文明的重要意义，在中国式现代化进程中切实推进中华民族现代文明建设，有很大的帮助和推动作用。根据会议安排，我发言的题目是"坚定文化自信，建设中华民族现代文明"。不准备一般地讲建设中华民族现代文明的意义，而是着重讲怎样建设中华民族现代文明。准备讲三层意思。

一、在挖掘和利用中焕发中华文明光彩

中华民族现代文明是中华民族传统文明的继承和升华，是中华文明的现代版、升级版。中华文明源远流长、博大精深，是中华民族生存发展的历史之源、历史之根。中华民族传统文明中包含着丰富的内容：独特的语言文字构建了系统完整的文明体系，久远的农耕文化奠定了中华民族生存发展的基础，严密的治理结构维护了数千年国家的统一完整，深邃的儒释道思想提供了维系社会的价值观念，华美的诗词歌赋陶冶了中华子民的心智素质，以四大文明为代表的科技成果对中国和世界产生了深远的影响。

文明来自文化的发展和创造。中华民族传统文化的主体构成了中华民族传统文明的大厦。毋庸讳言，中华传统文化中也有很多糟粕，

但随着近代以来的一次次社会变革，这些糟粕的大多数相继被淘汰。时代演进到今天，我们对残存的封建糟粕和愚昧思想仍须继续加以清除，对各种逆文明和反智主义思潮的卷土重来仍须保持高度的警惕，但总体上，中华优秀传统文化的光芒穿过千年隧道仍然熠熠生辉。我们对中华优秀传统文化必须倍加珍惜，精心呵护。在某种意义上，中华优秀传统文化就是中华文明进一步发展进步的"干细胞"，是中华民族现代文明的基因和资源，既可以在新时代生长出中华民族现代文明的多种细胞和元素，也可以对现代化进程中的某些偏差进行修补和纠偏。

所以，建设中华民族现代文明，必须以继承和弘扬中华优秀传统文化为基础，必须以更大的力度做好中华优秀传统文化的发掘和利用工作。近年来，党中央、国务院及有关部门发布了一系列保护、挖掘和利用各方面传统文化的文件。在习近平总书记亲自推动下，《关于实施中华优秀传统文化传承发展工程的意见》首次以中央文件的形式推动延续中华文脉、传承中华文化基因；《关于支持戏曲传承发展的若干政策》《关于加强文物保护利用改革的若干意见》《长城、大运河、长征国家文化公园建设方案》《关于在城乡建设中加强历史文化保护传承的意见》《黄河国家文化公园建设保护规划》《长江文化保护传承弘扬规划》等相继出台。"传承中华优秀传统文化"被写入"十四五"规划纲要和党的二十大报告，使中华优秀传统文化的传承有了抓手、发展有了路径。我们应该认真贯彻落实这些文件精神，并及时研究和解决现实中遇到的各种问题，更加积极主动地做好传统文化的发掘保护工作，在挖掘和利用中焕发中华文明的光彩。

在这方面，我们有许多事需要做或需要进一步做好。比如，要进一步处理好发展与保护的关系。现代化要求发展，传统文化必须保护。现代化决不能以破坏传统文化为代价。各级政府和干部应该充分认识传统文化的重要价值，充分认识历史文物的重要价值，决不能再出现一批批文物古迹在推土机的轰鸣中毁损的悲剧，要在全社会培育和形成尊崇优秀传统文化、精心保护优秀传统文化的风尚和环境。

又如，对于历史遗留下来的丰富典籍，我们不仅要妥善保存，更要组织人力物力进行大规模的整理和研究，从中发现和发掘更多的精华和财宝，并做好现代转化工作，让这些传统文化活起来、动起来，走进我们的生活，走进我们的心灵，走进我们治国理政的大脑，为建设中国式现代化服务。要更多地培养古书、古迹、古人、古物研究的人才，赋予他们更多的研究任务和施展才华的空间。

二、在继承和创新中建设现代新型文明

所有的文化和文明都是继承与创新的统一，既需要世代传承、精心守护，更需要与时俱进、不断创新。继承是历史的必然，没有继承就没有历史，没有继承就没有文明的积累和发展。但继承不是守旧，更不是停滞。历史总是不断向前延伸的，实践的创造不断累积，必然会突破很多旧有的传统，实现众多物质和文化的创新。没有创新，就没有新事物的成长，就没有文明的发展进步，即使原有的文明也会因得不到养分而逐渐枯萎。如果说继承是为建设中华民族现代文明提供"干细胞"的话，那创新，就是为建设中华民族现代文明提供源源不断的新鲜血液。中华文明就是在继承和创新的辩证统一中不断延续和不断升华的。

早在1943年5月，中共中央就明确宣告："中国共产党人是我们民族一切文化、思想、道德的最优秀传统的继承者，把这一切优秀传统看成和自己血肉相连的东西，而且将继续加以发扬光大。"

建设中华民族现代文明，必须按照"两个结合"的方针，更好地把继承和创新统一起来。要对中华传统文化进行认真的鉴别，科学区

分哪些是精华、哪些是糟粕。糟粕的东西必须抛弃，已经被证明是腐朽的东西决不能再捡拾起来。妇女不能再以三寸金莲为美，民众不能见了官员再屈膝下跪，14亿多人民的脑子里更不能再拖一根大清王朝的长辫子，中华民族现代文明中不允许有任何落后于时代甚至是愚昧落后的垃圾。但对传统文化中的精华则必须倍加珍惜。党的二十大报告中列举的天下为公、民为邦本、为政以德、革故鼎新、任人唯贤、天人合一、自强不息、厚德载物、讲信修睦、亲仁善邻等思想，都内含着积极的价值。中华民族讲仁爱、重民本、守诚信、崇正义、尚和合、求大同的精神和传统在新时代仍有积极的意义，应该在科学辨析的基础上加以倡导和践行。

在继承的同时，要突出创新。坚持跟上时代、争取引领时代，立足于当代实践，着眼于时代前沿，不断对中华文明进行创造性转化、创新性发展。创新是动力，没有创新，就没有前进。没有创新的雨露滋润，任何文明的花园都会枯萎。特别是当代世界，科技的发展和文化的竞争日趋激烈。其背后，是不同国家创造力、竞争力的比拼，是社会创新体系和创新理念的竞争，实质是不同文明创造活力的竞争。我们必须充分看到这种竞争的全方位内涵和特点，充分认识能否焕发和提高创新活力，关系到能否建成中华民族现代文明，关系到中华民族在未来的命运和地位。

因此，必须把创新的口号和要求落到实处，大力倡导创新精神，下决心解决妨碍创新的各种体制、机制、管理、观念问题。近年来，社会不同层面、不同领域的许多人选择了"躺平"，这是很危险的现象，必须认真对待。要尽最大努力形成鼓励创新、支持创新、保护创新的制度体系和环境氛围，争取把蕴藏在干部群众、知识分子、文化人士中的创造性、积极性充分发挥出来。

建议国家制定一部比知识产权法更为宽广的鼓励和保护创新法。

其内容，可以涵盖经济、文化、艺术、科技、教育、出版、网信、社会、生态等广泛领域，包括管理、政策、保障各个层面和内容，不仅从政治上，而且从法律上坚决杜绝任何机构和个人用愚昧无知、蛮横无理的方式随意压制打击具有积极意义且合理合法的创新行为和创新成果的行为。

建议国家部署和推动在有关领域设置不同类型的创新奖。这些奖项不同于已有的对重大成果的奖励，而是更加聚焦于独特的创新上，对科学、技术、工程、文化、艺术、教育、管理、理论领域独特的具有重大意义的创新性成果给以奖励，推动形成真正的以创新为荣的社会风气和社会机制。

三、在多彩和交融中丰富中华文明内涵

中国地域辽阔，人口众多，不仅拥有 56 个民族，而且拥有丰富多彩的地域文化。在长期的历史发展过程中，各民族、各地域、各方面的文化交流融合，才逐步形成了博大精深的中国文化和中华文明。到当代，中华文化不仅包括大陆的主流文化，而且理所当然地包括港澳台同胞传承和创造的文化，同时，还应该包括广大海外侨胞传承和创造的文化。因此，习近平总书记使用的"中华民族优秀传统文化"，是比"中国优秀传统文化"更为宽广的一个概念。

自古至今，中华民族的每个民族、每个部分、每个区域都为中华民族的发展和繁荣作出了重要的贡献，也成为中华文明不可分割的组成部分。每个民族、每个部分、每个区域的文化都有共同的内容、价值，由此才构成了中华民族的统一性，使中华民族成为不可分割的共同体；同时，每个民族、每个部分、每个区域的文化也有自己的特点，它们组合在一起，才使中华文化和中华文明具有丰富多彩的内容。不同民族的语言、不同地域的方言、不同群体的饮食爱好，不同

地方的风俗习惯，乃至南方人与北方人的性格特点，都显示了中华文化的多样性，展示了中华文明的绚丽多姿。

以非物质文化遗产为例，截止到2021年，我国国家、省、市、县四级非物质文化遗产名录已经认定非遗代表性项目10万余项。到2022年12月，中国已有43项进入联合国教科文组织的非物质文化遗产名录，位居世界第一。所有这些项目均具有非常鲜明的民族特色、地域特色、历史特色，是中华文明多样性的一个极好的代表。对它们精心呵护，既是保护了文化的多样性，也是保留了多样性传承的基因。在它们的基础上，或通过其相互交融，已经形成了当代中国的许多文化品种，也不排除将来还可能通过多样化的融合，形成更多更丰富的现代文化、现代文明。

所以，建设中华民族现代文明，必须充分注意到中华文化和中华文明的这种多元一体的性质，努力在多彩和交融中进一步丰富中华民族现代文明的内涵。要坚决维护中华民族的统一性，筑牢中华民族共同体意识，发展中华民族最具有代表性的现代文明，同时，也要注意保护中华文明的多样性，尊重和发展各民族、各地区的文化特色，加强各种类型文化的交流和交融。

例如，我们一方面要继续推广普通话，另一方面也要注意保护方言。应该允许方言在一定的范围和场景中使用。某些省区市的广播电视，可以设立少量的方言播报、方言节目，引导方言有序传承。制定和实施全国方言调查和研究工程，组织专家对所有的方言进行专门研究和比较研究，吸收方言中某些具有特色且在普通话中难以准确表述的词汇，使中国语言文字更加精准和丰富多彩，同时，也通过方言的历史变迁发掘中国社会结构、人口迁徙、群体交流、文化融合的历史过程和内在规律。

又如，改革开放以来，中国所有城市的建设都有突飞猛进的发展，但城市建筑越来越雷同，几乎到了千城一面的地步，没有保留或形成各地城市建筑风貌的特色。而与之同时，中国建筑的整体风格和特点是什么？直到今天，也没有令人满意的答案。大屋顶，原来是一种很有特色的建筑风格，但曾被当作封建糟粕而受到批判。随着高层建筑的发展，大屋顶又几乎消失。中国成了世界各种建筑风格的试验场。但在试验的基础上，能不能产生既有民族特色又有现代风格的新型建筑呢？希望早日得到令人满意的答案。

所以，党和国家应该采取更多的措施，加强对民族文化、地域文化的研究，如组织全国范围的方言普查、全国范围的文化品类和项目普查、全国范围的老旧建筑普查。通过普查，摸清家底。在此基础上，深化文化多样性研究，比较各种文化品类的共性和特色，寻找文化传承和发展的规律，吸收其中积极活跃的元素，推动中华民族现代文明的建设以更大力度和更大规模不断发展。

四、贵州文化的特色和建设

贵州是中国古人类的发祥地和中国古文化的发源地之一，现在又是首个国家级大数据综合试验区，世界知名山地旅游目的地、国家生态文明试验区、内陆开放型经济试验区。全省有 56 个民族，世居民族有 18 个。2022 年末全国重点文物保护单位 81 个。贵州拥有众多的优秀传统文化，也拥有众多的自然风光和人文景观，是典型的文化多样性省份。

贵州人民自古以来就形成了淳厚朴实、勤劳勇敢、爱国奉献的优良传统。贵州是当年红军长征途中活动时间最长、活动区域最广、发生事件最多的省份之一。特别是 1935 年的遵义会议实现了党的历史上的一次伟大转折。在此前后的黎平会议、猴场会议、苟坝会议等都是在贵州境内召开的。抗战时期，贵州有将近 70 万人奔赴前线，哪里有恶仗，哪里就有贵州兵。贵州收容转移了大量难民和伤病人员，聚集了一批迁徙过来的工厂、院校和其他设施，几十万民工修建战略通道，输送转运了大批物质。在社会主义建设时期，贵州作为三线建设的一部分，为国家建设大局作出了特殊贡献。改革开放以来，贵州取得了一系列新的成就。特别是党的十八大以来，把大数据作为三大战略行动之一，扎实推进大数据全方位发展，迅速在大数据方面走在了全国的前列。习近平总书记提出的"团结奋进、拼搏创新、苦干实干、后发赶超"精神，是在融汇贵州人民各种传统和精神的基础上形成的，也是贵州各族干部群众不畏艰险、奋力攀高、赶超跨越的真实写照。

贵州文化是山水文化、民族文化、传统文化、红色文化、爱国文化、现代文化的交汇和融合。在建设中国式现代化和中华民族现代文明的过程中，贵州有自己的特色和优势，可以发挥自己独特的作用。以遵义会议为中心的红色文化建设已经取得了显著的成绩。抗战文化还可以进一步挖掘。丰富多彩的民族文化，不仅要在旅游项目中充分展示，更要组织力量作出更有深度的研究，比如，可以考虑制定和实施一项大规模的贵州民族传统文化研究工程。

对于大数据建设，更要继续保持领先地位，不仅要加强大数据的建设，而且要扩展大数据的应用，使之产生更大的效益；不仅要继续研究大数据的技术问题，而且要研究大数据的文化问题，研究大数据给人类社会带来了哪些机遇和挑战，研究怎样解决大数据应用中的法律和伦理问题，主动提出大数据发展应用必须遵循的原则，积极倡导国际社会制定大数据发展和应用规则，大力宣传在社会生活中正确对待和弘扬大数据文化。诸如此类，都是具有前沿性的重要课题。建议贵州成立一个专门的大数据文化研究中心，制定一个大数据文化研究规划，把对大数据文化的研究任务分配给有关院校和科研单位。以新的具有时代气息的大数据文化研究成果跻身全国文化发展前列，为中华民族现代文明的建设作出叫得响的贵州贡献。

迎接中华民族的伟大复兴

纪事和说明：

  本文发表于新华社《瞭望》周刊 2000 年 12 月 25 日第 52 期"新世纪大趋势"专刊。发表时标题改为《迎接中华民族真正复兴》。

  在世纪和千年之交，该文较早系统论述了中华民族伟大复兴问题，提出了中华民族伟大复兴的基本内容，说明应该如何实现中华民族伟大复兴。文章还明确提出"大力建设和弘扬新时代的中华文明"，并将其作为中华民族伟大复兴的内容之一，强调要"继承中华民族的优秀文化传统，摒弃糟粕，吸收精华，在新的更高的层次上建设面向现代化、面向世界、面向未来的，民族的科学的大众的中华文明"。

  20 世纪的最后一缕霞光将要消失。新世纪的太阳正以磅礴之势在东方地平线上冉冉升起。

  我们尊重历史，珍惜过去，但更憧憬未来，满怀着对于新世纪的希望。

  我们希望新世纪建设有中国特色社会主义事业再创辉煌，憧憬着有 5000 多年文明历史的中华民族实现新的伟大复兴。

一、炎黄子孙的不懈追求

中华民族源远流长。在长达 50 个世纪的历史进程中，炎黄儿女创造了辉煌的中华文明，写下了不朽的篇章。中华文明在世界上曾经领潮流和时代之先，并将这种领先地位一直保持到 15 世纪。直到乾隆末年，中国的经济总量仍居世界第一位，人口占世界 1/3，对外贸易长期出超。据保罗·肯尼迪《大国的兴衰》提供的数据，1800 年时，中国制造业的产量占到世界总产量的 33.3%，而整个欧洲只占 28.1%，美国只占 0.8%。[①]

中国人民还为整个人类文明作出了不可磨灭的贡献。中国古代的四大发明，对世界文明的发展产生了深刻的影响。明朝以前世界上主要的发明创造和重大科技成就大约有 300 项，其中中国有 170 多项。英国著名学者李约瑟列举了公元后 15 个世纪内中国完成的 100 多项重大发明和发现，大部分在文艺复兴前后传入欧洲，为欧洲的文艺复兴提供了重要的物质技术基础。在人类历史上，先后出现过多种类型的古老文明，但能够一直延续至今并且没有重大断裂的，只有中华文明。

我们为古老而辉煌的中华文明而感到骄傲，但同时也清醒地看到，近代中国，由于西方列强的侵略掠夺，由于自身封建制度的衰朽，由于闭关自守没有跟上时代进步的潮流，中华民族逐渐陷于落后的境地，甚至在西方列强的坚船利炮面前蒙受了奇耻大辱，一步步成为半殖民地半封建社会。我们不能忘记，1900 年，正当人类的脚步跨入 20 世纪之时，中国的首都北京却在这年的 8 月 14 日被"八国联

---

① 参见［美］保罗·肯尼迪：《大国的兴衰》，蒋葆英等译，中国经济出版社 1989 年版，第 186 页。

军"占领，处于帝国主义的铁蹄蹂躏之下。跨越19与20世纪之交的钟声，带给中华民族的，不是欢乐，而是满腔的痛苦和悲愤。

中华民族是刚毅不屈的民族。百年磨难，没有摧毁中华民族的意志和精神。身处逆境，更激起炎黄子孙奋斗的信念和决心。面对着一个古老民族的深刻危机，也面临着澎湃奔腾的时代潮流，救亡和进步，成为中华民族的两大历史性任务；进而实现民族复兴，成为无数志士仁人憧憬的理想。

民主革命的先行者孙中山先生，率先喊出了"振兴中华"的口号。他描绘："一旦我们革新中国的伟大目标得以完成，不但在我们的美丽的国家将会出现新纪元的曙光，整个人类也将得以共享更为光明的前景"[①]。

中国共产党，义无反顾地挑起了振兴中华的历史重任。通过领导人民革命，建立了新中国，使中国人民真正站了起来，为实现中华民族的伟大复兴奠定了坚实的基础。新中国建立之初，我们党就提出了把中国建设成为一个工业化的具有高度现代文化程度的伟大国家的任务。1964年，周恩来在第三届全国人民代表大会上，又根据毛泽东的提议，提出了分两步走在20世纪末实现四个现代化的目标。这一目标充分反映和代表了亿万中国人民的愿望。

1978年，党的十一届三中全会把全党的工作中心转移到了社会主义现代化建设上来，明确指出我们当前以及今后相当长一个历史时期的主要任务，就是搞现代化建设。以党的十一届三中全会为起点，中国人民为实现民族振兴、国家富强和人民幸福，通过改革开放，开始了以社会主义现代化为奋斗目标的一场新的伟大革命。邓小平提出的分"三步走"基本实现社会主义现代化的发展战略，为中华民族的振兴和社会主义的发展描绘了宏伟蓝图。经过20多年的努力奋斗，我

---

① 《孙中山选集》（上），人民出版社2011年版，第72页。

们已经胜利实现了第二步的战略目标。这是中华民族发展史上一个新的里程碑。

从新世纪开始，我们将进入全面建设小康社会和加快推进现代化的新的阶段。

以江泽民同志为核心的党中央科学分析国际国内形势，明确提出，进入新世纪，继续推进现代化建设、完成祖国统一、维护世界和平与促进共同发展，是我们必须抓好的三大任务。

民族大振兴，实现现代化，是当代中国人民的理想和追求，也是鼓舞亿万人民不懈奋斗的精神动力。这样的理想和追求是那样生动和绚烂地展现在新世纪的中国人民面前。江泽民以诗一般的语言指出：我们生活的这个星球正在发生深刻而又充满希望的变化。人类几千年文明进步聚积的能量，迸发出无穷的创造力。[1] 中国的社会主义现代化，中华民族的伟大复兴，已是跃出东方地平线的一轮绚丽红日，这轮红日是注定要高高升起来的，它的美丽霞光正在照耀祖国的大好河山。[2]

中华民族的伟大复兴必定还会经过种种磨难曲折，但是，只要各族人民同心同德，脚踏实地，艰苦奋斗，不懈努力，就一定能够创造出无愧于前人的光辉业绩。1999年12月31日，在首都各界迎接新世纪和新千年庆祝活动上，江泽民回顾既往，展望前程，表示坚信：在新世纪里，中国人民将坚定不移地沿着建设有中国特色社会主义道路继续前进，中国社会主义制度将经过不断改革而更加巩固和完善，中国的发展将通过各个地区的共同进步达到普遍繁荣，中华民族将在完成祖国统一和建立富强民主文明的社会主义现代化国家的基础上实现伟大的复兴！[3]

---

[1] 参见中共中央文献研究室编：《十四大以来重要文献选编》（下），中央文献出版社2011年版，第577页。
[2] 参见中共中央文献研究室编：《江泽民思想年编（1989—2008）》，中央文献出版社2010年版，第441页。
[3] 参见《江泽民文选》第二卷，人民出版社2006年版，第495页。

二、内涵丰富的伟大目标

实现中华民族的复兴，是一个内涵丰富的伟大目标。科学地确定其内容、任务和要求，是正确而又坚定地向这一目标前进的前提。

民族复兴，顾名思义，当然是相对于历史上的曲折而言的。作为这种复兴参照系的，一方面，是历史上曾经有过的辉煌；另一方面，则是后来曾经陷于的悲惨境地，包括直到现在还在某种程度上存在的落后状态。正因为有这两方面的情况，才谈得上"复兴"二字。

这种历史的比较，有利于激发爱国主义的热情，增强民族的自尊心和自豪感，增强为中华民族伟大复兴、为建设有中国特色社会主义事业努力奋斗的使命感和责任感，因此是必要的，也是有益的。这种历史的比较，是中华民族的一种特殊的精神动力和凝聚力，是我们极其宝贵的精神财富。在推进我们事业的过程中，需要不断地进行这种历史的比较。

与此同时，我们在进行这种比较的过程中，必须始终注意坚持历史唯物主义和辩证唯物主义的科学态度。第一，应该注意，不同历史时期的时代性质和社会制度是不一样的。复兴中华民族，并不是认为历史上的一切都是美好的，都要"复兴"，更不意味着尊崇和恢复任何封建主义的糟粕。第二，应该注意，落后与先进都是相对于当时的参照系而言。昔日的辉煌，无论如何，都仅仅是在落后生产力基础上的辉煌。今日的落后，也只是相对于当今世界发达国家的一些方面而言。从纵向的历史进程来看，中华民族的发展水平，早就不能与往昔同日而语。我们讲"复兴"，并不是颂古非今、厚古薄今。第三，应该注意，复兴中华民族，决不是提倡狭隘的民族主义，更不构成对其他任何国家的威胁。中国是爱好和平的国家和民族，中国追求的是自身经济的发展和社会的进步，决无任何试图凌驾于其他国家之上的意思。

基于这些重要的区别和界定，我们认为，所谓中华民族伟大复兴的目标，根据党和国家的一贯主张，至少应该包括以下几个方面的内容：

第一，大力发展社会生产力，进一步增强以经济科技文化力量为主的综合国力。加快现代化建设的步伐，健全和完善社会主义市场经济体制，实现经济社会的可持续发展，使我国的经济总量和发展水平有更大的提高，到21世纪的中叶，争取进入世界中等发达国家的水平，使人民的生活水平基本达到现代化的程度。

第二，大力推进社会的全面进步，实现社会各个领域的整体协调发展。坚持科教兴国，使中国的科技、教育水平进入世界先进行列。全面提高国民素质，满足人民群众日益增长的精神文化生活需求。加强民主法治建设，实现依法治国、建设社会主义法治国家的目标，提高人民政治生活的民主化水平。巩固和完善我们的各项基本制度。巩固和发展中华民族的大团结。

第三，大力建设和弘扬新时代的中华文明。继承中华民族的优秀文化传统，摒弃糟粕，吸收精华，在新的更高的层次上建设面向现代化、面向世界、面向未来的，民族的科学的大众的中华文明。立足中国现实，正确处理与世界其他文明的关系，以海纳百川的胸怀，科学地鉴别和吸收世界优秀的文明成果。使中华文明立于世界，跟上时代，在新的世纪焕发出更加夺目的光彩。

第四，解决台湾问题，实现祖国的完全统一。中华民族是一个统一的大家庭，中华民族的领土和主权不容分割。没有祖国的完全统一，就不会有完全意义上的民族复兴。坚持统一，是炎黄子孙的共同愿望，是我们长期追求的目标。对于任何把台湾从祖国分裂出去的企图，我们都坚决反对。我们期望着，在中华民族海内海外同胞、包括两岸人民的共同努力下，祖国统一的目标一定能够实现。

第五，屹立于世界先进民族之林，为世界的和平与发展作出更大的贡献。维护和保持国家的主权、独立和领土完整，以及在国际舞台上的民族尊严。积极发展与世界上所有国家的友好合作关系。高举和平的旗帜、发展的旗帜，树立中国维护世界和平和致力共同发展的形象，推动建立公正合理的国际政治经济和文明新秩序，与世界人民一道，共同建设一个和平、安宁、繁荣和昌盛的新世界。

需要强调，民族复兴是一个很长的历史过程，也是一个激励中国人民奋斗的理想。它并不是完全能够用很多具体的指标来加以衡量的。它有可以量化的内容，也有不可量化的部分。而且，任何目标都需要随着历史条件的变化而不断地加以充实和调整，不可能是完全静止、绝对不变的。在时代发展的进程中，我们对民族复兴的认识会不断深化，奋斗的目标也会更加清晰和丰富。所以，如果试图事先完全描绘出非常详尽的蓝图，是不现实的，也是不必要的。

三、靠奋斗创造美好未来

中华民族的伟大复兴是一个鼓舞人心的目标和前景。但实现这个目标，需要一系列重要的条件，根本的，是要靠全国各族人民的共同努力和奋斗。

第一，要实现中华民族伟大复兴的目标，必须在中国共产党的领导下，始终坚持走建设有中国特色社会主义的根本道路。中国人民在解救自身苦难、实现民族复兴的过程中，曾经寻求过多种救国救民的道路，但都失败了。只有在中国共产党的领导下，选择了社会主义，才使国家和民族出现了生机和希望。社会主义给中国带来了天翻地覆的变化，不仅使中国人民站了起来，而且使中国人民逐步富了起来。社会主义具有强大的生命力，同时也是一个漫长曲折的发展过程。从中国国情出发，建设有中国特色社会主义，是中国各族人民的共同理想。坚持共产党的领导，是中华民族伟大复兴的政治保证。没有党的领导，中国就会陷于一盘散沙、四分五裂的境地。实现中华民族伟大复兴的目标，与坚持党的领导、与建设有中国特色社会主义的目标是一致的。面向新世纪，只有在党的领导下继续坚定不移地沿着建设有中国特色社会主义的道路前进，才能真正实现中华民族的伟大复兴。

第二，要实现中华民族伟大复兴的目标，必须始终坚持党的基本理论、基本路线和基本纲领①不动摇。在中国这样经济文化比较落后的国家，怎样建设社会主义？怎样实现社会主义的现代化？我们经过了长期而艰难的探索。在总结正反两方面经验教训的基础上，在改革开放的实践中，终于逐步形成了我们党的关于如何建设有中国特色社会主义的基本理论——邓小平理论，以及党在社会主义初级阶段的基本路线和基本纲领。这是我们党的宝贵财富，也是实现中华民族伟大复兴的根本保证。实践证明，这些基本的东西不能变。形势越复杂，任务越繁重，斗争越尖锐，就越要坚持这些基本的东西。这是我们的主心骨。抓住这个主心骨，我们就能任凭风浪起，稳坐钓鱼船；就能真正抓住国际国内的各种机遇，迎接来自方方面面的各种挑战。如果在这些基本的东西上还反复折腾，中华民族伟大复兴的目标就难以实现。对此，一定要有清醒的认识。

第三，要实现中华民族伟大复兴的目标，必须始终跟上时代潮流，不断增强中华民族的生命活力。民族是否振兴，不仅要从纵向上作历史的比较，更重要的是看在横向比较中是否走在了世界的前列、时代的前列。因此，我们要实现中华民族的伟大复兴，就决不能关起门来做井底之蛙。人类历史上，曾经有多少个文明古国盛极一时，但曾几何时，又自我陶醉，不思进取，最终大浪淘沙，被时代的潮流所淹没。中华民族由于闭关自守，也多次与重要的历史机遇失之交臂。

---

① 2017年党的十九大提出基本方略，不再使用基本纲领的概念。

这样的教训再也不能忘记了。当今世界，政治多极化继续发展，经济全球化日益加速，科技革命不断深化，人类的社会生活正以前所未有的速度发生着深刻的变化。时代在进步，文明在升华。这种加速奔腾的潮流，既给我们提供了机遇，也向我们提出了挑战。中华民族要保持生命之活力，跻身于世界先进民族之林，就必须紧紧把握时代的脉搏，随着时代的脚步一同前进，永远走在时代的前列。要始终放开眼界，紧密关注世界经济、政治、科技、文化发生的变化；要以敏锐的眼光，及时捕捉反映世界潮流的最新趋势；要以正确的战略策略，把握住中国与世界的双向互动关系，努力取得和保持在世界舞台上主动和领先的地位。

第四，要实现中华民族伟大复兴的目标，必须坚持正确处理改革、发展、稳定的关系，保持生机勃勃和国泰民安的局面。反思历史之教训，总结改革开放之经验，改革、发展、稳定，是关系中华民族大局的三枚棋子。发展，是中华民族活力之所在，也是活力之表现。发展是硬道理。解决中国的所有问题，根本上在于发展。只有坚持发展，不断发展，持续发展，国家才能强盛，人民才能富足，中华民族才能够实现复兴。没有发展，什么都谈不上。在当代中国，发展又要通过深化改革、扩大开放，建立起生机勃勃的，既有强大动力又始终和谐平衡的机制和体制，才能够得到实现。进入新世纪之时，改革开放的任务还非常繁重。我们必须以一往无前的勇气和决心，坚持在改革开放方面取得新的进展，为中华民族更快更健康的发展奠定坚实的基础。稳定，是中华民族治国之要。历史上，种种内忧外患，次次社会动荡，无不给国家和人民造成巨大的灾难，大伤中华民族的元气。如何在积极发展的同时，保持国家、民族和社会的稳定，始终是我们需要解决的一个重大课题。只要少些折腾，或者根本不再折腾，坚定不移地朝着未来的目标前进，中华民族的复兴就一定大有希望。

第五，要实现中华民族伟大复兴的目标，必须坚持调动一切积极因素，团结海内外所有同胞，实现中华民族的大团结、大联合。实现中华民族的伟大复兴，是所有炎黄子孙的共同愿望。在新的世纪，无论是推进现代化建设，还是完成祖国统一的任务，或者是维护世界和平与促进共同发展，都需要把中华民族所有爱国同胞的智慧和力量凝聚起来，把全体人民的积极性和创造性发挥出来。人越多越好，心越齐越好，力量越大越好，阻力越小越好。所以，在新的历史时期，我们一定要高举爱国主义、社会主义的旗帜，多做争取人心、凝聚力量的工作，坚持团结一切可以团结的力量，调动一切积极因素，化消极因素为积极因素，使整个中华民族形成一个强大的合力。只有把全体中华儿女都团结起来共同奋斗，实现中华民族的伟大复兴才更有成功的把握。

第六，要实现中华民族伟大复兴的目标，必须把远大理想和阶段任务结合起来，脚踏实地，艰苦奋斗，一步一个脚印地前进。中华民族伟大复兴，是一个伟大的目标，也是一个历史的进程。长远的目标是既定的，但在不同的阶段，有不同的条件、不同的任务和不同的需要解决的课题。因此，实现中华民族的伟大复兴，要把长远和根本的目标与一定时期的主要任务结合起来，分阶段分步骤地推进。新世纪，我们的目标是，第一个十年实现国民生产总值比2000年翻一番，使人民的小康生活更加宽裕，形成比较完善的社会主义市场经济体制；再经过十年的努力，到建党一百年时，使国民经济更加发展，各项制度更加完善；到世纪中叶建国一百年时，基本实现现代化，建成富强民主文明的社会主义国家。如果一步跟着一步地实现了这三个阶段的目标，那就意味着不断地接近了中华民族伟大复兴的目标，或者说，把中华民族伟大复兴的理想一步接着一步地转化成了现实。为了实现这些阶段性的目标，我们必须周密筹划，制定好目前的"十五"

计划和未来更长远的发展规划。按照以江泽民同志为核心的党中央的战略部署，求真务实，脚踏实地，埋头苦干。要正确处理现实条件与奋斗目标的关系，利用有利条件，克服不利条件。始终发扬中华民族吃苦耐劳、艰苦奋斗的精神。靠我们自己的双手，用我们头脑的智慧，建设更加美好的民族家园，把中华民族的伟大复兴变为现实。

在新的世纪来临之际，让我们套用毛泽东的语言，来迎接中华民族的伟大复兴：

中华民族的伟大复兴（新中国）站在每个人民的面前，我们应该迎接它。

中华民族伟大复兴（新中国）航船的桅顶已经冒出地平线了，我们应该拍掌欢迎它。

构建中国特色社会主义的核心价值观

纪事和说明：

　　本文发表于《科学社会主义》杂志 2005 年 4 月第 2 期。由我自己撰写，但采取了答问形式，问者为中央党校贾建芳教授。

　　该文在学术界和社会上第一次提出了构建中国特色社会主义核心价值观的问题，并且严谨地对价值、价值观、核心价值、核心价值观、价值体系等概念作了科学的界定和辨析。此后在多个场合，包括内部报告中，我就核心价值观问题提出了一系列建议，包括建议正式使用"中国特色社会主义核心价值观"概念。

　　此后，2006 年党的十六届六中全会第一次使用了"社会主义核心价值体系"的概念。2012 年党的十八大又使用了"社会主义核心价值观"的概念。

　　记者：中国特色社会主义，是我们正在从事的伟大事业，也是科学社会主义理论研究的中心课题。随着时代的发展，对中国特色社会主义的研究迫切需要进一步深化。您认为，应该从哪里突破并深化呢？

李忠杰：中国特色社会主义是当代中国的一个中心命题。20多年来，我们已经围绕着它做了很多文章。但随着社会实践的发展，对"中国特色社会主义"的研究确实需要进一步深化。从哪里深化？我认为，抓住"价值"二字做文章，认真研究中国特色社会主义的核心价值问题，争取构建中国特色社会主义的核心价值观，可能是把中国特色社会主义理论与实践推向前进的一个着力点，也是进一步丰富和发展科学社会主义理论的一个切入点。

一、再从房屋的形式、功能和价值说起

记者：我看到您1997年曾在《人民日报》发表过一篇文章，副标题叫"由房屋而论什么是社会主义"，很新鲜，里面好像涉及了社会主义的价值问题。

李忠杰：是的。"由房屋而论什么是社会主义"原来是那篇文章的标题，发表时编辑将它改成副标题了。文章的大意是说：

我们建造一所房屋，当然必须考虑这座房屋的形式问题：多长？多宽？多高？什么样的门窗？墙壁？形体？颜色？风格？等等。所有这些，都要认真研究、明确回答，按照要求严格设计和施工。

但是，在回答所有这些问题之前，实际上必须首先回答一个最根本的问题，即：这座房子是干什么用的？也就是说，这座房子的功能是什么？对我们有何价值？建造这座房子的目的和任务是什么？只有首先明确了这些问题，设计师才能开始设计，工程师也才能着手施工。倘若这座房子是做礼堂用的，就要按照礼堂的功能要求设计它的具体形式，使它有较大的空间、宽敞的舞台和一定数量的座位。倘若是做居民住房用的，那就要按照住房的功能要求，设计一定数量的单元套房。只有这样，房屋的具体形式和基本特征才符合它的功能、价值、目标和任务的要求，才能真正起到它的作用。否则的话，本来需

要一座礼堂，却建成了公寓；本来需要一幢住宅，却建成了仓库，虽然形式上算房子，但它已不能实现其本来的功能和价值了。不仅会造成极大的浪费，甚至会劳而无功。

同样的道理，我们搞社会主义，当然需要知道社会主义的具体形式和基本特征，但更为重要的，是应该知道它的功能、价值、目标和任务，即社会主义是干什么用的。社会主义的一切制度、体制、模式，都要围绕着这个中心问题来设计和建设。只有这样，我们建设起来的一切社会主义的具体形式，才能最大限度地发挥社会主义的功能和价值，实现社会主义的目标和任务。过去，我们在社会主义理论和实践中的偏差，就是只注意到了社会主义的具体制度和形式，但没有注意到它的功能和价值，就形式讲形式，把形式摆在了最重要的位置上，而不是根据功能、价值、目标、任务的要求来设计和规定具体形式，犯了本末倒置的毛病。

记者： 用这样形象的比喻，说明了价值的重要性？

李忠杰： 是的。我从房屋的形式和价值说起，意在形象地揭示，邓小平社会主义本质论的真谛和高明之处，就在于实际上揭示了社会主义的功能、价值、目标和任务，说明了社会主义的一切具体制度和形式，都要体现、服从、符合这个功能、价值、目标和任务的要求。符合这个要求的，就坚持；不符合这个要求的，就改革。正是在这个意义上，社会主义的其他一切概念，都要服从于社会主义的本质。抓住了本质，才抓住了社会主义范畴中最核心的内容，才能真正科学地回答"什么是社会主义、怎样建设社会主义"的问题。

从房屋与社会主义的关系可知，价值，无论是对于房屋还是社会主义，都是最为重要的。正因为对人有某种特别的价值，我们才需要房子，也才需要社会主义。反过来，也可以说，我们所需要的，是房屋和社会主义能够提供的价值，而并不在乎它究竟是哪种具体的形式。形式是什么，不是决定性的。它们是好还是坏，关键是看能否实现其对于我们的价值。形式要服从于价值，而不是价值服从形式。

二、加强对社会主义价值本身的研究

记者：8年时间过去了，您认为房屋这个比喻还贴切吗？重提这篇文章，您希望表达一个什么意思呢？

李忠杰：这个比喻现在看来仍然是贴切的。但既然过了8年，这个研究当然就需要进一步深化。当时，我主要想说明形式与价值的关系。而现在，我则觉得，已经需要对社会主义的价值本身作进一步深入的研讨了。

既然房屋的形式必须服从它对于人的价值，那么，房屋的价值到底是什么呢？无疑，最基本的，是供人居住。此外，还有办公、娱乐、聚会等等。为什么房屋这种建筑形式可以满足人们对于居住、办公、娱乐、聚会的价值需求呢？因为房屋通过适当的材料营造了一个与大自然相对分离的独立空间，使人能够处在适宜的生存环境和条件中，保障生理和精神的安全、舒适，防止外部环境和生物对于人类的侵害。这就是房屋对于人的最核心的价值。千百年来，甚至从人类开始穴居起，房屋的形式发生过无数的变化，但它满足人的生存、安全、舒适需要的核心价值却从来没有根本的不同。无论采用什么形式，它都必须具有这些功能，体现出对于人类的核心价值。如果有什么不同，那也只是：随着时代的发展，人类的价值需求会愈益丰富和提升；在不同时代，各种形式满足人类价值需求的层次、水平和质量有所不同。

同样，社会主义与我们人类之间，也有一种基本的价值关系。人类之所以需要社会主义，就是因为它对于我们有可资利用的价值，能够满足我们某些最重要的价值需求。社会主义的形式可以多种多样，但它归根结底，是要能够满足我们对于它的价值需求。在不同的历史条件和社会环境下，社会主义的形式会有不同的表现和特点，但它对于人们的价值应该是基本的、稳定的、一贯的。判断某种社会主义形式适用与否、优劣如何，主要不是看它的形式，而是看它所包含的或能够实现的核心价值。社会主义既然称为社会主义，就必然有它内含的核心价值。我们建设社会主义，目的并不是锁定它的某种特定的形式，而是从根本上利用它对于我们的核心价值。认识和揭示了社会主义的核心价值，我们采用社会主义的这一种或那一种形式才有明确的目标和取舍的标准，如何改革和完善社会主义才有正确的方向。

记者：那么，对价值本身怎么解析？

李忠杰：价值是一个非常重要的东西。这里所说的价值，不完全等同于经济学上作为一般人类劳动凝结的价值范畴，而是主要指某种物品、形制、规范或活动对于人类的有用性，大体上就是它的使用价值。没有使用价值的东西是不受人们欢迎的。具有使用价值，也就是对人有价值。只有真正体现出对于人的价值，才能真正持久地发挥它对于人的有用的功能，也才能受到人们的欢迎，并具有恒久的生命力。

价值有基本价值、特殊价值、不同层级的价值等等。在不同的时代和环境条件下，价值会有不同的要求和内容。但贯串其中的，必有它的核心价值。房屋有它的核心价值，社会主义同样有它的核心价值。核心价值是最基本的价值，也是比较恒定的价值。随着时代的变迁，社会主义的次级价值、具体价值，乃至某些基本的价值会有变化和发展，但核心价值大体应该是恒定的。抓住核心价值，就抓住了社会主义价值需求、价值创造、价值体系、价值实现的关键。

中国特色社会主义，是立足于当代中国实际的社会主义。中国特色社会主义的核心价值既具有社会主义的共性，又有中国的个性，同时还具有时代性。我们要把中国特色社会主义的理论与实践进一步推向前进，就必须及时注意研究它的核心价值，适时构建起中国特色社会主义的核心价值观。

三、邓小平理论中的价值思想

记者： 价值问题在哲学领域比较早地受到了重视。但在科学社会主义领域，价值、价值观念、社会主义核心价值，等等，曾经长期处于我们的视野之外。国内一些关于社会主义的辞典中，好像连这样的词汇都没有。

李忠杰： 但随着改革开放和现代化建设的深入，随着邓小平理论和"三个代表"重要思想的形成，价值问题已经越来越多地进入了我们的理论和实践。

记者： 从党的基本理论来说，邓小平研究过价值问题吗？

李忠杰： 邓小平没有专门研究过价值问题，但在讲到其他一些问题时，曾经使用过"价值""价值观"等概念。从我检索的情况看，《邓小平文选》三卷中，一共有 11 次使用了"价值"概念。在《邓小平年谱（1975—1997）》中，则 12 次使用了"价值"一词。"价值"在不同情况下的使用，反映出他对于价值问题的一些观念和思考。

记者： 邓小平是在什么意义上使用"价值"一词的？

李忠杰： 邓小平比较早地使用"价值"一词是在 1941 年。当时，讲到部队的文化工作，邓小平要求注意某些为群众所喜欢的旧的文艺形式，在反映现实时有"可利用的价值"，他强调："只有具有强烈的政治性和丰满的现实性之艺术品，才能有高度的艺术价值。"[①]

1977 年之后，在拨乱反正和改革开放的进程中，邓小平进一步讲

[①] 《邓小平文选》第一卷，人民出版社 1994 年版，第 27、28 页。

到了学术论文和刊物的"价值",理论研究的"学术价值",某些资料和成果的"参考价值",西方某些进步学者所撰著作的"价值",等等。他还讲到某些建筑样式的"使用价值",某些植物的"推广价值"。在经济方面,多次讲到"价值规律""价值法则",强调要尊重价值规律。他还使用过"人的价值"一词,但主要是批评当时某些人抽象地谈论"人的价值"问题。他在为英国培格曼出版公司编辑出版的《邓小平副主席文集》英文版所写的序言中表示:"如果有一天这些讲话失去重新阅读的价值,那就证明社会已经飞快地前进了。那有什么不好呢?"①

在对外政策上,邓小平强调,在国际舞台上,中国既不要高估自己的价值,也不要低估自己的价值。他讲道,联合国中第三世界的成员增加了,"对这个变化的价值要给予充分的估量"②。特别是1989年11月13日,在讲到国际关系时,他感叹"国家之间的价值观差距太大了"③。这是邓小平第一次似乎也是唯一的一次使用"价值观"的概念。

记者:邓小平论述过社会主义的价值问题吗?

李忠杰:邓小平没有直接论述过社会主义的价值和价值观问题。但他对于什么是社会主义、怎样建设社会主义这一基本问题的思考和回答,实际上渗透和包含了非常深刻的价值论思想。

比如,邓小平从不同角度强调:只有社会主义才能救中国,只有社会主义才能发展中国。实际上这就是肯定社会主义对于中国的价值。他总结我国社会主义建设的经验教训,从不同角度指出:贫穷不是社会主义,发展太慢也不是社会主义;僵化封闭不能发展社会主

---

① 中共中央文献研究室编:《邓小平年谱(1975—1997)》(下),中央文献出版社2004年版,第714页。
② 《邓小平文选》第二卷,人民出版社1994年版,第416页。
③ 中共中央文献研究室编:《邓小平年谱(1975—1997)》(下),中央文献出版社2004年版,第1299页。

义，照搬外国也不能发展社会主义；平均主义不是社会主义，两极分化也不是社会主义；没有民主就没有社会主义，没有法制也没有社会主义；不重视物质文明搞不好社会主义，不重视精神文明也搞不好社会主义。这些论断，用的都是排除法，但排除的结果也就从正面确立了社会主义的内容，也就是揭示了社会主义的基本价值。

再如，邓小平强调："社会主义经济政策对不对，归根到底要看生产力是否发展，人民收入是否增加。这是压倒一切的标准。空讲社会主义不行，人民不相信。"① 在他指导下制定的社会主义初级阶段的基本路线，明确把建设富强民主文明的社会主义现代化国家作为奋斗目标。这里的"富强民主文明"，应该说就是我们所需要的核心价值。

特别是在1992年初的南方谈话中，针对人们在姓"社"姓"资"问题上的困惑，邓小平明确提出："社会主义的本质，是解放生产力，发展生产力，消灭剥削，消除两极分化，最终达到共同富裕。"② 这一社会主义本质论，从一个新的高度，揭示了社会主义的最主要功能和最基本价值，从而更深刻地揭示了社会主义各种制度、特征的内在联系，指出了社会主义的发展方向和根本任务，把我们对社会主义的认识提高到了一个新的科学水平，实际上就是提到了核心价值的水平。

四、江泽民对价值问题的关注

记者：党的十三届四中全会以后，我们整个社会对于价值问题的研究愈益展开，人们对于价值问题的重视程度越来越高，"价值观念""价值取向"等概念也越来越成为社会流行的话语了。

李忠杰：是的。在这样的大背景下，江泽民不仅对价值问题给予

---

① 《邓小平文选》第二卷，人民出版社1994年版，第314页。
② 《邓小平文选》第三卷，人民出版社1993年版，第373页。

了越来越大的关注，而且赋予了价值问题更高的理论地位、思想地位乃至政治地位。

记者：举例来说？

李忠杰：江泽民充分肯定邓小平理论的重要地位和价值。认为邓小平著作的"光辉价值已经并将继续在我们的实践中得到证实"[①]。

1997年10月30日，江泽民在美中协会等六团体举行的午餐会上说："重视人的尊严和价值，是中华民族的传统美德。"[②] 2000年9月，在联合国千年首脑会议上，他重申："中华民族历来尊重人的尊严与价值。"[③] 他还认为，"在人类自身生产中，妇女更具有特殊的价值"[④]。他要求我们正确认识和对待个人价值问题。特别是希望青年人"坚持实现自身价值与服务祖国和人民的统一"，努力在用自身知识为祖国和人民服务的过程中，"使自身价值得到充分实现"[⑤]。使自己的"人生价值"[⑥]、"生命价值""更加完美地展现出来"[⑦]。

江泽民指出："在对外开放过程中，西方资产阶级的政治主张、价值观念和生活方式也必然乘隙而入。我国社会经济成分、组织形式、物质利益和就业方式的多样化，也必然给人们的思想观念、价值取向、文化生活带来多样性。"[⑧]。因此，他鲜明地提出"三观"要求，提醒全党注意价值观念和价值观问题。"领导干部要讲学习、讲政治、讲正气，自重、自省、自警、自励，树立正确的世界观、人生观、价

---

① 江泽民：《论党的建设》，中央文献出版社2001年版，第110页。
② 中共中央文献研究室编：《江泽民论有中国特色社会主义（专题摘编）》，中央文献出版社2002年版，第323页。
③ 中共中央文献研究室编：《江泽民论有中国特色社会主义（专题摘编）》，中央文献出版社2002年版，第325页。
④ 中共中央文献研究室编：《江泽民论有中国特色社会主义（专题摘编）》，中央文献出版社2002年版，第416页。
⑤ 中共中央文献研究室编：《江泽民论有中国特色社会主义（专题摘编）》，中央文献出版社2002年版，第419页。
⑥ 江泽民：《论"三个代表"》，中央文献出版社2001年版，第184页。
⑦ 中共中央文献研究室编：《江泽民论有中国特色社会主义（专题摘编）》，中央文献出版社2002年版，第421页。
⑧ 江泽民：《论"三个代表"》，中央文献出版社2001年版，第122页。

值观"①。在他的讲话中,"价值观"一词使用达几十次之多。他要求我们的领导干部"要多做些有益于国家、社会和人民的事,这才是人生价值的根本体现"②。按照"三个代表"重要思想,他认为:"人民,只有人民,才是我们工作价值的最高裁决者。"③

在科学技术和文化建设方面,江泽民希望广大科技工作者"在科教兴国的伟大事业中实现自己的理想和社会价值"④。要"力争获得具有重大实际应用价值的成就和具有世界先进水平的突破"⑤。要"使广大科技人员的收入符合其劳动创造的价值和贡献"⑥。他认为,精神产品的"价值实现形式更重要地表现在社会效益上"⑦。

在经济问题上,江泽民多次讲到劳动价值问题。其中包括"价值规律""价值实现形式"等等。强调经济活动要"遵循价值规律的要求"⑧。特别是根据社会历史条件的变化,他提出要"深化对社会主义社会劳动和劳动价值理论的研究和认识"⑨。根据这一要求,中央党校前几年还专门组织了调查研究。

记者:这还是使用"价值"范畴。有没有直接论述社会主义的价值问题呢?

李忠杰:从现已公开发表的讲话和著述来看,江泽民还没有直接使用"社会主义的价值""社会主义价值观""社会主义价值观

---

① 中共中央文献研究室编:《江泽民论有中国特色社会主义(专题摘编)》,中央文献出版社2002年版,第437页。
② 中共中央文献研究室编:《江泽民论有中国特色社会主义(专题摘编)》,中央文献出版社2002年版,第711页。
③ 中共中央文献研究室编:《江泽民论有中国特色社会主义(专题摘编)》,中央文献出版社2002年版,第638页。
④ 江泽民:《论科学技术》,中央文献出版社2001年版,第75页。
⑤ 中共中央文献研究室编:《江泽民论有中国特色社会主义(专题摘编)》,中央文献出版社2002年版,第239页。
⑥ 中共中央文献研究室编:《江泽民论有中国特色社会主义(专题摘编)》,中央文献出版社2002年版,第248页。
⑦ 江泽民:《论党的建设》,中央文献出版社2001年版,第136页。
⑧ 中共中央文献研究室编:《江泽民论有中国特色社会主义(专题摘编)》,中央文献出版社2002年版,第71页。
⑨ 江泽民:《论"三个代表"》,中央文献出版社2001年版,第170页。

念""社会主义基本价值""社会主义价值体系""社会主义核心价值"等等这样一些价值概念和范畴。但如果不限于直接的概念和论述，而是从他对什么是社会主义、怎样建设社会主义问题的思考和回答来看，从"三个代表"重要思想的体系和本质来看，江泽民实际上还是越来越多地触及了社会主义的核心价值观问题。

比如，"代表中国先进生产力的发展要求""代表中国先进文化的前进方向""代表中国最广大人民的根本利益"，这三个最基本的要求，实际上集中概括了中国共产党的价值追求，从根本上揭示了中国特色社会主义的价值取向。

又如，在物质文明和精神文明之外，江泽民又提出政治文明的要求，强调"建设有中国特色社会主义，应该是我国经济、政治、文化全面发展的进程，是我国社会主义物质文明、政治文明、精神文明全面建设的进程"。将三大文明融为一体，更加全面地确立了中国特色社会主义的价值目标。

再如，在2001年的"七一"讲话中，江泽民比我们党以往任何文件都更为突出、更为鲜明地论述了人的全面发展问题，强调努力促进人的全面发展，是马克思主义关于建设社会主义新社会的本质要求。这一思想，表明了我们党对于人的问题的研究和认识愈益深化。

从检索某些词的使用频率，还可以看出江泽民对与社会主义有关的某些价值范畴的关注程度。如在《江泽民论有中国特色社会主义（专题摘编）》一书中，"社会主义"一词出现过1793次，"有中国特色社会主义"出现过662次，"发展"出现过2870次，"全面"出现过407次，"全面发展"出现过29次，"社会进步"出现过39次，"协调"出现过107次，"共同富裕"出现过36次，"可持续发展"出现过47次，"法治"出现过24次，"互助"出现过13次。

五、我们已经越来越触及中国特色社会主义的核心价值

记者： 十六大以来，党和国家对社会主义的价值问题是否越来越重视了呢？

李忠杰： 在党和国家的文献中，还没有正式提出社会主义的核心价值等命题。但以胡锦涛同志为总书记的党中央，从新世纪新阶段的实际出发，提出科学发展观，进一步确立全面建设小康社会的战略目标和建设社会主义和谐社会的任务。这些重要的执政理念的提出，表明我们在理论和实践上，正在越来越深入地触及中国特色社会主义的核心价值。

记者： 从科学发展观来说，似乎包含着不少价值思想。

李忠杰： 是的。党的十六大确立的全面建设小康社会的战略目标中，包含了三大文明、六个"更加"等丰富内容，要求实现经济、政治、文化的全面发展。党的十六届三中全会进一步指出："坚持以人为本，树立全面、协调、可持续的发展观，促进经济社会和人的全面发展。"[1]2004年2月，党中央举办省部级主要领导干部"树立和落实科学发展观"专题研究班，公开使用了"科学发展观"的概念，并全面系统地阐述了科学发展观的内涵和要求。在3月份人大、政协两会期间的中央人口资源环境工作座谈会上，胡锦涛发表重要讲话，准确地界定了全面、协调、可持续、以人为本等等要求的含义。所谓全面，就是要以经济建设为中心，全面推进经济、政治、文化建设，实现经济发展和社会全面进步。协调，就是要坚持"五个统筹"，推进生产力和生产关系、经济基础和上层建筑相协调，推进经济、政治、文化建设的各个环节、各个方面相协调。可持续，就是要促进人与自

---

[1] 中共中央文献研究室编：《十六大以来重要文献选编》（上），中央文献出版社2011年版，第465页。

然的和谐，实现经济发展和人口、资源、环境相协调，坚持走生产发展、生活富裕、生态良好的文明发展道路，保证一代接一代地永续发展。以人为本，就是要以实现人的全面发展为目标，从人民群众的根本利益出发谋发展、促发展，不断满足人民群众日益增长的物质文化需要，切实保障人民群众的经济、政治和文化权益，让发展的成果惠及全体人民。

科学发展观的这些内容，进一步说明了我们所要建设的，应该是一个什么样的社会；所要达到的，是一个什么样的目标。科学发展观强调的一系列范畴，具有强烈的价值色彩，实际上属于价值论的范畴。因此，科学发展观的提出和系统化，把我们发展的目标进一步引导到核心价值的层面上，在一定程度上揭示了中国特色社会主义的核心价值观。

记者： 和谐社会呢？

李忠杰： 党的十六大确定："我们要在本世纪头二十年，集中力量，全面建设惠及十几亿人口的更高水平的小康社会，使经济更加发展、民主更加健全、科教更加进步、文化更加繁荣、社会更加和谐、人民生活更加殷实。"[1] "努力形成全体人民各尽其能、各得其所而又和谐相处的局面。"[2] 党的十六届四中全会进一步概括形成"和谐社会"的概念，提出"要适应我国社会的深刻变化，把和谐社会建设摆在重要位置"[3]，并要求不断提高构建社会主义和谐社会的能力。

什么是和谐社会？按照党的十六届四中全会的精神，它应当是全体人民各尽其能、充满创造活力的社会，是全体人民各得其所和利益

---

[1] 中共中央文献研究室编：《十六大以来重要文献选编》（上），中央文献出版社2011年版，第14页。
[2] 中共中央文献研究室编：《十六大以来重要文献选编》（上），中央文献出版社2011年版，第12页。
[3] 中共中央文献研究室编：《十六大以来重要文献选编》（中），中央文献出版社2011年版，第286页。

关系得到有效协调的社会，是社会管理体制和社会服务网络不断健全的社会，是稳定有序、安定团结、各种矛盾得到妥善处理的社会。2005年2月19日，胡锦涛在省部级主要领导干部提高构建社会主义和谐社会能力专题研讨班上的讲话中，更加概括地指出："我们所要建设的社会主义和谐社会，应该是民主法治、公平正义、诚信友爱、充满活力、安定有序、人与自然和谐相处的社会。"①

和谐社会的这些内容和要求，把我们党长期持有的关于全面、协调、稳定、社会进步、处理好各方面利益关系等等的思想，集中了起来，形成了中国特色社会主义的一个重要内容和目标。表明了中国特色社会主义事业的总体布局，已经更加明确地由社会主义经济建设、政治建设、文化建设"三位一体"发展为社会主义经济建设、政治建设、文化建设、社会建设"四位一体"。中国特色社会主义事业的价值目标，也已经更加明确地由社会主义物质文明、政治文明、精神文明"三位一体"的目标，发展成为社会主义物质文明、政治文明、精神文明和社会文明"四位一体"的目标。而民主法治、公平正义、诚信友爱、充满活力、安定有序、人与自然和谐相处等等范畴和要求，本来就具有鲜明的价值色彩，因此，也正在成为中国特色社会主义核心价值观中的重要范畴。

六、中国特色社会主义的核心价值应该包括哪些内容

记者：尽管我们已经越来越深入地触及中国特色社会主义的核心价值，但毕竟还没有正面提出这样的任务，也没有认真梳理和研究中国特色社会主义的核心价值到底包括哪些内容。

李忠杰：这种状况，不利于理论和实践的发展。建设中国特色社

---

① 中共中央文献研究室编：《十六大以来重要文献选编》（中），中央文献出版社2011年版，第706页。

会主义，必须首先明白这样的"主义"对我们有什么价值，为什么需要这样的"主义"，怎样去建设符合这种"主义"要求的各种制度、体制、生产方式和社会生活。比如，我们建任何制度、作任何决策、实行任何改革，都有一个"为了什么"的问题，也就是，它有什么价值？对谁有价值？有多大的价值？只有搞清楚了这样的问题，我们才能判断这类决策的是非对错，也才能决定有没有必要作这样的决策。所以，无论对于整个中国特色社会主义，还是对于日常的工作和生活，价值问题都是非常重要的。为了推动我们事业的发展，必须明确提出中国特色社会主义核心价值观的命题，认真研究和构建中国特色社会主义的核心价值观。

记者：怎样研究中国特色社会主义的核心价值问题？比如，核心价值和核心价值观有什么不同？怎样理解？

李忠杰：研究中国特色社会主义的核心价值问题，首先需要回答两大问题：一是中国特色社会主义的核心价值观有哪些？二是中国特色社会主义的核心价值有哪些？进而，还要研究怎样按照核心价值的要求来建设具体的体制和制度，从事各方面的工作和活动。

两个问题中的所谓"核心"，很好理解。因为价值和价值观是非常众多的。我们必须加以区分，依据重要程度和使用范围等等的不同，划分为不同的层次和等级。核心价值和核心价值观，当然就是其中最重要、最基本，能够决定和制约其他价值和价值观的内容。

价值和价值观呢？两者有没有区别？要不要将它们划分开来？我认为，是需要区分的。它们两者有联系，但仔细琢磨，并不完全是一回事。价值观一般是一种判断、一个命题、一条准则，等等。它是由若干的词语要素按照一定的语法规则和逻辑关系组合起来的完整的句式，是这种句式所表达的一种思想。而价值呢，是一定人群，乃至人类所需要的某种最基本的东西，也是人们孜孜努力，用一定的方式加以提供或实现的东西。这种东西可以是物质的，也可以是精神的。它的表达方式一般是某个单词或词组。虽然这个单词或词组可以用无数的语言加以阐释，但最终它仍然只能是一个单词或词组。而其所表达的，也只能是某种物质的存在，或某种精神的状态。

比如，邓小平的社会主义本质论，就是一个重要的价值论思想。"社会主义的本质，是解放生产力，发展生产力，消灭剥削，消除两极分化，最终达到共同富裕。"这是一个完整的句式，表达的不是某个物质存在或精神状态，而是一种命题、一种思想。从整体上，它只能说是价值观，而不是价值。只有对这个句式进行分解，从中寻找出某种能够满足人们物质或精神需求的东西，这种东西，才是价值——社会主义或中国特色社会主义所具有的或所需要的价值。"生产力"，分别用"解放""发展"与它组合起来的"解放生产力""发展生产力"，"消灭剥削"，"消除两极分化"，"共同富裕"，等等，就是邓小平的社会主义本质论所肯定的最重要的价值。

再扩而大之，稍微梳理一下，我们就可以发现，中国特色社会主义的价值观包括核心价值观已经很多，如：发展是硬道理；社会主义的根本任务是发展生产力；坚持以经济建设为中心；改革开放是发展中国的必由之路；社会主义的最大优越性是共同富裕；立党为公、执政为民；把最广大人民的根本利益作为党和国家工作的根本出发点和落脚点；建设富强民主文明的社会主义现代化国家；等等。

但在所有关于中国特色社会主义的价值判断和价值思想中，到底哪些是核心的价值观呢？这个问题目前还难以回答。需要我们进一步研究。

记者：再进而言之，中国特色社会主义的核心价值是什么呢？

李忠杰：对此，我们还没有进行比较深入的研究，因此，也还没有能作出明确的回答。邓小平的社会主义本质论，无疑揭示了中国特色社会主义非常重要的、核心的价值。"解放生产力，发展生产力，消灭剥削，消除两极分化，最终达到共同富裕。"都可以认为是中国特色社会主义的核心价值。但能不能反过来说，中国特色社会主义的核心价值就是这些，而没有其他了呢？我以为，不能。

如前所述，我们实际上已经越来越多地触及中国特色社会主义的核心价值问题，所以，如果加以梳理，是能找出不少这样或那样一些重要的范畴，为中国最广大人民所需求、为中国特色社会主义所包含的物质存在和精神状态，即中国特色社会主义的基本价值的。只不过在目前散在的思想资料中，它们还没有被提炼出来。所以，需要我们进行更加深入的研究、分析和概括，做进一步的提炼工作。

记者：您认为，中国特色社会主义的核心价值有哪些呢？

李忠杰：比如，我在想，以下的一些范畴能不能算是中国特色社会主义的核心价值呢？

发展。——发展本身似乎不是价值。但由于满足人们所有的物质和精神需求，都必须通过发展来实现，所以，中国特色社会主义特别强调发展。发展是硬道理，发展是执政兴国的第一要务。不发展，什么问题都不能解决，什么需求都不能满足。在这种意义上，发展也可以认为是中国特色社会主义的价值，甚至是核心价值之一。

富裕。——包括个体的富裕和整体的富裕即共同富裕。物质生活的需求，是人类最基本的需求。人类在这一方面的需求不仅是无时无刻不需要的，而且是随着时代的发展而日益增长、永无止境的。物质财富的生产和积聚，是满足这一需求的最基本条件。富裕，意味着人们不仅告别了饥寒，而且告别了温饱状态，具备了生存、发展的比较良好的状态。物质财富的富裕，还能够为精神财富的富裕奠定坚实的基础。所以，中国特色社会主义的最重要价值，应该是创造出条件，达到不仅富裕而且共同富裕的状态，使人民日益增长的物质文化需求得到更好的满足。

民主。——民主，就其最基本的含义来说，是指一种按照预定的程序和规则，根据多数人的意愿作出决定的机制。民主本来只是一种手段。但随着人类文明的发展，人类自身的主体意识不断增强。越来越多的人要求自由地表达自己的意愿，要求以平等的身份参与国家事务的管理，维护自己的利益，因而也就越来越强烈地要求实行民主，扩大民主，发展民主。因而，民主也就成为人们所渴望达到的一种状态、一种目标。没有民主，就没有社会主义。所以，民主自然也应该是中国特色社会主义的核心价值之一。

文明。——文明是一种物质和精神的状态，是整个社会应该达到的境界，也是全体人民所需要的东西。所以，它应该是中国特色社会主义的核心价值。把文明加以展开，它又包括物质文明、政治文明和精神文明。我认为还可以包括狭义的社会文明。广义的社会文明，则包含物质文明、政治文明和精神文明以及狭义的社会文明在内。富裕、民主，其实都可以包括在三大文明或四大文明之内。但因为它们也有一定的特殊性，所以可以分别说明。

记者：中国特色社会主义还有其他的核心价值吗？

李忠杰：有。如"公平""正义""友爱""互助""安定""和谐"等等，我觉得，它们似乎都可以算作中国特色社会主义的核心价值。由于篇幅所限，这次我没法一一展开了。以后我们还可以继续探讨。今天，我只是提起一个话题，提出一个任务，希望理论界的朋友们适时地注意中国特色社会主义核心价值问题的研究。

从中国文化读懂中国未来

——2018年第三届"读懂中国"国际会议文化专场开幕式致辞

纪事和说明：

这是2018年我在第三届"读懂中国"国际会议文化专场开幕式上的致辞。

"读懂中国"国际会议是由原中央党校常务副校长郑必坚倡导，由国家创新与发展战略研究会、中国人民外交协会、北京市人民政府、国际知名智库21世纪理事会等联合举办的。第一、第二届会议分别于2013年、2015年在北京举行。第三届会议于2018年12月16日至18日在北京举行。党和国家领导人作开幕演讲。习近平总书记会见了出席会议的外方前政要。这届会议专设了一个文化专场。我参加了大会的筹备工作和各项活动，并以中方代表身份在文化专场开幕式上致辞（致辞由工作人员起草，我审定）。

这篇致辞专门阐述了文化问题的重要性，强调积极推动中国文化与世界交流交融，是事关国运兴衰、事关文化安全、事关民族精神独立性的大问题。大道之行，必须加强文化的国际交流，从中国文化读懂中国未来。

各位来宾、朋友们：

大家下午好！

受第三届"读懂中国"国际会议主办机构——国家创新与发展战略研究会的委托，很荣幸，能出席这个"读懂中国"文化专场的开幕式。

站在这里，看着台下坐着的大家，我想起唐代诗人，也是著名的改革家刘禹锡的一句话："谈笑有鸿儒，往来无白丁。"像何家英、赵建成等先生，他们对中国文化和艺术的历史、现在与未来，有着各自不同却同样深刻的解读，这种对文化的深度理解，我们称之为"道"。

大道之行，殊途同归。

2013年秋，中国国家主席习近平西行哈萨克斯坦、南下印度尼西亚，先后提出建设"丝绸之路经济带"和"21世纪海上丝绸之路"重大倡议。自此，这个根植于历史厚土、被誉为21世纪伟大新故事的"一带一路"迎风生长，成为推动世界了解中国、读懂中国，进而构建人类命运共同体的重要实践平台。

"譬道之在天下，犹川谷之于江海。""一带一路"，从"丝绸之路"历史的尘埃中一路走来，它以文化为先驱，最大限度地直观展现中国人民爱好和平，期待共同发展的诚意和决心。它大大降低了沿线国家对"一带一路"框架的抵触情绪，更让那些以攻击中国为常态的西方政客无处着力。从倡议到实践，仅仅用了五年，"一带一路"就得到了140多个国家和地区的积极响应和参与，这在全球政治经济发展历史上，是从未有过的伟大成功。

"一带一路"典范在前，第三届"读懂中国"国际会议，在迎接中国改革开放40周年,中国全面深化改革的背景下召开。会议深刻把握新时代下国际政治生态变化,以"中国发展新动能,全球合作新机遇"为主题,就坚定改革开放再出发的信心和决心,坚持新时代中国特色社会主义和构建人类命运共同体等展开深入研讨和交流。

与前两届会议不同的是,经中央批准的第三届"读懂中国"国际会议整体框架,特别设立了"读懂中国"文化专场环节,包括文化之美、非遗之美、文博之美和城市之美四大主题,可以说,高度概括了中国文化的几个主要方面,汇聚了在中国文化艺术界具有广泛影响力的艺术家、文化机构,成为我们在新的时代下,面向世界,展现中国传统文化魅力,推动中国文化研究,促成中外文化交流合作的重要尝试。

118年前,正值戊戌变法失败之后中国最黑暗的时期,中国近代启蒙者、改革家梁启超发表《少年中国说》,高呼"少年强,则中国强"。

118年后,新时代下的今天,我们在第三届"读懂中国"国际会议文化专场开幕式上,发出共同的声音,那就是"从中国文化,读懂中国未来"。

这个声音,来自习近平总书记的号召。

党的十八大以来,随着中国特色社会主义进入新时代,在党和国家事业实现历史性转折、取得历史性成就的基础上,习近平总书记在理论上鲜明地提出了文化自信是"更基础、更广泛、更深厚的自信"和"更基本、更深层、更持久的力量"的重要论断,在实践上明确地提出了"坚定文化自信,推动社会主义文化繁荣兴盛"的战略要求,有力地推动了中国特色社会主义的文化建构进入文化自信这一新的历史阶段。

作为中国文化界的中坚力量,我们有义务、有责任,深入更加广泛的百姓生活，走进更加广阔的山川，创作出有血肉、有灵魂的艺术作品，以此增强年轻一代对艺术创作的信仰，以此坚定我们刻在骨头上的文化自信。

这个声音，来自改革开放再出发的呼唤。

40年改革开放的历史已经充分表明，坚定文化自信，积极推动中国文化与世界交流交融，是事关国运兴衰、事关文化安全、事关民族精神独立性的大问题，是继续推进和深化改革开放的必然要求。

我们鼓励在座各位艺术家、文化机构，通过这次会议，结识更多的中外朋友，他们不一定非要是艺术家不可，他们可以是企业家、政治家、媒体记者，通过他们的媒体平台，我们要走进他们的朋友圈，成为中国文化、中国艺术开放的象征、成熟的标志。

我们还将以实际行动支持中国的艺术家和文化机构更多地走出国门，以更加坚定的文化自信积极投身到世界文化艺术交流事业中去。

我们期待，"读懂中国"国际会议与中国文化一道，走出北京、走出国门、走向世界，共建美好未来！

大道之途，任重而道远。与诸位共勉、同行！

第二章

充分发挥文化在中国式现代化中的作用

文化的界定和力量

纪事和说明：

多年来，我对文化问题作了很多研究，其中一个基本的前提性问题，就是搞清楚什么是文化、什么是文明，文化到底在社会发展和进步中起着什么样的作用。本文将我在一些文章和讲课中的有关论述汇集于此，以作为研究中华民族现代文明的前提和基础。

综合学术界的众多观点，我对文化和文明下了基本的定义，并说明了两者的关系。我主张把文化分为大文化、中文化、小文化三个层次，并将作为中文化的精神文化划为六个类型。在此基础上，进一步说明了文化对社会发展进步所起的四个方面的作用。

一、文化的定义

文化，是非常重要的人类现象。从学术上来说，又是一个非常复杂的概念。"观乎天文，以察时变；观乎人文，以化成天下。"[①] 最早的

---
① 《周易·贲卦》。

"文化"，是指与"武力"相对的教化，故有"人文化成"的意思。但自古代以降，文化的概念，日益丰富，也日益复杂。在某种程度上说，文化已是人类使用最为广泛的概念之一，也是当今世界最热门的话题之一。

当今世界，各个国家在经济、政治、科技、教育、军事以及社会生活方面的相互交往已经越来越多、越来越深入。这些交往，无不或多或少地与"文化""文明"二字有关。科技、文化、教育本身就属于"文化""文明"之列，自不待说，就是经济、政治、军事，其实也离不开"文化""文明"。比如，国际贸易的规则，就是人类文明的成果。政治观念的不同，从根本上来说，就是一种文明体系的差异。文明，渗透在人类社会生活的方方面面；同样，世界不同国家在各个领域的交往、交流，在某种意义上，也就是不同类型的文明之间的碰撞。

从根本上来说，文化是"人化"与"化人"的结合。所谓"人化"，就是人化自然，即人作用于各种自然物之上，使其发生某种变化，从而打上了人的烙印，该自然物便人化了。这种人化过程，反映了人对自然的认识过程和改造过程，反映了人对自然的认识水平和作用能力，因而是最广义的文化。例如我们考古发掘出的水稻种子、各种打磨的石器，均会冠以某种文化之名，如河姆渡文化、仰韶文化等。推而广之，一切人作用于其上的物质，都可以在一定意义上称作是文化，或包含着文化。这就是物质文化。自然遗产与文化遗产的基本区别，就在于是天然的自然，还是经过人的改造加工的自然。

而所谓"化人"，就是"以文化人"。即人以已经取得的知识，用于指导、训练、改造、熏陶人类自身，将自然人塑造成具有一定能力、水平，符合某种规范和标准，渐次脱离蒙昧、野蛮的自然状态的社会人的过程。已经取得的知识，便是文化，再用这种文化去熏陶人、教育人、培养人、改造人，便是"以文化人"。通过"以文化人"的过程，人类自身繁衍的自然人，一个个被改造成为社会人。人类世代积累的知识和能力，也一代接一代地传承下来，并不断丰富发展。作为物质的人消失了，但人类的知识却可以通过"以文化人"的过程而得到继承和发展。人类积累的知识由散在的，发展成为某种体系，随后又不断丰富、不断深化，从而使人类的文明水平不断提高。

二、文化的分类

如此广泛的文化，也许很难把握。所以，文化按其范围，首先需要划分为"大文化""中文化""小文化"三个层次。

大文化，是指人类改造客观世界和主观世界的活动及其成果的总和，即人化自然和以文化人的综合。这种大文化，再划分为物质文化和精神文化两大类。其中的物质文化，是通过物质活动及其成果来体现的人类文化，如建筑、道路、文物、机器、设备等一切已经人化的自然。历史学、考古学中常说的石器文化、青铜文化等，均是这类文化，它是人类改造客观世界所取得的成果。精神文化，则是通过人的精神活动及其成果来体现的人类文化，即人改造主观世界的所有成果，或者虽在物质活动中产生但主要表现在精神层面的人类文化。我们通常所称的"文化"，大致是指这种精神文化，即所谓"中文化"。

但这种"中文化"的内容也极为庞杂。所以还需进一步细分。如何划分，学术观点纷纭复杂。我在上世纪就主张，将"中文化"进一步划分为六种文化。

语言文字文化，是最基础的文化，也是人类最早发展起来的文化。语言，是社会约定俗成的音义结合的符号系统，是人类形成和表达思想的工具、人类社会最基本的信息载体、人类最重要的交际工具。文字，则是记录和传达语言的书写符号。文字进一步扩大了语言在时间和空间上的交际、传承功能，使语言能记录下来，得以保存并得到更广泛的传播。语言文字是人类区别于其他动物的本质特征之一。尤其是文字的诞生，是人类文明诞生的重要标志。语言文字传递和传承着人类文明的成果，对人类文明的发展起着巨大的促进作用。共同的语言文字，是一个民族最重要的特征之一。我们常说的学习文化，首先就是学习语言文字文化。

思想道德文化，是人们世界观、价值观、信念、道德、理想、觉悟以及各种社会关系的总和，它是文化的核心内容。思想道德文化以共同的价值观和伦理系统将单个的人组合起来，形成一定的群体、集团，乃至民族、国家，并构成其赖以维系的精神纽带。思想道德文化，是人类文明发展水平的重要标志。

科学理性文化，是人们在科学、教育等领域的活动以及相应地探索世界发展规律而取得的成果。人类只有认识自然、认识世界、认识社会，才能适应并改造自然、世界和社会，使其满足人的生存和发展的需要。通过不断的探索和研究，人类越来越多地掌握自然和社会的规律，形成日益丰富的科学认识和理论体系。科学理性文化的作用，在于揭示自然、社会和人类思维的规律。这种规律，很多是可以用科学的方式加以表述的。符合规律，就能指导人类更好地适应和改造世界，进一步提高人类文明的水平。

文学艺术文化，是人类以语言、造型、表演、音响等形式，通过审美创造活动再现现实和表现情感理想、满足人们审美需要的文化类型。它源于生活，又高于生活，其作用，是通过对理想中的美的创造，愉悦人的身心，塑造美的环境，给人以美的享受和美的熏陶。

社会习俗文化，是人类在社会生活中形成的各种生活习惯、社会风尚、交往方式等等，它是一种大众文化，主要特点是群众性，与人民大众的日常生活紧密结合在一起，通过人们的生活方式和生活行为表现出来，是约定俗成的规则、礼仪、习惯，是思想道德文化的大众表达，也是思想道德文化的约束规范。社会习俗文化，既丰富，也复杂，往往具有一定的区域性和集体性。其水准参差不齐。科学的、积极的、健康的、丰富多彩的社会习俗文化，能够综合体现人类对于真善美的认识和理解。

制度体系文化，是以某种强制力量要求人们共同遵守的办事规程和行为准则系统。制度体系是人类在探索自然和社会规律过程中逐步形成的，反映了人对自然和社会的认识水平，也反映了不同群体、不同时代的价值取向和价值标准，是其他各种文化的规则化、标准化表达，具有明显的约束、惩戒功能，具有成文和不成文多种形式，既有法律形式的条文，也有伦理、宗教领域的戒律，随着人类文明发展，制度体系文化也愈益丰富和完善。

至于小文化，主要指语言文字文化、文学艺术文化等，它只是中文化的一部分。

我国文化部门如文化部、文化厅、文化局所管的文化，其实只是小文化中的文学艺术文化。文物部门所抓的，又主要是历史遗存的物质文化和非物质文化。而语言文字文化主要由教育部门管，思想道德文化主要由宣传部门管，科学理性文化主要由科技部等部门管。所以，文化问题并不仅仅是文化部的事，应该看作全社会的事。

文化还可以有其他一些分类的方法。比如，我们经常讲的"先进文化"，就是指某种文化所具有的符合历史发展方向、健康、积极、文明的性质和特点。它是对多种类型的实体文化所作的价值判断，而不是直接给某种特定范围的文化实体命名。这种根据某个方面的性质、特点所划分的文化，还有若干。如所谓的亚文化、反文化等，就是对某些与先进文化相对的、具有落后或不当性质的文化现象的概括。封建主义就是一种复杂的文化现象和文化类型，对其内容需要仔细、科学地加以鉴别。法西斯主义也是一种文化现象，但按其性质来说是一种反文化。

文化与文明是同一类词。两者有密切的关系，也有微妙的差别。

一般来说，文化既包含成果，也包括过程，而文明则大都侧重于程度和成果。文明是文化发展的程度，也是文化发展的成果。文明与蒙昧、野蛮相对应，是脱离蒙昧和野蛮的程度和距离，脱离的程度和距离越高，文明程度就越高。文化发展的物质成果和精神成果积淀和集中起来，就构成一定程度和一定类型的文明。

三、文化的作用

文化，作为一种非常重要的人类现象，是社会发展进步的一个重要内容和精神动力。文化的发展，对于生产力的发展和整个社会的进步，起着非常重要的整合和推动作用。

第一，文化本身就是人类社会不可或缺的组成部分之一。人类社会是一个复杂的有机体，是经济、政治、文化等多种要素的辩证统一。物质决定精神，社会存在决定社会意识。在一定的经济基础之上，必然要有一定的上层建筑包括意识形态与之相适应。一个社会的存在和发展，既需要以生产力的发展为基础，同时也离不开精神、文化的发展。文化，是人类社会发展进步的一个重要内容，也是这种发展进步在精神领域的一个重要标志。

第二，文化对生产力的发展起着精神动力和智力支持的作用。作为一种科学理性文化，它通过科学技术的创新和转化而形成新的生产力，我们实行的创新驱动战略，就是要加快这种转化；作为一种思想道德文化，它通过思想道德和科学知识的传播转化为社会的精神生产力，中国共产党的百年精神谱系所起的正是这种作用；作为一种制度体系文化，它通过对社会制度建构的指导作用，实现社会经济制度和政治制度的优化，从而产生新的社会生产力，改革开放，就是通过体制机制的变革完善进一步解放和发展生产力。

第三，文化以思想道德形态和知识形态对社会起着整合和推动作用。任何社会，都需要以一定的精神纽带连接起来，整合为一定的整体。在这种整合过程中，知识形态的文化发挥着信息功能、认识功能、实践功能和创新功能；思想道德形态的文化具有评判功能、凝聚功能、教化功能和定向功能；制度体系文化以具有强制约束力的规则保障社会的秩序、稳定和有序运行。没有文化的参与和作用，社会就成为一盘散沙，不可能健康发展。

第四，文化是当代世界综合国力的重要内容。随着时代的发展，文化越来越成为一个国家综合国力的重要组成部分，文化的交流和传播越来越成为各国相互关系的重要内容，文化的矛盾和冲突也越来越成为国际竞争和国际冲突的一个方面。一个国家强大与否，既取决于经济的实力，同时也取决于文化的实力。因此，许多国家都把文化的建设和发展摆在非常重要的位置上。文化的交流成为国际关系的一个重要内容，影响国际政治格局的结构。文化上的差异和矛盾会诱发和加深国际冲突。文化因素的沟通也能加强国家间的联系。

总之，文化是国家本体不可缺少的组成部分，规范和指导着国家的发展方向，渗透和作用于国家的物质基础，是推动国家发展的强大精神力量，是一个国家强盛和发展的软实力。

四、当代中国的文化建设

文化因素和文化工作在中国的革命、建设、改革开放中发挥了极其重要的作用。改革开放以来，党和国家高度重视文化建设，把文化建设作为中国特色社会主义的一项重要内容不断加以推进，要求"弘扬民族优秀传统文化，繁荣和发展社会主义文化"。

1997年，党的十五大界定，建设中国特色社会主义文化，就是以马克思主义为指导，以培育有理想、有道德、有文化、有纪律的公民为目标，发展面向现代化、面向世界、面向未来的，民族的科学的大众的社会主义文化。

2007年，党的十七大第一次使用了"软实力"的概念，明确提出"提高国家文化软实力"。

2011年10月，党的十七届六中全会审议通过《关于深化文化体制改革推动社会主义文化大发展大繁荣若干重大问题的决定》，强调要培养高度的文化自觉和文化自信，坚持中国特色社会主义文化发展道路，努力建设社会主义文化强国。

2012年，党的十八大明确提出"建设社会主义文化强国"的战略目标。

党的十八大以来，以习近平同志为核心的党中央站在民族复兴的高度，把文化建设摆在更加突出的位置上，先后出台了《中共中央关于繁荣发展社会主义文艺的意见》《关于培育和践行社会主义核心价值观的意见》《关于实施中华优秀传统文化传承发展工程的意见》《关于加快构建中国特色哲学社会科学的意见》等一系列文件。

2017年，党的十九大在原有的中国特色社会主义道路、理论体系和制度外，又加上了中国特色社会主义文化，并要求坚持包括文化自信在内的"四个自信"，强调文化自信是一个国家、一个民族发展中更基本、更深沉、更持久的力量。要求全党全国坚持马克思主义，牢固树立共产主义远大理想和中国特色社会主义共同理想，培育和践行社会主义核心价值观，不断增强意识形态领域主导权和话语权，推动中华优秀传统文化创造性转化、创新性发展，继承革命文化，发展社会主义先进文化，不忘本来、吸收外来、面向未来，更好构筑中国精神、中国价值、中国力量，为人民提供精神指引。

在前进道路上，我们要继续大力推动社会主义文化大发展大繁荣，坚定不移发展中国特色社会主义文化。中华民族创造了源远流长、博大精深的中华文化，中华民族也一定能够在弘扬中华优秀传统文化的基础上创造出中华文化新的辉煌。

文化国运两相依

纪事和说明：

本文应人民日报理论部之约而写，写于 2018 年 11 月，以《文化兴国运兴》为题，作为"人民要论"发表于 2019 年 4 月 10 日的《人民日报》。此处是未经删改的原稿。

该文论述了文化与国运的关系，说明文化伴随国运而兴衰，国运需要文化作支撑。新形势下，要努力兴文化、强国运，铸就中华文化的新辉煌。

该文对文化与国运的关系说得比较辩证。

文化是一个国家、一个民族的灵魂。文化的发展繁荣与国家民族的命运紧紧联系在一起。党的十九大指出："文化兴国运兴，文化强民族强。"[①] 建成社会主义现代化强国的战略目标，包含着建设文化强国的任务。新形势下，必须进一步深化对文化的认识，努力铸就中华文化的新辉煌。

[①] 《习近平著作选读》第二卷，人民出版社 2023 年版，第 33 页。

一、文化伴随国运而兴衰

文化，是非常重要的人类现象，也是非常复杂的学术概念。最早的"文化"，是指与"武力"相对的教化，故有"观乎人文，以化成天下"之说，这也是"文化"一词的中国词源。经过数千年的演化之后，现在我们所说的文化，是指人类改造客观世界和主观世界的活动及其成果的总和，它包括物质文化和精神文化两个大类。

文化作为人类改造世界的活动及其成果，始终伴随着人类的活动而生成、发展。中华民族有悠久的历史文化传统，在当代中国，又进一步融汇形成了中国特色社会主义文化。中国特色社会主义文化，源自于中华民族五千多年文明历史所孕育的中华优秀传统文化，熔铸于党领导人民在革命、建设、改革中创造的革命文化和社会主义先进文化，植根于中国特色社会主义伟大实践。[1]

文化与国运的关系包含两个方面：一方面，文化随国运而兴衰；另一方面，国运需要文化作支撑。

国运，就是国家的命运，亦即由一定的社会发展规律和主客观条件影响和决定的国家发展态势和兴衰程度。物质决定精神，存在决定意识。国运与文化比较，国运是基础。文化，作为一种精神现象，最终源泉在社会生活，尤其在社会的物质生产活动。文化，始终是社会生活、社会存在的反映。文化的生成和发展需要客观条件，其创造和发展的动力在社会生活。在一个国家范围之内，国家的基本状态如何，国运是否健康和兴盛，对文化的发展态势和质量水平，起着决定性作用。

从中国来说，春秋战国时期，国运复杂，但时势需要，特别是当时百家争鸣的大环境，催生了中国文化的一次大发展、大繁荣。秦王

---

[1] 参见《习近平著作选读》第二卷，人民出版社2023年版，第34页。

朝统一中国后，车同轨，书同文，并建立了以郡县制为主要内容的政治制度，奠定了中华民族长期统一的基础，但他焚书坑儒的举措，也开创了文化钳制的先河，这些都对后世产生了重要的影响。到唐朝，国运总体强盛，所以出现了文化发展的一个高潮。其他朝代，先盛后衰，有盛有衰，文化发展则错综复杂。一般来说，国运兴盛，文化会有较大发展；国运衰退，文化则会处于低迷状态。

从世界来看，文化的发展也与国运有密切的联系。一个国家强盛之时，一般都会形成某种特殊的文化和文明类型。借助于国运的强盛，这种文化还会扩大传播范围，影响到更多的国家和民族。

为什么文化一般会随国运而盛衰？

一是国运强盛，生产力比较进步，经济活动繁荣活跃，具备了厚实的物质基础，这就为科学技术、文学艺术等等文化的发展提出了更大的需求，也创造了良好的物质条件。

二是政治清明，必须有一套适应于当时条件的政治制度和治理体系。因此，必然大力促进制度文化、道德伦理和相关学说的形成和发展。

三是社会稳定，人民安居乐业，在精神层面有了更多的追求，也有更多的闲暇享受文化生活，从而造成了比较广阔的文化市场和需求空间。

四是环境宽松，能有更多的人员从事文化活动，也有利于更多的人才涌现，文化创造的积极性能够得到更大发挥，各种文化成果也便于传承和弘扬。

反之，国运衰弱，文化发展的条件就会受到很大限制，环境就会严重恶化，文化发展就难免不陷于低潮。

当然，文化与国运并不完全是正比例关系。中国元朝时期，征服了远至欧洲的大片地区，但文化的发展除了元曲，却几乎乏善可陈。

国运衰弱之时，也并不意味任何文化就不复存在、不能发展了。特殊时期，也会产生某些特殊的文化。比如，抗战时期，中国是衰弱之国，总体上文化受到摧残和限制，但由爱国主义激发产生的抗战文化，却书写了一页文化发展的辉煌篇章。

所以，文化伴随国运而兴衰，主要是从大概率、大条件来说，国运昌盛，文化发展的条件会更好，成果会更多；国运衰弱，文化发展就会遇到更多的困难，甚至陷于低谷。在国运基础上，文化发展还受到其他许多因素的制约，特别是国家政权对于文化的态度和政策，对文化的兴衰起着直接和重要的作用。

二、国运需要文化作支撑

文化，一方面受国运的影响和制约；另一方面，对社会的进步和国家的强盛，也起着非常重要的作用。特别是当代，中国特色社会主义文化是激励全党全国各族人民奋勇前进的强大精神力量。"没有中华文化繁荣兴盛，就没有中华民族伟大复兴。"国运的健康、兴盛，必须有先进的文化作支撑。

第一，文化是国家本体不可缺少的组成部分。国家，既是一种政治统治和社会管理的政权机关，也是一种集居民、领土、政府、主权于一体的社会共同体。作为前者，它是在一定的价值体系、思想理念指导下，按照一定的政治和法律规范组织起来，并依据一定的程序和规则运行的政权体系。作为后者，更是由经济、政治、文化、社会、生态等多种要素构成的命运共同体。无论在哪种意义上，文化都是国家不可或缺的组成部分，国家的存在和发展，既需要以物质、经济的发展作为基础，也离不开精神、文化的作用。文化是国家发展进步的一个重要内容，也是这种发展进步在精神领域的重要标志。没有文化的国家是不可能存在的。没有文化的发展，国家也不会发展。

第二，文化规范和指导着国家的发展方向。国家是一个历史范畴，也是一个矢量概念。国家总是处在不断的发展变动中，而沿着哪条道路、朝哪个方向变动和发展，决定着国家的前途和命运。国家发展的方向，既是由生产力发展决定的，也受到文化的影响和制约；既是一种自然历史过程，也受着国家的控制和引导。国家对社会发展的规律认识到什么程度，形成了什么样的核心价值和思想理念，就会引导国家走什么道路、向哪个方向发展。即使生产力本身，也渗透着文化在内，不断地由文化来推动和改造。所以，文化的性态在相当程度上影响和制约着国家的命运。

第三，文化渗透和作用于国家的物质基础。文化，并不仅仅指精神文化，更不仅仅指文学艺术。广义的文化还包括物质文化，即由物质活动及其成果来体现的人类文化。考古学所说的大地湾文化、河姆渡文化、三星堆文化等，虽然很多并未见一书、一字，但我们都说它是一种文化，因为它们都已经有人类作用其上，反映了人类对自然和社会发展规律的认识，成为一种人化自然，打上了文明发展的印记。现代社会的所有物质世界，如建筑、道路、桥梁、文物、机器、设备等等，都已经是人类依据一定的认识和理念改造过的事物，因而都蕴含着人类文化在内。物质是其形，文化才是魂。广义的文化渗透于国家的一切物质构成中，决定着这种物质的性状和发展进程。没有文化的发展进步，也谈不上国家的物质基础和物质力量。

第四，文化是推动国家发展的强大精神力量。精神文化，是我们说得比较多的文化。这种文化，包含着丰富的内容，从不同侧面对国家的发展和进步起着重要的支撑作用。

其中，语言文字文化，是人类最早发展起来的基础文化。共同的语言文字是一个国家和民族的最重要特征之一，对增强国家凝聚力、创造力、影响力起着基础性作用。

科学技术文化，具有信息、认识、实践和创新诸多功能，对生产力的发展起着智力支持的作用，是增强国家物质力量、提升国家综合国力的关键因素。

思想道德文化，是文化的核心内容，也是国家的精神力量。它指明社会发展的方向，塑造人们的精神世界，对社会生活发挥着评判、凝聚、教化和定向的功能，是一个国家的主心骨和导向仪。

文学艺术文化，反映的是人们对于美的事物、美的境界的追求，既可以提升人们的幸福指数，陶冶人们的心灵世界，也有助于传输国家意志、凝聚国家力量。

社会习俗文化，是一种大众文化。科学、积极、健康的社会习俗，不仅丰富人们的物质和精神生活，而且有助于深化人们对于真善美的认识和理解。

制度规范文化，对国家各种制度、法律、道德的建构发挥着灵魂和指导的作用，约束和规范着社会生活的秩序，促进各种制度机制的优化，提升国家治理的水平，保障国家的强盛和发展。

第五，文化是一个国家强盛和发展的软实力。一个国家强大与否，既取决于经济的实力、军事的实力，同时也取决于文化的实力、科技的实力、精神的实力。文化虽"软"，但如水银泻地，渗透于国家架构的方方面面，对国家硬实力起着加固的作用，同时，自身也起着塑造形象、扩大影响、促进共识、博弈合作的作用。当今世界，文化已经越来越成为一个国家综合国力的重要组成部分，文化的交流和传播越来越成为各国相互关系的重要内容。一个在文化上落后的国家，一个在价值体系和道德法律上落后的国家，是难以赢得世界尊敬的，也难以发挥和承担应有的国际责任。因此，当今世界，越来越多的国家都把文化的建设和发展摆在非常重要的位置上。

中华民族在5000多年的发展进程中，创造了具有强大生命力的文化和文明，对不同时期国家的强盛和发展都起了巨大作用。即使在国力衰弱、一度被外族外敌占领和奴役时，也能焕发起强大的精神力量，并在文化融合过程中，以柔克刚，逐步同化几乎所有的外来文化。当今的中国特色社会主义文化，既包含5000多年文明发展孕育的中华优秀传统文化，也包含党和人民在革命、建设、改革中孕育的革命文化和社会主义先进文化。这种文化，积淀着中华民族最深层的精神追求，代表着中华民族独特的精神标识，是中国人民胜利前行的强大精神力量，是保障国运强盛的最重要条件之一。

三、兴文化，强国运

党的十九大把国运与文化联系起来，进一步从国运的高度强调了文化建设的重要性。所以，我们一定要全面认识国运与文化的关系，兴文化，强国运，坚持中国特色社会主义文化发展道路，激发全民族文化创新创造活力，努力建设社会主义文化强国。

兴文化，就是要以马克思主义为指导，坚守中华文化立场，立足当代中国现实，结合当今时代条件，发展面向现代化、面向世界、面向未来的，民族的科学的大众的社会主义文化，推动社会主义精神文明和物质文明协调发展，使中国特色社会主义文化对未来中国的国运发展起到引领和保障作用。

强国运，就是要按照"两个一百年"奋斗目标，在全面建成小康社会的基础上，再分两步建成富强民主文明和谐美丽的社会主义现代化强国，使我国物质文明、政治文明、精神文明、社会文明、生态文明全面提升，实现国家治理体系和治理能力现代化，使全体人民基本实现共同富裕，享有更加幸福安康的生活，使中华民族以更加昂扬的姿态屹立于世界民族之林。

兴文化，强国运，就要推进马克思主义中国化时代化大众化。加强理论武装，学习贯彻习近平新时代中国特色社会主义思想。建设具有强大凝聚力和引领力的社会主义意识形态。深化马克思主义理论研究和建设，加快构建中国特色哲学社会科学。坚持正确舆论导向，加强互联网内容建设和综合治理。

兴文化，强国运，就要培育和践行社会主义核心价值观。发挥其在精神领域的引领作用，将其转化为人们的情感认同和行为习惯。深入挖掘中华优秀传统文化蕴含的思想观念、人文精神、道德规范，结合时代要求继承创新，让中华文化展现出永久魅力和时代风采。

兴文化，强国运，就要加强思想道德建设。提高人民思想觉悟、道德水准、文明素养，提高全社会文明程度。弘扬民族精神和时代精神。深入实施公民道德建设工程，推进社会公德、职业道德、家庭美德、个人品德建设。加强和改进思想政治工作，深化群众性精神文明创建活动。弘扬科学精神，倡导时代新风。

兴文化，强国运，就要繁荣发展社会主义文艺。坚持以人民为中心的创作导向，不断推出人民欢迎的精品力作。推动文艺创新，加强文艺队伍建设。提供丰富的精神食粮。

兴文化，强国运，就要推动文化事业和文化产业发展。深化文化体制改革，完善公共文化服务体系，深入实施文化惠民工程，丰富群众性文化活动。健全现代文化产业体系和市场体系，培育新型文化业态。加强中外人文交流，推进国际传播能力建设，讲好中国故事，提高国家文化软实力。

兴文化，强国运，还要按照"十三五"规划，具体组织实施好公民道德建设工程、文化精品创作工程、公共文化设施建设工程、传统文化和自然遗产保护传承工程、传统戏曲传承和传统工艺振兴工程、中华典籍整理工程、传播能力建设工程、全民阅读工程。

铸就社会主义文化新辉煌

纪事和说明：

本文摘编于我 2023 年由人民出版社出版的《二十大关键词》。

如何铸就社会主义文化新辉煌？

党的二十大指出："全面建设社会主义现代化国家，必须坚持中国特色社会主义文化发展道路，增强文化自信，围绕举旗帜、聚民心、育新人、兴文化、展形象建设社会主义文化强国，发展面向现代化、面向世界、面向未来的，民族的科学的大众的社会主义文化，激发全民族文化创新创造活力，增强实现中华民族伟大复兴的精神力量。"[①]

新时代十年来，以习近平同志为核心的党中央高度重视中国特色社会主义文化建设，把文化建设摆在更加突出的位置上，推动建设社会主义文化强国。

党的十八大报告关于文化部分的标题就是"扎实推进社会主义文

[①] 《习近平著作选读》第一卷，人民出版社 2023 年版，第 35 页。

化强国建设",要求"坚持社会主义先进文化前进方向,树立高度的文化自觉和文化自信,向着建设社会主义文化强国宏伟目标阔步前进"。①

党的十九大把中国特色社会主义文化建设列入习近平新时代中国特色社会主义思想和新时代坚持和发展中国特色社会主义的基本方略之中,明确规定,发展中国特色社会主义文化,就是以马克思主义为指导,坚守中华文化立场,立足当代中国现实,结合当今时代条件,发展面向现代化、面向世界、面向未来的,民族的科学的大众的社会主义文化,推动社会主义精神文明和物质文明协调发展。要坚持为人民服务、为社会主义服务,坚持百花齐放、百家争鸣,坚持创造性转化、创新性发展,不断铸就中华文化新辉煌。②

在党的十九届五中全会前的专家座谈会上,习近平总书记用"四个重要"对文化的作用和地位作了精辟概括:统筹推进"五位一体"总体布局、协调推进"四个全面"战略布局,文化是重要内容;推动高质量发展,文化是重要支点;满足人民日益增长的美好生活需要,文化是重要因素;战胜前进道路上各种风险挑战,文化是重要力量源泉。没有社会主义文化繁荣发展,就没有社会主义现代化。③

第十四个五年规划开启了全面建设社会主义现代化国家的新征程,同时也开启了建成文化强国的新征程。党的十九届五中全会审议通过的《中共中央关于制定国民经济和社会发展第十四个五年规划和二〇三五年远景目标的建议》把"建成文化强国、教育强国、人才强国、体育强国、健康中国,国民素质和社会文明程度达到新高度,国家文化软实力显著增强",包含在到 2035 年基本实现社会主义现代

---

① 中共中央文献研究室编:《十八大以来重要文献选编》(上),中央文献出版社 2014 年版,第 24、26 页。
② 《习近平著作选读》第二卷,人民出版社 2023 年版,第 34 页。
③ 《习近平谈治国理政》第四卷,外文出版社 2022 年版,第 309—310 页。

化的远景目标之内。这是自提出建设社会主义文化强国以来，党中央首次明确了建成文化强国的具体时间表。

党和国家先后出台了《关于培育和践行社会主义核心价值观的意见》《中共中央关于繁荣发展社会主义文艺的意见》《关于实施中华优秀传统文化传承发展工程的意见》《关于加快构建中国特色哲学社会科学的意见》等一系列文件，为中国特色社会主义文化建设搭建起全面系统、科学完整的工作体系。

党的二十大不仅强调"坚持和发展马克思主义，必须同中华优秀传统文化相结合"，而且对建设文化强国、铸就社会主义文化新辉煌作出了进一步的部署。

党的二十大要求，坚持马克思主义在意识形态领域指导地位的根本制度，坚持为人民服务、为社会主义服务，坚持百花齐放、百家争鸣，坚持创造性转化、创新性发展，以社会主义核心价值观为引领，发展社会主义先进文化，弘扬革命文化，传承中华优秀传统文化，满足人民日益增长的精神文化需求，巩固全党全国各族人民团结奋斗的共同思想基础，不断提升国家文化软实力和中华文化影响力。[1]

党的二十大要求，建设具有强大凝聚力和引领力的社会主义意识形态，广泛践行社会主义核心价值观，提高全社会文明程度，繁荣发展文化事业和文化产业。

在文化建设的各个领域和方面都提出了明确的要求和措施，如要求巩固壮大奋进新时代的主流思想舆论，深入实施马克思主义理论研究和建设工程，加快构建中国特色哲学社会科学学科体系、学术体系、话语体系，加强全媒体传播体系建设，塑造主流舆论新格局。

在具体的文化事业方面，要求：

——坚持以人民为中心的创作导向，推出更多增强人民精神力量

---

[1] 《习近平著作选读》第一卷，人民出版社2023年版，第35—36页。

的优秀作品，培育造就大批德艺双馨的文学艺术家和规模宏大的文化文艺人才队伍。

——坚持把社会效益放在首位、社会效益和经济效益相统一，深化文化体制改革，完善文化经济政策。

——实施国家文化数字化战略，健全现代公共文化服务体系，创新实施文化惠民工程。

——健全现代文化产业体系和市场体系，实施重大文化产业项目带动战略。

——加大文物和文化遗产保护力度，加强城乡建设中历史文化保护传承，建好用好国家文化公园。

——坚持以文塑旅、以旅彰文，推进文化和旅游深度融合发展。

——广泛开展全民健身活动，加强青少年体育工作，促进群众体育和竞技体育全面发展，加快建设体育强国。[①]

[①] 参见《习近平著作选读》第一卷，人民出版社2023年版，第36、37页。

高举先进文化的旗帜

纪事和说明：

本文完成于 2001 年 8 月 6 日，发表于 2001 年 8 月 13 日《羊城晚报》。此处根据形势要求删改了原文的一些术语、表述和内容。

该文比较深入地探讨了何为先进文化的问题，说明共产党必须高举先进文化的旗帜，特别强调，共产党必须用先进文化来要求和建设自己，反对和消除封建主义的"官场文化"。对如何建设先进文化也提出了一些建议。

坚持什么样的文化方向，推动建设什么样的文化，是一个政党在思想上、精神上的一面旗帜。面向新世纪，中国共产党要真正走在时代前列，就必须把先进文化的代表与其他两个代表紧密结合在一起，高举中国先进文化的旗帜，推动中国特色社会主义文化的不断发展和进步。

一、科学辩证地把握先进文化的内涵

文化，是一个非常复杂的概念。学术界的讨论至今仍是众说纷纭，莫衷一是。一般来说，广义的文化，是指人类改造客观世界和主观世界的活动及其成果的总和。它包括物质文化和精神文化两大类。物质文化是通过物质活动及其成果来体现的人类文化；精神文化是通过人的精神活动及其成果来体现的人类文化。我们通常所称的"文化"，大致是指这种精神文化。精神文化又大致包括思想道德文化、科学理性文化、文学艺术文化和社会习俗文化等四个主要部分。按党的十五大的说明，文化相对于经济、政治而言，精神文明相对于物质文明而言。[①]

中国共产党要代表中国先进文化的前进方向，就必须牢牢把握先进文化的发展趋势和客观要求，大力发展先进文化，努力繁荣先进文化。但什么是先进文化呢？从学术和理论上来说，这个问题很复杂，也很难回答。在文化的大概念中，各个不同的类型和不同的部分有着不同的认识和评价标准，需要作具体的研究分析。

思想道德文化是文化的核心内容。其先进与否，一是应看它对于世界的解释是否合乎事物的本来面目和客观规律，二是看它的基本价值观念特别是价值标准是否符合时代发展的趋势和潮流。

科学理性文化的先进与否，根本上在于是否真正揭示了自然、社会以及人类思维的规律。这种规律，很多是可以用科学的方式加以表述的。符合规律，就是先进的；不符合的，就不是先进的。

文学艺术文化，是现实主义与浪漫主义的结合，它反映的是人类对于美的事物、美的境界的追求。因此，它的先进性，主要不在于科学的逻辑，而在于是否体现了美的本质和美的特点。

---

① 参见《中国共产党第十五次全国代表大会文件汇编》，人民出版社1997年版，第36页。

社会习俗文化，是一种大众文化。它的先进性，是通过人们的生活方式和生活行为表现出来的。其主要特点是它的群众性。其先进性的水准参差不齐。但总的来说，应该是科学的、积极的、健康的、丰富多彩的，能够综合体现人类对于真善美的认识和理解。

对文化先进性的标准，还需要用辩证的观点，从不同的角度加以辨析。世界文明具有多样性的特点。不同的国家、民族或区域，对于文化先进落后的问题有着不同的观点。随着人类对世界认识的深化，随着人类文明水平的不断提高，不同的时代对于文化先进落后的判断也会有不同的标准。所以，当我们探讨文化的先进性时，既要掌握超越时代和民族界限的某些统一性，也要注意不同时代、不同文明类型的多样性和特殊性。至于具体的文化形式，其先进与否的标准及其判断问题就更为复杂。而且更重要的是，它还要取决于人民群众接受和欢迎的程度，检验的尺度掌握在广大的人民群众手里。

今天我们所讲的先进文化，不是抽象的超时空的一般文化，而是立足于当代中国实际的文化，也就是中国特色社会主义文化。在当代中国，发展先进文化，就是发展中国特色社会主义文化，就是建设社会主义精神文明。不断发展健康向上、丰富多彩的，具有中国风格、中国特色的社会主义文化。这种文化的先进性，主要体现在"健康向上、丰富多彩的、中国风格、中国特色"几个关键词上。无论何种形式的文化，都要具备这样的特点，符合这样的要求。这或许很难说是标准。但作为一种原则的规定，它符合目前我们所达到的认识水平，也为各种文化的"百花齐放"、各种观点的"百家争鸣"，留下了足够的空间。

二、共产党必须高举先进文化的旗帜

文化，是非常重要的人类现象，是社会发展进步的一个重要内容和精神动力。物质决定精神，精神又反作用于物质。在一定的经济基础之上，必然有一定的上层建筑包括意识形态与之相适应。一个社会的存在和发展，既需要以生产力的发展为基础，同时也离不开精神、文化的进步。文化的发展，对于生产力的发展和整个社会的进步，起着非常重要的作用。

从文化与生产力的关系来说，它通过科学技术的创新和转化而形成新的生产力；通过思想道德和科学知识的传播转化为精神生产力；通过对社会制度建构的指导作用，实现经济、政治机制的优化，从而产生新的社会生产力。因此，文化对生产力的发展起着精神指导和智力支持的作用。

从文化与社会的关系来说，知识形态的文化具有信息功能、认识功能、实践功能和创新功能。思想道德形态的文化具有评判功能、凝聚功能、教化功能和定向功能。正是以这样多种形态，文化对整个社会的发展起着非常重要的整合和推动作用。

正因为社会的发展是包含经济、政治和文化等等在内的全面的发展，所以，中国共产党作为工人阶级和中华民族的先锋队，既要遵循生产关系一定要适合生产力发展要求的规律，通过革命和改革的手段，不断解放和发展中国社会的生产力，同时，也要遵循经济基础决定上层建筑的要求，相应地改造建立在旧的经济基础上的旧文化，建立起符合社会历史发展方向的新文化，促进社会的全面进步。中国共产党不仅应该代表中国先进生产力的发展要求，走在生产力发展的前列，而且应该代表中国先进文化的前进方向，走在文化发展的前列。只代表其中一个，是不完全的。只有两方面都代表，两方面都发展好、建设好，并且将其服务于最广大人民群众，我们党才是全面进步的党，我们的社会才是全面进步的社会。

进入新世纪，文化越来越成为一个国家综合国力的重要组成部分，文化的交流和传播越来越成为各国相互关系的重要内容，文化的矛盾和冲突也越来越成为国际竞争和国际冲突的一个方面。一个国家强大与否，既取决于经济的实力，同时也取决于文化的实力。因此，许多国家都把文化的建设和发展摆在非常重要的位置上。随着通信、传播工具特别是互联网的发展，世界文化的交流更加深入，竞争和碰撞也更加激烈。在这种情况下，我们不仅要发展先进生产力，在经济上提高自己的竞争能力，而且要大力发展先进的文化，巩固自己的文化阵地。坚决抵制西方的文化渗透，同时又大力吸收世界的先进文化。只有牢牢把握世界发展的这一趋势，把文化建设放在重要的位置上，切实走在中国和世界文化发展的前列，我们党才能永远立于不败之地。

中国共产党在文化建设上，有过失误，但总体上，对文化建设是重视的。毛泽东提出了民主的科学的大众的文化这一著名的新民主主义文化建设纲领。邓小平强调物质文明和精神文明都搞好了，才是有中国特色的社会主义。江泽民在庆祝建党70周年大会上提出了建设有中国特色社会主义文化的基本要求。党的十五大报告第一次提出党在社会主义初级阶段的基本纲领，全面论述了建设有中国特色社会主义文化的基本目标和基本政策。面对科学技术迅猛发展和综合国力激烈竞争，面对世界范围各种思想文化相互激荡，面对小康社会人民群众日益增长的文化需求，全党必须从社会主义事业兴旺发达和民族振兴的高度，充分认识文化建设的重要性和紧迫性。代表和建设先进文化，这是我们党始终站在时代前列，保持先进性的根本体现和根本要求。所以，在新的世纪，中国共产党必须坚定不移地高举中国先进文化的旗帜。

三、共产党必须用先进文化来要求和建设自己

新形势下，文化问题不仅有其本身的重要性，而且还直接与党的先进性相联系，是关系到党的性质、宗旨、历史地位和历史作用的大问题。这是对马克思主义建党学说的一个新发展。代表中国先进文

的前进方向,固然包括抓好精神文明建设在内,但更重要的,还是对我们党自身思想文化建设的要求。

文化,作为一种精神现象和观念形态的东西,是渗透在社会生活的各个方面的。一个政党自身的指导思想、价值体系、奋斗目标、路线纲领、思维方式等等,往大处归类,其实都属于文化的范畴。这种文化,来自社会实际生活,来自这个政党的实践活动。但一旦形成,对这个党的全部行为,都起着非常重要的指导作用。作为一种标志,它直接反映着这个党的基本性质、政治倾向、健康程度和进步水准。所谓先进的党、革命的党,必然也是在思想文化上进步的党。只有在先进文化的指导下,在代表先进文化的情况下,这个党才能在社会政治生活中发挥进步的作用。相反,如果一个党的整个思想体系、价值观念、思维方式都处于非常落后的状态,甚至已经腐朽、没落,那它就决不可能对社会历史的进步起推动作用。

正因为如此,我们党的先进性和生命力,不仅与是否顺应着先进生产力的发展要求联系在一起,而且与是否顺应着先进文化的发展方向联系在一起。我们党既是适应生产力发展需要而诞生的党,也是适应文化发展的需要而产生的党。如果说始终代表中国先进生产力的发展要求是我们党的生命力的根本源泉和先进性的重要表现的话,那么始终代表中国先进文化的前进方向就是我们党的生命力的思想源泉和先进性的直接表现。只有按照先进文化的前进方向要求党、建设党,不仅走在先进生产力发展的前列,而且也走在先进文化发展的前列,在精神、文化上奋发进取,活跃健康,生机盎然,积极向上,我们党才能始终保持旺盛的生命力。

中国共产党自创立之日起,就与中国先进文化发展的前进方向相联系。马克思列宁主义是世界先进文化的结晶,它传入中国后,对中国共产党的成立和发展,起了根本性的指导作用。马克思列宁主义同中国实际相结合，先后经历了两次历史性飞跃。作为其两大理论成果的毛泽东思想和邓小平理论，都是既植根于生产力与生产关系的矛盾运动之上，同时也植根于中华民族优秀文化传统的沃土之中，是中国先进文化的宝贵结晶，是中国化了的马克思主义。党的历史证明，什么时候党的思想、理论、观念、精神等等体现了先进文化的精神，代表着先进文化的前进方向，党就能健康发展，党就有生机活力；什么时候党的思想精神状态出了问题，理论、观念发生失误，党就会遇到挫折。

经过几十年的努力，我们党已经有马克思列宁主义、毛泽东思想、邓小平理论作为自己的指导思想，有在长期革命、建设和改革进程中培养的革命精神和优良作风，有经过艰辛探索而形成的中国特色社会主义的路线纲领政策，因此，我们党的整个价值体系、思想观念等等，是健康的、先进的，体现和代表着中国先进文化的前进方向。但是，也要看到，在新的历史条件下，整个社会的思想文化呈现着纷纭复杂的状态，我们党的精神生活领域，也不可避免地遇到了许多新问题，面临着很多新挑战。党的思想肌体中，遗留着一定程度的旧思想、旧观念、旧作风的影响，新形势下又受到了很多落后、腐朽思想的渗透和侵蚀。因此，党内生活、党内文化中也出现了不少消极腐败的现象。

比如说，封建主义的"官场文化"，在党内就有愈演愈烈的趋势。一些干部权欲熏心，整天琢磨着向上爬，于是不择手段地拉帮结派，顺之者封官许愿，逆之者横加排斥。对上，一副脸孔，溜须拍马，阿谀逢迎；对下，又是一副脸孔，颐指气使，横行霸道。为了达到自己的目的，处处作秀，欺上瞒下。对此类歪风邪气，有些地方和单位，迄今缺少正确认识和制约手段。提拔干部，往往是看关系，靠手腕，而不是看品质，靠贡献。那些正派的、干活的、真正有能力、有贡献的干部，却因为不屑于套磁拉关系，往往受到不公正的待遇。

用人上的失误与不良风气的蔓延，互为表里，形成了一种恶性循环，严重败坏了党内文化。这类"官场文化"如果不加制止，必将严重腐蚀党的先进性和纯洁性。

进入新世纪，世界各种类型的文化风云激荡、交错融合。我们党要保持旺盛的生命力，保持先锋队性质，就要高度重视党的自身文化的建设，坚持用中国和世界的先进文化要求自己、检查自己、改造自己、完善自己。要搞好党的思想理论以及整个价值体系的建设，坚决清除各种不良文化对党的影响，坚决倡导和弘扬优良风气，努力做到在精神上永不衰退、永不落后，始终保持一种朝气蓬勃的状态。

四、按先进文化的要求加强文化建设

我们党要始终代表中国先进文化的前进方向，就是党的理论、路线、纲领、方针、政策和各项工作，必须努力体现发展面向现代化、面向世界、面向未来的，民族的科学的大众的社会主义文化的要求，促进全民族思想道德素质和科学文化素质的不断提高，为我国经济发展和社会进步提供精神动力和智力支持。

代表先进文化，加强文化建设，首先必须坚持马克思列宁主义、毛泽东思想和邓小平理论在思想文化领域的指导地位。马克思列宁主义、毛泽东思想、邓小平理论，是党和国家的精神支柱，也是有中国特色社会主义文化建设的根本，决定着我国文化事业的性质和方向。它起着凝聚和激励全党全国人民奋发向上，形成共同的理想信念，树立正确的世界观、人生观、价值观的重要作用。因此，在文化建设中，我们必须以马克思列宁主义、毛泽东思想和邓小平理论为指导，在世界各种思想文化相互激荡和错综复杂的竞争斗争中，始终保持清醒的头脑，坚持正确的方向。

建设社会主义文化的根本任务，是培养一代又一代有理想、有道德、有文化、有纪律的公民。代表先进文化，加强文化建设，就要承担好这一长期而艰巨的任务，把提高全民族的思想道德素质和科学文化素质放在重要位置上。坚持以科学的理论武装人，以正确的舆论引导人，以高尚的精神塑造人，以优秀的作品鼓舞人。要充分发挥社会主义文化的教育功能和认识功能，在全社会形成共同理想和精神支柱，把全国各族人民的力量凝聚起来，同心同德进行社会主义现代化建设。提倡和引导干部群众学习科学文化知识，树立科学思想和科学精神。高度重视知识创新、人才开发对经济发展和社会进步的重大作用，全面提高人民群众的科学文化素质，大力繁荣科学文化事业，为改革开放和现代化建设提供强大的智力支持。

代表先进文化，加强文化建设，要大力弘扬文化建设中的主旋律，正确处理主旋律与多样化的关系。主旋律文化是先进文化的集中反映。江泽民曾把主旋律概括为"四个一切"，即一切有利于发扬爱国主义、集体主义、社会主义的思想和精神；一切有利于改革开放和现代化建设的思想和精神；一切有利于民族团结、社会进步、人民幸福的思想和精神；一切用诚实劳动争取美好生活的思想和精神。[①] 我们要唱响主旋律，就要大力倡导和发展主旋律文化，发挥好先进文化团结人民、教育人民的作用，为社会进步提供精神动力，同时，自觉地摒弃那些迷信、愚昧、颓废、庸俗的落后文化，努力防止和坚决抵制腐朽文化和各种错误思想观点对人们的侵蚀。各级党组织应树立阵地意识，积极站在争夺群众、占领思想文化阵地的最前沿。加强对文化市场的监督管理。坚决清除各种错误的、丑恶的东西，决不能任其滋生和泛滥。

代表先进文化，加强文化建设，必须创造更多的优秀文化产品，满足人民群众日益增长的精神文化需要。为人民服务，不仅要满足人

---

① 参见江泽民：《论党的建设》，中央文献出版社2001年版，第134页。

民物质生活的要求，也要满足精神生活的要求。文化作品，是人类精神文明的重要载体和组成部分。它的繁荣和发展，对全社会的精神文明建设起着十分重要的作用。文化作品要通过有血有肉、生动感人的艺术形象，真实地反映丰富的社会生活，反映人们在各种社会关系中的本质，表现时代前进的要求和历史发展的趋势，并且努力用社会主义思想教育人民，给他们以积极进取、奋发图强的精神。把握先进文化前进的方向，就要坚持"为人民服务，为社会主义服务"的方向，精心组织，精心创作，生产出一大批真正称得上思想精深、艺术精湛、制作精致、具有强烈吸引力和感染力的优秀作品，力求把最好的精神食粮奉献给社会，奉献给人民。

代表先进文化，加强文化建设，还需要处理好中国文化与外国文化的关系。世界文明的多样性，是人类社会的基本特征，也是人类文明进步的动力。中国文化的发展，不能离开人类文明的大道。当代中国的先进文化，既是立足于中国大地的文化，也是面向世界、面向未来，融汇世界各个国家和民族的一切优秀思想和文化成果的文化。中华民族的优秀文化传统，党和人民从五四运动以来形成的革命文化传统，人类社会创造的一切先进文明成果，我们都要积极继承和发扬。中国共产党十分重视学习和吸取世界的优秀文化成果。改革开放以来，我们的对外文化交流工作取得长足的进步，充分体现了有中国特色社会主义文化的开放性。在当今世界各种思想文化相互激荡的氛围中，我们要进一步按照"古为今用，洋为中用""取其精华，去其糟粕"的指导思想，立足中国、面向世界，立足当代、总结过去，以我为主、为我所用，开展多种形式的对外文化交流，博采各国文化之长，向世界展示中国文化的建设成就。继承和发扬中华民族一切优良文化传统，保持中国作风、中国气派，积极进行文化创新，使中国特色社会主义的文化不断走向新的繁荣。

现代化本质上是人类文明
发展进步的过程

纪事和说明：

  2023年，不少单位以中国式现代化或建设中华民族现代文明为主题举办高层论坛。我应邀参加了其中的一些论坛，并作主旨演讲。本文就是将这些演讲中的有关内容综合起来而形成的。

  该文围绕中国式现代化与中华民族现代文明的关系问题，探讨和说明了现代化的定义，认为现代化要从狭义和广义两个层面来界定和区分，现代化本质上是世界文明的一种发展进程，是由人类文明发展不平衡规律决定的世界范围内你追我赶、不断超越的广阔图景和漫长过程。如此大规模、大范围的现代化进程，就必然有一个现代化的普遍性与特殊性、共性与个性的关系问题。中国式现代化具有鲜明的中国特色，尤其是中国规划，是中国式现代化的主要抓手和独特方式。中国式现代化是世界现代化各种类型中一个独特的类型和范式，是世界文明大花园中一种独特的鲜花。

我们为什么讲现代化又要讲文明形态、讲中国式现代化又要讲建设中华民族现代文明？因为这两者有着内在的联系。解开现代化的各种现象，也揭开现代化进程中种种矛盾的关系，从本质上来说，现代化是人类文明发展的一种发展进步的过程。无论哪个国家，发展现代化，其实都是在追赶人类文明发展的潮流。谁落后，谁就要追赶和转化；谁先进，谁就能领跑这个潮流的发展。

一、现代化要从狭义和广义两个层面来界定

现代化问题已经讨论了上百年、几百年，各种各样的观点纷纭复杂，莫衷一是。但到底什么是现代化，现在流行的许多定义和观点也未必说到了点子上。要准确理解中国式现代化，首先要准确理解什么是现代化。

现代化不是一个国别概念，而是一个世界范畴；不是一个瞬时概念，而是一个历史范畴。

长期以来，现代化主要指工业化，是工业革命以来，人类社会发生的一种深刻的变革过程，主要内容是各国工业化的发展，特别是落后的农业国追赶先进的工业国的过程，本质上是由传统的农业文明向现代工业文明转变的过程。

这种现代化的定义对第二次世界大战以前乃至之后一段的现代化进程是适用的。但20世纪七八十年代之后，许多国家工业化的进程已经完成，随后出现了信息化、智能化、国际化等新的趋势、内容和要求。这些内容无法纳入传统的现代化概念中，于是有人只好提出后现代化的概念，既是为了批判传统的现代化，也是为了与传统的现代化相区别。但这就像是把爱因斯坦的相对论称作"后牛顿力学"一样，不合情理。

因此，现代化已经不能界定为单纯的工业化。而必须从狭义走向

广义，从更广阔、更长远的眼光来认识和界定现代化，把现代化界定和区分为狭义和广义两个层面。

从广义来说，现代化就是从传统的农业社会不断向新型的工业社会、信息社会、智能社会以及尚未可知但必然出现的新型社会发展、转变的过程。

广义的现代化包含了狭义的现代化。现代化的初级阶段主要是工业化以及由此带来的社会变革过程。广义的现代化则包含了工业化但不限于工业化、至少已经包括信息化和智能化在内的社会发展和变革过程。当今世界，发达国家的现代化已经从初级阶段进入了信息化、智能化的新阶段。中国既在完成着工业化的任务，又在发展着信息化、智能化的任务，是初级阶段与新的阶段交叉并行。一部分发展中国家面临着与中国类似的并行发展的任务，也有一部分比较贫困的发展中国家，工业化还是主要任务。

二、现代化本质上是世界文明的一种发展进程

为什么会有现代化？为什么需要现代化？为什么整个人类世界都被卷入了现代化的进程？从狭义上来说，首先是因为工业化的到来和发展。任何国家，如果不推进工业化，就只能停留在农业文明甚至游牧文明阶段，那就必然落后于世界文明的发展。所以，每个国家都只能走工业化之路，推动本国社会向现代化发展。

那么，在工业化实现之后，为什么还要推进现代化？因为生产力的发展是一个无限的过程。工业化不是生产力发展的顶峰和终点。在工业化之后，人类世界正在继续向信息化、智能化进军。伴随着工业化、信息化、智能化的进程，人类社会的政治、经济、文化等各个方面也都在发生着一系列深刻的变化。这是人类社会发展的大趋势、大潮流。没有哪个国家可以拒绝这种趋势和潮流。拒绝了、排斥了，也

就必然落后。

因此，所谓现代化，形式上是工业化、信息化、智能化等等，但本质上是一个人类文明无限发展的过程。

现代化何以谓"化"呢？因为现代化不是单独某一个国家某一个时期的任务，而是整个人类世界无限发展的过程。

从纵向来看，人类文明总是在不断发展进步的。从蒙昧向文明转化是发展进步，从农业文明向工业文明转化是发展进步，从传统的工业化向信息化、智能化转化也是发展进步。这种发展进步是无止境的。人类文明的脚步不会停止，因此，向现代转"化"的过程也永远存在。

从横向来看，不同地域、不同国家、不同类型、不同领域的文明发展又都是不平衡的。基于不同的国情、不同的文化、不同的主客观条件，在每一个特定时刻，总是有一些类型或国家的文明，处于比较领先亦即"现代"的水平。而其他的，就要不断地追赶，努力赶上比较先进的水平，力争向"现代"转"化"。于是，这就提出了现代"化"的任务和要求。

至于"现代"的内容，很长历史时期，都是以工业化为核心内容，但现在已经增加了信息化、智能化、民主化、法治化等各项内容。未来时代，还必定会有新的要求。什么是现代？谁代表"现代"？都要视一定时代的实际情况而定。没有绝对的标准，也没有绝对的先进。

所谓现代化，实际上就是这样一个你追我赶、不断超越的广阔图景和漫长过程。所谓"现代化"的概念也就是一个动态的、其内涵难以精确化的总体范畴。无论狭义还是广义，现代化都是一个世界范围的运动过程。

所以，为什么会有现代化？为什么需要现代化？根本上都是整个人类文明发展的需要，也是由人类文明发展的不平衡规律决定的。

三、现代化是一个共性与个性辩证统一的过程

显然，现代化不是单个国家和民族的任务，而是世界共同面临的趋势、潮流和任务。如此大规模、大范围的现代化进程，就必然有一个现代化的普遍性与特殊性、共性与个性的关系问题。

从共性来说，现代化是一个世界范围的运动过程。它并没有终结的目标，而是永远向前延伸，不断出现新的趋势和要求。在每个时期和过程中，它都有一些基本的要求和标准。工业化是标准，信息化是标准，智能化也会是标准，法治化是标准，民主化也是标准。相应地，人类社会也会逐步发展和积累起一些共同价值。比如，我们所承认的和平、发展、公平、正义、民主、自由等，就是全人类的共同价值。每个国家的现代化都不能脱离人类文明的大道。如果关起门来自我封闭、自成一统，那就谈不上什么现代"化"，也不可能实现现代化。

从个性来说，每个国家都要向现代化前进，但每个国家都有自己不同的历史、不同的国情、不同的文化、不同的需求，有人喜欢吃荤，有人喜欢吃素，有人喜欢住高楼，有人喜欢住平房，不可能都纳入一个模式。美国的汽车交通很发达，但高铁发展很落后。中国的资源有限，发展汽车就不能单纯靠化石燃料。所以，每个国家都要从自己的实际出发，选择自己最适当的道路，建设具有自己特色的现代化。

这样的个性，包括建设什么样的现代化和怎样实现现代化两个方面。现代化有共同的标准，但不等于流水线上的产品，都是一个模子脱出来的。如同现在的商品和服务越来越多地采用私人定制、个性化服务一样，不同国家的现代化，除了遵循基本的标准之外，必然会有

各国自己的特点和要求，完全统一是根本不可能的。

每个国家怎样实现现代化？归根结底都要从实际出发。而每个国家的实际都如同人的指纹一样，都有自己的特点，不可能完全一致。因此，也不可能完全照搬别人的道路、别人的方式。唯一的道路，只能根据自己的国情，因地制宜、因时制宜，采用最符合自己实际的办法来进行。

由于现代化是世界范围内的发展趋势和潮流，所以必然有一些国家走在前面，有一些国家走在后面，这才有了"化"的任务。走在前面的国家，现代化程度较高，积累了较多文明的成果，也取得了许多现代化的经验和教训。后发国家必须向他们学习，接受他们已经取得的成果。但同样，也要研究和吸取他们的经验教训。发达国家先行探索，有成功的经验，也有失败的教训。后发国家就不能照搬照走他们的老路，如发达国家都经历过环境污染的过程，后发国家就应该尽可能地避开这种弯路。

四、善于区分现代化的复杂现象与其本质要求

我们说现代化本质上是人类文明的发展进步过程，不等于现代化进程中的所有现象、所有事物都可以与现代化画等号，都可以贴上现代化的标签，也包括推进现代化的所有手段都代表着人类文明。在这两者之间还是有很多差别的，需要我们仔细区分。

比如，现代化在给人类带来进步和福祉的同时，也会带来困惑和挑战，甚至带来某种程度的伤害。现代人类遇到的各种灾害，很大一部分是现代化创造出来的。比如汽车、火车、飞机等新型交通工具，极大地改变了人的生存和交往方式，但也出现了从未有过的各种交通事故，并成为对人类自身的一大杀手。原子能、互联网、人工智能的利弊双重性更是极为深刻和长远。如何处理科学与伦理的关系，已成

为世界共同面对的难题。一方面,现代化越发展,社会就越进步;但另一方面,伴随着现代化的发展,种种新的危险和灾害也会产生。

所以,我们经常说,现代化是一把双刃剑。就是说,现代化并不是尽善尽美的事物和过程。所谓"现代"也不是白璧无瑕的包装。在现实生活中,并不是标以"现代"的一切事物都是那么美好的。更不能将一切新出现的事物都归于"现代"之列。在现代化进程中,泥沙俱下、鱼龙混杂的现象是常见的,唯有经过历史的反复检验,许多现代化的成果才能逐步过滤和沉淀,成为真正具有现代性的常态化事物。

因此,对现代化,必须持有辩证的认识和态度。充分认识现代化的必然性、重要性,肯定现代化是人类社会发展进步的必然趋势和要求,但对现代化也必须全面、科学地加以认识和对待,不能全盘肯定或全盘否定。

基于这种特点和矛盾,对现代化进程中的各种事物和现象都要善于鉴别。鉴别的标准是什么?很复杂。总的来说,应该看是否符合人类社会的发展方向和时代要求,是否有利于促进社会生产力和社会文明的进步,是否符合最广大人民群众的根本利益和愿望,是否符合人类社会已经形成共识的基本标准和共同价值。

五、中国式现代化具有鲜明的中国特色

党的二十大明确提出了中国式现代化的概念、目标和任务,指出:"在新中国成立特别是改革开放以来长期探索和实践基础上,经过十八大以来在理论和实践上的创新突破,我们党成功推进和拓展了中国式现代化。"[①]

---

① 《习近平著作选读》第一卷,人民出版社2023年版,第18页。

从现在起，中国共产党的中心任务就是团结带领全国各族人民全面建成社会主义现代化强国、实现第二个百年奋斗目标，以中国式现代化全面推进中华民族伟大复兴。

根据习近平总书记在党的十九届五中全会上所说的五点，党的二十大指出：中国式现代化是人口规模巨大的现代化，是全体人民共同富裕的现代化，是物质文明和精神文明相协调的现代化，是人与自然和谐共生的现代化，是走和平发展道路的现代化。

党的二十大进一步揭示了中国式现代化的本质要求，简洁凝练、内涵丰富，强调了坚持党的领导和中国特色社会主义制度的根本要求，涵盖了富强民主文明和谐美丽的奋斗目标，也彰显了中国式现代化的世界意义和世界贡献。

中国式现代化最独特的地方在哪里？我认为，至少其中之一，是中国规划。中国式现代化是中国共产党通过制定和实施一连串计划和规划，组织动员全社会的所有资源，持续和有序地向着现代化目标推进的。这是中国式现代化最独特的方式和最鲜明的特色。

中国规划的主体，首先是五年规划。从20世纪50年代初起，中国开始实行五年计划。五年计划不是中国的原创，而是从苏联学来的。但是，中国共产党对这种方式不断地加以改进，使之更加符合中国的实际。改革开放之后，我国逐步建立社会主义市场经济，五年计划作为国家宏观调控的一个基本手段，仍然坚持了下来，但其内容和方式也按照市场经济的要求进行了多次重要的改革。从"十一五"开始，改成了五年规划。从五年规划还扩展出其他各种规划，现已构筑起以国家发展规划为统领，以空间规划为基础，以专项规划、区域规划为支撑，由国家、省、市县各级规划共同组成，定位准确、边界清晰、功能互补、统一衔接的国家规划体系。

所有这些规划，具有鲜明的中国特色，其规模、数量、内容、时空跨度、严整、系统、有效,都是世界上其他国家难以比拟和想象的,因此,我把它们统称为"中国规划",还出版了《中国规划》一书。如此庞大的中国规划把中国共产党治国理政和现代化建设的主要工作基本都包揽了。

新中国成立以来的每一个五年计划或规划,都是一份国家经济和社会发展的蓝图,都是走向现代化的一个工程和台阶。习近平总书记说:"从第一个五年计划到第十四个五年规划,一以贯之的主题是把我国建设成为社会主义现代化国家。"[1] 迄今为止的 14 个五年计划和规划连接和组合起来,就是一幅中国式现代化建设的历史长卷。中国式现代化经历的过程,所有的成功、挫折、经验、教训,现代化建设的指导思想、伟大成就,都能从这些计划和规划制定、实施、完成的情况表现出来。

中国规划是中国共产党治国理政的重要方式,是国家组织推进中国式现代化的基本手段和主要工作,是中国特色社会主义的重要组成部分。中国规划在中国式现代化的进程中发挥着极其重要的作用,融汇了治国理政的几乎所有战略,是中国式现代化的独特方式和鲜明特色。

六、建设世界现代化发展中的新范式

在纪念马克思诞辰 200 周年大会上,习近平总书记强调:"当代中国的伟大社会变革,不是简单延续我国历史文化的母版,不是简单套用马克思主义经典作家设想的模板,不是其他国家社会主义实践的再版,也不是国外现代化发展的翻版。"[2] 这四个"版"的区分,也高度概括了"中国式现代化"的创造性和独特性,并指明了建设中国式

---

[1] 《习近平著作选读》第二卷,人民出版社 2023 年版,第 366 页。
[2] 《习近平谈治国理政》第三卷,外文出版社 2020 年版,第 76 页。

现代化的道路和方向。

第一，"中国式现代化""不是简单延续我国历史文化的母版"。"中国式现代化"吸收和继承了中华文明的优秀传统，深深扎根于中国文化的肥沃土壤中。中国共产党在不同时期对传统文化的认识有所不同，其间也有一定的经验教训。但改革开放以来，党和国家对传统文化有了更加全面和科学的认识，更加坚定地执行去除糟粕、取其精华的原则。大力吸收和弘扬传统文化中的瑰宝，形成了中国特色社会主义文化。特别是党的二十大进一步提出了把马克思主义基本原理与中华优秀传统文化相结合的命题和要求，必将使中华优秀传统文化渗透融合进"中国式现代化"中。这样的中国式现代化，不是中国"历史文化的母版"，而是这种文化的创新版、发展版、升华版。

第二，"中国式现代化""不是简单套用马克思主义经典作家设想的模板"。中国共产党是马克思主义坚定的信奉者和继承者。但实践告诉我们，对马克思主义一定要坚持科学的态度，决不能丢掉老祖宗，但又要搞清楚，更要善于讲新话。"中国式现代化"，坚持马克思主义的基本理论，但又坚决反对教条主义，反对对马克思主义的曲解和不正确的解释，不断实现马克思主义的中国化，不断根据时代和国情丰富和发展马克思主义。所以，"中国式现代化"本质上发挥马克思主义的指导作用，但决不简单照抄照搬马克思主义，是最新的中国版的马克思主义指导下的产物。

第三，"中国式现代化""不是其他国家社会主义实践的再版"。中国学习过苏联的经验，也照搬过苏联的模式，新中国的现代化，实际上走的是苏联道路，而不是西方道路。但实践证明，照搬任何外国模式都不能成功。照搬西方模式我们历来坚决反对，但照搬苏联模式也不能成功。所以，改革开放以来，中国坚持独立自主，走自己的道路，由自己决定走什么样的道路，对传统的体制进行了重大的改革。

"中国式现代化"正是在改革开放的实践中不断发展的，已经对传统的苏联模式实现了历史性的超越。今天的"中国式现代化"是不能简单地用其他任何所谓社会主义的模子来套的。

第四，"中国式现代化"从本质到形式，都与西方国家的现代化有重要差别。"中国式现代化"无疑学习和吸收了世界文明和世界现代化的种种有益的成分，甚至"中国式现代化"的很多名词概念都是从国外学来的，如国内生产总值、可持续发展、互联网、软实力、量子等等。但是，中国共产党始终对西方国家抱有高度的警惕，全方位地防范和抵制，实际上从来没有走过西方的现代化道路。"中国式现代化"的本质和出发点与这些国家的现代化很不一样，内容和形式上也有很多差别。中国式现代化立足于中国的实际，具有自己的独特性和鲜明特色。

所以，中国式现代化是世界现代化各种类型中一个独特的类型，是世界现代化进程中的一个独特的范式，是世界文明大花园中的一种独特的鲜花。

当然，这样的新范式还不是完成式，而是进行时。未来还需要我们继续进行不断的探索。为此，就需要继续加强研究。比如，党的基本路线规定中国式现代化的目标是"富强、民主、文明、和谐、美丽"五个词，这五个词，分别是经济、政治、文化、社会、生态文明五大建设的目标。党的二十大报告概括的中国式现代化五个方面，与这五大建设、五大目标是什么关系？为什么政治建设的内容和目标在"中国式现代化"中没有出现？这还需要我们认真学习、深入领会。

此外，中国式现代化与世界现代化、不同国家的现代化到底有哪些相同之处，有哪些不同之处，如何处理好中国式现代化与世界现代化的关系？这也需要深入加以研究。中国式现代化的特色不能自说自话，而必须通过实际的比较才能确定。强调特色是一个重要的方面，但同时更要善于向世界学习，与世界交流。对世界其他国家的现代化，我们在哪些方面必须排斥？哪些方面需要学习？这都需要通过深入的研究，才能科学地加以确定。

发挥传统文化在中国式现代化中的重要作用

纪事和说明：

本文是我 2023 年 3 月 18 日在中华文化促进会燕赵文化委员会成立大会上的讲话。

发言内容除了强调弘扬中国优秀传统文化的重要性外，还说明了燕赵文化是中华优秀传统文化中一个重要的方面，在中国式现代化的新征程上，传统文化包括燕赵文化应该发挥更大的作用。

各位领导，各位嘉宾，朋友们：

大家下午好！

在各有关方面的大力支持下，中华文化促进会燕赵文化委员会今天宣告正式成立了，这是新形势下研究、传承、弘扬燕赵文化的重要举措，也是贯彻落实党的二十大精神，弘扬中国优秀传统文化、铸就社会主义文化新辉煌的实际行动之一。所以，我首先热烈祝贺燕赵文化委员会的成立，也感谢陈宝忠会长为此所作的大量工作和贡献。

文化是人类改造客观世界和主观世界的活动及其成果的总和，包括物质文化和精神文化两大类。物质文化，是通过物质活动及其成果来体现的人类文化，如石器文化、青铜文化等。精神文化，则是通过人的精神活动及其成果来体现的人类文化。这种精神文化的内部，又可分为语言文字文化、社会习俗文化、文学艺术文化、思想道德文化、科学理性文化、制度规范文化等多种类型。

一个社会的存在和发展，既需要以生产力的发展为基础，同时也离不开精神、文化的发展。文化，是人类社会发展进步的一个重要内容，也是一个国家、一个民族的灵魂。文化的发展繁荣与国家民族的命运紧紧联系在一起。

中华民族在 5000 多年的发展进程中，创造了丰富多彩的文化和文明。虽然其中也有相当多的糟粕，需要随着时代的发展而不断推陈出新。但总体上，中国传统文化有着强大的生命力，对国家的强盛和发展起了巨大作用。即使在国力衰弱、一度被外族外敌占领和奴役时，也能焕发起强大的精神力量，并在文化融合过程中，以柔克刚，逐步同化几乎所有的外来文化。

当今的中国特色社会主义文化，既包含 5000 多年文明发展孕育的中华优秀传统文化，也包含党和人民在革命建设改革中孕育的革命文化和社会主义先进文化。这种文化，积淀着中华民族最深层的精神追求，代表着中华民族独特的精神标识，是中国人民胜利前行的强大精神力量，是保障国运强盛的最重要条件之一。建设富强民主文明和谐美丽的社会主义现代化强国，就不仅要大力发展先进生产力，而且要大力发展先进的文化，弘扬优秀的民族文化传统，辩证对待和借鉴吸收世界的先进文化。

2014 年 9 月 24 日，习近平主席出席纪念孔子诞辰 2565 周年国际学术研讨会暨国际儒学联合会第五届会员大会开幕会并发表重要讲话，强调从延续民族文化血脉中开拓前进，推进人类各种文明交流交融、互学互鉴。作为国家领导人，出席纪念孔子的会议，鲜明地表明了对待传统文化的态度，促进了传统文化的传承和弘扬。

党的二十大明确要求"以中国式现代化推进中华民族伟大复兴"。2023年2月7日，在新进中央委员会的委员、候补委员和省部级主要领导干部学习贯彻习近平新时代中国特色社会主义思想和党的二十大精神研讨班上，习近平总书记又主要围绕"中国式现代化"问题发表重要讲话。"中国式现代化"已成为一个重要的政治概念和政治理念。

中国式现代化是人口规模巨大的现代化，是全体人民共同富裕的现代化，是物质文明和精神文明相协调的现代化，是人与自然和谐共生的现代化，是走和平发展道路的现代化。

中国式现代化的五个方面都发轫于文化，与优秀传统文化有着内在的联系，得益于中国文化的不断传承和创新。

党的二十大报告一共使用了58次"文化"一词。一如既往，用一个专门的部分论述文化建设问题。特别是对传统文化给予了前所未有的高度肯定，强调指出："中华优秀传统文化源远流长、博大精深，是中华文明的智慧结晶，其中蕴含的天下为公、民为邦本、为政以德、革故鼎新、任人唯贤、天人合一、自强不息、厚德载物、讲信修睦、亲仁善邻等，是中国人民在长期生产生活中积累的宇宙观、天下观、社会观、道德观的重要体现，同科学社会主义价值观主张具有高度契合性。"在党代会的报告中专门列举中华文化中这么多精髓思想和观点，这是过去从来没有过的。

在长期坚持的"把马克思主义基本原理同中国具体实际相结合"的基础上，又提出了"第二个结合"，即"同中华优秀传统文化相结合"。这"第二个结合"必将使我们党的理论与中华民族5000多年辉煌灿烂的文明史更紧密地结合起来，获得无比充沛的思想文化资源。

习近平总书记指出，中国式现代化，深深植根于中华优秀传统文化，体现科学社会主义的先进本质，借鉴吸收一切人类优秀文明成果，代表人类文明进步的发展方向，展现了不同于西方现代化模式的新图景，是一种全新的人类文明形态。

建设中国式现代化，就必须充分发挥优秀传统文化在建设中国式现代化中的重要作用。

中国优秀传统文化包含着丰富的内容。燕赵文化是其中一个重要的内容和方面。燕赵大地作为华夏文明的重要发祥地，贯联内蒙古高原与华北平原、太行山、燕山与渤海的过渡地带。包括了吉、辽、内蒙古、京、津、冀、晋等地。自古"燕赵多慷慨悲歌之士"。从古代的尧、荀子、董仲舒、扁鹊，到近现代的李大钊、高克谦、马本斋、狼牙山五壮士、董存瑞、李运昌、燕赵双骄（杨十三和杨秀峰），等等。燕赵大地民风淳朴，尊尚礼义，一直闪烁着独特的魅力。经过数千年的积淀，形成了丰富、独特的文化类型。敢于学习、胡服骑射的赵武王改革精神；礼乐互济、相得益彰的荀子和乐精神；"致广大而尽精微"的包容精神等，都是燕赵文化的内涵和特征。

燕赵文化对中华文明的发展产生了重要的影响。两百万年前，桑干河畔升起人类文明第一抹曙光，阳原泥河湾见证了东方人类从这里走来。5000多年前，黄帝、炎帝、蚩尤在涿鹿从征战到融合，开创了中华文明史。70多年前，中共中央在平山西柏坡指挥了震惊中外的三大战役，召开了具有历史意义的七届二中全会。随后进京赶考，成立了中华人民共和国。70多年来，特别是改革开放以来，燕赵大地发生了历史性变化。党的十八大以来，又进入了新时代，京津冀协同发展战略的实施，不仅使这里的经济社会发展取得新的突破，也使燕赵文化展现出新的面貌。

在中国式现代化的新征程上，燕赵文化应该发挥更大的作用。成立燕赵文化委员会,有助于讲好燕赵故事、传播燕赵声音,进一步加强燕赵文化的研究、宣传和弘扬,成为京津冀协同发展的文化助推器。

祝燕赵文化委员会办得越来越好,祝燕赵文化焕发出更大光彩!

正确处理中国式现代化中
传统与现代的关系

纪事和说明：

　　本文是应人民日报理论部之约而写，以《把握好现代化进程中传统与现代的关系》为题，发表于 2023 年 9 月 11 日的《人民日报》。此处是未经删改的原稿。

　　该文认为，如何处理传统与现代的关系，是世界现代化进程中的一对基本矛盾。推进中国式现代化，必须全面把握从"传统"向"现代"运动演进的过程，辩证认识"传统"在现代化中的作用，正确处理"传统"与"现代"的关系，充分发挥中华优秀传统文化在建设中国式现代化中的作用。

　　文章还提出了鉴别现代化中各种事物和现象的 4 条标准：是否符合人类社会的发展方向和时代要求，是否有利于促进社会生产力和社会文明的进步，是否符合最广大人民群众的根本利益和愿望，是否符合人类社会已经形成共识的基本标准和共同价值。

如何处理传统与现代的关系，是世界现代化进程中的一对基本矛盾。无论在现代化的哪一个时段、哪一个领域，都会遇到这个矛盾。中国式现代化进程中也同样会遇到这一矛盾。如何解决这一矛盾，关系到中国式现代化的进程和方向，所以，必须深入研究，科学认识，正确面对，妥善处理。

一、全面把握从"传统"向"现代"演进的过程

现代化是一个历史范畴。现代化最初主要指工业化，但在工业化基础上，又进一步出现了信息化、智能化、国际化等新的内容和要求。不同类型的国家你追我赶，不断超越，从而形成世界性的潮流和趋势。所以，现代化实质上是一个人类文明无限发展的过程。

现代化是与传统社会相对而言的。传统社会，就是世代沿袭下来的社会，也特指工业化以前的社会。而传统，就是世代相传、从历史沿袭传承下来的思想文化、道德、风俗、艺术、制度以及行为方式等，也包括体现这种内涵的物质，如传统建筑、工业遗产等等。传统是历史发展继承性的表现，对人们的社会行为有着无形和长期的影响。

现代化都是在传统社会的基础上发展而来的。因此，现代也是与传统相对而言的。在现代化进程中，社会不断从"传统"向"现代"演进。"现代"是什么？最初主要指机器的广泛运用和现代工厂的迅速发展，继而引起社会生产方式和生活方式的广泛变革。到当代，主要指在工业化基础上的信息化、智能化、国际化、法治化、民主化等等，它们既表现在形而下的物质层面，也表现在形而上的精神层面。

在现代化进程中，具有现代性的物质不断出现，具有现代性的精神也不断形成。随着这两方面内容的不断增多和提升，现代化的进程不断向前发展，现代化的程度越来越高，现代社会距离传统社会也就

越来越远，有时还可能是跳跃式的分离和超越。在此过程中，人类文明也就不断发展和进步，有时还会出现跨越式的发展和进步。

按照马克思主义过程论的思想，任何事物都是一个发展的过程，现代化也同样是一个过程。在这个过程中，传统不断演进到现代，现代也会因成型固化而逐渐变为传统。从这个意义上，现代与传统的区分是相对的，现代与传统是不断转化的，也是不可分离的。

现代化总体上是一种进步的趋势和潮流，而"现代"，相对而言，就是一个文明发展的方向和标杆，是一种充满活力和朝气勃勃的事物和精神。推进中国式现代化，就要充分肯定和大力弘扬这种朝气和精神，就要不断增强社会发展的动力和活力。

在中国 5000 多年的文明史上，为什么会创造出大量璀璨耀眼的文明成果，就是因为某些时期的活力和朝气较多，社会的创造性得以迸发，如春秋战国时期的百家争鸣；但为什么又曾落后于世界现代化的潮流，就是因为某些时期的保守和禁锢较多，社会处于僵化和停滞状态，如晚清时期，曾被马克思、恩格斯称作是"世界上最古老最巩固的帝国"，是"活的化石"。

中国共产党从历史演进的波浪式起伏中汲取经验教训，提出了赶上时代和与时俱进的一系列要求。党的二十大强调："我们必须坚持解放思想、实事求是、与时俱进、求真务实"，"不断回答中国之问、世界之问、人民之问、时代之问"。[①]

当然，现代化并不是尽善尽美的事物和过程。所谓"现代"也不是白璧无瑕的包装。在现实生活中，并不是标以"现代"的一切事物都是那么美好的。更不能将一切新出现的事物都归于"现代"之列。在现代化进程中，泥沙俱下、鱼龙混杂的现象是常见的，唯有经过历史的反复检验，许多现代化的成果才能逐步过滤和沉淀，成为真正具

[①] 《习近平著作选读》第一卷，人民出版社 2023 年版，第 15 页。

有现代性的常态化事物。

现代化在给人类带来进步和福祉的同时，也会带来困惑和挑战，甚至带来某种程度的伤害。现代人类遇到的各种灾害，很大一部分是现代化创造出来的。比如汽车、火车、飞机等新型交通工具，极大地改变了人的生存和交往方式，但也出现了从未有过的各种交通事故，并成为对人类自身的一大杀手。原子能、互联网、人工智能的利弊双重性更是极为深刻和长远。如何处理科学与伦理的关系，已成为世界共同面对的难题。它们说明，现代化是一把双刃剑。现代化越发展，社会就越进步，但新的危险和灾害也会相伴而生。

因此，对现代化，必须持有辩证的认识和态度。充分认识现代化的必然性、重要性，肯定现代化是人类社会发展进步的必然趋势和要求，但对现代化也必须全面、科学地加以认识和对待，不能全盘肯定或全盘否定。

二、辩证认识"传统"在现代化中的作用

现代与传统是一对矛盾。矛盾在哪里呢？首先表现在，现代在一定程度上就意味着与传统的矛盾和分离。倡导现代，就需要跳出传统、超越传统，有时还要远离传统、甚至摒弃传统。在很多情况下，超越和摒弃传统是必要的。不如此，就谈不上创新、发展，甚至不能进步。比如，不摒弃在中国沿袭2000多年的封建君主专制制度，就不可能有民主共和的出现。不摒弃"三纲五常"的封建道德，就不可能有现代人性的解放和人的权利和尊严的保障。

但是，与传统的分离和摒弃只能是部分的、相对的，而不能是全部的、绝对的。不加区分的全部分离和摒弃，不仅是有害的、危险的，而且是根本不可能的。如同鲁迅所说，相当于拔着自己的头发要离开地球一样。任何现代化，只能立足于传统，对传统采取科学和辩

证的态度，鉴别传统、吸收传统、发展传统，形成现代、又变成新的传统。

传统与现代，都是相对概念。现代，都是从历史而来，也就是从传统而来。没有传统，就等于没有历史，何来现代？现代是在传统的基础上发生变化。有的是量变，有的是部分质变，有的还可能是完全的质变。无论是哪一种变，都不是凭空产生的。它的基点，只能是传统。只不过对于这个基点，会依照当时当地的时代要求和价值取向，进行一定的筛选，有所摒弃、有所继承、有所保留。摒弃、继承、保留的多少，也就决定了从传统向现代转变的程度到底是量变，还是部分质变，或者是根本性的质变。无论哪一种情况，现代都无法脱离传统。两者是依据主客观条件在不同程度上联系在一起的。

既然如此，传统就对现代发生着深刻的影响。具有糟粕性的传统，会对现代产生牵制、阻滞作用，是现代、现代性和现代化的逆向作用力。对这种传统，只能坚决加以摒弃和扫除。否则，社会就不能进步，现代化就不能实现。但与此相对，其他各种传统，只要不与现代相冲突，都有存在的理由。其中，凡是具有进步性的传统，还都能对现代化起不同程度的促进或补充、纠偏作用。

比如，人类的交通方式先后发生过多次变革，特别是工业化以后，先后诞生了汽车、轮船、火车、高铁、飞机等多种现代化的交通方式，给人类位移带来了极大的便利。但每一种新的交通方式诞生之际，我们是不是都要放弃原有的交通方式呢？是不是都要摒弃人类长期以来形成的步行走路的传统呢？显然，不需要，也不可能。各种交通方式可以在不同条件下综合运用。步行走路，也越来越多变成促进健康的运动方式，它作为人类位移的一种基本方式，更是永远不可能取消。

现代化的实际进程告诉我们，许多历史传统是不可能完全否定的。比如家庭及家庭观念，是最悠久的传统之一。它们的内容可以有所更新，但最基本的价值是无法取消和否定的。许多传统可以弥补和纠正现代化的缺陷和弊病。比如，机器的运用，曾经把人当成了工具，但随着人们对这种弊病的认识，便出现了社会伦理的回归，要求保护人的权利和尊严。中国文化中强调的情感、家庭、秩序、集体主义、互助互爱等价值和观念，很大程度上是西方现代化进程中缺乏和丢失的，弘扬这些传统，对于人类社会的全面进步，纠正现代化过程中的各种偏向，特别是创造良好的生活质量、保持人与大自然的和谐平衡、维护社会各个层面的稳定等，都具有不可比拟的积极作用。

三、正确处理"传统"与"现代"的关系

传统与现代的辩证关系和矛盾运动，要求我们在推进中国式现代化进程中，始终处理好传统与现代的关系，确保中国式现代化的健康发展。

为此，首先必须善于鉴别。对现代加以鉴别，对现代化进程中的各种事物和现象加以鉴别，正确区分哪些是符合历史发展方向的积极、健康的东西，哪些是鱼龙混杂、消极、颓废、腐朽，不符合历史发展方向和人民根本利益的东西。对传统也要加以鉴别，正确区分哪些是精华、哪些是糟粕；哪些是僵化、保守、愚昧、落后，与时代发展和文明进步格格不入的东西，哪些是人类文明长期积淀的宝贵财富、是富有积极意义不可缺失的东西、是经过改造更新可以融入现代的重要元素。

对中外现代化的各种事物、各种所谓现代和传统的现象，也要比较鉴别。不仅要比较鉴别其进步与落后、积极与消极、开放与封闭、文明与愚昧，而且还要比较各国国情的差别，分析和选择最适合自己的现代化的内容和途径。对国外被证明是先进的现代化成果，要大胆

吸收。对可能产生危害的消极因素和现象，或者根本不适合中国国情的东西，则坚决拒绝。既要大力弘扬自己的优秀传统，又要与世界文明交流、融通，不能脱离世界文明的大道。

鉴别的标准是什么？很复杂。总的来说，应该看是否符合人类社会的发展方向和时代要求，是否有利于促进社会生产力和社会文明的进步，是否符合最广大人民群众的根本利益和愿望，是否符合人类社会已经形成共识的基本标准和共同价值。例如，全世界的各种机器设备和服务项目，已经形成了大量标准，很多还是国际标准。这些标准是前人和他人宝贵经验的总结，有的甚至是用生命换来的，不遵守就会给自己带来麻烦和危害。从价值观上来说，党的二十大已经确认了"和平、发展、公平、正义、民主、自由的全人类共同价值"，并且真诚呼吁世界各国弘扬这些价值。那么，这些共同价值，就应该是我们区分传统与现代、中国与外国何为精华、何为糟粕的标准。

这种鉴别本身也是复杂的。比如过去曾有一段时间，把留披肩发和穿喇叭裤都当作"封资修"的东西加以排斥，凡有者，都要统统用剪刀剪除或剪开。总结类似的经验教训，所有的鉴别都特别需要持科学、谨慎的态度。依据的必须始终是真正科学、文明的标准，不能采取非黑即白的形而上学态度，不能以领导人的个人好恶来决定取舍，更不能用愚昧的观点和标准来衡量现代事物。而且，人的认识和社会价值取向是一个发展变化的过程，对事物是非曲直的判断发生变化也是常有的事。对某些复杂的问题，宁可适当冷一冷、等一等，作进一步的观察和思考，然后再下结论。

在鉴别的基础上，要正确对待和处理传统与现代的关系。现代化是中国共产党和中国人民一直追求的目标。中国式现代化是依据中国国情而确立的方向、内容、道路、要求。建设中国式现代化，就要大力倡导具有现代性质的事物和精神，就要大力推动物质文明、精神文明、政治文明、社会文明和生态文明的发展，就要热情鼓励在现代化道路上的探索、试验和创新。同时，要精心呵护和保护中华民族的各种优秀传统，在科学鉴别的基础上，大力弘扬和运用一切优秀的适应时代要求和现代要求的传统。既要保护和利用物质性的传统，也要保护和利用精神性的传统，还要鉴别和利用制度性的传统。

中华优秀传统文化是中华文明的重要内容和深厚根底。中华优秀传统文化中的宇宙观、天下观、社会观、道德观，与科学社会主义价值观主张具有高度契合性，与中国式现代化也具有高度的契合性，是中国式现代化的历史之根和历史之魂。没有中华优秀传统文化作为基础和参与融合，现代化就不可能是中国式的现代化，也不可能建成中国式的现代化。因此，必须充分发挥中华优秀传统文化在建设中国式现代化中的作用。既要发挥它们的精神动力作用，也要发挥它们的智力支持作用；既要发挥它们的人品教化作用，也要发挥它们的社会凝聚作用；既要发挥它们的环境美化作用，也要发挥它们的国际融通作用。

提高中国话语体系的科学化
大众化国际化水平

纪事和说明：

2012年3月29日，人民日报有关部门召开"庆祝《人民论坛》20周年暨《学术前沿》创刊理论研讨会"，研讨的主题是"理论自觉自信自强：路径与选择——中国特色社会主义话语体系建构"。我应邀作了"提高中国话语体系的科学化大众化国际化水平"的演讲。人民网就此作了专门报道。演讲稿后来扩充为《进一步提高中国话语体系的科学化大众化国际化水平》的文章发表。2012年10月，收入我在中共党史出版社出版的《走向未来的中国与世界》一书。

该文回溯和界定了独特的中国话语体系，强调说明，我们的话语体系要进一步获得最广大人民群众的认同，进一步扩大在世界上的影响，需要注意进一步提高中国话语体系的科学化大众化国际化水平这"三化"问题。文章分别就这"三化"作了系统的论述，提出了一系列观点和主张。如科学化方面，要做到话语内容科学化、话语形式科学化、具体话语科学化、话语结构科学化。大众化方面，要正确处理书面语言与口头语言、官方语言与群众语言、规范语言与多元话语、传统语言与时尚语言的关系。国际化方面，要加强中国话语的对外传播，通过内容和形式一定程度的转换，以双方认可的共性为基础，将独有的中国话语转化为具有一定共性的通用语言，即用外国人能够听得懂、听得进的语言，来讲述中国故事，介绍中国现实，解释中国原因，展示中国形象。

一、一个值得思考和研究的话题

自古以来，中国就有自己的一整套话语体系。近现代以来，随着社会历史的变迁，这种话语体系又在中国共产党的主导下，在长期革命、建设、改革的过程中，发生着有时激进、有时渐进的变化。它既深深扎根在中国本土的深厚土壤，又吸收了西方文明的很多要素；既接受了马克思主义的话语体系，又带上了苏俄文化的浓厚风格；既接受了中国的历史文化传统，又不断在时代的熏陶中与时俱进。

这种话语体系，是中国社会实际生活、历史进程、价值观念的反映和表现形式，它与中国社会的历史实践互为表里、交相辉映，共同推动着中国的发展变化。

到了今天，中国的话语体系，除了纯粹自然科学等方面的内容外，在政治经济、人文社会、价值观念，特别是作为其灵魂统领的意识形态方面，无疑已经成为当今世界一种非常独特的系统。它既在相当程度上与世界衔接，又在很多方面具有鲜明的特点。

今天，主导中国社会发展进程的，是中国特色社会主义的道路、理论和制度体系。所以，今天中国的话语体系，就其本质内容来说，也就是中国特色社会主义。

中国特色社会主义，成就了改革开放以来的历史辉煌，也指引着中国未来发展的根本方向。中国特色社会主义是当代中国发展进步的旗帜，是全党全国各族人民团结奋斗的旗帜。在新的历史征程上，我们要夺取全面建设小康社会、基本实现社会主义现代化的胜利，最根本的，就是要高举中国特色社会主义伟大旗帜，坚持和拓展中国特色社会主义道路，坚持和丰富中国特色社会主义理论体系，坚持和完善中国特色社会主义制度，不断把中国特色社会主义伟大事业推向前进。

要坚持和发展中国特色社会主义，首先要研究解决自身一系列重大理论和实践问题，不断把中国特色社会主义伟大事业推向前进。同时，还要解决内外两个问题。一个是进一步解决广大人民群众对中国特色社会主义、对党的一系列方针政策的认同问题，一个是解决中国道路中国经验如何被国际社会更多地理解，并扩大中国在世界上的影响问题。前者关系到能否团结13亿人民继续共同奋斗的问题，后者关系到能否继续为中国的发展创造一个更好的国际环境的问题。

这样的问题，当然首先是体现在实践上，但同时也表现在一定的话语体系上。实践是本质、是内容，话语体系是表现、是形式。但两者又有着紧密的联系，话语体系不可能决定实质内容，但它是实质内容的反映，也是实质内容是否广为普及、是否深入人心、是否得到普遍赞同的晴雨表、温度计。

应该肯定，当代中国的话语体系，在中国最广大人民群众中已经深入人心，在世界上也有着广泛的影响。对此，我们有充分的自信。但同时也要看到，这种话语体系也面临着很多这样那样的挑战和考验。因此，除了继续推进中国特色社会主义伟大实践外，把话语体系这样的问题提炼出来，专门研究和探讨一下这种话语体系的传播、普及、接受、认同问题，也是很有意义的。

我认为，我们的话语体系要进一步获得最广大人民群众的认同，进一步扩大在世界上的影响，需要注意进一步提高中国话语体系的科学化大众化国际化水平这"三化"问题。

二、提高中国话语体系的科学化水平

为什么要提高中国话语体系的科学化水平？

因为中国的实践是一个不断发展、与时俱进的过程。时代在进步，社会在进步，思想在进步，作为其表现形式的话语体系，当然也要进步。这种进步的实质，就是不断提高科学化水平。社会实践更加科学了，思想观念更加科学了，作为其表现形式的话语体系，当然也就要更加科学。

比如说改革开放之前，我们大家都很熟知的一些话语，"大跃进""文化大革命""无产阶级专政下继续革命""红卫兵""走资派""黑帮分子"……这些独特的话语，曾经在当时火红一时。但是经过历史的检验，证明是不科学的，自然就要被淘汰出局。

以党的十一届三中全会为标志，我们党和国家实现了伟大的历史转折。这种转折，体现在实践上，也体现在话语体系上。比如，包产到户、包干到户、物质利益、资本、雇工……这些曾经被打入另册的话语，堂堂正正进入了我们的主流话语体系。

尤其突出的是，在改革开放实践的基础上，我们不断创造出了大量新的鲜活的话语。如，改革开放、联产承包责任制、社会主义市场经济、"三步走"战略、西部大开发、"三个代表"、科学发展观、和谐社会，等等。邓小平说："改革开放以来，我们立的章程并不少，而且是全方位的。经济、政治、科技、教育、文化、军事、外交等各个方面都有明确的方针和政策，而且有准确的表述语言。"[1] 这样的表述语言，概而言之，就是在改革开放实践基础上产生的中国特色社会主义的话语体系。

到了今天，无疑，我们自己的话语体系，内容已经非常丰富，体系已经比较完整，其科学化水平当然毋庸置疑。但是，时代在继续进步，所以我们也面临着一个继续不断提高这样的话语体系科学化水平的任务。

比如说，我们要深入贯彻落实科学发展观，要不断提高改革的科学化水平，要不断提高党的建设科学化水平……正因为这种实践都处在进一步科学化的过程当中，它们在现有成就、做法的基础之上，都还要进一步精雕细刻、丰富完善，所以，相应地，表现在话语体系里，也就要同时提高其话语表现形式的科学化水平。

这种话语体系的科学化，我认为应该做到话语内容科学化、话语形式科学化、具体话语科学化、话语结构科学化，等等。

近年来，我们大力建设和传播社会主义核心价值体系，取得了突出的成绩。现在，又进一步提出了提炼社会主义核心价值观的任务。如何提炼？从科学化角度来说，这里面就有很多问题需要研究。比如说，我们是不是首先要把几个基本概念搞清楚？核心价值、核心价值观、核心价值体系，这三个概念，既有联系，又有差别。核心价值，是价值观中最重要、最核心的内容，一般用几个语词来概括；核心价值观，是由核心价值引发出的一系列重要的判断、命题，它表达的是一种陈述、一种观点，形式上是一个个相对独立的语句；进而，核心价值体系，它是一系列成套的理论主张、观点的综合，是内容非常丰富、结构比较规整、联系比较紧密的理论体系。三个概念，依次递进，逐步扩大。我们所要提炼的，实际上不可能是核心价值体系。因

---

[1] 《邓小平文选》第三卷，人民出版社1993年版，第371页。

为我们现有的体系已经非常庞大，不可能再从这个体系中提炼出什么新的体系来。当然，我们所要提炼的，至少暂时也不可能是核心价值观。因为核心价值观是很多相对独立又相互联系的语言陈述。尽管我们在中国特色社会主义问题上已经形成了很多重要陈述，但到底哪些是最重要的、哪些是次重要的、哪些可以归入"核心"之列，一时很难罗列或区分清楚。提炼这样的很多语句，大概也不是提出提炼核心价值观这样一个任务的初衷。实际上，现在大家正在把注意力集中在若干语词上，而这种语词，恰恰不是核心价值"观"，而是核心价值。所以，我们需要并且能够提炼的，既不是核心价值体系，也不是核心价值观，而只能是核心价值。如果概念没有搞清楚，就会文不对题，提炼就成了很大的问题。这就启示我们，在话语体系的科学化问题上，我们还要下很大的功夫。

再比如，我们在网络上，可以看见很多复杂的语言现象。很多人在网上提出了很多很好的主张，发表了很多很重要的见解。但是，我们也经常看到很多低俗的语言。尤其是骂人现象，凡是有不同意见就骂。使用的语言污秽不堪，一大堆的脏话。还喜欢扣帽子，动不动就给别人扣上一大堆帽子。有时候其低俗和野蛮的程度，不亚于"文化大革命"中的大字报。这种语言现象，是科学和文明的吗？是符合和体现中华文明优良传统的吗？看到这种低俗语言流行，我们非常痛心。中华民族的文明应该表现在各个方面，最低程度要表现在语言的文明上。网络是沟通交流的现代平台，也是每一个人乃至中华民族基本素质的反映。低俗的语言，损害的不仅是使用者的心智，更是中华民族的形象。所以，我们一定要大力倡导网络文明、网络科学，而且在我看来，首先要从不说脏话、不骂人开始。谁有不同意见可以发表，但只能讲道理，而不能骂人。要尽快在网络上消除一切骂人的语言。这，也是一种在话语体系方面需要科学化的地方。

三、提高中国话语体系的大众化水平

为什么要提出话语体系大众化的问题？从根本上来说，语言是人民大众在实际生活中创造的。但是，这只是从根本上、从最终源泉上来说。事实上，语言的形成和发展远远比这丰富和复杂得多。比如，中国古代极为浩瀚丰富的诗词，来自哪里？这就远不是一句话能够说清楚的了。

当代中国的话语体系，根本上来自实践和群众，但作为国家政权组织者、领导者的党和政府，对这种语言也做了大量提炼、加工、改造、制作的工作。有的，原本就来自群众；有的，进行了筛选和提炼；有的，就是党和政府直接创造的。

这种经过加工的话语体系，表达上更加准确，内容上更加科学，形式上更加规范，逻辑上更加严谨，因而，是一种更加正式、正规的语言。

但是，这样的话语如果仅仅停留在书本里、文件上、报告中，是难以发挥它应有作用的。因此，这种话语体系，还必须回到实践中、回到群众中去，为群众所接受，在群众中流传，对社会实践发挥它应有的作用。于是，它不可避免地要经过一次再加工、再制作的过程。这就是大众化的过程。中国化的马克思主义需要大众化，当代中国的话语体系也要大众化。

那么，如何实现这种话语体系的大众化呢？这种大众化包含些什么内容、要注意些什么问题呢？我认为，主要应处理好四个关系。

第一，要正确处理书面语言与口头语言的关系。我们的主流话语，大都由一系列严谨规范的书面语言构成。在书面上、文件上，多一个字、少一个词都不行。如果少了或多了，就可能产生误解，在流传中就有可能产生种种偏向。所以，成型的主流话语当然应该以书面语言为基础和范本，保持它的统一性和规范性。但是，在实际生活中，老百姓更习惯于接受和传播的，恰恰又是口头语言。与书面语言相比较，口语更亲切、更鲜活、更能打动人心，也更能广泛传播。因此，我们固然要尊重书面语言，但是，为了得到人民群众认可并使之广泛传播，一定要善于将书面语言转化为日常口语。用口语来转述书面语言，用口语来传播书面道理。事实上，我们党和国家已经创造了很多丰富生动的口头语言，如摸着石头过河、不管白猫黑猫抓住老鼠就是好猫、发展是硬道理、改革开放是决定中国命运的一招，等等，都可以说非常生动、非常鲜明，易记、易懂、易传，富有生命力。

第二，要正确处理官方语言与群众语言的关系。官方语言，经过加工提炼，无论从其内容，还是形式，一般来说，都是比较规范、严谨和精准的。官方语言与群众语言，有着密切的关系。很多官方语言来自群众语言。经过提炼以后，更加科学，有的还更加生动，再转化为群众语言，不仅能指导实践，而且还很受群众欢迎。但是在实际生活中，我们也发现，这两种语言之间有时也会有一定的距离。有些人不相信、不认同官方语言，有的甚至嘲笑和抵制官方语言，这种状况令人忧虑。因此，必须认真研究造成这种状况的原因，正确处理官方语言与群众语言的关系，采取切实有效的方式缩小两种语言之间的距离。办法可以有很多，但我认为关键是要抓住一个"理"字，用"理"字做桥梁，加强两种语言的对接、沟通和交融。中国人历来强调"讲理"。我们把道理讲清楚了，讲得让老百姓接受了，相互之间就衔接了。当然，老百姓也要讲理、认理、信理。小道理要讲，大道理也不能排斥。有时候小道理也要服从大道理。大家都统一到"理"上，两种语言就交融了。除了讲明道理，话语形式也要适当转换。比如我们经常说的，发挥市场对于资源配置的基础性作用，这就是一个典型的官方话语和书面话语，老百姓平时是不会这么说的，甚至老百姓对这句话都听不懂。这就要做转化工作。

第三，要正确处理规范语言与多元话语的关系。我们的主流话语是规范的、精准的。但是人类思想的丰富性，必然造成话语的多元化。当今日益多元的社会，铺垫了话语多元化的社会基础，而网络、手机、微博等新兴媒体的出现，则为话语多元化提供了绝佳的平台。因而，当今社会，除了主流话语外，已然出现了越来越多的亚话语、俗话语、逆话语、反话语，甚至恶话语。因此，如何处理好规范语言与多元话语的关系，引导其他多元话语向健康话语发展，就成为一个重要的课题。一个社会，冀图在话语体系上整齐划一是不现实的。越是有活力的社会，话语多元化就可能越为突出。但是，任何社会都有主流话语，也都要发挥主流话语的主导和引导作用，不能任由多元话语朝畸形方向发展。所以，我们一定要认真研究规范语言与多元话语的关系，特别是要对各种非主流话语进行具体辩证的分析，有的放矢做好规范化工作。坚持主流，引导大众；鼓励创新，消除低俗；善待差异，加强规范；建设文明，推动进步。

第四，要正确处理传统语言与时尚语言的关系。话语体系是一种自然演进的过程，必然会通过一代一代的传承，形成比较基础的、规范的话语体系。但是，时代在变，观念在变，实际生活中就会不断出现各种时尚的语言。特别是新兴媒体的出现，微博、网络的广泛使用，使得各种时尚化的语言大量涌现，甚至到了目不暇接、日日翻新的程度。为什么会出现这些语言呢？原因很多。比如，为了在网上交流方便、快捷，有些人便罔顾语言规范，随意加以简化、指代，生造出了很多不规范的时尚语言。这种语言，有的很快就被淘汰了。但有的，却可能在某种从众心理的驱使下，被越来越多的人使用和认可。习惯成自然，不承认也不行了。这种时尚语言，还常常与多元话语、群众语言、口头语言结合在一起，受到很多年轻人的喜好。因此，不仅向传统话语，也向官方话语、主流话语提出了严峻的挑战。所以，我们既要善于使用传统语言，又要对时尚语言加以引导；既要保持话语体系的纯洁性、规范性，又要注意向时尚语言学习，促进主流话语的创新和发展。

四、提高中国话语体系的国际化水平

中国的语言文字，相对于其他国家的语言文字，比如说英语、俄语、法语、西班牙语等等，天然地形成为一种独特的语言系统。更由于实际生活、文化观念和历史进程的差异，中国话语体系已经成为当今世界非常独特的一种话语体系。

但经过30多年的改革开放，中国同世界的关系发生了历史性变化，中国在国际上的地位和影响力大幅度提高，外部世界对中国的关注度也大幅度提高。面对中国的发展乃至崛起，国际社会酸甜苦辣，五味杂陈。各种摩擦不时发生，各种关系有待调节。中国需要以新的态势、新的战略和新的方式在世界上展开博弈，同时，也需要以更大的努力向世界说明中国，将良好的中国形象展现在国际社会面前。因此，中国必须以更大的努力加强与世界的沟通和交流。

这些年来，我经常以不同的方式与外国的政要、智库等进行交流。深感外部世界对中国的发展成就感到震惊，迫切希望知道中国奇迹发生的原因，因而对中国的兴趣日益浓厚。其中有些人对中国的制度和政策颇为不解，对中国的未来抱持怀疑态度。对此，我们就要通过坦率的交流，把我们事情的真相、成功的原因、未来的前景等等告诉他们。发展中国家的政要、客人则一般都希望向中国学习，想了解中国的具体做法和经验。对此，我们就要有的放矢地介绍中国的实际状况和有关体会和经验，供他们研究参考。

在国际交流日益增多的情况下，提高中国话语的国际化水平，就成为一项非常紧迫的任务。简单地说，就是要加强中国话语的对外传播，通过内容和形式一定程度的转换，用外国人能够听得懂、听得进的语言，讲述中国故事，介绍中国现实，解释中国原因，展示中国形象，从而使他们增加对中国的了解、理解和赞同，使中国理念在世界上得到更大传播，使中国形象在世界上更加亲和。

提高中国话语国际化水平的关键，是要正确认识和妥善处理共性与个性、普遍性与特殊性的关系。整个世界，文明类型多元化，充满着个性和特殊性。但是，在所有的个性和特殊性当中，又必然包含着某种程度的共性和普遍性。因此，在国际性的交流中，就要善于以双方认可的共性为基础，将独有的中国话语转化为具有一定共性的通用语言，来阐述双方关心的一个个特殊的事实，在交流中加深理解，扩大共识，增进友谊，推进合作。

据此，在交流的方式上，就要注意研究外国人的思维方式和习惯爱好，贴近外国人的实际，改进双方沟通的渠道，转换对外讲述的语言，拉近相互认知的距离。比如说，对外交流的时候，除了比较正式的场合，一般不要念稿子。一念稿子，照本宣科，给人的感觉就比较生硬了。要善于把坚定的原则包裹上柔和的语言。在基本立场、方针、政策问题上坚定不移，但使用的语言要柔和、亲切，给人以坦诚、友善的感觉，使对方在不知不觉中受到感染。在演说、讲解、交流的时候，不能尽说一些干巴巴的文件语言，要尽可能口语化、生活化，因地制宜结合当时场景加以发挥阐释，增加交流的形象性、趣味性和幽默感。我们中国人习惯讲大道理，但是外国人更喜欢听故事。所以，在交流中，要善于讲故事、讲事例、讲实际，娓娓道来，自然得体，用故事来让他们体会、感悟、理解。对他们关心和提出的问题，不要回避，要敢于直面应对，理直气壮地作出我们科学、准确的回答。这类方式方法，还有很多，都是我们在对外交流中需要注意的。通过不断改进，中国话语的国际化水平就能不断提高，对外交流的效果也会变得越来越好。

第三章

科学认识和传承中华文明

人类和中华文明的脚步

纪事和说明：

我于2019年出版的《马克思恩格斯怎样看中国》一书，在考证和评析马克思、恩格斯的思想和论述时，比较多地梳理、挖掘、考证和探讨了中华传统文化问题。本文摘编了该书的一部分，主要是梳理了人类文明和中华文明发展演进的简要过程，以及两者的交流融汇问题。

一、人类的文明与文化

文明，是一个那样亮丽、悦目，又那样多彩、凝重的字眼。文明，与蒙昧相对立，是人类所创造的所有物质和精神的积极成果，也是反映人类历史进步程度的标尺。一部人类史，本质上就是一部人类文明的发展史。

"文化"与"文明"两个词，人们都经常使用，有时还同时使用或互相替代使用。两者是什么关系？是一样还是不一样？

我的解释，文化与文明，有许多共同之处，但也有一些差别。差别在哪里？简单地说，文化，侧重于"以人化物、以文化人"的过程和成果；而文明，指的是人类的开化程度，是一种衡量的标准，更多地代表这种开化和文化发展的过程和成果所达到的正面和积极的水平。文化，一般是从正面来使用的。但从学术上审视，也未必全都是正面和积极的成果。如法西斯主义，也是一种文化和文化现象，但这种文化是反动的、野蛮的文化，实际上是一种反文化。但文明呢？基本上都是正面的、积极的。两个概念的根本区别就在这里。

人类文明，是人类社会形成和发展过程中的产物和积极创造的成果，是反映人类进步程度的一种标尺。科学研究告诉我们，137（±2）亿年前，宇宙诞生。47亿年前，地球诞生。45亿年前，地球上出现生命。200多万年前，人类出现。大约1万年前，人类文明开始出现。至于什么是人类文明诞生的标志，有人认为应该是文字的出现，但也有人表示不同意见。对这种问题，可以继续在百花齐放、百家争鸣中进行研究。

二、人类早期文明的形成和发展

人类最早的文明有尼罗河流域的古埃及文明、幼发拉底和底格里斯两河流域的古巴比伦文明、印度河与恒河流域的古印度文明、黄河和长江流域的中华文明。也有人认为还包括爱琴海地区的古希腊文明。

公元前3500年左右，古埃及产生了奴隶制国家。公元前3100年，建立起中央集权国家。古埃及人早在公元前27世纪就开始造字，后来发明了拼音字母，其象形文字是世界上最早的文字之一。古埃及人创造了每年365天的太阳历。在将人的遗体制作成木乃伊的过程中促进了医学的产生。古埃及国王的陵墓——金字塔体现了古代埃及在科学和建筑艺术方面的成就。现存的金字塔共有100多座。它们是如何建造起来的,直到今天还没有圆满的答案。

公元前3000年左右,西亚幼发拉底河与底格里斯河流域南部的主要居民苏美尔人先后建立起一些奴隶制城邦国家。到公元前1894年,阿摩利人在此建立古巴比伦王国。国王汉谟拉比统一了两河流域,建立了以巴比伦为首都的中央集权的奴隶制国家,并制定了人类历史上第一部较完备的成文法典——《汉谟拉比法典》。后来的新巴比伦王国修建的空中花园,被称为古代世界七大奇迹之一。公元前6世纪,居住在伊朗高原的波斯人建立了统一的奴隶制国家,并于此后不久消灭巴比伦王国。古代两河流域文明至此终结。到国王大流士时,波斯成为地跨欧、亚、非三洲的奴隶制大帝国,并实行了政治和经济改革。

从公元前1000年起,南下侵入古代印度的雅利安人,开始建立早期的城市国家,并逐渐形成了严格的等级制度,称"种姓制度",迄今对印度的社会生活仍有很大影响。公元前5世纪,佛教在古印度兴起,相传为乔达摩·悉达多所创立;公元前3世纪,被阿育王定为国教。佛教最基本的教义是"四谛"说,即苦谛、集谛、灭谛和道谛。"谛"即真理。现在我们所说的"真谛"就从此而来。公元前1世纪,佛教经中亚传到中国新疆,再传入内地。

三、中华文明的起源和发展

一般认为,中华文明的起源不是最早的,但随着大地湾文化遗址的挖掘和红山文化价值的重新发现,中华文明的起源还可前推到8000年前或更早。所以,学界一般认为,中华文明从8000多年前开始萌发,在五六千年前有了最初的古国,三四千年前完全成熟。中华文明历史之悠久，并不亚于其他的文明类型。

不管是 5000 年还是 8000 年的历史，中华文明都是至今从未中断过的一种文明。数千年来，中华文明一直按照自身的逻辑延续和发展着，并创造了许多曾经领先世界的光辉成就。

中国古代的农业、畜牧业和手工业，曾经居于世界先进水平；中国古代的科学技术，在很多方面超过西方，特别是造纸术、指南针、火药、印刷术四大发明，以及天文学、数学、医学、农学四大领域，曾经遥遥领先于世界各国；中国的思想、语言和文学艺术，也自成独特的体系。中华文明在世界文明史上占有重要的地位，对人类社会的发展进步产生了深刻的影响。

就国家而言，约公元前 2070 年，夏代建立，连同商、周共三代，由氏族部落发展为强盛的奴隶制国家，并开始建立分封制。春秋战国时期，各国纷纷变法争雄，社会经济迅速发展。从秦朝开始，则形成中央集权的专制主义政治制度。前后历经 2000 年，其专制统治和国家治理均达到封建制度下高度成熟和完善的程度。

就疆域而言，秦朝开始形成多民族的大一统国家，并统一文字、货币、度量衡。汉武帝时国力达到鼎盛，疆域辽阔。元朝成为又一个民族大融合的朝代。清朝康乾盛世，奠定了现代中国版图的基础，经济总量居于世界首位。

就学术和教育而言，春秋战国时期，儒、墨、道、法、兵、阴阳、纵横、名、杂等家纷纷涌现，思想文化呈现出中国历史上几乎绝无仅有的百家争鸣的繁荣景象。私人办学兴起，孔子收弟子三千。汉代实行察举制，隋唐时科举制正式形成，此后延续上千年，成为选拔人才的重要制度。

就文学和艺术而言，《诗经》《楚辞》奠定了中国古代文学艺术的基础。唐朝成为古典诗歌的黄金时代，现存唐诗达 5 万首。宋词、元曲、明清的小说和戏剧，各领风骚。《水浒传》《三国演义》《西游记》《红楼梦》成为四大名著。书法、雕塑、园林，成为中国文化园地中的奇葩。

就科学和技术而言，春秋战国时的制铁技术远远领先于世界。战国时出现中医学的第一部专著《黄帝内经》。此后，《神农本草经》《伤寒杂病论》等相继出现。明朝李时珍的《本草纲目》收药1892种、药方11000多个，被称为"东方医学巨典"。南朝祖冲之在世界上第一个把圆周率计算到小数点后第七位，比欧洲人早了1000年。

中华文明对世界产生了巨大的影响。明朝以前，世界上主要的发明创造和重大科技成就大约有300项，其中中国有170多项。英国著名学者李约瑟列举了公元后15个世纪内中国完成的100多项重大发明和发现，大部分在文艺复兴前后传入欧洲，为欧洲的文艺复兴提供了重要的物质技术基础。

特别是造纸术、指南针、火药和印刷术四大发明，对人类文明的进步产生了深远的影响。马克思、恩格斯称其"具有光辉的历史意义"。

与埃及、两河流域和印度相比，中国奴隶制国家的形成较晚，但古埃及和古代两河流域的历史还在奴隶制时期就被打断了。古印度在7世纪才建立自己的封建制国家，而这时中国已处于唐代封建制度繁荣时期了。

所以，中华文明源远流长，绵延不绝，成就辉煌，是人类文明的一个重要组成部分，也是世界公认的丰富多彩而又博大精深的一种文明类型。中华文明是中华民族的灵魂和血脉，是中华民族赖以世代延续和传承的生命之根，也对整个人类文明的发展进步作出了伟大贡献。

四、人类文明在交流融汇中前进

从人类文明产生和发展的进程可以发现，人类社会就是一个由不同类型文明所构成的共同体。英国著名历史学家汤因比曾经列举了21种文明类型，从现存的西欧文明、远东文明、基督教文明上溯到古代文明，林林总总，不一而足。虽然他的分类和阐释不能说完全科学，但却毋庸置疑地肯定了世界文明多样性的存在。

在漫长的历史发展过程中，每个民族，每个国家，都在创造着自己的文明。由于地域、历史、传统的不同，以及种种现实因素的影响，不同区域、不同时期、不同传统的人类社会共同体，总是在社会的生产方式、生活方式和思想方式，以及相应的语言、文字、文学、艺术、科学、技术、哲学、伦理、宗教、公共机构、国家、政治、法律等文化体系方面，表现出不同程度的独特性，并进而构成了一些不同的文明类型。

分别来看，每种文明都有其独特的历史发展过程。但这种发展并不排斥其他文明的发展，也不必然以其他文明的衰亡为前提。实际上，各种文明的发展可以是并行不悖的。当然，任何文明都不能自我封闭，自我封闭必然导致自身的衰落。所以，事实上，只要有社会生活的联系和交往，不同群体的人之间就会有文化上的交流和相互影响。随着人类活动区域的扩大，交通和通信工具的改进，人类在经济、文化、社会活动方面的联系日益增多，不同类型文明之间的交流、影响、吸收、融合过程也会越来越广泛，越来越普遍，越来越深入。不管主观上意愿如何，客观上，每一种类型的文明都会从其他文明中吸取养分，同时，也会给其他文明以不同程度的影响。

比如，东方民族的许多重要发明，如阿拉伯数字、指南针、火药和造纸术等，曾经给西方文明以决定性的影响。伊斯兰文明与西方长达数世纪的交流，为中世纪欧洲在数学、科学、医药和农业方面的发展打下了基础。到近现代，迅速崛起的西方文明给东方国家以很大影响，而东方文明也仍然以不同方式给西方以一定影响。例如，中医中药这一纯粹中国的东西，如今已受到西方许多人的欢迎。

人类文明，正是在这种多样性的交流、融汇、统一中不断前进的。

马克思、恩格斯，正是在统一性与多样性的结合中，关注到了东方的中华文明，给中华文明以高度的评价，同时又充分肯定了中华文明对世界的影响、对整个人类文明的推动作用。

中国发明的对外传播和世界影响

纪事和说明：

本文摘编于我 2019 年出版的《马克思恩格斯怎样看中国》一书，主要是梳理了中华文明对外交流和传播的过程，特别是说明了中国古代四大发明对世界的影响。

大自然是千姿百态、丰富多彩的。正因为其形态、质地、色彩、运动的多样性，才使得自然的世界充满了生机和活力。同样，人类文明也是千姿百态、丰富多彩的。唯有这种多样性，才促进了人类文明的融汇、发展和进步。

一、中外文明的互动交流

世界文明的多样性，不仅是一种客观存在，而且有益于世界文明的进步。所以，世界上每一种文明都要学会与其他文明共处、共存，学会从别的文明吸收养分。

自文明诞生以来，世界各种文明之间，就以生活交往、经济活动为纽带，进行着不同形式的联系和交流。随着经济规模的扩大，文明水平的提高，社会联系的紧密，这种交流的速度也越来越快，层次越来越多，规模越来越大，从而也越来越达到一个很高的水平。

中华文明在诞生、发展过程中，就以不同方式与世界其他文明之间进行交流，既吸收了其他国家的很多文明成果，同时，也将自己的文明传入到西方很多国家。

两汉魏晋时期，中外交流初步发展。西汉开拓了丝绸之路，促进了与西亚、北非以及欧洲等地区的广泛交流。汉武帝时把"铸作"兵器、"穿井"技术和金银铜锡等物传至大宛。张骞出使西域，带去数以万计的金币、丝帛和牛羊。丝绸作为大宗物品，与西亚、北非、欧洲开展了直接、间接的贸易活动。通过"和亲"、互市，输出金帛、丝絮、酒类、乐器、漆器、粮食、打井技术等。还在朝鲜和越南各设三郡，输出铁器、漆器、牛耕技术等。两晋时，造纸术传入朝鲜和日本。

唐朝时，中外交流进一步拓展。651年，与大食（阿拉伯帝国）建立了联系，输出丝织品、瓷器、纸张、铁器、金银器、大黄等。

630年至894年，日本派出使节18次（一说13次）到达长安，每次少则200人左右，多则五六百人，了解、学习唐朝的政治和文化，推动了日本的大化改新。日本借鉴汉字创造了日本文字"假名"，模仿汉字或自造汉字作为日本文字；还从唐朝传入音乐、医药、阴阳、绘画、棋艺、书法、佛教。

与印度等国的交流以玄奘取经最为突出。玄奘历时17年，跋涉5万余里，带回佛经657部，后耗时20年，译出佛经75部，共1335卷，并把《老子》译为梵文送往印度，所著《大唐西域记》介绍了西域各国的情况。

宋元明时期，中外交流全面发展。交流途径从陆路发展到海路。

北宋时，海路贸易开始发展，向朝鲜、日本，东南亚、南亚、西亚各国输出丝织品、瓷器、茶叶、粮食、矿产品。南宋时通商的国家多达50余个，指南针、火药与火器先后传入阿拉伯地区和欧洲。明朝时，江浙闽粤出海谋生的民众多达数万人，他们带去了铁犁、铁锄、制糖和采矿工具。

特别是郑和下西洋，堪称世界航海和文明交流史上的奇观和壮举。郑和从明永乐三年（1405年）开始，历时28年，7次下西洋，这是中国在科技、经济、文化等方面与世界进行的一次大交流、大展示。

由郑和率领的60多艘海船、2.7万多人，从南京出发，在江苏太仓的刘家港（今江苏太仓市浏河镇）集结，至福州闽江口五虎门内长乐太平港驻泊，伺风开洋。28年间，船队远航西太平洋和印度洋。据《明史·郑和传》记载，郑和出使过的城市和国家共有30余个：占城、爪哇、真腊、旧港、暹罗、古里、满剌加、渤泥、苏门答剌、阿鲁、柯枝、大葛兰、小葛兰、西洋琐里、琐里、加异勒、阿拨把丹、南巫里、甘巴里、锡兰山、喃渤利、彭亨、急兰丹、忽鲁谟斯、比剌、溜山、孙剌、木骨都束、麻林、剌撒、祖法儿、沙里湾泥（今印度半岛南端）、竹步、榜葛剌、天方、黎伐、那孤儿。目前已知最远曾到达东非、红海。

郑和下西洋是中国古代规模最大、船只最多（240多艘）、海员最多、时间最久的海上航行，比欧洲国家航海时间早半个多世纪。郑和的航行之举远远超过将近一个世纪之后的葡萄牙、西班牙等国的航海家，如麦哲伦、哥伦布、达·伽马等人，堪称是"大航海时代"的先驱。更有称郑和最早发现美洲、澳洲、南极洲。

明末和清朝，中外交流的区域从周边扩大到欧洲，交流的内容和数量继续增加，但其内在性质发生重大改变。明朝开始间或实行海禁。嘉靖二年（1523年）曾严申海禁。清朝前期一度禁海闭关，使中外经济、文化交流受到不利影响。

康熙七年（1668年），荷兰、葡萄牙遣使要求开放通商，但清廷只准其在入贡时附带进行贸易。康熙二十五年（1686年）曾开放海禁，在广州、漳州、宁波、云台山设立海关，允许外商在南方沿海地区经商贸易。但到乾隆二十二年（1757年）又收缩为广州独口通商，并建立行商制度，实行垄断贸易，把广州"十三行"作为唯一的外贸机构。

乾隆五十七年（1792年）和嘉庆二十一年（1816年），英国两次派遣使团来访，提出外交和通商要求，但均被拒绝。在科学文化交流中，中国输出越来越少，而西方输入越来越多，近代的数学、物理学、天文学、地理学、武器制造技术等均为从国外传入。

二、中国四大发明的历史贡献

中国古代最具历史意义的创造，是四大发明，即造纸术、指南针、火药和印刷术的发明和应用。这是中国古代科学技术成就的突出标志，也是中国对世界文明所作的最重要贡献。

其实"四大发明"的概念，最早并不是来源于中国，而是来源于西方学者。

早在1550年，意大利数学家杰罗姆·卡丹就第一个指出，中国对世界所具有影响的"三大发明"：司南（指南针）、印刷术和火药，并认为它们是"整个古代没有能与之相匹敌的发明"。

1620年，英国思想家培根在《新工具》一书中指出："印刷术、火药、指南针曾改变了整个世界，变化如此之大，以至没有一个帝国，没有一个教派，没有一个赫赫有名的人物，能比这三种发明在人类事业中产生更大的力量和影响。"

英国汉学家麦都思指出："中国人的发明天才，很早就表现在多方面。中国人的三大发明［航海罗盘（司南）、印刷术、火药］，对欧洲文明的发展，提供异乎寻常的推动力。"

但后来，经英国来华传教士和著名汉学家艾约瑟深入研究后，在"三大发明"一说中又加上了造纸术，遂成四大发明。

艾约瑟（1823—1905年），字迪瑾，毕业于伦敦大学，在华传教57年之久，1905年在上海逝世。其夫人酷爱中国的一山一水、一草一木，曾在一封家书中写道："我越看中国，越是爱她，我已经对中国人深有好感。我应该在每一封家书的末尾都写上'中国真美（China is beautiful）'这句话。"艾约瑟1852年至1860年编译《中西通书》（原名《华洋和合通书》，年历），年出一册。1872年在北京与丁韪良创办《中西闻见录》月刊。1880年，被中国总税务司赫德聘为海关翻译。作为著名的汉学家、翻译家，编译有《欧洲史略》《希腊志略》《罗马志略》《富国养民策》《西学启蒙》等书。主要著作有《中国的宗教》、《中国在语言学方面的成就》、《访问苏州的太平军》、《重学》三卷本等，在中外文化交流中发挥了重要作用。

艾约瑟最先在中国三大发明上又加入造纸术。他在比较日本和中国时指出："我们必须永远记住，他们（指日本）没有如同印刷术、造纸术、指南针和火药那种卓越的发明。"此"四大发明"之说立刻引起了西方学术界的关注，后经李约瑟博士将此说发扬光大，乃确立了中国"四大发明"的地位。

造纸术：据考古发现，公元前2世纪的西汉已有纸出现。到东汉和帝时，宦官蔡伦改革造纸制浆工艺，首创了用树皮造纸等技术，在元兴元年（105年）造出优质纸，使纸的使用得以普及，蔡伦也被奉为纸的发明者。

印刷术：分为雕版印刷和活字印刷。雕版印刷最晚在唐朝初期已发明，玄奘印发大量普贤像便是证明。活字印刷术系北宋庆历年间（1041—1048年）平民毕昇发明，他用胶泥制作活字，印刷成本低、工效高。元朝王祯用木制活字，另有人发明铸锡活字。明朝以后相继出现铜、铅活字。

火药：最早是指能起火的药。唐初孙思邈的《太清丹经要诀》载有火药配方，表明火药已经发明。唐末出现了简单的火炮。宋时火药武器有所发展，庆历四年（1044年）出版的《武经总要》记载了3种火药的复杂配方。南宋时，陈规于1132年发明了火枪；后又有人发明管形的子弹火枪。13世纪左右，把管形火枪由竹管改为金属管，称"铳枪"，后又出现管形大炮。元朝出现了铜铸火铳。明朝发明了原始飞弹和两级火箭。

指南针：战国时期，已出现用磁铁做的指向仪指南，其形状像汤匙，放在光滑的地盘上，长柄就会指向南方。唐末、五代由风水先生正式发明指南针，制造方法是用磁石摩擦铁针，使之磁化，与刻有方位的底盘配套，称罗盘。先是用于看风水，宋朝以后用于航海。

四大发明具有重要的历史意义，对世界文明发展作出了巨大的贡献。造纸术的发明，为人类提供了经济、便利的书写材料，掀起了一场人类文字载体的革命；雕版印刷术的发明，大大促进了文化的留存和传播；火药的发明，创造了重要的动力之源，使人类的武器和作战方式从冷兵器时代进入热兵器时代；指南针的发明，为人类位移和探险提供了辨识方向的工具，促进了地理学的发展，为人类的航海活动提供了条件。

中国古代四大发明和其他科学技术传入欧洲后，极大地推动了欧洲社会生产力和近代科学技术的发展，从而对欧洲的经济、政治、宗教、文化、教育等产生了广泛而深刻的影响。

中国的四大发明成为推动人类社会发展的强大动力。欧洲近代文明及资本主义生产方式的兴起，有欧洲自身的社会条件，但外部条件也起了不可否认的作用。中华文明进入近代时落后了，但中国古代文明在中世纪后期和近代初期传入并应用于欧洲后，恰好适应了当时欧洲从封建生产方式转向资本主义生产方式的需要。尤其是中国古代的四大发明，不仅提供了最先进的技术手段，而且能广泛应用于经济、政治、军事、文化、教育、科学等各个部门。如果没有造纸术和印刷术，人们很难想象有科学文化知识的广泛传播。如果没有指南针，人们很难想象有航海业和地理大发现时代的到来以及由此而开辟的世界市场。

三、四大发明之外的科技成就

当然，中国古代的发明并不限于四大发明。传统的四大发明一经提出，就有学者提出新的观点。世界著名科技史家李约瑟博士曾经列举了中国传入西方的 26 项技术，认为中国重要的发明技术不止这四大发明。

现在有学者认为，中国最有价值的四大发明应该是：汉字、织布机、中药和郡县制。汉字的发明使中华民族创造的一切文化成果得以用文字的形式记载和传承下来，对中华民族的最终形成产生了极其重要的作用；织布机的发明使中华民族结束了穿树叶、兽皮的蒙昧时代，从此进步到文明时代；中药是中华民族最为独特的发明创造，为中华民族的生命健康发挥了极其重要的作用；郡县制为中华民族大家庭的形成，建立多民族的中央集权国家产生了重大的影响。

这种观点有可取之处。与外来的关于四大发明的概括比较而言，这四大发明对中华民族的影响可能更为深远、重大。当然，如果扩展到对整个世界和人类文明的影响，这"四大发明"可能还是不如造纸术、指南针、火药和印刷术。

还有人认为，丝绸是中国古代重要的创造发明之一，与其他创造发明相比，有着出现最早、应用最广、传播最远、技术最高四大特点：它出现在新石器时代，与中华文明同岁；它衣被天下，服务众生；它传播世界，丝绸之路成为东西方交流的通道；它的技术含量最高，发明创造点极多。

也有人认为，中国的四大发明应该是丝绸、青铜、造纸印刷和瓷器。国家文物局和中国科协曾经在中国科技馆联合主办"奇迹天工——中国古代发明创造文物展"，展品主要以丝绸、青铜、造纸印刷和瓷器四大文物为主，展示了中国古代的发明创造。中国丝绸博物馆的一位副馆长表示，原来的四大发明，已不能完全代表中国古代科技的最高水平，而这次展览，则是新"四大发明"的首次集体亮相。

近几年，又有所谓"新四大发明"的说法。2017年，在"一带一路"国际合作高峰论坛召开之前，北京外国语大学丝绸之路研究院发起了一次留学生民间调查。来自"一带一路"沿线的二十国青年评选出了他们心目中中国的"新四大发明"。这"新四大发明"是：高铁、支付宝、共享单车和网购。其中的支付宝，是移动支付的一种具体方式，所以其实应该统称为移动支付。

这里的所谓"新四大发明"，其实不算是中国最早发明，更不是很正规的对于科技成果的严谨评价。但它们确实在中国经过改造、创新后，得到了最广泛、最迅速的应用。特别是它们与老百姓的生活密切相关，已经在相当程度上改变了中国人的生活方式，并正在给世界以巨大影响。所以，也可以算是中国科技进步和广泛应用的一种非常生动的体现。

长城的伟大历史价值

纪事和说明：

本文摘编于我 2019 年出版的《马克思恩格斯怎样看中国》一书，主要是针对马克思、恩格斯对中国长城的有关论述，介绍了中国长城的情况。特别是为澄清世界上对长城的一些误读和误解，系统全面地说明了中国长城 8 个方面的重要价值和伟大意义，强调长城不仅是中华民族的象征，也是人类文明的象征，是地球和平的象征，全人类都将从这份宝贵的历史文化遗产中获得教益和智慧。

一、马克思、恩格斯笔下的中国长城

马克思、恩格斯的笔下，曾经几次提到过中国的万里长城。

早在《共产党宣言》中，马克思、恩格斯就说过："它的商品的低廉价格，是它用来摧毁一切万里长城、征服野蛮人最顽强的仇外心理的重炮。"[1]

显然，马克思、恩格斯在这里是把万里长城作为封闭保守的象征来看待的，甚至是"野蛮人最顽强的仇外心理"的表现和代表。字里行间，对万里长城和中华民族是褒还是贬？显然，多少是贬义的。

在《欧洲的金融危机。——货币流通史片断》中，马克思又写道："英国的仁慈强迫中国进行正式的鸦片贸易，用大炮轰开了万里长城，以武力打开了天朝同尘世往来的大门"[2]。

从行文的内容看，虽然批判了英国的强蛮行为，但马克思在这里还是把"万里长城"作为中华民族的标志，而且还是有点贬义。

在《国际述评一》中，马克思、恩格斯再次写道："当我们欧洲的反动分子不久的将来在亚洲逃难，到达万里长城，到达最反动最保守的堡垒的大门的时候"[3]。

在这里，马克思、恩格斯仍然把"万里长城"与中国等同，以万里长城来指代中国。但是，他们紧跟着称这座长城是"最反动最保守的堡垒的大门"，显然就具有明显的贬义了。在他们眼里，当时的清王朝已成了最反动最保守的堡垒，"城门失火，殃及池鱼"，万里长城也就被连累了。

当时的清王朝也许在某种意义上可算是"最反动最保守的堡垒"，但万里长城能不能算是这种堡垒的政治上的大门呢？就值得商榷了。

二、长城的建造和结构、功能

数百年来，国外许多人都对长城的作用和价值存在着误解。往往

---

[1] 《马克思恩格斯文集》第二卷，人民出版社 2009 年版，第 35 页。
[2] 《马克思恩格斯全集》第十二卷，人民出版社 1962 年版，第 73 页。
[3] 《马克思恩格斯全集》第十卷，人民出版社 1998 年版，第 277 页。

把长城当作封闭保守的象征。为了澄清这种误解，我们有必要全面准确地阐明长城就其主要功能而言的伟大历史价值。

长城，是中国古代的军事防御工程，是一个由城墙、敌楼、关城、墩堡、营城、卫所、镇城、烽火台等多种防御工事组成的完整的防御工程体系。长城的城墙是这一防御工程的主体部分。根据地形特点和防御功能，凡在平原或要隘之处修筑得十分高大坚固，而在高山险处则较为低矮狭窄。一些最为陡峻、无法修筑的地方，便采取了"山险墙"和"劈山墙"的办法。

城墙的结构，以居庸关、八达岭和河北、山西、甘肃等地的长城为例，一般平均高7—8米，底部厚6—7米，墙顶宽4—5米。在城墙顶上，内侧设宇墙，高1米余，以防巡逻士兵跌落，外侧一面设垛口墙，高2米左右，上部有望口，下部有射洞和礌石孔，用以观察敌情和射击、滚放礌石。有的重要城墙顶上，还建有层层障墙，以抵抗万一登上城墙的敌人。

明代中期，抗倭名将戚继光调任蓟镇总兵时，对长城的防御工事做了重大改进，在城墙顶上设置了敌楼或敌台，供巡逻士兵住宿和储存武器粮秣。在山海关至居庸关的长城线上共修筑墩台1000多座，使长城的防御功能得到极大的加强。

现代的军事情报，包括敌情，都可以通过无线电传输报告了。现在的手机、互联网、卫星通信等更是发达。但在古代，却没有这些先进技术。因此，长城便设计了一个特殊的建筑——烽燧，作为简单而有效的报警系统。遇有敌情，白天就放烟，叫"烽"；夜间就举火，叫"燧"。台台相连，传递信息。为了报告来犯敌兵的多少，还以燃烟、举火数目的多少来加以区别。到明朝还在燃烟、举火数目的同时加放炮声，以增强报警的效果，使军情可迅速传达至千里之外。按明朝制度，举一烟鸣一炮表示来敌100人左右，举二烟鸣二炮表示来敌

500 人左右，1000 人以上举三烟鸣三炮。

长城长，长城的历史也长。长城是中国也是世界上修建时间最长、工程量最大的一项古代防御工程。它自西周时期开始，连续不断修筑了 2000 多年。

春秋战国时期，列国争霸，互相防守，长城修筑进入第一个高潮。但此时修筑的长度都比较短。秦灭六国统一"天下"后，秦始皇连接和修缮战国长城，工程浩大，长度大大增加，许多短长城开始连接起来，故始有"万里长城"之称。因修筑长城耗费大量人力、物力、财力，甚至以严苛的方式逼迫民众从事修筑长城的工程，故有"孟姜女哭长城"的故事。

自秦始皇以后，凡是统治中原地区的朝代，几乎都要修筑长城。计有汉、晋、北魏、东魏、西魏、北齐、北周、隋、唐、宋、辽、金、元、明、清等 10 多个朝代修过长城。一般认为明朝是最后一个大修长城的朝代。清康熙时期，停止了大规模的长城修筑，改修"柳条边"，但后来也曾在个别地方修筑了长城。

长城主要分布在中国北部和中部今 15 个省、区、市地域内。其中陕西省是中国长城最多的省份，境内长城长度达 1838 千米。

由于年代久远，早期各个朝代的长城大多数都残缺不全，保存得比较完整的是明代修建的长城，所以现在所说的长城一般指的是明长城，所称长城的长度，也就是明长城的长度。

2009 年 4 月 18 日，国家文物局和国家测绘局联合公布，明长城东起辽宁虎山，西至甘肃嘉峪关，从东向西行经辽宁、河北、天津、北京、山西、内蒙古、陕西、宁夏、甘肃、青海 10 个省（自治区、直辖市）的 156 个县域，总长度为 8851.8 千米。经过壕堑 359.7 千米，自然天险 2232.5 千米。

2012 年 6 月 5 日，国家文物局宣布，历经近 5 年的调查认定，中国历代长城总长度为 21196.18 千米,包括长城墙体、壕堑、单体建筑、关堡和相关设施等长城遗产 43721 处。这是中国首次科学、系统地测量历代长城的总长度。

长城不仅属于中国,也属于世界,是世界中古七大奇迹之一。1961 年 3 月 4 日,长城被国务院公布为第一批全国重点文物保护单位。1971 年,第 26 届联合国大会通过恢复中华人民共和国在联合国的合法地位。中国向联合国大会赠送的礼品,就是一块织有万里长城的大型挂毯。1987 年 12 月,联合国教科文组织正式将万里长城列入《世界遗产名录》。

三、长城的历史价值和伟大意义

长城的价值和伟大意义,我把它系统归结为 8 个方面。

第一,长城是作为军事防御工程而建设的,是世界古代史上最伟大的军事防御工程。长城由点到线、由线到面,把长城沿线的隘口、军堡、关城和军事重镇连接成一个完整的防御体系,具有战斗、指挥、观察、通信、隐蔽等多种功能,体现了被动防御和积极防御相结合的思想。各级军事指挥系统对这一防御工程体系层层指挥、节节控制,用以防御外部力量的入侵。

入侵者或许能集中力量偶尔攻破一两个关口,但只要整段长城还驻守强劲的军队,入侵者就始终面临被阻击、伏击而无法撤退的危险;尤其是,长城扼住了燕山和太行山北支各个交通要道,游牧民族的骑兵纵然破关而入,但只能对内地实施骚扰,而他们的后勤根本无法通过关口输送进来,故而无法在内地立足。

显而易见,修建长城的目的,不是为了侵略,而是为了防卫。长城,熔铸了中国人民千百年来对于和平的期盼和渴望。

第二,长城展现了中国古代人民高超的建筑艺术和创造能力。历史上，没有一项建筑工程能够持续长达2000多年的漫长岁月，充分表现了中国人民坚韧不拔的精神和始终如一维护国家主权的信念，也充分体现了这一建筑的长远性、牢固性和统一性。

长城的设计精巧、实用，符合军事防御的要求，也具有生活和坚守的能力。特别是把各种设施连成一体，形成完整的、能够应对各种情况的工程体系，体现了现代系统论思想。

长城穿越无数的崇山峻岭、河流溪谷、黄土高原、沙漠戈壁。其难度难以想象。修筑长城的工程浩大，秦汉之时，累计投入的兵民有近千万之众。明朝第一次修筑的长城，如果将修筑长城的砖石、土方用来修筑一道宽1米、高5米的大墙，可环绕地球赤道1周有余。如果用来修筑一条宽5米、厚35厘米的大道，那就可以环绕地球赤道3至4周。

第三，长城还具有重要的经济功能，创造了军民融合的思想和方法。秦始皇在修筑长城的同时，即着手加强边境地区的开发建设，揭开了屯田戍边、开发边区的序幕。

汉代提出移民实边的办法，组织移民和戍守长城的军人一起，开垦荒地进行农耕，不但加速了边区的经济开发，而且节省了政府的大量军费开支，还大大减少了长途运输之苦。

自秦汉至明清，长城沿线的许多关口成为农、牧两大经济和文化系统的民族开展交易的场所或中心，有的逐渐发展成为重要城镇。长城既保证了农业经济与畜牧业经济的正常发展，又为二者的交流和相互补充提供了场所和方便，使农、牧业经济朝着主辅相互配合的方向发展。

第四，长城在中华民族多元一体格局的形成和发展上起了重要作用。修筑长城的统治民族，除汉族之外，许多少数民族统治中国的朝代也修长城，而且比汉族统治的朝代为多。

长城并不是简单地阻隔长城两边的民族交流，而是促成了中国古代汉族和十几个少数民族在长城周边及内地的广泛融合。

公元前51年，南匈奴归汉，实现了中原农业区的华夏汉族与北方畜牧民族的会合。

唐太宗大破突厥军后，使数十万降众居住在长城沿线一带，设置6个都督府，任命突厥人为都督。突厥人接受了汉族先进的经济和文化，进一步加快了民族融合的步伐。

明朝在长城沿线开放"马市"，表现了汉蒙互相依存、渐趋融合的密切关系。

清政府采取怀柔政策，进一步促进了长城一带的民族大融合。

第五，长城并没有阻隔文化交流，而是促进了文化交流。2000多年来，以长城为纽带的南北文化交流持续不断。

战国时期，赵武灵王修建赵长城，号召国人学习"胡服骑射"。

秦汉时期，长城南北文化进行了空前的对话与交流。在长城沿线发现的秦权、诏版，内蒙古和林格尔汉墓壁画、单于和亲瓦当，还有闻名遐迩的昭君墓等，均是南北文化交流融合的见证。

在长城地区的文化带里，遗留下来众多的名胜古迹，诸如敦煌、云冈石窟、麦积山、万佛堂石窟壁画、雕塑，元代居庸关云台、金代的卢沟桥以及金中都、元大都遗址与出土的文物等，都体现了文化交流的特点，同时也记载着中华民族历史上的文化辉煌。

长城，作为一种纽带和传输线路，将华夏文化远播到四方各地。

第六，长城还以其雄伟的气势和博大精深的内涵，形成了独特的长城文化。许多文人墨客以长城为题材创作了大量的诗词歌赋、美术、音乐等文艺作品。

其中唐代的"边塞诗"尤为典型。如李白的"长风几万里，吹度玉门关"，王昌龄的"秦时明月汉时关，万里长征人未还"，王维的

"劝君更尽一杯酒，西出阳关无故人"等名句，千载传诵，脍炙人口。

宋、元、明、清以及近现代，都有许多人有感于长城及逶迤其上的壮美河山，挥毫创作了各种类型的文艺作品，大大丰富了长城文化的宝库。

现今，以长城为主题或背景的艺术作品，在中国处处可见。我曾与一位长城女摄影家进行过交流。她是南方人，却到北方来，历经艰辛，用大量精美的摄影作品展示了长城的雄伟壮丽和内在情怀。

研究长城已经成为一门科学或学科。研究和热爱长城的专家学者成立了专门的长城学会。河北地质大学还成立了专门的长城研究院。

第七，长城对于世界了解中国、中国走向世界起着充满感性和感情的独特作用。长城实际上是丝绸之路的基础和护卫者。自从汉武帝派张骞出使西域诸国之后，便以长城要塞为根据地和基本路线，开辟和维护着东起汉朝首都长安（今西安），西到大秦（今地中海东岸一带）全长2万余里的交通干道，这就是著名的"丝绸之路"。

几千年来，中外友好使团频繁往来于这条古道上，中外文化在此融合、交流，至今仍在发挥着作用。

许多外国人知道中国是从长城开始的，长城是世界上其他国家人民了解中国历史、中国文化、中华民族的一个最好的切入点。

第八，长城已经成为中华民族大家庭的标志和强大精神力量。随着时代的变迁，特别是进入热兵器时代以来，长城在军事上的实用功能逐渐减退，但文化精神的作用却不断增强。

对于中国人来说，长城已经成为中华民族大家庭的符号，是意志、勇气和力量的标志，是任何外敌不可侵犯的心理防线。

1933年，长城抗战震惊中外，"誓与长城共存亡"成为抗日将士们的共同誓言。《义勇军进行曲》中"起来，不愿做奴隶的人们，把我们的血肉筑成我们新的长城"成为激励全体中国人民共同抗日的战斗号角。

1949年后,《义勇军进行曲》成为中华人民共和国国歌。只要乐曲响起,人们立即能涌起心灵的波涛,激发起强烈的爱国主义热情。

所以,如果马克思、恩格斯能够穿越一下到今天的中国来,我们一定要请他们看看中国的长城。

我们要用事实告诉世界人民:长城,不是闭关自守的象征,更不是"最反动最保守的堡垒的大门",而是世界宝贵的历史文化遗产。

我们要用事实告诉世界人民:长城,见证了中国几千年的历史变迁,凝聚了中国各民族的灿烂文化,已经升华为勤劳、智慧、百折不挠、众志成城、坚不可摧的民族精神,是中华民族自豪感、自信心和爱国热情的鲜明标志。

我们要用事实告诉世界人民:长城,不断地向世界展示着中华民族的智慧和创造能力,也在展示着人类的坚强意志和雄伟气魄。

最后,我们要用事实告诉世界人民:长城,不仅是中华民族的象征,也是人类文明的象征,是地球和平的象征。全人类都将从这份宝贵的历史文化遗产中获得教益和智慧。

毛笔书法的双重功能

纪事和说明：

本文是 2017 年 12 月为江苏《汉字书艺》杂志（后改名为《篆刻》）所写的卷首语。

书法是中华文明的一个重要符号和名片。我的书法水平不高，平时也很少练习。聊以自慰的是，一些作品入选过中央国家机关的书画集和书画展。在促进两岸交流和其他有关工作中，也发挥过一定作用。特别是在研究党史过程中，发掘了 1945 年中国代表团在联合国宪章上用毛笔签字的重要史实，并在许多报告、讲课、书籍、文章中加以介绍和宣传。由此，深深感到并在本文中提出，书法具有工具和审美两种基本的功能。这两种功能不断经历着发展演化的过程。在新形势下，需要加强这两种功能的研究，更好地发挥毛笔书法的特殊作用。

1945 年 6 月 26 日，联合国宪章签字仪式在美国旧金山退伍军人纪念堂隆重举行。50 个国家的全体代表按顺序在五种文本上一一签字。中国被排在第一位。在全世界的注视下，中国代表团在首席代表顾维钧的带领下进入会场。他们不是马上签字，而是带来了中国特有的文房四宝，并当场研磨了一砚台纯净的墨汁。然后，八位代表一个接一个，用毛笔在联合国宪章上郑重签上了自己的名字。中共代表董必武也在其列，现在，查阅董必武的生平，我们仍可看到这张用毛笔签字的照片。

这个细节极富象征意义。众所周知，文房四宝是中华文明的代表。在如此郑重的场合，以如此特殊的方式，在如此重要的文件上签字，实际上是以无声的语言宣告，经过抗日战争和第二次世界大战的惨烈搏斗，中华文明终于在世界上苏醒和站立起来了！

毛笔书法，经历了数千年的发展，一直具有工具和审美两种基本功能。从起源来看，书法本是一种纪事方式。官府民间，各种人，用传统的毛笔撰写文字，记录下国家、社会、个人、家庭的诸事万物，在传递社会信息、交流思想感情、创作文学艺术、发布官方公文、记载历代政事方面，发挥了巨大的作用。与此同时，书法也逐渐向艺术化的方向发展，乃至逐渐从实用工具和纪事方式中分离出来，成为相对独立的艺术品，专事提供审美的功能，使人们能够从中享受美的愉悦，接受美的熏陶。

工具和审美这两种功能，各自发挥着重要的作用，但又紧密联系，互为补充。如果两者完美结合，就达到了书法的最高境界。中国代表用毛笔在联合国宪章上签字，是毛笔书法双重功能的集中体现和完美结合。虽然这个签字主要是工具功能，但当年中国代表的书法功底都是相当厚实的，因此，不仅从书法形式，而且从书法运用的内涵来说，都极具审美价值。因此，这种方式的签字，可说是数千年来毛笔书法双重功能结合所能达到的最高境界，至少是典型案例之一。

当然，毛笔书法的双重功能，不是时时处处都完全统一的。近代以来，随着铅笔、钢笔、圆珠笔、水笔等等的发明，人们有了更为便捷的书写工具。特别是到了当代，随着电脑的广泛运用，毛笔书法的实用功能大大降低。它们的价值，越来越多地体现在艺术欣赏方面。展现书法艺术，当然是好事，但实用功能的减少，也使毛笔书法的传承面临着巨大的威胁。

因此，如何继续发挥毛笔书法的双重功能，特别是实用的工具功能，就成为迫切需要解决的问题。我们不可能挡住电脑等现代工具使用和发展的步伐。但电脑等等也难以完全取代基本的书写功能。无论在日常生活中，还是公务活动中，书写功能还是不可缺少的。因此通过政府的倡导、社会的推动、个人的努力，我们还是可以找到毛笔书法的用武之地的。

比如，书写能力既是一个人的基本技能，也是其文化水准的门面。社会应该大力倡导文字书写的规范、工整、美观。而毛笔字对于提高书写能力起着基础的作用。因此，我们可否在全社会实行一种书写等级考试制度？所有的人都可以报名参加书写考级，以此促进书写水平的提高。与此相关，还可以像诗词大会一样，举办书写大会、书法比赛等等，推动形成一个崇尚书写和书法的氛围。

又如，领导干部可以在倡导书法方面起带头作用。虽然现在很多办公方式电脑化了，但领导批示多数还是要用笔书写的。那我们能不能要求领导干部尽量用毛笔作批示呢？过去的很多老一辈革命家，在书写文稿、签署文电时，是经常使用毛笔的。当代的领导人，也有不少是用毛笔或钢笔式毛笔作批示的。毛泽东、邓小平、江泽民、胡锦涛、乔石、李岚清等同志写的毛笔字，既属于公文，也相当于艺术品。它们或狂放，或刚劲，或圆润，或严谨，或稳重，或秀美，从中还能看出每个人的性格特征。阅读他们的批示或题字，既是工作，也是一种美的享受。如果领导干部们都像他们那样有书法功底，对推广和传承书法文明肯定会大有好处。

答"李约瑟之问"

纪事和说明：

本文摘编于我 2019 年出版的《马克思恩格斯怎样看中国》一书。

"尽管中国古代对人类科技发展作出了很多重要贡献，但为什么科学和工业革命没有在近代的中国发生？"这就是著名的"李约瑟之问"。

"李约瑟之问"有没有答案？当然应该有答案。难不难回答？在我看来，其实不难。所以，在《马克思恩格斯怎样看中国》一书论述到中国古代科技问题时，我从 4 个方面对"李约瑟之问"作出了自己的回答。

一、著名的"李约瑟之问"

被马克思、恩格斯称作"活的化石"的一个典型表现，是中国科学技术虽曾有过巨大的辉煌，但亦曾长期处于停滞落后的状态，特别是到了近代，没有能出现如西方国家科技文化那样大的突破性进展和飞跃。

由此，也就产生了一个著名的"李约瑟之问"。当我们循着马克思、恩格斯的思路解剖近代中国为什么会成为"活的化石"时，不能不对"李约瑟之问"做出必要的分析，并作出一个科学的回答。

李约瑟，生于1900年12月9日，卒于1995年3月24日，是英国生物化学家、科学技术史专家。

1941年夏，英国文化委员会任命李约瑟为设立在中国重庆的英中科学合作馆馆长，并领参赞的外交官头衔。1943年2月24日，他从印度加尔各答起飞，下午抵达云南首府昆明。

此后，李约瑟开始以外交官的身份支援抗战中的中国科学事业。1943年至1946年间，李约瑟出行11次，行程3万英里，遍及中国的10多个省，考察了大量中国的科学技术设施和历史遗址，访问了300多个文化教育科学机构，接触了上千位中国学术界的著名人士。

李约瑟在英国阿斯得波研究所，将世界最新科学研究资料信息制成微缩胶卷，躲过日军搜查，赠送给中国科学家；他帮助中国与世界建立信息联系，并为中国科研机构在国外采购了急需的器材设备，亲自组织英国皇家空军运到中国；他还将中国科学家的文稿送到西方出版，并出钱资助中国学者到英国讲学。

1964年，李约瑟夫妇访华，受到毛泽东、周恩来等亲自接见。

根据在中国搜集到的大量资料，李约瑟从20世纪50年代起，历时数十年，编写了《中国的科学与文明》，后翻译成中文，名为《中国科学技术史》。该书共7卷34册，内容涉及天文、地理、物理、化学、生物等各个领域，第一次全面系统地向世界展示了中国古代的科技成就，证明中华民族为人类文明与进步作出了不可磨灭的巨大贡献。

早在李约瑟来华前的1942年，他就向他妻子的中国学生问过：

"中国科学，总的来说——为什么没有得到发展？"在《中国的科学与文明》中，他正式提出了一个问题：

"尽管中国古代对人类科技发展作出了很多重要贡献，但为什么科学和工业革命没有在近代的中国发生？"

1976年，美国经济学家肯尼思·博尔丁将这个问题称为"李约瑟难题"。

这就是著名的"李约瑟之问"。

有学者认为，对这个问题，李约瑟本人提供了一些解释：一是中国没有具备适宜科学成长的自然观；二是中国人太讲究实用，很多发现滞留在经验阶段；三是中国的科举制度扼杀了人们对自然规律探索的兴趣，"学而优则仕"成了读书人的第一追求；等等。

后来，很多人把李约瑟难题进一步推广，提出了"中国近代科学为什么落后""中国为什么在近代落后了"等问题。

特别是中国著名的科学泰斗钱学森提出了一个著名的"钱学森之问"。2005年，温家宝总理看望钱学森，钱老感慨地说："这么多年培养的学生，还没有哪一个的学术成就，能够跟民国时期培养的大师相比。"随后钱老发问："为什么我们的学校总是培养不出杰出的人才？"

"钱学森之问"与"李约瑟之问"，一脉相承，有着内在联系，都表达了对中国科学、教育的关切和思考。

二、我对"李约瑟之问"的回答

"李约瑟之问"提出后，引起了人们的思考和研究，答案也多种多样。

在我看来，这个问题并不难回答。我在一些场合和著作中，不同程度地回答了这个问题。特别是在2018年出版的《中国的国家发展战略》中，做了系统的论述。

通过对古今中外历史的比较分析和对社会发展内在规律的研究，我认为对"李约瑟之问"的答案主要有4点：

第一，中国长期是一个皇权专制的大一统国家，国家政权始终为某一家族所有。这种家天下的政治结构和治理理念，最终都是为了维护和延续自身家族的统治。因此，无论是政治、法律、军事，还是思想、文化、道德，都逐步形成了一整套管制、约束的体系，形成了超稳定的政治、文化和社会结构。在这种结构里，没有思想的自由、言论的自由、创造的自由。一切自主的、创新的，但不一定符合皇族政权利益和要求的思想、理念、行为、人才，都会被压制甚至扼杀。尽管有些具有雄才大略的皇帝，在促进国家和社会的发展上有过贡献，但只要一触及家天下能否巩固的底线，就都以自身的利益为重了。在这样的社会里，就很难具备科学技术自由发展、创新超越的条件。

第二，中国自从实行井田制以来，就成为一个自给自足的农耕社会。农田比较分散，正好维持小家小户的基本生计。而国家为了维持社会稳定，一直把鼓励和保护农耕作为基本的国策。同时，始终把商人看作奸诈取巧之徒，认为从商经商不符合伦理之道。所以，国家总体上一直实行重农抑商政策。老百姓天天重复着同样的农耕生活，靠自家耕种和村镇少量的手工作坊，就大体能维持基本的生活需求。商品流通发展不起来，手工作坊也就很难发展为现代工业。有关工业方面的科学技术就很少有人去研究，现代的科学思想和创造发明也就难以出现。

第三，中国的哲学、宗教、政治思想都比较注重宏观思维，而且十分辩证。无论自然、社会，还是王朝、个人，不管遇到什么事情，都首先从宏观上去思考、解析。而且不是探求客观原因，而是自省和自责。当难以解释时，就用阴阳之道、天地轮回之类的"辩证法"笼而统之地加以圆场，含糊其词，朦朦胧胧，左右都是道理。再解释不了，就归结为天意、风水、命运之类，祈求菩萨保佑，或祈望皇上英明。因此，普遍不重视对自然的精细考察和研究，特别是不重视实证研究。很少人能对自然现象和人类社会"打破砂锅问到底"，也就很少人去做具体、精细的实验研究，科学发现和技术发明自然也就很少了。

第四，中国的人才选拔制度起了特殊的导向作用。实行科举制度之后，打破了贵族世家对于权力的垄断，底层百姓有了合法和稳定的上升通道。只要认真读书，写好文章，就可能取得功名，荣华富贵自然会来。这种制度即使用现在的眼光来看，也比较公平，有利于人才的涌现。但这种选拔制度被固定化、程式化后，就把人的思想限制、禁锢在一定的范围之内了。而且这种制度对于整个社会特别是知识分子有着强烈的导向作用。几乎所有的杰出人才，都专注于博取功名，把大量精力耗费在阅读古籍、掌握典故、雕词琢句上。好处是，创造了世界最辉煌的诗词歌赋，坏处是，再也没有多少社会精英能够抵挡这种诱惑而去专注于科学技术的思考和研究了。

基于上述4个主要原因，中国在长期的封建社会里，科学技术始终没有能够持续不断地发展并形成完整的现代科学技术体系。特别是到近代，中国的科学技术远远地落在了欧美国家的后头，其落后的后果也日益清晰地显示了出来。

这4个原因，既可以回答科学和工业革命为什么没有在近代中国发生的问题，在一定程度上也可以回答中国社会为什么长期陷于停滞和落后的问题。

至于"钱学森之问"，基本答案差不多。但涉及很多现实问题，需要另外研究。

三、"李约瑟悖论"之答案

当然，我们也要注意到，"李约瑟之问"也被称作"李约瑟悖论"，或者说，"李约瑟之问"实际上是包含在"李约瑟悖论"里的。李约瑟在《中国科学技术史》第一卷的序言中是这样表述的：

中国的科学为什么持续停留在经验阶段，并且只有原始型的或中古型的理论？如果事情确实是这样，那么在科学技术发明的许多重要方面，中国人又怎样成功地走在那些创造出著名"希腊奇迹"的传奇式人物的前面，和拥有古代西方世界全部文化财富的阿拉伯人并驾齐驱，并在3世纪至13世纪之间保持一个西方所望尘莫及的科学知识水平？中国在理论和几何学方法体系方面所存在的弱点，为什么并没有妨碍各种科学发现和技术发明的涌现？中国的这些发明和发现往往远远超过同时代的欧洲，特别是在15世纪之前更是如此。欧洲在16世纪以后就诞生了近代科学，这种科学已经被证明是形成近代世界秩序的基本因素之一，而中国文明却未能在亚洲产生与此相似的近代科学，其阻碍因素是什么？

从这一大段话里，我们可以知道，"李约瑟之问"的出发点并不是完全认定中国古代的科学技术一直落后，相反，他还是充分肯定中国科学技术所取得的成就的。因此，他所问的主要是一种既先进又落后的矛盾现象，或者说，为什么曾经先进，但到近代又落后了？

这样的问题涉及的范围就更广了。在我看来，为什么在长期落后的情况下，中国的科学技术也能取得很大的成就，特别是四大发明这样的成就？基本答案是：

我所论述的上述4个基本原因，并不意味中国在所有的领域都没有科学技术发展的空间。比如：国家为解决大面积的农业灌溉问题，就需要水利技术的发展；因节日和战争需要，促进了火药的发明和发展；中国文化的繁荣和官方文书的使用，要求文稿制作和翻印有更高的效率，于是促成了印刷术的发明；农耕业的长期发展，自然积累了丰富的经验，促进了养蚕、丝绸等技术的出现和改进；因日用器皿和艺术观赏的需要，很容易推动陶瓷工艺的进步；气候变化对农业的发展至关重要，因此政府也需要天文观测和气象科学的发展；等等。

所有这些，即使在高度专制的社会环境中也是需要的，也会得到封建王朝的认可和支持。对不给皇权专制统治带来威胁，且符合传统伦理道德的科学发现和技术进步，封建王朝还是鼓励或宽容的。

此外，在任何时代，都还有一些特殊的人才，有特殊的兴趣，会从事很多与主流价值取向不一样的科学研究和发明创造。两三千年的时间，积累起来的发明创造也不会太少。

所以，中国在历史上取得很多重大的科技成果，是并不奇怪的。

马克思、恩格斯论中华文明及其对世界的贡献

纪事和说明:

本文摘编于我 2019 年出版的《马克思恩格斯怎样看中国》一书。

马克思、恩格斯十分关注中国的历史发展和前途命运。早在 19 世纪中叶,马克思、恩格斯就注意到了处于东方的中华文明,此后,对中华文明进行了深入的研究。他们提出从民族历史走向世界历史的重要思想,并在此框架下论述了中国与世界的双向互动关系;他们在自己的一系列著作中,高度赞扬了中国人民的创造精神,充分肯定了中华文明对世界文明的贡献,把中国古代的四大发明称为"资产阶级发展的必要前提"。挖掘和学习马克思、恩格斯的这些思想,对我们深化对中华文明的认识、增强中国特色社会主义的文化自信,具有重要的意义。

马克思、恩格斯一生活动的主要舞台在欧洲,但他们的目标是谋求全人类的解放。因此,他们在欧美从事科学研究和工人运动的同

时，也十分关注中国的历史发展和前途命运，关注中国所发生的事件及其对世界的影响。在半个世纪左右的时间里，马克思、恩格斯在他们的著作中多次论及中国，其范围涉及政治、经济、文化、外交、军事、科技，等等。仅《资本论》就有39处论述到中国。特别是1851至1862年间，马克思、恩格斯比较集中地论述了中国问题，其中专门论述中国的文章就有23篇。

在这些专门的文章和散见的论述中，马克思、恩格斯高度评价了中华文明对于世界历史的贡献，科学地分析了中国社会经济结构的特点，细致考察了世界经济与中国市场的关系，尖锐抨击了西方列强在中国的残暴掠夺行为，对苦难的中国人民寄予深切的同情，对中国人民的革命斗争又给予了坚决的支持，深刻地论证了中国革命与欧洲革命的辩证关系，对中国革命的前景寄予殷切的期望。

马克思、恩格斯对于中国问题的论述，具有深邃的思想内涵。对此加以系统的挖掘和整理，不仅可以进一步加深对马克思主义一般原理的体验和理解，而且可以直接领受马克思主义创始人对于中国问题的评述和指导。这对于我们研究中国历史、中国社会，以及建设中国特色社会主义，都是大有裨益的。本文主要就马克思、恩格斯对中华文明和中国经济社会结构的论述作一专题梳理和评述。

一、从民族历史向世界历史转化中的中国

习近平总书记在纪念马克思诞辰200周年大会上的讲话中，明确要求学习和实践马克思主义九个方面的重要思想，其中第八个，就是要"学习和实践马克思主义关于世界历史的思想"。把马克思的世界历史思想提到如此高的程度，是前所未有的。

当代世界的全球化问题，其实就是当年马克思、恩格斯论述过的从民族历史向世界历史转化的思想。马克思、恩格斯也正是在这一世

界历史进程的大框架下观察和论述了中国问题。当今世界，围绕全球化的争论和博弈愈益激烈，重温马克思、恩格斯的世界历史思想，具有非常重要的现实意义。

马克思、恩格斯认为，人类社会的历史发展过程，就其内涵来说，是从必然王国到自由王国的飞跃，但就其外延而言，也是人类不断扩展自己的活动范围，冲破自然和社会的种种局限，从狭窄的民族历史走向广阔的世界历史的过程。因此，人类社会的发展过程，是时间与空间的结合。世界各个地区、国家、民族的发展，既有各自独特的条件、过程和特点，同时，又日益加强和丰富着它们的相互关联，并表现出某种内在的统一性。统一性与多样性的辩证统一，是把握整个世界历史进程包括每一局部社会发展及事件的基本的方法论原则。

在马克思、恩格斯之前，黑格尔曾经在唯心主义基础上阐述过他的世界历史观。黑格尔认为，历史并不是杂乱无章的偶然性堆积，在它的演化中，存在着某种内在的规律性。冲破狭窄的地域范围，由民族历史汇成世界历史，就是其中的规律之一。世界历史是世界精神的外化。世界历史同太阳的行程一致，它从东方的中国开始，经过希腊、罗马，到日耳曼结束，德国是"世界精神"的完善体现。

马克思和恩格斯在《德意志意识形态》中，对黑格尔的世界历史思想进行了唯物主义的改造，第一次系统地提出了马克思主义的世界历史进程观。马克思、恩格斯认为，在人类历史发展进程中，确实奔涌着一条世界化的洪流，这就是由民族历史向世界历史的转变。但是驱动这股历史洪流的，不是什么精神和观念，而是在生产力普遍发展基础上形成的社会分工和各民族的互相交往。马克思、恩格斯说，一个民族本身的整个内部结构以及各民族之间的相互关系，都取决于它的生产以及内部和外部交往的发展程度。生产力的发展，分工和交换的扩大，冲破了地域的壁垒，把各个民族推向不可分割的联系和交往中。"各个相互影响的活动范围在这个发展进程中越是扩大，各民族的原始封闭状态由于日益完善的生产方式、交往以及因交往而自然形成的不同民族之间的分工消灭得越是彻底，历史也就越是成为世界历史。"①

接下去，马克思、恩格斯便举例论证了他们的这一思想。值得注意的是，他们在例证中提及了中国，并把中国作为世界历史中相互密切关联的一个组成部分："例如，如果在英国发明了一种机器，它夺走了印度和中国的无数劳动者的饭碗，并引起这些国家的整个生存形式的改变，那么，这个发明便成为一个世界历史性的事实；同样，砂糖和咖啡是这样来表明自己在19世纪具有的世界历史意义的：拿破仑的大陆体系所引起的这两种产品的匮乏推动了德国人起来反抗拿破仑，从而就成为光荣的1813年解放战争的现实基础。"②由此，马克思、恩格斯得出结论："历史向世界历史的转变，不是'自我意识'、世界精神或者某个形而上学幽灵的某种纯粹的抽象行动，而是完全物质的、可以通过经验证明的行动，每一个过着实际生活的、需要吃、喝、穿的个人都可以证明这种行动。"③

马克思、恩格斯运用世界历史进程观，科学地研究和分析了资本主义产生、发展的历史过程。他们的这一研究，包含着两个不可分割的方面，即一方面揭示了资本主义产生、发展的逻辑的时间进程，另一方面又揭示了资本主义产生、发展的逻辑的空间进程。他们认为，世界市场的发现，对于资本主义生产方式的飞跃突进起了极为重要的作用。在《共产党宣言》中，他们指出："美洲的发现、绕过非洲的航行，给新兴的资产阶级开辟了新天地。东印度和中国的市场、美洲的殖民化、对殖民地的贸易、交换手段和一般商品的增加，使商业、

---

① 《马克思恩格斯选集》第一卷，人民出版社2012年版，第168页。
② 《马克思恩格斯选集》第一卷，人民出版社2012年版，第168页。
③ 《马克思恩格斯选集》第一卷，人民出版社2012年版，第169页。

航海业和工业空前高涨，因而使正在崩溃的封建社会内部的革命因素迅速发展。"①具体地说，正是世界市场的发现，扩大了商品的需求，促进了资本主义从工场手工业到现代大工业的转变；世界市场的扩大，使商业、航海业和陆路交通得到巨大的发展，反过来又促进工业的扩展；从而，资本主义生产方式及资产阶级的力量愈益壮大，最终取代封建主义而占据了社会的主导地位。

资本主义生产方式的确立和发展，又进一步推动世界市场的扩大，冲破民族、地区的藩篱，将整个世界联为一体。资产阶级，"挖掉了工业脚下的民族基础"，"使一切国家的生产和消费都成为世界性的了"。新的工业所加工的，已经不是本地的原料，它的产品也不仅供本国消费。"过去那种地方的和民族的自给自足和闭关自守状态，被各民族的各方面的互相往来和各方面的互相依赖所代替了。物质的生产是如此，精神的生产也是如此。各民族的精神产品成了公共的财产。民族的片面性和局限性日益成为不可能"。②

世界市场的形成，还将资本主义的文明传播到世界各地，"把一切民族甚至最野蛮的民族都卷到文明中来了"。"它的商品的低廉价格，是它用来摧毁一切万里长城、征服野蛮人最顽强的仇外心理的重炮。它迫使一切民族——如果它们不想灭亡的话——采用资产阶级的生产方式；它迫使它们在自己那里推行所谓的文明，即变成资产者。一句话，它按照自己的面貌为自己创造出一个世界。"③在资本主义生产方式的进军面前，"那些几千年来没有进步的国家，例如印度，都已经进行了完全的革命，甚至中国现在也正走向革命。事情已经发展到这样的地步：今天英国发明的新机器，一年之内就会夺去中国

---

① 《马克思恩格斯选集》第一卷，人民出版社2012年版，第401页。
② 《马克思恩格斯选集》第一卷，人民出版社2012年版，第404页。
③ 《马克思恩格斯选集》第一卷，人民出版社2012年版，第404页。

千百万工人的饭碗"①。

随着各民族互相依赖的加深和世界市场的形成,不仅民族历史汇入世界历史,而且"地域性的个人为世界历史性的、经验上普遍的个人所代替"②。而各个个人的世界历史性的存在,就意味着他们的存在与世界历史直接联系在一起,受世界历史的制约和支配,同时又影响和作用于世界历史。

正因为资本主义消灭了每个国家及这些国家中每一个人以往自然形成的孤立状态,所以,马克思、恩格斯充分肯定了资本主义生产方式在开创世界历史进程中所起的巨大作用。他们明确指出:资本主义"首次开创了世界历史"③,使每一个民族和每一个人都深深地卷入到世界历史的巨流中。在这个意义上,资本主义开创了人类历史的新时代。

但是,资本主义所开创的世界历史还只是世界历史的一个初始阶段。在这个阶段,"单个人随着自己的活动扩大为世界历史性的活动,越来越受到对他们来说是异己的力量的支配……,受到日益扩大的、归根结底表现为世界市场的力量的支配"④。只要这种异己力量还存在,人们就摆脱不了对盲目必然性的屈从。所以,资本主义虽然开创了世界历史,但并未终结世界历史,它只是为世界历史的进一步发展奠定了物质基础。随着共产主义革命的发生和胜利,"各个人的全面的依存关系、他们的这种自然形成的世界历史性的共同活动的最初形式"⑤,将转化为对那些异己力量的控制和自觉的驾驭。

那么,世界历史超越资本主义的进一步发展,将采取何种空间形式呢?马克思、恩格斯认为,实现共产主义是无产阶级肩负的历史使命。而无产阶级自身所具有的国际性质,使它只有在世界历史意义上

---

① 《马克思恩格斯选集》第一卷,人民出版社2012年版,第299页。
② 《马克思恩格斯选集》第一卷,人民出版社2012年版,第166页。
③ 《马克思恩格斯选集》第一卷,人民出版社2012年版,第194页。
④ 《马克思恩格斯选集》第一卷,人民出版社2012年版,第169页。
⑤ 《马克思恩格斯选集》第一卷,人民出版社2012年版,第169页。

才能存在，就像它的事业——共产主义一般只有作为"世界历史性的"存在才有可能实现一样。共产主义革命要以生产力的普遍发展和与此有关的世界交往的普遍发展为前提。在这个意义上，"共产主义革命将不是仅仅一个国家的革命，而是将在一切文明国家里……同时发生的革命"[①]。另一方面，如果不就内容而就形式来说，无产阶级反对资产阶级的斗争首先是一国范围内的斗争。

世界历史的发展是统一性与多样性的统一。随着生产力和世界交往的普遍发展，世界各个国家、地区和民族的发展，大体上都要遵循基本的统一的规律。但是，由于地理环境、民族传统、经济发展水平、文化背景等等的不同，各个国家和地区、民族的历史发展，也必然有着自己的特点。世界在多样性中表现出统一性，而多样性又受着统一性的制约。要真正把握世界历史的发展进程，就必须十分注意研究和掌握世界历史的多样性。所以，马克思、恩格斯并不以揭示了人类社会及资本主义社会的基本规律为限，而是非常密切地关注和非常仔细地研究世界不同地区的状况和特点，尤其是东西方地区、东西方文明的特点及其相互间的差异和联系。所以，作为东方社会典型代表之一的中国，就不可避免地进入了马克思、恩格斯的视野之内，成为他们关注的焦点之一。特别是当时西方列强加紧对中国的侵略，导致印度、中国发生一系列重要事件，所以更引起了马克思、恩格斯的注意。在马克思、恩格斯的世界历史进程观中，中国并不是孤立的中国，而是世界历史进程不可分割的一个组成部分。中国既是东方社会的标本，同时又受世界历史进程的影响。中国所发生的事件，与西方世界有着密切的联系，同时又反过来影响着西方世界。研究世界，就要研究中国；研究中国，才能更好地研究世界。

这种博大深远的世界历史进程观，是马克思、恩格斯关注中国问

[①] 《马克思恩格斯选集》第一卷，人民出版社2012年版，第306页。

题的思想背景；也只有在马克思、恩格斯关于世界历史进程的思维模式和宏观构架中，我们才能真正认识和理解他们关于中国问题论述的真谛。

二、马克思最早的中国印象

从马克思、恩格斯的著述来看，他们没有对中华文明问题做过系统的论述，因此，可以判定，他们对中华文明也没有做过系统的研究。

但是，马克思、恩格斯对中华文明的成就和贡献还是有一些基本的了解，在某些方面还有一些独到的见解。在他们的印象中，中国首先是一个历史悠久的文明古国，中华民族曾经以勤劳和智慧创造了灿烂的科学文化。

所以，还在100多年前，当中国人民还不知道马克思和恩格斯这两个名字的时候，他们就已经在自己的笔下提及和介绍了中国的文明成就。马克思、恩格斯高度赞扬了中国人民的创造精神，充分肯定了中华文明对世界文明的贡献。

从马克思、恩格斯的最初著作中，我们可以首先搜寻到他们对中国的最初印象。

1842年1月至2月间撰写的《评普鲁士最近的书报检查令》，是马克思的第一篇政论性文章。正是在这第一篇政论性文章中，马克思第一次提到了中国，说的是中国的报刊。

在这篇文章中，马克思对思想自由与书报检查制度的尖锐矛盾进行了深刻的剖析，然后指出："只要光明出现，黑暗就会消失。让你们的光放射出来吧，不要隐藏。我们不要有弊病的书报检查制度，因为甚至你们自己也不相信它是十全十美的"。随即，马克思便呼吁："请给我们一种完善的报刊吧，这只要你们下一道命令就行了；几个世纪以来中国一直在提供这种报刊的范本。"①

马克思在这里提到中国的"报刊",显然是赞赏的口吻,而且是作为一种重要的例证来说明其主张的。

那么,马克思在这里指的是中国的什么报刊呢?从文章短短的行文中,我们看不出来。

因此,我们先对中国"报刊"的起源和历史做一个大概的梳理。

中国最早的报刊,是"邸报"。所谓"邸",就是供地方官员觐见皇帝或办公事居停的馆舍。邸报,就是由邸通报的消息,其作用主要是将皇室动态、官吏升降、寻常谕折等消息通过邸报发出去。

1982 年,在英国曾经发现一份唐代的邸报,是距今 1100 多年前的"敦煌邸报",存于伦敦不列颠图书馆,据称是现存最早的邸报原件,也是现存的世界上最古老的"报纸"。这份邸报比欧洲最早的手抄报纸要早 8 个世纪左右。

但这份邸报是 20 世纪初才被英国人窃走并带回英国的,而且制作时间也与马克思所说的不符。所以,马克思所指不会是这份邸报。

邸报不是固定的报刊,没有报头,没有固定的报刊名称,所以,与现代印刷的报刊还有很大差距。邸报历经不同朝代,有过很多变化,总体属于朝廷的公文,内容都要经严格的审查,一般庶民是无缘问津的。

宋代以后,相继出现了一些脱离朝传报范围的报刊,一般称为"小报"。到北宋末年,一度出现了由民间经营的印刷报刊,称为"朝报"。

中国古代民间经营的报刊,影响最大的,当数《京报》。从《京报》开始,报刊有了自己固定的名称。《京报》,始见于明末,先后发行了 400 多年,直到辛亥革命才停办。《京报》以刊载朝廷准发的官方文书和消息为主,也出现过自己采写的消息和少量社会新闻。虽

---

① 《马克思恩格斯全集》第一卷,人民出版社 1995 年版,第 129 页。

由民间经营，但有一定的合法地位。负责经营《京报》的叫报房。最初使用的是雕版印刷，到崇祯十一年（1638年）改为活字印刷。

清朝同治年间，《京报》规模和影响都已很大。清代《京报》通常是日刊，日出一册，从七八页到十数页不等。日发行总量达一万份以上。

到了近代，从1815年至19世纪末，外国人在中国一共创办了近200种中外文报刊。其中影响较大的中文报纸是《申报》。《申报》于1872年由英国人美查创办于上海，1906年转卖给中国买办，1912年由我国著名的报业家史量才接办，在中国近代史上产生了重要影响。

近代第一份中文日报，最早是黄胜1857年在香港创办的《中外新报》。

根据这一简略的中国报刊起源史，应该说，马克思提到的中国报纸，很可能就是《京报》。《京报》确实已经存在了几个世纪。而且从其规模、影响看，在华的外国人是能够看到和收藏并流向国外的。所以，马克思所说的中国报刊，最有可能的，就是《京报》。

随后，在同年即1842年4月的《第六届莱茵省议会的辩论（第一篇论文）。关于出版自由和公布等级会议记录的辩论》中，马克思又三处提到中国。

第一处，在这篇文章中，马克思写道："《国家报》凭借它在统计领域的重要地位，不仅把自己同中国人并列，不仅同宇宙的统计学家毕达哥拉斯并列，它并且表明，那位想用数列来表示动物的各种差别等等的现代伟大的自然哲学家对它也有影响。"[①]

这里的"中国人"是谁呢？是泛指的"中国人"，还是特指的某个中国人呢？《马克思恩格斯全集》的编者注说：可能指伏羲。为什么说可能是指伏羲？可能是因为后文马克思还提到了中国的"八卦"。而八卦相传为伏羲所画。

---

① 《马克思恩格斯全集》第一卷，人民出版社1995年版，第140—141页。

但仔细分析，马克思在下文说到的八卦，并不是从数学角度来说的。而这里，马克思显然说的是数学或统计学问题。如同提到毕达哥拉斯一样，马克思对中国人的数学水平是表示赞赏的。

根据科学和历史考察，商周之前，人们还只能做一些简单的自然数运算。春秋战国时期有了分数的概念和乘法九九表。东汉初年（1世纪）出现《九章算术》，这是我国第一部最重要的数学专著。到宋元时代，我国古代数学发展到高潮时期，出现了一批著名的数学家和数学著作。之后，数学发展的势头逐渐消失。

从这样的一个过程来看，伏羲时代中国的数学和统计学基本上还是空白。所以，马克思在这里所说的中国人，不大可能是伏羲，而很可能是泛指中国人在数学上取得的成就。

马克思在这篇文章中第二处说到中国，原文是："书报检查官涂改时画的叉叉杠杠同书报的关系，与中国人的直线——八卦——同思维的关系完全一样。书报检查官的八卦是出版物的范畴；而范畴，大家知道，是整个内容的典型的灵魂。"①

八卦，是由整段的或中断的三条直线进行不同的组合而形成的符号，即卦，象征世界上的各种事物和现象。

八卦，是《易》的来源，相传由伏羲画出。先有八卦，后来发展为《连山易》，再后来为《归藏易》，到周朝时成为《周易》。《周易》即《易经》，是重要传统经典之一，相传系周人所作，内容包括《经》和《传》两个部分。

《经》主要是六十四卦和三百八十四爻，卦和爻各有说明（卦辞、爻辞），作为占卜之用。《传》包含解释卦辞和爻辞的 7 种文辞共 10 篇，统称《十翼》，相传为孔子所撰；但一般认为它是战国或秦汉时期的儒家作品，并非出自一时一人之手。

---

① 《马克思恩格斯全集》第一卷，人民出版社 1995 年版，第 167 页。

马克思在这里提到"中国人的直线——八卦",是把它比作"书报检查官涂改时画的叉叉杠杠",进而将它们比作范畴与内容的关系。褒贬不是很清楚,但本身的比喻不算是很恭敬的。

事实上,《易经》八卦反映了一切事物都是可变的这一朴素的辩证法思想,虽然它极其玄奥,但却包含了自然哲学概念的基础。有人甚至说,《易经》涵盖万有,纲纪群伦,是中国传统文化的杰出代表;广大精微,包罗万象,是中华文明的源头活水。《易经》是群经之首,儒家、道家共同的经典,集中体现了中华民族的思维模式、价值取向等哲学品格。这种评价,颇有点夸大的成分,但当年的马克思,对《易经》八卦的深奥内容可能还真不是太清楚。

第三处,马克思在这篇文章中大量引用了莱茵省议会辩论中的发言,其中有一人的发言提到了"中国画",原文是:"这种缺乏表现力的情况就像一幅缺乏阴影的中国画。但愿我们别与这种死气沉沉的民族为伍!"[①]

显然,这位先生的发言对中国画是看不起的。理由之一,就是"缺乏阴影",因而"缺乏表现力"。这种评价显然不符合事实。中国画是具有悠久历史和优良传统的中国民族绘画。西洋经典油画讲究透视,严格按比例落笔;中国画讲究写意,并不拘泥于焦点透视,常常有跨时空的想象和构思。所以西洋油画凡有人与物,均有阴影,而中国画一般都没有阴影。但没有阴影并不等于"缺乏表现力"。中国画虽然也有自己的弱点,但取景布局视野宽广,形神兼备,意境深远,所以在世界美术史上自成独特体系,也有独特的地位。

尤其是,这位先生还将中华民族称为"死气沉沉的民族",并且不屑于与之"为伍",这种态度对中华民族是不公平的,甚至是一种鄙夷。当年的中华民族,已经到封建社会的末期,没有赶上近代文明

[①] 《马克思恩格斯全集》第一卷,人民出版社 1995 年版,第 200 页。

发展的潮流，确实呈现"死气沉沉"的局面。但这主要是封建专制王朝政治奴役、思想钳制、社会控制、人身迫害的结果，而不是中华民族本来的特点。而且，在不同的时期、不同的统治方式下，中国的活力状态是不一样的，中华民族也曾有过富有朝气的时期。所以，我们可以从这种充满贬义的评价中得到警示、警醒，但不能同意从整体上将中华民族称为"死气沉沉的民族"。

三、中国发明怎样传入欧洲

马克思、恩格斯在他们的许多著作、文章中都提到了中国的发明，高度评价了这些发明对于世界文明所作的重大贡献，充分肯定了这些发明传入欧洲后，对欧洲科学技术和生产力的发展以及社会的变动所起的巨大促进作用。

中国传入西方的文明成果，马克思、恩格斯应该是有所了解的。所以，在他们的著作中不时提及中外经济和文化的交流，有时对某些问题还进行了专门研究，特别是介绍和分析了中国发明传入欧洲的途径、时间和过程。

在《自然辩证法》一书中，恩格斯全面列举了中国的一系列发明创造及这些发明创造传入欧洲的时间、途径。其中有：

"蚕在550年前后从中国输入希腊。""养蚕业传入意大利，1100年前后。"

"棉纸在7世纪从中国传到阿拉伯人那里，在9世纪输入意大利。"

"磁针从阿拉伯人传到欧洲人手中，1180年前后。"

此外，还提到了"破布造纸""木刻和木版印刷""铜版雕刻术""火枪枪机"等。[①]

[①] 《马克思恩格斯全集》第二十六卷，人民出版社2014年版，第494、495页。

在《德国农民战争》一书中，恩格斯明确指出："一系列或多或少具有重要意义的发明大大促进了手工业的发展，其中具有光辉历史意义的是火药和印刷术的发明。"

该书是 1850 年写的，1875 年再版时，恩格斯特意又为这段话加了一个注解："现在已经毫无疑义地证实，火药是从中国经过印度传给阿拉伯人，又从阿拉伯人那里同火器一道经过西班牙传入欧洲的。"[①] 恩格斯的这段评论和判定，无疑为中国古代文明增添了光彩。

1857 年，恩格斯在为《美国新百科全书》所写的《炮兵》一文中，非常具体地论述了中国火药的发明及其发展和在军事上的应用过程。

恩格斯指出："现在几乎所有的人都承认，发明火药并利用它朝一定方向抛射重物的，是东方国家。在中国和印度，土壤中含有天然硝石，因此当地居民自然早就了解了它的特性。中国很早就用硝石和其他可燃物混合制成了烟火剂，用于军事和盛大的庆典。"

恩格斯说，还没有资料说明，究竟何时人们知道用硝石、硫黄和木炭等制成爆炸物，但是，"据帕拉韦先生 1850 年在法国科学院的一份报告所引证的某些中国史料，在公元前 618 年就有了火炮；在其他一些中国古代的著述中，也有用竹筒发射燃烧实心弹以及类似爆炸弹的记载"。

关于火药和火炮在军事上的应用，恩格斯认为在中国早期没有得到充分的发展，但资料证明，"公元 1232 年"，即宋朝年间，确实"第一次大量使用它们"。当时被围困在开封府的中国人，"曾经使用抛射石弹的火炮来抵御敌人，并且还使用了爆炸弹、炸药筒和其他利用火药的烟火剂"。[②]

接着，恩格斯论述了火药和大炮如何传入和应用于欧洲的过程。

---

① 《马克思恩格斯全集》第十卷，人民出版社 1998 年版，第 468 页。
② 《马克思恩格斯全集》第十六卷，人民出版社 2007 年版，第 438 页。

"阿拉伯人从中国人和印度人那里学会了提取硝石和制造烟火剂。在阿拉伯,硝石有两种名称,意思是中国的盐和中国的雪。古代阿拉伯的一些著作家曾提到'中国的红火和白火'。"[1] 阿拉伯人很快"就丰富了从中国人那里学到的知识",即在军事上使用了火炮。当时西方各国还不知道使用火药。直到 14 世纪初,火炮的知识才由阿拉伯人传给西班牙人,又从西班牙人那里传到欧洲其他各国。

恩格斯进一步论证:"火炮起源于东方这一点,还可以从欧洲最古的火炮的制造方法中得到证实。""中国和印度最古的火炮也完全是这样制造的,它们同欧洲最古的火炮属于同样早的年代,甚至更早。"[2] 恩格斯还说:"中国人和阿拉伯人知道利用和制造爆炸弹的方法,这方面的知识可能是后者传到欧洲各国的。"[3]

四、四大发明的世界历史的影响

中国古代最具历史意义的创造,是四大发明,即造纸术、指南针、火药和印刷术的发明和应用。马克思、恩格斯 19 世纪 60 年代提到这些发明时,用的是三大发明。

马克思在《机器。自然力和科学的应用》一书中指出:"火药、指南针、印刷术——这是预告资产阶级社会到来的三大发明。火药把骑士阶层炸得粉碎,指南针打开了世界市场并建立了殖民地,而印刷术则变成新教的工具,总的来说变成科学复兴的手段,变成对精神发展创造必要前提的最强大的杠杆。"[4]

恩格斯在《自然辩证法》中指出,"各种发明的大量涌现和东方发明的引进",作为因素之一,使"由中世纪的市民等级所创立的工

---

[1] 《马克思恩格斯全集》第十六卷,人民出版社 2007 年版,第 439 页。
[2] 《马克思恩格斯全集》第十六卷,人民出版社 2007 年版,第 440 页。
[3] 《马克思恩格斯全集》第十六卷,人民出版社 2007 年版,第 442 页。
[4] 《马克思恩格斯全集》第四十七卷,人民出版社 1979 年版,第 427 页。

业生产和商业获得极大发展"。它们"不仅使希腊文献的引进和传播、海上探险以及资产阶级宗教革命成为可能,并且使它们的影响范围异常广泛而迅速地扩展,此外还提供了大量古代从未见过的、虽然还未系统化的科学事实:磁针、活字印刷、亚麻纸(12 世纪以来阿拉伯人和西班牙犹太人所使用的;棉纸自 10 世纪以来就逐渐出现,而在 13 和 14 世纪已经传布得更广,莎草纸从阿拉伯人占领埃及以后就根本不再使用了)、火药、眼镜、机械时计,后者在计时上和力学上都是一大进步"。[①]

在《反杜林论》中,恩格斯指出,"火器一开始就是城市和以城市为依靠的新兴君主政体反对封建贵族的武器。以前一直攻不破的贵族城堡的石墙抵不住市民的大炮;市民的枪弹射穿了骑士的盔甲。贵族的统治跟身披铠甲的贵族骑兵队同归于尽了"[②]。同时,"火药和火器的采用决不是一种暴力行为,而是一种工业的,也就是经济的进步"[③]。火药和火器的使用,无论对于反封建斗争,还是推动工业发展,都起到了重要的作用。

印刷术在欧洲的出现,不仅变成了新教的工具,而且把学术、教育从基督教修道院中解放出来。恩格斯指出:"书刊印刷业的兴起和商业发展的需要,不仅打破了僧侣对读书写字的垄断,而且也打破了他们对高等教育的垄断。"[④] 从此,欧洲的学术中心由修道院转移到了各地的大学,先进的思想文化得到了更广泛的交流和传播。

所以,中国古代文明为近代欧洲文明的兴起提供了重要的国际条件。正是在这个意义上,马克思把中国古代三(四)大发明称为"资产阶级发展的必要前提"[⑤]。

---

① 《马克思恩格斯全集》第二十六卷,人民出版社 2014 年版,第 493 页。
② 《马克思恩格斯全集》第二十六卷,人民出版社 2014 年版,第 175—176 页。
③ 《马克思恩格斯全集》第二十六卷,人民出版社 2014 年版,第 175 页。
④ 《马克思恩格斯全集》第十卷,人民出版社 1998 年版,第 472 页。
⑤ 《马克思恩格斯选集》第四卷,人民出版社 2012 年版,第 445 页。

马克思、恩格斯对近代中国社会经济结构及其惰性的深刻剖析

纪事和说明：

本文摘编于我 2019 年出版的《马克思恩格斯怎样看中国》一书。

马克思、恩格斯在高度赞扬中华文明的同时，也科学分析了中国社会经济结构的基本特点，揭示了中国经济长期封闭落后的原因，对中国的封建专制主义制度给予了尖锐的批判。我们对马克思、恩格斯这方面的论述，也应该高度重视和深化理解。

一、古老的活化石

在中国，但凡学过一点思想政治课的人，对"社会经济结构"的概念应该都不会陌生。它早就进入中国人解读很多社会历史现象的基本范畴。

社会经济结构是一定的法律的、政治的上层建筑及意识形态树立其上的现实基础，也是区分不同社会形态的标准。

马克思、恩格斯是这个范畴的最重要奠基者和倡导者。他们研究考察任何社会，总是首先着眼于它的物质生活方式、它的物质资料的生产方式、它的社会的经济结构。

对中国的考察当然也不例外。

马克思、恩格斯虽然没有专门的著作和文章剖析中国的社会经济结构问题，但是在他们各种有关中国的文章和著作中，都不同程度表述了对中国社会经济结构的基本看法和基本印象。这些论述，对我们深化对中国社会历史的认识是很有益处的，也可以说发人深省，甚至振聋发聩的。

为什么说振聋发聩？先看看马克思、恩格斯对中国的几个评价就知道了。

在1850年写的《时评。1850年1—2月》中，马克思、恩格斯把中国称作"世界上最古老最巩固的帝国"，就它的落后性来说，甚至是"最反动最保守的堡垒"。

在1857年写的《波斯和中国》中，恩格斯把中国的社会制度称作是"这个世界上最古老国家的腐朽的半文明制度"[1]。

在1862年写的《中国记事》中，马克思把中国称为"活的化石"。

马克思甚至还把中国比作是"密闭棺材里的木乃伊"[2]。

恩格斯在1892年致尼·弗·丹尼尔逊的信中还使用过"可憎的中国人"[3]的字眼。

看了这些评价，特别是这些用语，我们会不会大感意外？会不会脊背发凉？会不会振聋发聩？

为什么说会大感意外？因为在我们中国人的心目中，马克思、恩

---

[1] 《马克思恩格斯全集》第十六卷，人民出版社2007年版，第142页。
[2] 《马克思恩格斯选集》第一卷，人民出版社2012年版，第781页。
[3] 《马克思恩格斯论中国》，人民出版社2018年版，第170页。

格斯是伟人、"圣人"，他们是中国人民的导师和领袖，我们对他们的崇拜几乎是五体投地了，所以，他们对我们中国一定是无限热爱、高度赞扬、充分肯定的，他们对中国的评价一定会增加我们的高度自信，所以，怎么能够想象他们居然会如此"贬低"中国，甚至把中国当成"最反动最保守的堡垒"呢？

为什么说会脊背发凉？因为看看马克思、恩格斯所用的语言，是不是近乎"尖刻"、近乎"仇视"了？尤其是把中国比作"密闭棺材里的木乃伊"，会不会让我们有一种阴森森的感觉？钻到一座"密闭的棺材里"，会不会感到脊背发凉？

为什么又说会振聋发聩呢？因为马克思、恩格斯如此尖锐的评价，如此大尺度的贬斥，难道还不能让我们感到痛楚？难道还不能让我们清醒？难道还不能让我们深刻反省吗？响鼓再加重槌，难道还不是振聋发聩吗？

如果说马克思、恩格斯对中国古代文明给予了高度评价的话，那么他们对中国的经济、社会结构确实没有给予赞扬。虽然他们在道义上对中国人民在近代遭遇的命运抱有深切的同情，但在社会历史发展的角度上，对中国延续上千年的经济、社会结构及政治制度却持严肃和冷峻的批判态度。

其实，就像鲁迅先生用尖刻的语言批评中国和中国人一样，我们难道能说鲁迅先生不爱国甚至卖国吗？爱国不爱国是不能简单地用批评还是颂扬来划分的。爱之深才可能恨之切，尖锐的批评并不代表不爱中国。马克思、恩格斯是爱中国的，但是对于中国落后的一面，特别是对封建专制王朝的野蛮性和落后性，马克思、恩格斯当然也是不客气的。这样的批评，较之盲目的自信和廉价的颂扬，更有利于中国的发展和进步。

还是让我们先看看历史的进程和事实吧。

公元前 221 年，战国七雄之一的秦国并吞东方六国，统一中国，建立起秦王朝。这时的秦王嬴政感到称王不足以显示尊贵，就命令臣下议论帝号。丞相王绾、御史大夫冯劫、廷尉李斯等回答说：陛下功德上古以来未尝有，古有天皇、地皇、泰皇，以泰皇最尊贵，建议称泰皇。秦王兼采三皇、五帝之号，定名皇帝，以显示其至高无上的权威。并议定皇帝之命称制，令称诏，印称玺，自称朕。由于秦王是第一个皇帝，所以称始皇帝。后世以数计，称二世、三世，希图以至万世，传之无穷。

秦始皇在很多方面对中华民族作出了开创性的贡献，奠定了统一的多民族国家的基础。他建立中央政权机构；废分封、立郡县，建立起完整的地方行政组织；统一法制、货币、度量衡，车同轨、书同文；等等。这些措施对后世中国产生了巨大影响。这些功绩毫无疑问都是应该肯定的。

但是秦始皇的残暴也是世所公认的。焚书坑儒是古今中外迫害知识分子最典型的案例，开创了中国长期实行思想钳制、贬抑知识分子的恶劣先例，对中国的发展进步产生了深远的影响。长期以来，肯定还是否定秦始皇的残暴性，已然成为肯定还是否定封建专制主义的一个标尺。

秦代以降，封建专制的大一统国家持续发展，历经多个朝代，一直延续了 2000 多年。其间曾有多个"盛世"，创造过很多辉煌。中华民族成为统一的命运共同体，中华文明得到发扬光大。

但是，一次次的王朝更迭，总也逃不脱历史兴衰的周期率，以致恩格斯把中国称为"一千多年来一直抗拒任何发展和历史运动的国家"[①]。

到清朝年间，出现"康雍乾盛世"。经济发展，版图扩大，人口

---

① 《马克思恩格斯论中国》，人民出版社 2018 年版，第 131 页。

大幅度增加，平定了国内的割据势力，巩固了大一统的多民族国家。但是到清朝后期，封建专制制度已经严重地阻碍新的经济的发展。明代中叶产生的资本主义萌芽发展非常缓慢。到鸦片战争前，以小农业和家庭手工业相结合的自给自足的自然经济，始终占据中国社会经济的主导地位，土地兼并日趋严重。封建专制发展到了极点。清王朝严密禁锢人们的思想，对有不满情绪或评议时政者实行残酷镇压。国防空虚，军备废弛。对外关系上，长期实行闭关政策，严重阻碍了中国对外贸易和社会政治、经济的发展。

随着清朝统治的日趋腐败和对人民剥削压迫的加重，国内社会矛盾日益激化，人民群众的反抗斗争此起彼伏。清王朝的统治面临深刻的危机，中国封建社会已经走到了它的尽头。

所以，马克思、恩格斯称这个时候的中国是"活的化石"和"密闭棺材里的木乃伊"，也并不算太过。

当然，这种严厉的态度并不意味对中国整个历史的否定，我们也不能同意对中国整个历史加以否定，我们相信马克思、恩格斯不会把中国整个历史都否定掉。

毫无疑问，在封建社会，中国的经济和社会发展曾有过辉煌的记录，但是到近代，相对于西方文明和资本主义生产方式的崛起，中国却明显地落后了、衰朽了。所以，马克思、恩格斯笔下所贬斥的中国的落后性、保守性，基本上都是指近代中国的衰朽状态，而且都是在与近代资本主义生产方式高速发展相比较的意义上而言的。

对这种衰朽状态，恩格斯描述道："这里又有一个这样的帝国，它很虚弱，很衰败，甚至没有力量经受人民革命的危机，在这里，就连一场激烈爆发的起义也都变成了看来无法医治的慢性病；它很腐败，无论是控制自己的人民，还是抵抗外国的侵略，一概无能为力。"①

从感情上来说，看到马克思、恩格斯的这种评述，我们不免有一种酸楚、悲凉之感，但从理性上来说，还是得承认，他们的评论基本上是符合当时的历史事实的。马克思、恩格斯是中国人民的朋友和导师，但我们不能要求他们对中国只能赞扬、不能批评，只能肯定中国的成绩，不能指出中国的弱点。多听听各方面的批评意见，对我们清醒头脑其实是大有好处的。

二、超稳定的经济结构

从科学技术和中华文明角度进一步延伸，为什么中国的封建王朝维持得那样久长？一个文明发展很早的古国为什么不能像欧洲那样及时进入现代社会发展的新阶段呢？

对此，马克思、恩格斯做了比较深入的研究和分析。

总的来说，他们认为，古老中国整个传统的经济体系，是一种"同家庭工业结合在一起的过时的农业体系"②。以这种农业体系为主体，构成了一个自给自足的封闭式的经济结构。这种经济结构像其他前资本主义生产方式一样，也是一种自给自足的自然经济，但同时，又有自己的很多特点。

马克思、恩格斯从不同侧面论述了这些特点，归纳起来主要有：

第一，小农业和家庭手工业的结合十分紧密，其内部结构非常坚固，具有明显的保守性和排他性。马克思在《资本论》中指出："在印度和中国，小农业和家庭工业的统一形成了生产方式的广阔基础。"这种"农业和手工制造业的直接结合"，造成了"巨大的节约和时间的节省"，使生活必需品的生产成本非常低廉，从而对商品经济的

---

① 《马克思恩格斯选集》第一卷，人民出版社 2012 年版，第 822 页。
② 《马克思恩格斯全集》第三十九卷，人民出版社 1974 年版，第 285 页。

发展形成了巨大的障碍，或者说，"对大工业产品进行了最顽强的抵抗"。①

在《对华贸易》一文中，马克思具体说明了中国农业和家庭手工业的情况。

马克思详细引证了英国官员米切尔的有关报告：

"每一个设置齐备的农家都有织布机，世界各国也许只有中国有这个特点。"

"只有节俭的中国人才一干到底。中国人不但梳棉和纺纱，而且还依靠自己的妻女和雇工的帮助，自己织布"。

"在收获完毕以后，农家所有的人手，不分老少，都一齐去梳棉、纺纱和织布；他们就用这种家庭自织的料子，一种粗重而结实、经得起两三年粗穿的布料，来缝制自己的衣服；而将余下来的拿到附近城镇去卖"。

因此，中国的农民"不单单是一个农民，他既是庄稼汉又是工业生产者。他生产布匹，除原料的成本外，简直不费分文"。

马克思认为，中国这种小农业与家庭工业的结合解答了一个谜，即"为什么世界上最先进的工厂制度生产出的产品，售价竟不能比最原始的织布机上用手工织出的布更低廉呢"。②

也正因为自给自足的生活必需品成本低廉，才使得外部的工业产品难以打入中国农村生活的圈子。

第二，中国的自然经济，自给自足的程度较高，加之中国人生活方式的节俭，因而对商品经济的依赖性较小。中国的农户除食盐、煤油等少量生活必需品依赖市场外，其他生活资料基本上可以自给。马克思继续引用米切尔的报告：中国农民"大都拥有极有限的从皇帝那

---

① 《马克思恩格斯全集》第四十六卷，人民出版社 2003 年版，第 372 页。
② 《马克思恩格斯全集》第十九卷，人民出版社 2006 年版，第 23 页。

里得来的完全私有的土地，每年须交纳一定的不算过高的税金；这些有利情况，再加上他们特别刻苦耐劳，就能充分满足他们衣食方面的简单需要"①。

而且，"中国人的习惯是这样节俭、这样因循守旧，甚至他们穿的衣服都完全是以前他们祖先所穿过的。这就是说，他们除了必不可少的以外，不论卖给他们的东西多么便宜，他们一概不要"②。

需求的缺乏必然限制商品市场的扩大，因而也就必然限制了新的生产方式的出现和发展。

第三，农业生产率的低下，限制了分工的发展和资本的原始积累。马克思认为，中国"小规模园艺式的农业"，虽然"也有过这种巨大的节约"，但"总的说来，这种制度下的农业生产率，以人类劳动力的巨大浪费为代价，而这种劳动力也就不能用于其他生产部门"。③

千百年来，中国农业生产的工具和技术虽有发展，但长期没有根本性的改进，所以农业生产主要依靠大量的手工劳作。农业生产占据了大量的劳动力，因而妨碍了精细分工的发展，使剩余劳动力向其他部门转移成为不可能。

生产率的低下，也使得人们的生产只能限制在自给自足的范围之内，难以创造更多的财富以促进资本的原始积累，难以生产更多的产品以进入流通领域。

第四，长期的闭关自守，使中国落后于世界文明的步伐。恩格斯认为，中国传统的经济体系"是通过无情排斥一切干扰成分而人为地维持下来的"，曾经长期处于"全盘排外的状况"。④

---

① 《马克思恩格斯全集》第十九卷，人民出版社2006年版，第24页。
② 《马克思恩格斯全集》第十九卷，人民出版社2006年版，第22页。
③ 《马克思恩格斯全集》第四十六卷，人民出版社2003年版，第115—116页。
④ 《马克思恩格斯论中国》，人民出版社2018年版，第171页。

马克思说,"与外界完全隔绝曾是保存旧中国的首要条件",而当这种野蛮的、闭关自守的与文明世界"隔绝状态""为暴力所打破的时候","接踵而来的必然是解体的过程,正如小心保存在密闭棺材里的木乃伊一接触新鲜空气便必然要解体一样"。①

在这里,我认为有必要说一下中国传统的重农抑商问题。

中国封建社会是以自给自足为特征的自然经济主导的社会,男耕女织的个体农民家庭是社会的基本生产单位。国家总体上采取重视农民和农业、轻视商人和商业的"重农抑商"政策。工商业者也自然受到鄙视,被视为谋利的小人。

对中国这样一个国家来说,"重农",未可厚非。如果没有稳定的农业,全国的生计就成了问题。如果遇到灾荒和战争,其后果不堪设想。历史上,由于发生灾荒,导致饿殍遍野,酿成饥民暴动,以致造成王朝更迭的事例不胜枚举。所以,即使到今天,我们都还牢牢记着"无农不稳"的警示。

但"抑商",就有很多问题了。人类的生存,不能仅靠粮食,它还需要很多的日用消费品。生活水平越是提高,就越需要更多更高质量的消费品。这些消费品,有一些是可以自己生产、自给自足的。但更多的却需要专业生产。这就必然首先出现手工业和手工作坊,随着生产技术的发展和生产方式的改进,又必然发展为现代的工业生产。这是任何主观的力量难以阻挡的。

既然有需求、有生产,就要有市场。通过市场,将产品转化为商品。通过市场,交换使用价值。进而通过市场创造价值,增加财富。市场,不仅促进了商品的流通,更为多样、更大程度地满足了人类的生存和生活需要,而且促进生产技术和生产效率的提高,促使物质产品更大规模地出现,增加社会的物质财富,同时,不断提高了社会的

---

① 《马克思恩格斯全集》第十二卷,人民出版社1998年版,第115、116页。

生产力，提高了认识世界改造世界的能力和水平。

因此，商业和商人固然有唯利是图的一面，但这是可以通过道德教化和法律规范来加以约束的。而商业本身，是任何正常的社会所不可缺少的，对于社会的发展和进步起着巨大的作用。

由此，也可以知道，中国很多朝代实行重农抑商政策，对中国社会的发展起了相当大的阻碍作用。或者说，是中国古代社会长期停滞不前的重要原因之一。

马克思、恩格斯对中国经济结构的论述是从总体上而言的，它反映了中国经济结构的基本特点。这种论述，既有对中国人民的赞扬，也有对中国经济结构的批评。

到封建社会末期，中国社会内部也逐渐自发地生长着商品经济的因素，商品生产和对外贸易也有一定的发展。

对此，马克思、恩格斯也有所关注。

恩格斯在为《美国新百科全书》所写的《缅甸》一文中，多次提到了中缅贸易的情况，如缅甸的"松节油大量向中国输出""瓷器从中国输入"。

恩格斯还特别强调："缅甸同中国的贸易极为广泛，向中国输出原棉、装饰用的羽毛（主要是蓝松鸦的羽毛）、食用燕窝、象牙、鹿茸、犀牛角和某些比较稀贵的宝石。缅甸以此交换的输入品有：加工过的铜、黄砷、水银、硃砂、金属器皿、铜丝、锡、铅、矾、银、金（包括金叶）、陶器、颜料、地毯、大黄、茶叶、蜂蜜、生丝、丝绒、中国烧酒、麝香、铜绿、干果、纸张、扇子、伞、鞋和衣服。"恩格斯还提到，缅甸生产丝织品，"用的是中国生丝"，缅甸"北方山坡上大量种植地道的中国茶树"，等等。[①]

[①] 《马克思恩格斯全集》第十四卷，人民出版社1964年版，第289、290、288页。

三、自大和保守的天朝帝国

除了对中国经济结构的分析外,马克思、恩格斯还注意对中国的上层建筑进行考察。他们的著作中,不时地反映出对中国政治制度的看法。

如同对经济结构的分析一样,他们对中国政治制度的腐朽性也给予了尖锐的批判。

在中国封建社会里,长期存在着专制主义的政权,其特点是皇帝的权力至高无上,自上而下形成严密的金字塔形官僚体系。马克思对此描述道:"皇帝通常被尊为全中国的君父","皇帝的官吏也都被认为对他们各自的管区维持着这种父权关系"。[①]

这种中央集权的"官僚体系"和"宗法制度"是与东方社会的经济特点相适应的。马克思在《不列颠在印度的统治》一文中指出:"利用水渠和水利工程的人工灌溉设施"是"东方农业的基础"。"节省用水和共同用水是基本的要求","但是在东方,由于文明程度太低,幅员太大,不能产生自愿的联合,因而需要中央集权的政府进行干预"。[②]马克思这里指的主要是印度等国家,中国情况有所不同,但东方社会的某些共同特点在中国还是有的。

马克思、恩格斯认为,清王朝闭关锁国的排外政策有其政治上的原因,实际上也是清代政治制度的一个特点。

马克思说:"仇视外国人,把他们排除在帝国之外,这在过去仅仅是出于中国地理上、人种上的原因,只是在满族鞑靼人征服了全国以后才形成为一种政治原则。毫无疑问,17世纪末竞相与中国通商的欧洲各国彼此间的剧烈纷争,有力地助长了满族人实行排外的政策。

[①] 《马克思恩格斯全集》第十二卷,人民出版社1998年版,第114页。
[②] 《马克思恩格斯选集》第一卷,人民出版社2012年版,第850—851页。

"可是,更主要的原因是,这个新的王朝害怕外国人会支持一大部分中国人在中国被鞑靼人征服以后大约最初半个世纪里所怀抱的不满情绪。

"出于此种考虑,它那时禁止外国人同中国人有任何来往,要来往只有通过离北京和产茶区很远的一个城市广州。外国人要做生意,只限同领有政府特许执照从事外贸的行商进行交易。这是为了阻止它的其余臣民同它所仇视的外国人发生任何联系。"[①]

马克思、恩格斯还揭露了中国封建制度的腐朽性。在《政治经济学批判》中,马克思引用曼德维尔的一段话,揭露了中国皇帝对社会财富的挥霍浪费和对于经济规律的破坏:

"这个皇帝(中国皇帝)可以无限制地尽情挥霍。因为除了烙印的皮或纸以外,他不支出也不制造任何其他货币。当这些货币流通太久,开始破烂时,人们把它们交给御库,以旧币换新币。这些货币通行全国和各省……他们既不用金也不用银来制造货币","因此他可以不断地无限制地支出"。[②]

这段话中关于货币的情况不完全符合中国的事实,因为中国虽然发行过纸币,但在不少时期,采用的货币主要是金银而不是纸币。但是说中国皇帝尽情挥霍,这是真实的。

在《鸦片贸易史》一文中,马克思揭露了天朝帝国的自大和保守的惰性:"一个人口几乎占人类三分之一的大帝国,不顾时势,安于现状,人为地隔绝于世并因此竭力以天朝尽善尽美的幻想自欺。这样一个帝国注定最后要在一场殊死的决斗中被打垮"[③]。

封闭半封闭状态使经济发展受阻。一方面是长期的自然经济,造成封闭半封闭状态,不利于经济发展;另一方面是历史悠久的文明古

---

① 《马克思恩格斯选集》第一卷,人民出版社 2012 年版,第 784 页。
② 《马克思恩格斯全集》第三十一卷,人民出版社 1998 年版,第 512 页。
③ 《马克思恩格斯选集》第一卷,人民出版社 2012 年版,第 804 页。

国，使统治者以老大自居，不向别国学习，不思开拓进取，也阻碍了经济发展。这些事实说明，中国后来沦为半殖民地半封建社会不是偶然的，辉煌中包含着衰败的因素。

从1662年康熙即位到1795年乾隆退位的133年中，西方社会发生了一连串的大发展：自15世纪末哥伦布发现新大陆以来，世界市场日益扩大；18世纪60年代英国发生工业革命，机器纺织业开始产生，80年代因蒸汽机的发明，机器得到进一步发展，遍及冶金、采掘、机器制造等行业。

但中国，却在盛世喧闹的余音中逐渐衰落。乾隆朝结束后的45年，即1840年，爆发了鸦片战争，中国从此陷入半殖民地半封建的深渊。

按马克思、恩格斯的说法，在衰落的过程中，这个帝国没有等到自己内部的死亡，却遇到了外部的暴力入侵和掠夺。鸦片的入侵加剧了帝国的腐败。"帝国当局、海关人员和所有的官吏都被英国人弄得道德堕落。侵蚀到天朝官僚体系之心脏、摧毁了宗法制度之堡垒的腐败作风，就是同鸦片烟箱一起从停泊在黄埔的英国趸船上被偷偷带进这个帝国的。"[1]"和私贩鸦片有关的行贿受贿完全腐蚀了中国南方各省的国家官吏。""那些靠纵容私贩鸦片发了大财的官吏的贪污行为，却逐渐破坏着这一家长制权威——这个庞大的国家机器的各部分间的唯一的精神联系。""所以几乎不言而喻，随着鸦片日益成为中国人的统治者，皇帝及其周围墨守成规的大官们也就日益丧失自己的统治权。"[2]

正由于中国经济、社会结构和政治制度的种种特点，所以，中国的封建王朝虽然一朝一朝地更换，但总的制度仍在千百年间延续了下

---

[1]《马克思恩格斯选集》第一卷，人民出版社2012年版，第805页。
[2]《马克思恩格斯选集》第一卷，人民出版社2012年版，第779页。

来。经济没有显著的变革和发展，一直处于自给自足的自然经济的状态。"经常看到"的，是"社会基础不动而夺取到政治上层建筑的人物和种族不断更迭的情形"。①

---

① 《马克思恩格斯全集》第十五卷，人民出版社 1963 年版，第 545 页。

坚定历史自信，书写新的答卷

纪事和说明：

这是 2021 年 11 月我接受中国纪检监察报的访谈。由报社给出问题，我撰写而成。此处是未经报社删改的原稿。

访谈比较深入、系统地阐述了历史自信的一系列问题。

一、为什么要有自信，自信与自负、自大有什么区别

记者：对于一个党、一个民族、一个国家来说，自信问题为什么极其重要？

李忠杰：自信是人的一种基本的精神现象、精神状态和精神类型。《辞海》的解释是："自己相信自己"，如"自信心"。人的成长发展不能缺了自信和自信心。只有相信自己有一定的学习能力，才会有学习的动力和劲头，去掌握更多的知识和技能；只有相信自己能够克服各种困难，才会有坚韧不拔的决心和勇气，面对困难依然勇往直前；只有相信自己能够干成某件事情，才会坚定不移进行探索、奋斗

和创造，使预定的目标成为现实。如果没有任何自信，就不会有任何的主动性、创造性，也不可能干成任何事业。

同样的道理，科学、客观的自信，是一个党、一个民族、一个国家发展进步最初始的精神力量和精神黏合剂。100年前，最早的50多名党员和10多名一大代表，如果连自己选择的主张都不相信，就不可能参与创建中国共产党；抗日战争时期，如果中国人民不相信能够战胜日本的野蛮侵略，就不可能团结一心与敌人进行艰苦卓绝的搏斗；党的十一届三中全会以后，如果全党全国人民不相信改革开放是决定中国命运的关键一招，就不可能推动改革开放取得如此伟大的成就；在全面建设社会主义现代化国家的新征程上，如果我们党和全国各族人民不相信自己有底气、有力量实现第二个百年奋斗目标，就不可能以磅礴的气势和力量走向新的未来。

当然，自信必须与自负、自满、自夸、自诩、自傲、自大、自欺、自鸣得意、自命不凡、故步自封、自吹自擂等等严格区分开来。真正科学、客观的自信都建立在实事求是判断自己的主张、评估自己的力量、认识自己的长处和短板、准确比较自己与外部环境甚至敌对力量的强弱及其消长趋势的基础之上。根本上，是建立在对历史发展的规律、趋势的认识和把握之上的，是建立在对自己各种资源、条件的科学组织和运用之上的。如果没有这样的前提和基础，所谓的自信就毫无根据。因此，科学、客观的自信，是与自觉、自省、自勉、自强、自知之明等等有机地结合在一起的，特别是建立在实事求是这个最根本的原则和态度基础之上的。

二、何为历史自信

记者： 继道路自信、理论自信、制度自信、文化自信之后，我们党再度提出历史自信。什么是历史自信？与另外四个自信有何异同？

李忠杰：历史是从时间维度来反映事物连续性的一种标识。任何事物，从它一出现、一诞生的瞬间，就同时转化成了历史。历史有长有短、有大有小、有粗有细，但都是指过去存在的事物。这种历史是完全客观的，不以任何主观意志为转移，也不是任何人可以改变的。但对这种客观的历史加以复盘、记录、书写、反映，便形成我们在事后也可以感知的一种历史学意义上的历史。这种历史是对客观历史的主观反映，不可避免地带上了浓厚的主观成分，融进了主观的价值评价。完全客观的历史仅仅是过去曾经存在的所有事实，本身无所谓自信还是不自信。而且这种原始状态的历史，包含着是与非、好与坏、善与恶等等复杂的内容，很难笼统地对其表示自信还是不自信。

那么，所谓历史自信是指什么呢？从一般意义上，是指对主观认定和选择的某种客观历史给予坚定的肯定、信任、尊崇和自豪，并将此作为激励自己的精神力量。就此而言，任何政党、民族和国家都可以依据自己的价值观，表达对于某种历史的肯定、信任、尊崇和自豪。这种历史自信往往都是与现实需要联系在一起的。虽然不同的政党、国家和民族选择加以肯定和自信的历史，不会都是准确的、客观的，但无一例外，都能够成为鼓舞和激励人们从事现实奋斗的精神力量，成为把一定社会群体联系和团结起来的精神纽带。

中国共产党已经有 100 年的历史。在这 100 年中，中国共产党团结带领人民取得了举世瞩目的重大成就，积累了极其宝贵的历史经验。这样的历史首先是客观的，同时又包含主观的认识和判断在内。无论主观还是客观，这样的历史总体上是光荣的、伟大的、举世瞩目的，值得我们自信和自豪。中国共产党的 100 年，又是与中华民族 5000 多年的发展史联系在一起的。中华民族的历史就其原始状态来说，包含着大量复杂的内容，我们不可能对封建糟粕给予肯定和自信，但 5000 多年文明发展的历程和成就则应该是值得我们肯定和自信的。

所以，习近平总书记所说的历史自信，当然不是对所有原始的历史不加区别地给予肯定和表示自信，而是对中国共产党历史的主题、主线、主流、本质给予肯定，对中国共产党的成就、经验、能力和力量表达自信，对中国共产党战胜任何危险挑战、进一步创造新的历史充满信心。

继道路自信、理论自信、制度自信、文化自信"四个自信"之后，进一步提出历史自信，是对"四个自信"的进一步深化。无论道路、理论、制度、文化，都有一个历史的发展过程，也有宝贵的历史经验。如果不仅搞清楚了道路、理论、制度、文化的现实内涵，而且搞清楚了它们的来龙去脉，也就是搞清楚了它们从哪儿来、到哪儿去，就会使我们的各个自信都增加了一个历史维度，从而更加立体化了。所以，历史自信不等于"四个自信"，但与每一个自信都紧密结合在一起。深化了历史认知，增强了历史自信，必然能进一步巩固和发展道路自信、理论自信、制度自信、文化自信"四个自信"。

三、为什么要强调历史自信，自信靠什么

记者：历史自信为何重要？在党成立一百周年的重要历史时刻，在党和人民胜利实现第一个百年奋斗目标、全面建成小康社会，正在向着全面建成社会主义现代化强国的第二个百年奋斗目标迈进的重大历史关头，提出"历史自信"的重大命题有什么战略考量和现实针对性？

李忠杰：自信不自信，效果不一样。正确的历史自信是一种强大的精神力量。部队指挥员战前动员讲一段自己部队的战史战例，无疑会增加全体战士的士气；航天部门历数卫星上天的历史，无疑会激励科研和工程人员创造新的辉煌；每一项体育比赛的全国纪录、世界纪录，无疑都是运动员们决心超越的目标。

自信不自信是相对的。强调增强历史自信，针对的是一定程度存

在的历史不自信。为了解决不自信问题，就要进行自信的教育。习近平总书记说，党的十八大以来，我们坚持唯物史观、正确党史观，在党和国家历史问题上正本清源，取得了显著成效。同时，我们必须清醒认识到，要真正解决好这个问题，仍然需要党郑重、全面、权威地对党的历史作出科学总结，并在此基础上持之以恒推进党史总结、学习、教育、宣传。[①]

2021年是中国共产党成立100周年。一年来，我们党举行了历史性的庆典活动，开展了广泛深入的党史学习教育，党的十九届六中全会又审议通过了第三个历史决议。回顾历史是向后看，但根本上是为了向前看。展示党的百年奋斗的重大成就和历史经验，目的是激励全党全军全国各族人民要更加紧密地团结在以习近平同志为核心的党中央周围，全面贯彻习近平新时代中国特色社会主义思想，大力弘扬伟大建党精神，勿忘昨天的苦难辉煌，无愧今天的使命担当，不负明天的伟大梦想，以史为鉴、开创未来，埋头苦干、勇毅前行，为实现第二个百年奋斗目标、实现中华民族伟大复兴的中国梦而不懈奋斗。

自信靠什么？归根结底靠事实。历史就是事实。中国共产党走过了100年的光辉历程，团结带领人民取得了举世瞩目的重大成就，积累了极其宝贵的历史经验。百年历史是最生动、最有说服力的教科书。大量的客观事实摆在面前，想不自信都难。但事实也要发掘、传播，让人知道、使人接受，所以，在事实的基础上也要宣传教育。宣传教育的效果，除了方式方法外，根本上还是要靠事实。成就是事实，要讲；曲折也是事实，也要讲。讲我们如何取得成就，能够激励人、鼓舞人；讲我们如何纠正错误，同样也能够激励人、警示人。讲我们一往无前的奋斗，能够增强前进的动力；讲我们艰难探索的历程，更有助于增强解决问题的智慧。只要我们以科学的辩证方法解读党的历史，

[①] 参见《习近平谈治国理政》第四卷，外文出版社2022年版，第546页。

都可以从中获得丰富的营养、智慧和力量，进一步增强历史的自信。

今天，我们比历史上任何时期都更接近、更有信心和能力实现中华民族伟大复兴的目标。同时，我们也要清醒认识到，前进道路上仍然存在可以预料和难以预料的各种风险挑战。党面临形势环境的复杂性和严峻性、肩负任务的繁重性和艰巨性世所罕见、史所罕见。2022年，将要召开中国共产党第二十次全国代表大会，这是 2022 年全党工作的首要政治任务。在这样重要的历史时刻，全党的团结格外重要，全党全国人民的精气神格外重要。所以，教育广大党员、干部和全体人民特别是广大青年坚定历史自信、筑牢历史记忆，满怀信心地向前进，具有特殊的重要意义。

四、历史自信是否有规律可循

记者：回望党的百年奋斗，历史自信是否有规律可循？在哪些事件和决策中，历史自信体现得尤为明显？

李忠杰：在我们党奋斗、前进的道路上，任何时候都需要自信。但在不同的历史条件下，自信的内容和要求是不一样的。建党之初，党刚刚出发，还谈不上对自身历史的自信。这时候，党需要和具有的，是对历史规律和方向认知的自信，是对承担历史使命的自信。之后，在大革命失败之时、在抗日战争开始之时、在全面内战爆发之时，在一定程度上包含着对自身历史的自信，但更主要的是对革命力量发展、民心国情把握的自信。

历史自信，在两种环境下特别需要。

一是在迎接新的历史任务时，我们到底能不能经受新的考验、完成新的使命？回顾历史，展示过去我们是如何克服各种困难，学会我们不懂的东西、完成我们没有遇到过的任务，由此增强历史自信，就能够推动我们更加勇敢地面对新的任务和考验。1949 年成立中华人民共和国时，除了对历史使命的自信外，对自身历史的自信也起了重大作用。我们既然能够破坏一个旧世界，也能够建设一个新世界，这一信念，一直鼓舞着党和人民满怀激情地投入社会主义建设事业。

二是在剖析某些历史错误时，到底怎样全面看待党的历史？怎样把握历史的主流和本质？怎样从历史的挫折中奋起精进？回顾历史，厘清事实，承认一度犯过的错误，本来是为了总结经验，更好地走向未来，但如果不能掌握正确的思想方法，也有可能出现悲观失望的情绪，减消继续奋斗的精气神。在这种情况下，增强历史自信就具有了特殊的意义。

1945年党的六届七中全会通过的第一个历史决议，严格解剖了"左"右倾机会主义错误给中国革命造成的损失，但又着重指出以毛泽东同志为主要代表的中国共产党人已经找到了一条正确的革命道路，从而增强了全党的团结和信心，相继夺取了抗日战争和解放战争的最后胜利。

1981年党的十一届六中全会通过的第二个历史决议，回顾党的历史，彻底否定"文化大革命"，但依然实事求是地肯定毛泽东的功绩和毛泽东思想的历史地位，标志着拨乱反正任务的完成，使全党团结一致向前看，全身心地投入到改革开放的历史大潮中去。

2021年党的十九届六中全会通过的第三个历史决议，在党的百年征程的历史性时刻，全面总结党的百年奋斗的重大成就和历史经验，更加鲜明地展示了以习近平同志为核心的党中央的历史自信，在开启全面建设社会主义现代化国家新征程上发挥了更大的作用。

五、要在哪些方面坚定历史自信

记者： 在中国特色社会主义新时代，坚定历史自信集中体现在哪些方面？

李忠杰：党和人民在百年奋斗中，书写了中华民族几千年历史上最恢宏的史诗。站在新时代，回顾百年史，我们有足够的理由和底气坚定历史自信。这种自信，可以从多方面概括。我认为，主要体现在以下几个方面。

一是对党的伟大成就的自信。100 年来，党领导人民先后创造了新民主主义革命的伟大成就、社会主义革命和建设的伟大成就、改革开放和社会主义现代化建设的伟大成就、新时代中国特色社会主义的伟大成就。这样的成就足以令我们自信。

二是对党的历史经验的自信。100 年来，党领导人民进行伟大奋斗，在进取中突破，于挫折中奋起，从总结中提高，积累了宝贵的历史经验。这些经验，是我们不断探索历史发展规律的结果，不仅凝聚着过去的创造和智慧，而且是走向未来的基础和指南。这样的经验足以令我们自信。

三是对坚守党的初心使命的自信。从建党开始，中国共产党就始终把为中国人民谋幸福、为中华民族谋复兴作为自己的初心使命。100 年来，初心和使命的内容时有变化和丰富发展，但基本的内涵一直坚守，基本的目标不断实现。初心如磐的历程足以令我们自信。

四是对克服一切困难和危险挑战的自信。100 年来，党在内忧外患中诞生，在历经磨难中成长，在攻坚克难中壮大，经历了无数的艰难曲折，也有过很多挫折失误，但所有的困难和挑战都没有能阻挡我们前进的步伐。这样的历史韧劲足以令我们自信。

五是对实现第二个百年奋斗目标和中华民族伟大复兴的自信。历史自信本身，是对过去所作所为的自信，但它必须转化为对于未来的自信。历史画出的轨迹能够预示未来前进的方向和成功的概率。在实现第一个百年奋斗目标的基础上，我们正在向着第二个百年奋斗目标前进。有百年奋斗的成就和经验垫底，有中国特色社会主义道路、理论体系、制度和文化支撑，有以习近平同志为核心的党中央的领导，我们对创造新的更加辉煌的历史应该有充分的自信。

当然，如前所述，自信不是自负、自满、自夸、自诩、自傲、自大甚至自欺。真正自信的政党和国家，并不需要整天把成绩挂在嘴上，而是时时把问题放在心中。在肯定成就和有利条件的同时，我们必须同时看到自身的不足，看到面临的困难和危险，始终保持清醒的头脑，更加着力解决存在的问题。如果不能做到这些，所有的自信都可能成为空中楼阁和虚幻泡影。

六、"以百年为尺度"的底气

记者：当今世界政党数量众多，但能"以百年为尺度"进行战略思考的政党寥寥可数。回顾党的百年奋斗光辉历程，我们党历史自信的底气从何而来？

李忠杰：确实，100年来，世界政党不断出现，也不断消失，能够存在和坚持100年的并不算多。像中国共产党这样，成为世界最大的马克思主义政党，而且在最大的发展中国家长期执政70多年，在世界上绝无仅有。

中国共产党不仅已成为以百年尺度来衡量的党，而且是能够以百年尺度来进行战略谋划的党。我们一直坚持的"三步走"战略，从20世纪80年代初算起，长达70年。党的十九大提出的"两步走"战略安排，时间也长达30年。两个百年奋斗目标，都是以百年为历史跨度的。在完成第一个百年奋斗目标的基础上，我们又开启了向第二个百年奋斗目标的征程，并继续向中华民族伟大复兴的目标前进。

对一个政党和国家的发展作如此长远的构想和规划，其跨度之大、气度之大，世界少有。它充分显示了中国党和人民的宏大抱负和战略眼光，也充分显示了中国党和人民的历史自信和未来自信。除了中国，当今世界还有哪个政党和国家有如此宏大的眼光和气魄，能够考虑如此长远的发展目标和发展战略？还有哪个政党和国家能够比较平稳地把如此之长的目标和任务变为现实？

能够"以百年为尺度"进行战略思考，底气从哪里来？归结而言，从历史的事实而来，从优异的成绩而来，从人民的信任而来，从优越的制度而来，从科学的理论而来，从强大的实力而来，从对历史规律的认识和把握而来。习近平总书记指出，100年来，我们党致力于为中国人民谋幸福、为中华民族谋复兴，致力于为人类谋进步、为世界谋大同，天下为公，人间正道，这是我们党具有历史自信的最大底气，是我们党在中国执政并长期执政的历史自信，也是我们党团结带领人民继续前进的历史自信。[①]

七、历史认知与历史自信的关系

记者：如何准确理解和把握历史认知与历史自信的关系？

李忠杰：历史自信需要以历史认知为基础。不了解历史事实，当然谈不上自信。不能认识和把握历史的主流和本质，也不可能有自信。作为一个党来说，对历史进程的认识越全面，对历史规律的把握越深刻，党的历史智慧越丰富，对前途的掌握就越主动。建立在这样基础上的历史自信，才是真正的自信。

所以，坚定历史自信，首先就要丰富和强化历史认知。无论作为个人还是政党，都要以实事求是的态度，真正了解和熟悉历史事实，尽可能掌握历史全貌；勇敢面对自己的历史，从客观存在的事实中得出合乎逻辑的结论；用马克思主义的科学态度全面分析和解读历史，把握历史的主流和本质；还要准确科学地学习和宣传党的历史，使更

[①] 参见《习近平谈治国理政》第四卷，外文出版社2022年版，第545—546页。

多的党员和群众增强对党的历史的认知和认同。

习近平总书记说:"党中央决定在全党全社会开展党史总结、学习、教育、宣传,强调全党要学史明理、学史增信、学史崇德、学史力行,就是为了增加历史自信、增进团结统一、增强斗争精神。"[①] 党史学习教育已经取得显著成绩。在此基础上,要"持之以恒推进党史总结、学习、教育、宣传,让正确党史观更深入、更广泛地树立起来,让正史成为全党全社会的共识"[②]。对历史的认知越丰富、越全面、越深刻,历史自信就越科学、越坚定、越恒久。

八、在新的赶考路上怎样坚定历史自信

记者: 在新的赶考之路上,为什么要有坚定的历史自信?新时代新征程,如何坚定历史自信、筑牢历史记忆,满怀信心地向前进?

李忠杰: 中国共产党迄今走过的100年,是一次坚韧不拔、豪迈壮观的万里长征。过去是长征,现在是长征,未来更是持续不断的长征。在这个长征之路上,我们处在什么方位?最贴切的一个词,就是"在路上"。中国的发展进步"在路上",中国共产党的建设和发展也是在路上——在实现"两个一百年"奋斗目标的路上,在建设和发展中国特色社会主义的路上,也是在实现中华民族伟大复兴的路上。成绩,是在路上;不足,也是在路上。过去"在路上",现在"在路上",将来仍然"在路上"。

懂得"在路上",才能不断前进;牢记"在路上",就不能有丝毫满足和松懈;坚持"在路上",方可跳出历史周期率的"陷阱"。

1949年3月,在即将取得全国政权之时,中国共产党无疑对过去的斗争和成就是自信的,对未来治理好一个国家也是完全自信的。但

---

① 《习近平谈治国理政》第四卷,外文出版社2022年版,第545页。
② 《习近平谈治国理政》第四卷,外文出版社2022年版,第546页。

恰恰就在此时，毛泽东告诫全党："因为胜利，党内的骄傲情绪，以功臣自居的情绪，停顿起来不求进步的情绪，贪图享乐不愿再过艰苦生活的情绪，可能生长"。因此"务必使同志们继续地保持谦虚、谨慎、不骄、不躁的作风，务必使同志们继续地保持艰苦奋斗的作风"。[①] 这样的告诫，是历史的清醒，也是真正的自信。正是基于这样的清醒和自信，毛泽东提出了著名的"赶考"说。过去 100 年，中国共产党向人民、向历史交出了一份优异的答卷。现在，中国共产党团结带领中国人民又踏上了实现第二个百年奋斗目标新的赶考之路。

所以，习近平总书记告诫全党，回顾历史不是为了从成功中寻求慰藉，更不是为了躺在功劳簿上、为回避今天面临的困难和问题寻找借口，而是为了总结历史经验、把握历史规律，增强开拓前进的勇气和力量。[②] 习近平总书记告诉我们的，就是今天强调历史自信的真谛。

坚定历史自信，首先要充分肯定党所取得的伟大成就，筑牢历史记忆，同时又要看到，在万里长征的道路上，我们不过仅仅走了前几步。没有任何理由陶醉在以往的成就中，更不能由此而故步自封，停滞不前。坚定历史自信，根本上必须面向未来，以更大的决心和信心，走在时代前列，不断增强生机活力，在万里长征的道路上，迈出更加坚实的步伐，创造更加灿烂的辉煌！

如何前进？习近平总书记在庆祝中国共产党成立 100 周年大会上，提出了"以史为鉴、开创未来"的九个"必须"。这就是我们在坚定历史自信基础上，继续付诸实践的行动方向和历史任务。坚持正确的方向和道路，我们就能在对过去 100 年充满历史自信的基础上，进一步获得对在新时代新征程上赢得更大胜利和荣光的未来自信！

---

① 《毛泽东选集》第四卷，人民出版社 1991 年版，第 1438—1439 页。
② 参见习近平：《在党史学习教育动员大会上的讲话》，人民出版社 2021 年版，第 4 页。

借协同发展契机，建一体化保护利用体系

纪事和说明：

2016年4月和5月，全国政协文史和学习委员会组织部分委员进行了"京津冀协同发展中的历史遗存保护和利用"专题调研，并就调研情况与三地有关部门进行座谈，提出了意见和建议。我参加这些调研，并就如何建立京津冀历史文化遗产一体化保护体系发表了意见，并形成了建议文稿。此处就是当时的建议文稿。

2016年4月25日至29日和5月5日至6日，我随全国政协文史和学习委员会组织部分委员进行"京津冀协同发展中的历史遗存保护和利用"专题调研。如何应对三地协同发展过程中的历史遗存保护和利用所面临的问题和挑战，促进京津冀协同发展，并在这一过程中促进文化传承，是我们现在遇到的一个大课题。

我对上述问题进行了一点思考，希望能起到抛砖引玉的作用。

一、三地历史文化遗存保护各具特色

考察京津冀三地协同发展过程中的历史文化遗存保护与利用工作，首先应该对三地的现状和特点进行分析和认识，然后扬长避短、优势互补。这对确立我们的保护原则及我们的保护规划非常重要。

通过对京津冀三个文物遗存保护与利用的考察情况看，三地各有特色也互有长短。

河北的历史文化遗存跨度大，分布散，受制于经济发展状况的制约比较明显，保护工作还有待深入，还需要加大力度，特别是还需要国家政策上的支持。

天津的历史文化遗产有非常强烈的近代风格，特色非常明显。遗存呈片状、带状分布的特点比较突出。天津市对历史风貌、街道、村落的保护，全市有统一规划，做了大量基础性的工作，甚至很多小洋楼、历史建筑都建立了档案资料，为以后的研究工作打下了很好的基础。他们对保护工作认识还是比较清楚、比较高的，有些工作做得还是相当深入的。

北京是历史文化遗存最丰富、最重要、最集中的地区。对历史文化遗产的保护工作在总体上应该说做得还是全国最好的。当然，北京市的历史文化遗存保护与利用工作在历史上走过很多弯路，在大规模的城市建设过程中，对历史文化遗存造成了一些伤害，建设、发展与历史文化遗存保护工作始终是个两难选择。从现状来看，北京市的历史文化遗存有很多已经呈现了点状分布状态，被现代化建筑、设施大量包围着，这个又增加了我们保护的难度。

二、三地协同发展既是挑战也是机遇

三地协同发展对于历史文化遗存的保护与利用工作既是挑战也是

机遇。这是我们的基本判断。

三地协同发展对历史文化遗存的保护与利用工作首先是挑战。因为协同发展要打破三地原本的发展规划和节奏，各自都要进行新规划、新布局、新发展、新建设，而这一超越式的发展机遇带来的副作用之一，就是我们的历史文化遗产又可能面临着一次被破坏或者被肢解的这种可能性。

三地协同发展对历史文化遗存的保护与利用工作同时也是机遇。因为中央有专门的部门来负责三地的协调工作，对于那些过去单靠一地难以解决的历史文化遗存的保护与利用难题，这是一个很好的解决机会，像长城，过去在某些地段是京冀两家边界线，某些工作层面的具体问题没有常设的工作沟通机制，协调起来比较困难，一体化之后就可以深入地谈一谈了，可以建立起工作机制，优势互补。所以说，京津冀协同发展为历史文化遗存的保护与利用工作提供了很好的机遇。

北京处于龙头老大的地位，可以更多、更主动地思考协同发展的问题，主动做好与其他两个地方的交流、沟通、协调工作，牵头做一些规划、项目。我觉得这是需要深入思考的。

三、建立一体化保护和利用体系

在调研过程中，我们与京津冀三地的有关部门都进行了座谈，我注意到三个地方都没有提到《京津冀协同发展规划纲要》里边非常重要的一句话：建立京津冀历史文化遗产一体化保护和利用体系。

根据国家发布的《京津冀协同发展规划纲要》，到目前为止，发改委已经牵头制定了好多单项规划，有五个已经公布了，还有几个正在制定。历史文化遗存没有列在单项规划制定任务中。

但历史文化遗存的保护与利用工作不能等，没有国家层面的单项规划，我们应该先按照《京津冀协同发展规划纲要》里的总体要求，"建立京津冀历史文化遗产一体化保护和利用体系"。把我们的工作汇总到这样的一个体系当中来，而不是三地零打碎敲，想到什么干什么，或者各地方想干什么干什么。

如何"建立京津冀历史文化遗产一体化保护和利用体系"呢？我个人觉得，京津冀三地应该把工作目标对焦到这个体系上来，先制定一个文件，从文件到规划，可能会有点难度，但是并不是无法争取。在这个文件中，可以有针对性地把三地的文化遗存的分布特点做个分析，确定共同保护和利用的原则，最后设立若干个重大项目，并争取进入到国家财政的大盘子里。

另外，还要形成机制。现在是三个地方自觉形成了一些沟通协调机制，但这样还不稳固，还不权威，还需要创立一个工作机制，可以分专题小组，或者建立一个委员会之类的。有了工作机制，好多事情就可以进入落实阶段，包括联合执法、制定标准、规划旅游线路、宣传工作、展览都有可能实现。

阅读古诗文：一种不可缺少的修养

纪事和说明：

本文是我 2003 年 5 月为江苏省委党校编撰的《古诗文鉴赏评析》所作的序言。

该文充分肯定了为领导干部编撰古诗文选读的作用和意义，并进而指出，读一点古诗文，学一点历史，背一点警句，是每一个炎黄子孙继承中华文明、弘扬先辈传统的一种不可缺少的修养。对于党和国家的领导干部来说，更是解决如何修身、如何当官、如何治国理政问题的一种必不可少的修养。这是文化的修养，也是道德的修养；是人性的修养，也是党性的修养；是素质的修养，也是能力的修养。

江苏省委党校的老师和学员们编撰了一本《古诗文鉴赏评析》，作为 21 世纪人才素质工程的系列读物之一，我觉得，这是很有意义的。

中华民族 5000 多年的历史，给我们留下了丰富的文明成果。古代诗文，就是其中非常重要的一个方面。五彩斑斓的历史画面、深邃高超的治国理念、惊心动魄的沙场搏击、催人泪下的绵绵情意，都往往能融汇和凝聚在短短几十字、几百字的诗文中。读起这些诗文，不仅其朗朗上口的平仄音韵，犹如弹奏一首首抑扬顿挫的美妙音乐，演绎着风声、雨声、琴声、鼓号声声的千年交响；而且其深深蕴藏的生动意境，更如铺展一幅幅气势宏伟的巨幅画卷，浮现着躬读、农耕、戍边、治国理政的历史进程。诗中有画，画中有诗。诗以言志，文以载道。阅读这类诗文，就仿佛走进艺术的殿堂和历史的隧道，与自然融为了一体，与历史融为了一体，与人类高尚的文明融为了一体。

这是什么？这就是"文化"的过程，这就是文化的力量。文化，是人类社会发展进步的一个重要内容，也是这种发展进步在精神领域的一个重要标志。文化对生产力的发展起着精神动力和智力支持的作用，同时也以思想道德和知识的形态对社会起着整合和推动作用。知识形态的文化具有信息功能、认识功能、实践功能和创新功能。思想道德形态的文化则具有评判功能、凝聚功能、教化功能和定向功能。"观乎人文，以化成天下。"追根溯源，文化的概念即是从这里而来。以文"化"人，才有从兽性到人性的转变，也才有从蒙昧到文明的进步。学习历史，阅读诗文，只是以文"化"人的一种具体形式，但它往往能在不知不觉中陶冶人们的心灵，深化对社会的认识，提升道德的情操，磨炼治国的艺术。潜移默化，润物无声。通过文化的修养，人的素质就能在和风细雨中提高，文明之花就能在民族大地上四季开放。

领导干部是在各个不同的岗位上参与治国理政的，承担的是政治和社会管理的职能。他们不是文学家、艺术家，所以并不需要以精通古今中外的一切文化为必备条件。但是，正如当年毛泽东所说"没有文化的军队是愚蠢的军队"一样，在当今时代，没有文化的干部也只能是愚蠢的干部。愚蠢的干部是不能走上领导岗位的，即使获得了某种领导的机缘，也是不可能承担好治国理政的重任的。为了建设一支高素质的干部队伍，就必须要求我们的各级领导干部具备基本的文化素养，在可能的情况下，这种文化素养愈高愈好。随着时代的发展，走上领导岗位的干部还要以不同的方式接受继续教育，坚持终身学习，以不断地提高自己的文化素养。

阅读一些古诗文，当然不是提高文化素养的唯一途径，但它也不失为一种很好的途径和方式。从这些古诗文中，我们可以更多地接受民族精神的熏陶，更多地明白做人处事的道理，更多地学习治国理政的经验，更多地体验清正廉洁的风骨。"吾尝终日而思矣，不如须臾之所学也；吾尝跂而望矣，不如登高之博见也。"荀子《劝学》中"善假于物"一说，透彻地说明了学习对于提高人的能力的重要性。孟子的"天时不如地利，地利不如人和"之说，以及诸葛亮前后《出师表》对国事大势的分析，堪称战略思维的典范。范仲淹《岳阳楼记》中"先天下之忧而忧，后天下之乐而乐"的千古名句，岳飞《满江红·怒发冲冠》中"仰天长啸，壮怀激烈""莫等闲、白了少年头""待从头，收拾旧山河"的壮阔胸怀，激励着一代代忠烈人士和民族英雄。文天祥《正气歌》中"天地有正气，杂然赋流形；下则为河岳，上则为日星；于人曰浩然，沛乎塞苍冥""哲人日已远，典刑在夙昔。风檐展书读，古道照颜色"，情怀之悲壮，气势之豪迈，句句都表达出对凛然正气的赞美和信念。杜牧在《阿房宫赋》中分析秦亡原因："灭六国者，六国也，非秦也。族秦者，秦也，非天下也。""使六国各爱其人，则足以拒秦；使秦复爱六国之人，则递三世，可至万世而为君，谁得而族灭也？秦人不暇自哀，而后人哀之。后人哀之而不鉴之，亦使后人而复哀后人也！"这段精辟论断，江泽民多次引用，以说明治国须明鉴之道，警醒人们吸取历史教训，防止共产党陷入周期率的怪圈。诸如此类，不一而足。认真地读一读，细细地想一想，我们很能够悟出不少做人做事、治国理政的道理来。

所以，读一点古诗文，学一点历史，背一点警句，是每一个炎黄子孙继承中华文明、弘扬先辈传统的一种不可缺少的修养。对于党和国家的领导干部来说，更是解决如何修身、如何当官、如何治国理政问题的一种必不可少的修养。这是文化的修养，也是道德的修养；是人性的修养，也是党性的修养；是素质的修养，也是能力的修养。对这种修养，我用了"不可缺少""必不可少"两个词，是不是绝对了一点？我想，修养的多少可以是相对的，但有没有这种修养恐怕是绝对的。没有这种修养，至少愧对五千年的祖先、愧对五千年的中华文明。当然，这种修养既不是一日之功，也不是惊天之业，但"积土成山，风雨兴焉；积水成渊，蛟龙生焉；积善成德，而神明自得，圣心备焉"。通过这种文化的修养而增强文明的素养，我们的干部素质一定能有所提高。这个道理恐怕也是绝对的。

张栴等同志从丰富的历史文化宝库中，精心挑选了一批古诗文名篇佳作，加以解说、评析，介绍给广大读者。这些篇目选得很有代表性，鉴赏评析也写得不错。客观地说，古诗文鉴赏评析之类的书已经出了不少。但这本书结合领导干部的实际，从如何做人、当官，如何治国理政的角度切入，为我们提供了不少富有哲理性的文化知识和历史经验。因此，比较而言，是有特色的。我们的领导干部们如果放在手边，有空时翻一翻，需要时查一查，再结合自己的思想和工作实际想一想，那么，多少是会有一点益处的。

第四章

珍惜、保护和弘扬红色文化

从革命文化中汲取营养和智慧

纪事和说明：

本文是我 2017 年 4 月 30 日为在全国政协专题协商会上发言而撰写的文稿。

该文指出，我们今天所讲的文化，并不仅仅是古代中国的传统文化，还包括后来产生的革命文化和社会主义文化。革命文化包含丰富的内容，以精神和物质的多种形式存在着，是宝贵的精神资源。

文中希望正确认识革命文化在当代中国文化中的地位和作用，加大保护物质和非物质革命文化的力度，具体建议实施四大工程，并运用现代方式讲好中国革命故事。

我发言的题目是"从革命文化中汲取营养和智慧"，讲三层意思。

一、革命文化是中国特色社会主义文化的重要来源和内容之一

习近平总书记指出，中国特色社会主义文化，包括"在 5000 多年文明发展中孕育的中华优秀传统文化，在党和人民伟大斗争中孕育

的革命文化和社会主义先进文化"①。

因此，我们今天所讲的文化，并不仅仅是古代中国的传统文化，还包括后来产生的革命文化和社会主义文化。革命文化是当代中国特色社会主义文化的源泉和内容之一。它往前，吸收了传统文化的精粹；往外，接受了马克思列宁主义；往后，发展演化为社会主义文化。改革开放以来，我们党又立足当代实践，融汇古今中外，吸收各种文化成果，形成了当代中国特色社会主义文化。所以，我们今天讲的中国文化，主题词是中国特色社会主义，就其源泉和内容来说，既包括传统文化，还包括革命文化和其他文化。坚定文化自信，讲好中国故事，必须将革命文化包含在内，否则就可能是不完整、不全面的。

二、革命文化包含丰富的内容，是宝贵的精神资源

革命文化，广义上可以指20世纪初以来中国人民在所有革命斗争中创造的文化，也可以包括1949年之后在社会主义革命、建设、改革中创造的文化；狭义上可以比较集中地指中国共产党在新民主主义革命时期创造的文化；1949年之后的则可以算作社会主义文化。

狭义的革命文化，包括中国共产党在革命时期创立的思想理论、价值观念、路线方针、优良作风、革命精神等等。这种革命文化，以不同的方式传承下来，融进和催生了社会主义文化和改革开放文化，目前仍然以精神和物质的多种形式存在，是我们实现"两个一百年"奋斗目标和中华民族伟大复兴的宝贵资源。

精神的，包括我们对于革命、建设、改革规律的认识及其相应的思想理论、价值观念、路线方针等等；包括我们党长期形成的优良作

---

① 习近平：《在庆祝中国共产党成立95周年大会上的讲话》，《人民日报》2016年7月2日。

风，如"三大作风"、"两个务必"、实事求是、艰苦奋斗、独立自主等等；包括多种类型的革命精神，如红船精神、八一精神、井冈山精神、苏区精神、长征精神、延安精神、抗战精神、红岩精神、抗联精神、西柏坡精神等等。

物质的，包括文本形式的历史档案、文章书籍、报刊资料，影像形式的照片、胶卷、电影，文艺形式的戏剧、小说、诗歌、音乐，等等。还包括大量的革命遗址。从 2008 年开始，我们历时 4 年，组织全国 2 万多人对 1949 年前的革命遗址进行了普查，基本摸清了全国革命遗址的底数和分布情况，并开始出版 100 多卷的《全国革命遗址普查成果丛书》。共普查登记革命遗址 5 万多个，相关联的其他遗址 5000 多个。

三、以多种形式从革命文化中汲取营养和智慧

多年来，党和国家对革命文化高度重视，有关部门做了大量工作，使革命文化得到不断传承和普及，深深融进了当代中国人民的精神世界。

但在新的历史条件下，还要进一步做好工作，坚持用党的伟大成就激励人，用党的优良传统教育人，用党的成功经验启迪人，用党的历史教训警示人，使党和人民不断从革命文化中获取营养和智慧。为此提三点建议：

第一，正确认识革命文化在当代中国文化中的地位和作用。不能一讲中国文化就是传统文化，一讲国学就是儒家学说。现代完整意义上的中国文化，除了传统文化的精粹之外，还包括革命文化、建设文化、改革开放文化，包括中国化的马克思主义，还包括吸收引进的世界先进文化。它们融会贯通，构成中国特色社会主义文化。宣传工作中要注意把握好这种界定，处理好相互之间的关系。

第二，加大保护物质和非物质革命文化的力度。建议实施"四大工程"：一是革命资料和文物征集工程，除了做好档案的保存和开放工作外，加强对其他形式历史资料和革命文物的搜集整理工作；二是回忆录和口述史征集工程，鼓励和组织撰写回忆录、口述史，特别是加强对一直比较薄弱的地下党资料的搜集整理；三是革命遗址保护工程，对普查出来的所有革命遗址分门别类，针对不同情况，采取不同的保护措施，避免再遭新的破坏；四是党史人才培养工程，从政策上鼓励从事党史革命史研究工作，鼓励党史部门的同志爱岗敬业，加强高校党史学科建设，扩大党史专业的招生数量。

第三，运用现代方式讲好中国革命故事。坚持实事求是的根本原则，鼓励和保护研究人员说真话、写信史。正确处理和说清成就与曲折、经验与教训的关系，增强群众对党史革命史宣传教育的信任度。既要反复讲人们熟知的老故事，但也不能总是炒冷饭，要善于挖掘不为人知的更多故事。善于运用互联网、手机终端、影视、图书、自媒体、动漫等方式，增强革命故事的传播效果。改进对外宣传工作，用事实说话，用外国人能够听懂的语言说话，增强外宣工作的效果。

我们用10多年时间组织全国60多万人开展了"抗战时期中国人口伤亡和财产损失"的大规模调研，编纂了调研丛书，计划出版300本，现已出版近200本。按中央批准的方案，还要赠送给国外的各大图书馆。这项工作由于种种原因，目前进展缓慢。希望采取有力措施，把这项工程推进到底。

大力弘扬红色文化

纪事和说明：

  2020 年 10 月，中共党史学会与光明日报社、安徽省委宣传部等在合肥举行首届红色文化论坛。我代表中共党史学会在会上发表讲话，会后追记了讲话内容供《光明日报》发表。此处就是讲话的追记稿。

  该讲话用"界定""责任""财富""加强"4 个关键词，概括说明了保护和弘扬红色文化的 4 个问题，强调红色文化是宝贵财富，也是重要资源，必须加大力度，挖掘红色文化资源，从文化的角度深化党史研究；加强红色遗址遗迹和红色文物保护利用，不断丰富物质层面的红色文化；广泛开展党史、新中国史、改革开放史、社会主义发展史教育，为人民群众提供更多喜闻乐见的红色文化作品。

  党的十八大以来，习近平总书记先后到西柏坡、临沂、古田、延安、遵义、井冈山、吕梁、徐州等地考察，参观红色革命文化纪念场馆，在不同场合就弘扬优良传统、传承红色基因作出重要论述。党的十九大闭幕仅一周，习近平总书记亲自带领中央政治局常委专程瞻仰上海中共一大会址和浙江嘉兴南湖红船，回顾建党历史，重温入党誓词，宣示新一届党中央领导集体的坚定政治信念。2020年8月，习近平总书记在安徽考察期间，又专门对安徽革命历史作出重要论述。这些重要阐释及指示，为我们进一步弘扬红色文化、传承红色基因指明了前进方向，提供了根本遵循。党史部门和党史工作者，有责任按照习近平总书记的要求，把大力弘扬红色文化的工作进一步做好。

围绕弘扬红色文化问题，我讲4层意思，用4个关键词概括。

一、界定

首先，什么是红色文化，需要科学和妥善地加以界定。文化本身是一个非常复杂的概念。我们现在所说的当代中国文化，源自中华优秀传统文化，熔铸了中国共产党领导人民在革命、建设、改革中创造的革命文化和社会主义先进文化，到当代，本质上发展成为中国特色社会主义文化。如果以颜色作为象征，总体上可以说是一种以红色为基调的文化；而中国共产党培育、形成和展现的文化，则是一种比较完全意义上的红色文化。红色文化是中国共产党领导全国各族人民在革命、建设、改革进程中创造的以中国化马克思主义为核心的先进文化。这是广义上的红色文化。

但为了尊重文化自身内容的多样性和复杂性，更加突出不同时期文化的主要特点，避免过于宽泛造成内容上的庞杂，防止把红色文化当成一个硕大无比、什么都往里装的筐子，我们在实际工作中一般取狭义的红色文化，即主要指1949年前由中国共产党培育、形成和展现的革命文化。作这样的界定，红色遗址保护、红色文化的研究和宣传，都有了一个大致的范围，可以进行具体的操作。今后随着时间的推移和工作的开展，也可以逐步将红色文化扩展到1949年之后创造的文化。

二、责任

红色文化体现了中国共产党的理想信念和精神追求,是推进中华民族伟大复兴的强大精神动力。挖掘、保护、利用、宣传好红色文化,是我们党史部门和党史工作者义不容辞的责任。

从2008年开始,我们中央党史研究室组织全国党史部门对1949年前的全国革命遗址进行了一次大规模的普查,历时4年,基本摸清了全国革命遗址的底数,随后出版了100多卷的《全国革命遗址普查成果丛书》。通过普查,全国登记的革命遗址5万多处。这项调查,为保护好全国的红色文化遗址、加强红色文化的研究和宣传,奠定了坚实的基础。山西省人大2019年专门制定了本省红色遗址保护条例。这是全国第一个关于红色遗址保护的省级立法。

近些年,全国党史部门认真学习贯彻习近平总书记关于红色文化重要论述精神,牢固树立传承红色文化就是传承党的优良传统、弘扬红色文化就是弘扬党的独特优势、发展红色文化就是发展社会主义先进文化的理念,更加自觉地深化党史研究,大力加强红色文化建设,在牢固树立文化自信中积极发挥党史部门更大的作用。

三、财富

红色文化是中华民族的宝贵财富,也是我们建设中国特色社会主义事业、推进党的建设新的伟大工程、促进经济和社会发展、全面建设社会主义现代化国家的重要资源,一定要挖掘好、保护好、宣传好、利用好。

安徽红色文化资源丰富、底蕴深厚。中国共产党近百年的奋斗历程在这片红色沃土孕育出鄂豫皖苏区28年红旗不倒的大别山文化,新四军全面抗战、发挥中流砥柱作用的抗战文化,战略决战取得全面胜利的战争文化，农村改革发源地、小岗精神放光芒的改革创新文化。这里重要党史人物比较多，重要党史遗址遗存比较多，宝贵的精神财富比较多。安徽省委、省政府一直高度重视红色文化建设，特别重视保护红色资源、弘扬红色精神，把红色文化作为文化强省建设的三大工程之一，把学习党史、新中国史作为"不忘初心、牢记使命"主题教育重要内容。安徽党史部门围绕中心，服务大局，深入挖掘红色文化资源，编辑出版"红皖"系列文化丛书，在全省确立48家党员干部党史教育基地，拍摄《安徽党史史话》等多部专题片和纪录片，为红色文化的传承利用提供了智力支持，为建设美好安徽凝聚起了强大精神动力。

四、加强

在实现"两个一百年"奋斗目标的征程上，我们需要运用各种方式和资源。其中，包括发挥文化特别是红色文化的深厚力量。为此，就要不断加强对红色文化的研究，实现红色文化的创新发展，用红色基因补钙壮骨，弘扬社会正能量，推进中国特色社会主义现代化事业不断向前。

一要挖掘红色文化资源，从文化的角度深化党史研究。红色文化深深植根于党的事业发展和党的工作实践。弘扬红色文化，要以深化研究为基础，以保护利用为前提，以宣传普及为途径，以改革创新为动力，以人才建设为支撑，不断增强红色文化的凝聚力和感召力。要以党史基本著作编写为重点，带动红色文化资源的开发，注意挖掘新颖、生动、鲜活的红色文化资源，要加强口述历史资料的抢救，增强红色文化的吸引力、感染力。要下功夫推动包括党史正本、专门史、编年史以及专题研究在内的整个红色文化研究的开展。从文化的角度深化党史研究，就要坚持开放包容方针，吸收借鉴传统文化和外来文化有益成果，合理取舍、博采众长，提高转化再造能力；就要整合党史研究力量，发挥国家哲学社会科学基金和高校哲学社会科学基金的导向作用，加强科研创新，着力推出一批能代表国家水准、具有世界影响、经得起实践和历史检验的优秀研究成果。

二要加强红色遗址遗迹和红色文物保护利用，不断丰富物质层面的红色文化。要按照"保护为主、抢救第一、合理利用、传承发展"的原则，加强红色遗址遗迹和红色文物的抢救性修复和保护，注意征集党史方面非物质文化遗产，运用现代手段妥善留存、整理和开发、利用、传播。要以公共财政为支撑，加强革命博物馆、纪念馆、党史馆等公共红色文化服务设施和党史教育基地、爱国主义教育基地建设，并向社会免费开放。要把红色遗址遗迹和红色文物保护同发展红色旅游结合起来，以市场为导向、以企业为主体、以资本为纽带，打造一批红色旅游文化景区，开发精品红色旅游线路，扩大红色文化产品消费，助推革命老区脱贫致富。

三要广泛开展党史、新中国史、改革开放史、社会主义发展史教育，为人民群众提供更多喜闻乐见的红色文化作品。要坚持以领导干部和青少年为重点，广泛深入开展"四史"教育，推动"四史"进教材、进课堂、进头脑。要充分运用融媒体，坚持正面宣传为主方针，精心谋划、不断推出有影响的红色文化产品，实现红色文化宣传工作常态化。要针对人们思想认识上与历史相联系的困惑，不断推出深入浅出、雅俗共赏的"四史"精品力作。鼓励创作"四史"题材的文学艺术作品特别是适合新媒体传播的微视频等作品，坚持正确政治导向，实施精品战略，不断推出积极向上、群众喜闻乐见的党史文学艺术精品，满足广大群众的精神文化需求，努力使红色文化为人民放歌、为时代抒情、为后世立范。

弘扬以伟大建党精神为源头的中国共产党人精神谱系

纪事和说明：

本文摘编于我 2023 年由人民出版社出版的《二十大关键词》。

党的二十大要求，"弘扬以伟大建党精神为源头的中国共产党人精神谱系，用好红色资源，深入开展社会主义核心价值观宣传教育"[①]。

精神谱系，即具有内在统一性和连贯性的一系列精神类型的序列。

精神，从广义上来说，是指人类的心理状态、观念意识。从哲学层面来说，精神与存在、物质相对应。党史上所说的精神，主要指党在实践活动中表现出的观念、气质、信念、意志、风范等非物质现象；也特指各种精神类型，即在一定时期、一定环境下形成的，具有特定内涵外延以及种种特点的某种精神类型。

[①] 《习近平著作选读》第一卷，人民出版社 2023 年版，第 36 页。

习近平总书记在党史学习教育动员大会上指出，在一百年的非凡奋斗历程中，一代又一代中国共产党人顽强拼搏、不懈奋斗，涌现了一大批视死如归的革命烈士、一大批顽强奋斗的英雄人物、一大批忘我奉献的先进模范，形成了一系列伟大精神，构筑起了中国共产党人的精神谱系，为我们立党兴党强党提供了丰厚滋养。[①]

在庆祝中国共产党成立100周年大会上，习近平总书记提炼、概括和强调了伟大建党精神，并指出这是中国共产党的精神之源。

100多年来，以伟大建党精神为源头，我们党培育形成了一系列展现中国共产党人精神风貌的各种精神。它们集中体现了党的光荣传统和优良作风，构成了中国共产党人特有的精神标识，为中华民族精神注入了丰富内涵。

在2021年2月20日的党史学习教育动员大会上，习近平总书记列举了一系列伟大精神。

2021年9月29日，中宣部公布了经党中央批准第一批纳入中国共产党人精神谱系的精神，它们是：

伟大建党精神；

井冈山精神、苏区精神、长征精神、遵义会议精神、延安精神、抗战精神、红岩精神、西柏坡精神、照金精神、东北抗联精神、南泥湾精神、太行精神（吕梁精神）、大别山精神、沂蒙精神、老区精神、张思德精神；

抗美援朝精神、"两弹一星"精神、雷锋精神、焦裕禄精神、大庆精神（铁人精神）、红旗渠精神、北大荒精神、塞罕坝精神、"两路"精神、老西藏精神（孔繁森精神）、西迁精神、王杰精神；

改革开放精神、特区精神、抗洪精神、抗击非典精神、抗震救灾精神、载人航天精神、劳模精神（劳动精神、工匠精神）、青藏铁路

[①] 参见《习近平著作选读》第二卷，人民出版社2023年版，第423—424页。

精神、女排精神；

脱贫攻坚精神、抗疫精神、"三牛"精神、科学家精神、企业家精神、探月精神、新时代北斗精神、丝路精神。

这些精神，集中彰显了中华民族和中国人民长期以来形成的伟大创造精神、伟大奋斗精神、伟大团结精神、伟大梦想精神，彰显了一代又一代中国共产党人"为有牺牲多壮志，敢教日月换新天"的奋斗精神。

党的二十大充分肯定五年来"在全党开展党史学习教育，建成中国共产党历史展览馆，号召全党学习和践行伟大建党精神，在新的征程上更加坚定、更加自觉地牢记初心使命、开创美好未来"[①]。

同时，围绕"弘扬以伟大建党精神为源头的中国共产党人精神谱系"这个总的要求，提出了一系列精神和精神要求，如奋发有为的精神、斗争精神、整风精神、钉钉子精神、担当精神、实干精神、奋斗精神、主动精神、创造精神，以真理的精神追求真理，弘扬企业家精神，弘扬科学家精神，弘扬社会主义法治精神，在全社会弘扬劳动精神、奋斗精神、奉献精神、创造精神、勤俭节约精神。

党的二十大报告强调，物质富足、精神富有是社会主义现代化的根本要求。物质贫困不是社会主义，精神贫乏也不是社会主义。

党的二十大报告还对弘扬以伟大建党精神为源头的中国共产党人精神谱系、增强实现中华民族伟大复兴的精神力量提出了多方面的要求，如丰富人民精神世界、满足人民日益增长的精神文化需求，发挥党和国家功勋荣誉表彰的精神引领、典型示范作用，推出更多增强人民精神力量的优秀作品，提炼展示中华文明的精神标识和文化精髓，重视心理健康和精神卫生，强化战斗精神培育，增强港澳同胞的爱国精神，加强干部斗争精神和斗争本领养成，尊重人民首创精神，锲而不舍落实中央八项规定精神等。

---

① 《习近平著作选读》第一卷，人民出版社2023年版，第3页。

发挥红色历史遗址在基本公共文化服务均等化中的作用

纪事和说明：

  这是我 2014 年 6 月在全国政协专题协商会议上的书面发言稿。正式印发时作了适当的删减。

  该发言简要介绍了中央党史研究室组织的全国革命遗址大普查的情况，着重提出了如何发挥红色文化遗址在基本公共文化服务均等化中的作用的 5 点建议。

  从 2008 年开始，我们中央党史研究室组织全国党史部门对 1949 年前的全国革命遗址进行了一次大规模的普查，历时 4 年，基本摸清了全国革命遗址的底数，现已开始出版 100 多卷的《全国革命遗址普查成果丛书》。通过普查，全国登记的革命遗址近 5 万处。其中保存较为完好的约占 30%，保存一般的约占 40%，保存较差的（包括拆除消失的）约占 30%，而已经损毁、不复存在的则约占 21.4%，没有列入文物保护范围的约占 78%，没有列入教育基地的约占 84.4%。

由于红色历史遗址在历史和现实中都具有特殊的价值，所以，我们建议充分发挥它们在基本公共文化服务均等化中的作用。

第一，建议把红色历史遗址作为基本公共文化服务的内容之一给予更大的关注。在制定基本公共文化服务均等化的政策、规划、项目和指标体系时，适当包括红色历史遗址的有关内容。将这些场所列入提供服务的名单，以适当形式供人民群众参观和举办活动。将涉及这些历史遗址的内容编入图书资料，或者组织编写反映当地历史遗址的乡土材料，提供给基层图书馆、文化站。把基层历史遗址的保护和使用情况作为考核基本公共文化服务均等化的指标之一。

第二，建议对红色历史遗址分别不同类型加以保护和利用。对已经建成的纪念场馆，按规定免费向公众开放，并注意加强管理，提高质量。没有修建的，如果确有价值、应予保护的，要以不同方式加以保护。对所有纪念场馆，都要加强内容的审查或咨询，确保历史事实和遗址本身的真实性和准确性，不能随意杜撰和歪曲，特别应注意保持原貌或原生态，不能制造假文物。对纪念场馆及其展示物品、文件是原件还是复制品，都实事求是地加以注明。

第三，建议面向基层公众加强对红色历史遗址的宣传。以文字、故事、图片、影视、动画等老百姓喜闻乐见的形式，展示红色历史遗址的内容，扩大社会影响力。党史部门在这方面已经做出了多种探索。如四川省委党史研究室把全省革命遗址普查的成果制成展板，在全省各地基层巡回展出，大大扩大了受众面；河北省委党史研究室创办 3D 网上党史展览馆，于 2014 年 3 月正式上线运行，人民网等 10 余家媒体作了报道；山东省委党史研究室与省委组织部等部门联合，精选 1100 多幅珍贵史料图片，并配以文字说明，依托齐鲁先锋网，建成静态三维效果模拟实体展馆，综合运用场景动画、音频解说等方式，形象直观地反映各个时期山东的发展历程。

第四，建议设立基层红色历史遗址保护基金。全国的红色历史遗址中，一部分已经列入国家文物保护单位，但还有很多处于自然生存状态，大多数没有专门的保护经费，也得不到有效的保护。对这些遗址要具体分析。有的价值不是很大，全部加以保护有一定难度。但多数都很有价值，由于各种主客观原因而受到破坏，非常可惜。基层的很多历史遗址，其实不要花多少钱，也能得到一定的保护。如福建很多地方，留有成批的红军标语，有的还是红军和白军的叠加在一起。当地给它们装上玻璃罩子，花费不大，但效果很好。所以，我们不要仅限于对那些大规模的、高档次的历史遗址拨付较大规模的经费。对于散存于村庄小镇、城市角落的小型红色历史文化遗址，也应该给予必要的关注，撒点小额的"胡椒面"。所以，建议设立一个面向基层的红色历史遗址保护基金，专门以小额资金资助这类遗址的保护。

第五，建议组织社会力量参与红色遗址的保护和利用工作。对基层文化、民政、博物馆、纪念馆的工作人员，以适当的形式加强历史文化知识的培训，增强他们对历史遗址的保护意识。对导游、解说员等一线工作人员，加强政治和历史文化的培训，提高他们的基本素质，使之能够准确地向游客、观众进行介绍。还可以因地制宜，建立参与历史遗址保护和利用的志愿者队伍，发挥他们的积极性。

加强红色遗址保护，充分发挥红色资源作用

——全国红色遗址状况及其保护问题

纪事和说明：

  2019年，山西省人大常委会为保护红色遗址，在全国率先起草了省级范围的红色文化遗址保护条例。在起草过程中，山西省人大常委会有关领导专门到北京征求全国人大常委会有关部门的意见，也征求了我的意见。在正式讨论通过前，特地邀请我为山西省人大常委会作一次专题讲座。本文就是我2019年9月26日应邀所作讲座的文稿。此处为了避免与本书其他部分重复，删除了一些内容。

一、红色遗址的概念和界定

（一）中国共产党的历史进程

  中国共产党将近100年的历史，目前总体上可以分为三个时期，第一个时期，从1921年到1949年，是新民主主义革命时期。第二个

时期，从 1949 年到 1978 年，是社会主义革命和建设时期。第三个时期，从 1978 年到现在，已经 40 多年，是改革开放和社会主义现代化建设新时期。

以 2012 年党的十八大为标志，中国特色社会主义进入了新时代。这个新时代能不能单独算作第四个时期，党中央还没有说。怎么分段，需要等中央来下结论，根本上，要由历史和人民来下结论。（2021 年党的十九届六中全会通过的第三个历史决议以及后来中共中央党史和文献研究院编写的《中国共产党的一百年》，已经将 100 年党史实际上分为四个时期）

在这将近 100 年的历史进程中，发生过一系列重大事件，召开过一系列重要会议，制定过一系列重要文件，出现过一系列重要人物，因而，也留下了大量的历史印记，有的是物质性质的，有的是非物质性质的，它们都是党和国家的宝贵财富。

由于时间的远近不同，对于这些历史印记保护的紧迫性也有所不同。原则上，所有这些历史印记都应该保护，但实际上不可能同时都全部保护。所以，只能按照时间顺序，分步开展保护或抢救。2010 年《中共中央关于加强和改进新形势下党史工作的意见》指出："切实做好党史资料搜集整理工作。继续抢救新民主主义革命时期党史资料，集中征集社会主义革命和建设时期党史资料，逐步开展改革开放和社会主义现代化建设新时期党史资料征集工作。"[①] 三个时期用了三个词：抢救、征集、逐步开展。说的是党史资料，红色遗址也是如此。

对 1949 年前的遗址，应该是抢救性保护。1949 年至 1978 年的遗址，应该逐步开展保护，有的需要抢救。1978 年后的，应该是适当准备，对比较紧迫并有条件的先行开展保护。总的是，只要条件允许，

---

① 中共中央文献研究室编：《十七大以来重要文献选编》（中），中央文献出版社 2011 年版，第 792 页。

谋划和保护得越早，就越主动；越晚，就越被动。1949年前的，都属于抢救性保护了。

（二）红色遗址的界定问题

保护红色遗址，首先要对红色遗址作出科学和准确的界定，这样才能确定保护的范围和工作的内容。

对很多事物、事件、文化和遗址，我们往往喜欢用某种色彩来加以标志，这样可以更形象、更直观、更鲜明，比如说"红船""绿色发展""扫黄打非"，大家一听就知道什么意思。因此，各种历史遗址也可以用色彩来做代表。红色，在当代中国，红色的应用最为广泛。早在远古时代，中国就有"红色崇拜"。经过千百年的积淀，中华民族形成了强烈的"红色情结"。红色，代表着权威，代表着勇气，代表着美丽，代表着吉祥与喜庆。到了近代，又代表了革命。马克思早年曾在被问及"最喜爱的颜色"时，明确回答为"红色"。1864年，第一国际成立，其标志的颜色是红色。

中国共产党的革命历程，与红色息息相关。譬如，中国共产党的成立用红船起航来加以标志，组建的第一支军队命名为红军，中央根据地的首都瑞金称为红都，党旗、军旗都以红色为底色。1949年中华人民共和国成立时，确定的国旗就是红地五星旗，后来叫五星红旗。大量的文艺作品也以红色为主色调，如《红旗飘飘》《红旗谱》《红灯记》《红色娘子军》《红岩》《红梅赞》《红星照我去战斗》等等。

所以，在很多场合，红色与革命有天然的联系。把革命遗址称为红色遗址，这是没有问题的。比较起来，"革命遗址"的用语比较正规，"红色遗址"的用语比较形象。

进而，怎么界定"革命"？在中国古代，以天子受天命称帝，故凡朝代更替，君主改年号，称为革命，即"革除天命"。所谓"汤武革命，顺乎天而应乎人"，指的就是实施变革、更替朝代，以应大命，顺民意。这里的革即变革，命即天命，这是从神权政治观出发对革命作出的解释。到了近代，"革命"一词广泛流行开来。1895年，孙中山到了日本神户，见到当地的报纸，上面说"支那革命党首领孙逸仙抵日"，便对陈少白说，这个意思很好，以后我们就叫革命党罢。1899年，梁启超在《清议报》上著文提倡"诗界革命"，"革命"获得更广泛的语义。1902年，邹容写了著名的《革命军》，使"革命"一词得到广泛传播。所以，在近代，"革命"一词通常指自然、社会或思想发展过程中产生的深刻的质变。

中国共产党将近100年来，先后领导了两次革命。

由此，进一步产生的问题是，98年来，70年来，我们所做的一切能否都称为革命呢？这个问题比较复杂。与我们工作直接相关的，就是怎么界定革命遗址。

从2008年至2011年，我们中央党史研究室曾经组织全国党史部门开展了一次大规模的全国革命遗址普查。当时，我们首先遇到和必须界定的重要问题，就是革命遗址的定义和范围。经过深入研究，我们确定：所谓革命遗址，主要是指党在领导人民进行反帝反封建的民主革命时期（1919—1949年）所产生的重要的革命历史文化遗址，包括党的重要机构旧址，重要党史人物的故居、旧居、活动地，重要事件、重大战役战斗遗址，具有重要影响的革命烈士事迹发生地或墓地，新中国成立以来兴建的各类纪念馆、展览馆等内容涉及新民主主义革命时期的纪念设施，以及能够反映党的重要历史活动、进程、思想、文化的各种遗迹等。

根据这一界定，从时间上来说，主要指的是1949年前的革命遗址，往前可以追溯到1919年的五四运动。1949年后的历史遗址没有纳入普查范围，但内容涉及新民主主义革命时期的各类纪念馆、展览馆和纪念设施，以及能够反映党在革命时期重要历史活动、进程、思想、文化的各种遗迹等，则包含在内。

那么，1949年以后，中国共产党领导建设和改革形成的场所、建筑等等算不算革命遗址呢？这是一个很复杂的问题。广义上，建设和改革也都可以算革命。但这样一来，革命的场所和建筑等等就太多了，而且很难具体界定。如果马上就全面普查和保护，几乎是不可能的。所以，我们没有纳入普查范围。

与此相关，1949年之后中国共产党领导建设和改革形成的场所和建筑等，要不要都称为红色？这就比较复杂了。我受北京市委委托主编"北京红色文化丛书"时，也遇到了这个问题。经过研究，我们把时间限定在1949年之前。1949年之后形成或创作的反映1949年前新民主主义革命的纪念设施、文化艺术作品，则可以包含在内。

中国共产党在领导各族人民进行新民主主义革命的斗争过程中，留下了许多珍贵的革命遗址。这些遗址，有的也称旧址、故址、会址、史迹、胜迹、旧居、故居等，都是历史留下的印记。

（三）其他历史遗址的色彩和保护问题

我们在全国革命遗址普查和丛书编辑过程中，还遇到一个问题，中国共产党领导人民进行革命斗争留下的遗址，内涵和外延都很清楚，但那些主要属于国民党的历史遗址，算不算革命遗址？比如黄埔军校、腾冲国殇墓园等。另外，还有日本侵略中国留下的很多遗址，如万人坑、七三一部队遗址等。如果把它们直接算作革命遗址，显然不合适；但如果不普查、不反映，好像也不合适。经过反复研究，我们决定将它们一并普查登记，但编辑出版时做了一个分类。凡共产党方面的，都是名正言顺的革命遗址，属于正编；国民党留下并具有一定进步意义，特别是抗战的遗址，作为副编；而日本侵略留下的罪证性的遗址，则作为附录。三种都加以记载和反映，但又适当区分，以共产党的为主。这样就将一个政治上的麻烦问题解决了。

进而，又遇到这些历史遗址的色彩问题。共产党的、革命的，都叫红色，已经约定俗成，也上了文件。但国民党方面的，算什么色彩呢？我想是不是可以叫蓝色，蓝色文化、蓝色历史遗址。日本侵略留下的罪证，带有野蛮、杀戮、恐怖、灭绝人性的性质，则可以叫黑色，黑色历史遗址。通过普查，除了红色的革命遗址外，相关联的蓝色、黑色等其他遗址有5000余处。这些遗址很多早已损毁，留下的不多，但绝对数量也还不少。重庆现存的抗战遗址有395处。全国抗战类纪念馆有129家，分布在26个省、直辖市，江苏有侵华日军南京大屠杀遇难同胞纪念馆等10多处。日本侵华罪证遗址也有不少，仅辽宁就有13处万人坑。从保护工作来说，肯定是以红色为主。但蓝色的、黑色的或其他色彩的也不可忽视，可以放在纯粹文物的范围内保护。

（四）物质文化遗产与非物质文化遗产

2010年的《中共中央关于加强和改进新形势下党史工作的意见》明确指出："党史遗址以及有关文物资料是中华民族物质和非物质文化遗产的重要组成部分，必须精心保护。"[①] 把党史或红色遗址以及文物资料与历史文化遗产联系起来，这是一个重要的论断，也是一个重要的突破。

当时，有同志说，所谓文化遗产只有非物质文化遗产，没有物质文化遗产。这是不对的。2005年国务院曾专门发过一个国发〔2005〕42号文件，题目叫《关于加强文化遗产保护的通知》，里面明确指

---

① 中共中央文献研究室编：《十七大以来重要文献选编》（中），中央文献出版社2011年版，第792页。

出："文化遗产包括物质文化遗产和非物质文化遗产。"

这个文件对物质文化遗产和非物质文化遗产都做了明确的界定。

"物质文化遗产是具有历史、艺术和科学价值的文物，包括古遗址、古墓葬、古建筑、石窟寺、石刻、壁画、近代现代重要史迹及代表性建筑等不可移动文物，历史上各时代的重要实物、艺术品、文献、手稿、图书资料等可移动文物；以及在建筑式样、分布均匀或与环境景色结合方面具有突出普遍价值的历史文化名城（街区、村镇）。"

"非物质文化遗产是指各种以非物质形态存在的与群众生活密切相关、世代相承的传统文化表现形式，包括口头传统、传统表演艺术、民俗活动和礼仪与节庆、有关自然界和宇宙的民间传统知识和实践、传统手工艺技能等以及与上述传统文化表现形式相关的文化空间。"

根据这样的界定，党史遗址、革命遗址、红色遗址都可以算物质文化遗产。有些非物质形态的，则可以列入非物质文化遗产。

那么，怎样理解革命遗址、红色遗址的文化性？或者简单点说，它们能不能算文化？

实际上，将红色遗址从文化的角度加以界定和保护，是可以的。不过我个人认为，红色遗址所包含的，更多的是政治、军事、社会、历史的内容和价值，不一定非要套到文化里不可。强调文化，容易使一般群众简单地从文化的角度来解读和理解这些遗址的主要价值。

二、全国红色遗址的基本状况

（一）新中国成立以来红色遗址的调查和确认

在夺取政权、建立新中国的过程中，如何保护文物就成为中国共产党必须认真考虑的问题。所以，1948年底，为保护北平的文物，人民解放军专门潜入尚未解放的北平城，找到梁思成，请他在地图上标出需要保护的古建和文物地点，形成了一张北平古建保护图。1949年初，中央军委电令进攻南京的部队："注意保护南京的孙中山陵墓，对守陵人员给以照顾。"[1] 5月中旬，中央军委又电令进攻奉化的部队："在占领奉化时，要告诫部队，不要破坏蒋介石的住宅、祠堂及其他建筑物。"[2]

至于红色遗址，是中国革命的重要历史见证，是宝贵的革命历史文化遗产，是中华民族物质和非物质文化遗产的重要组成部分，也是人类文明史上独特的文化遗存。

所以，党和国家历来高度重视文化遗产保护工作。新中国成立后，相继认定和公布了多批国家和省市级的文化保护单位名单。其中包括很多重要的革命遗址，它们得到了有效的保护、利用和开发，一些新的缅怀革命历史的纪念设施也陆续建立起来，成为爱国主义教育和革命传统教育的重要基地。

例如，上海的一大会址，是最重要的革命遗址之一。一大会址早在新中国成立之初，就通过寻访、调查得到了正式确认。

1950年秋，距中国共产党成立30周年纪念日还有不到一年的时间，时任上海市市长陈毅提议，并经上海市委讨论决定，设法寻找中国共产党当年在上海召开一大的会址。

时任上海市公安局长扬帆提供了一条线索：他手下有个副科长，叫周之友，是中共党员，但却是一大代表、后来成了大汉奸的周佛海的儿子。父子两人走了不同的道路。周之友提供了两个重要情况，一是一大期间，周佛海正与周之友的母亲杨淑慧热恋，曾带她去过开会

---

[1] 《毛泽东文集》第五卷，人民出版社1996年版，第291页。
[2] 《毛泽东文集》第五卷，人民出版社1996年版，第290页。

的地方，杨淑慧现在还在上海；二是周佛海写过一本书，叫《往矣集》，里面有出席中共一大的情况。

负责调查工作的时任上海市委宣传部文艺处处长沈之瑜查到了《往矣集》。里面有一个非常重要的线索：开会在"贝勒路李汉俊家"。

杨淑慧与沈之瑜一起寻访贝勒路李汉俊家。但当年的房子已经面目全非。找到一处颇为相像的地方，但路名不是贝勒路。后来，经多方查访认定，贝勒路是1906年以法国远东舰队司令的名字命名的，它与望志路交叉，形成一个拐角。李书城的房子，即李公馆就在这个拐角处。它的前门面对的是望志路，侧后门就是贝勒路树德里。而到了1943年，望志路改名叫兴业路，贝勒路改名叫黄陂南路。

据考证，1920年，一位陈姓老太太在这里建了五幢房子，每幢房子都是一楼一底。门牌号从东往西依次为100、102、104、106、108号。各自独门出入。

房子建成之初，其中的106号和108号租给了李汉俊的哥哥李书城。李书城和李汉俊入住。他们将两幢房子的内墙打通，连成一家，人称李公馆。中共一大就是在106号的房子里召开的。

1922年，李氏兄弟迁居退租，该房屋为其他居民租用。1924年改建，增建了厢房。楼下曾开设生产挂面的作坊。其他三幢则成为酱菜园。外貌变化很大，以致当事人一下都难以辨认。

经过查看、回忆、辨认、研究，一大会址基本确定后，上海将多幅照片送往北京审阅。毛泽东和董必武看了后，不能肯定，提议让李书城看一看。这时，李书城正担任国家农业部部长。他明确说，我家当时住在望志路106号和108号。因此，一大会址得以确认。

为慎重起见，中央又委托当年负责筹备一大的李达专程到上海调查。李达一到，就确认："汉俊的家是在这里。"

中共一大会址由此得到最终确认，就是原来的望志路106号连同108号。106号为后来的兴业路76号。

于是，上海市委于1951年9月16日起将房子租了下来。1952年5月22日又出资购买了这两幢房子。经过修缮后，作为上海革命历史纪念馆第一馆，于1952年7月1日内部开放，接待重要中外来宾。华东局的领导捷足先登，参观了会址。

1956年春节，时任最高人民法院院长的董必武来到会址。因李达回忆说会议是在楼上召开的，于是把会场布置在了楼上。但董必武非常明确地说："当年开会不在楼上，应当把会场复原在楼下。因为人家家中有女眷，是不可能在人家卧室里开会的，何况当时还有外国人。"

临走，董必武借用《庄子》内篇《人世间》的一句话，挥毫题词："作始也简，将毕也钜。"

1958年，会址重新按当年的建筑原状修复。拆除改建时增添的厢房。会议室布置在76号楼下。进入大门为天井，经过6扇玻璃长窗门进入会议室（原系李汉俊寓所的客厅）。室内布置有长餐桌、圆凳、茶几、椅子、两斗桌及花瓶、茶具等家具物品，均按当年式样仿制。

1959年5月26日，中共一大会址被上海市人民政府公布为上海市文物保护单位。1961年3月4日被国务院公布为全国重点文物保护单位。中共一大会址纪念馆于1997年被中央宣传部公布为全国爱国主义教育基地。2003年被上海市人民政府公布为上海市爱国主义教育基地。

我曾多次前去一大纪念馆考察和参加会议，对纪念馆的布展、建设和研究工作提出过建议和要求。

中共一大会址是较早得到良好保护的党史遗址。

（二）全国革命遗址普查的情况

前面已经提到我们开展的全国革命遗址普查。现在我把有关情况介绍一下。

2006年，中共中央办公厅转发《中共中央党史研究室2006—2010年工作规划》，其中规定由中央党史研究室"制订规划，指导地方党史工作部门对本地区革命遗址进行普查，掌握现状，向同级党委、政府或有关部门提出意见和建议，对重要革命遗址特别是濒危遗址加强保护、酌情合理开发利用；对保护措施不力的要督促整改"。

2010年，中央出台《中共中央关于加强和改进新形势下党史工作的意见》，并召开全国党史工作会议。文件明确要求，"加强党史遗址保护，搞好纪念场馆建设"，"组织开展党史遗址普查，重点摸清革命遗址底数，同时注重调查党史方面的非物质文化遗产"。

习近平对遗址普查工作十分关心。2007年，他担任中央政治局常委后，专门听取我们室委会的工作汇报，同意开展革命遗址普查，他指示：关于革命遗址的普查、保护、开发利用工作也是非常需要、急待加强的；要加强对革命遗址、纪念地布展的指导，对展出内容的把关；革命遗址的保护是急待加强的，否则许多遗址就破坏殆尽了。

根据习近平要求和中央文件规定，我们从2007年至2011年在全国开展了大规模的革命遗址普查。2008年，首先在革命遗址数量多、类型多、范围广的江西省开展试点工作。取得经验后，2009年在南昌召开全国革命遗址普查工作会议，正式启动全国革命遗址普查工作。2010年11月，又在广西南宁召开全国革命遗址普查工作会议。各个省、区、市都经省委批准，召开了革命遗址工作会议。

为了保证普查工作稳步有序展开，我们专门制定印发了《全国革命遗址普查工作实施方案》，规定了革命遗址普查的范围和具体内容、组织机构和职责、普查的方法和要求、普查的时间与实施步骤，以及普查成果的提交和普查成果的保存利用等。普查要求统一填写全国革命遗址普查登记表、其他遗址普查登记表、市级革命遗址统计表、省级革命遗址统计表，要求编制省级革命遗址总目录，还规范了省级普查报告的写作要求和编辑出版普查成果的内容。

我们规定，普查的地域范围，是中国境内（不包括港澳台地区）31个省、自治区、直辖市和新疆生产建设兵团。时间范围是民主革命时期，即1919年到1949年。

普查的内容范围，主要指重要的革命历史文化遗址，包括党的重要机构旧址，重要党史人物的故居、旧居、活动地，重要事件、重大战役战斗遗址，具有重要影响的革命烈士事迹发生地或墓地，能够反映重要历史活动、进程、思想、文化的各种遗迹等。新中国成立以来特别是近年来兴建的各类纪念馆、展览馆等内容涉及新民主主义革命时期的纪念设施也属普查的范围。

普查的项目和具体内容包括：每处革命遗址的名称、地址、面积、建筑样式及材质、形成时间、利用时间等基本情况，遗址本体的历史由来、使用状况、保存状况、陈列物品情况，遗址使用管理的所有权属、经费来源、工作人员状况，遗址周围的环境状况（包括自然环境和人文环境）等信息、资料。调查中应同时摄制场景、环境照片，收集其他相关资料，有条件的可以录像。

此外，一些已被损坏的不复存在的重大遗址、遗迹也在普查之列，要介绍基本情况，写明损毁原因。

普查的方法：

一是统一部署实施。实行全面普查与重点调研相结合，以当地普查（自查）为主的方式，由中央党史研究室全国革命遗址普查领导小组统一部署，省、市级党史部门分级指导，县级党史部门具体负责实施。

二是以县（区）为基本单元。普查实行属地原则，以县域为基本普查单元。县级党史部门在上级党史部门指导下，承担具体的普查任务，负责填写全国革命遗址普查登记表；负责历史图片的搜集和现状图片（数码照片）的拍摄；负责有关资料的搜集和整理，为每个遗址建立普查档案；负责撰写县级普查报告。县级党史部门完成调查任务后，将县级普查报告和所有登记表、资料上报市级党史部门。

三是多种资料互证。为保证普查资料、信息及普查成果的真实、完整和科学，调查中必须采取实地调查与档案资料、图书资料、报刊资料、口述资料等互证的办法，对每处遗址的有关信息严格核实，力求准确无误，确保普查资料、信息登记、汇总等各项环节有依有据。

我们这次普查开始后，国务院部署进行第三次全国文物普查工作，这为党史系统开展革命遗址普查带来了难得的机遇。文物普查中有一项是对"近现代重要史迹及代表性建筑"的普查，这与革命遗址普查内容相近，但由于角度和要求不同，不存在重复劳动和相互矛盾的问题。为加强沟通与协作，中央党史研究室由我做代表，参加了第三次全国文物普查领导小组，地方各级党史部门也相应列入同级文物普查领导小组成员单位。2010年6月，我们中央党史研究室办公厅还与国家文物局办公室联合下发《关于进一步加强合作做好普查工作的通知》，就进一步加强党史系统和文物系统在普查工作上的合作达成若干原则意见，强调两个系统互相支持，普查成果互相验证，互为补充。

革命遗址普查工作是一项十分艰苦繁杂的工作，普查人员首先要熟悉统一的规范和要求，要填写普查登记表，撰写革命遗址的历史背景，搜集历史图片，拍摄现状图片。为了保证普查成果的质量和数据的准确无误，普查人员要亲自到每个遗址去进行测量、登记，还要走访当事人，深入档案资料馆，搜集资料，核实该遗址的来龙去脉。在一些条件艰苦的地方，特别是山区，普查人员只能靠双腿走进深山老林，在酷暑严寒中跋涉登攀，经常只能吃方便食品。全体普查人员以崇高的责任感和使命感，排除万难，辛勤工作，坚持高标准、严要求，保证普查成果的质量和水平，为普查工作的顺利完成作出了巨大贡献。

经过全国2万余名普查人员的共同努力，到2011年，普查工作顺利结束。为了使普查得到的全部成果能够永久保存，为了使每个遗址所记载的党的历史信息能够留传后世，我们组织全国党史部门统一编纂了《全国革命遗址普查成果丛书》，采取统一规范，将所有普查成果全部编辑出版，汇集起来，总共31卷，100多册，为进一步开展保护、展示工作奠定了重要基础。

（三）全国革命遗址的规模与总体状况

通过普查，基本摸清了全国革命遗址的底数，掌握了全国党史资源的分布情况，其中新发现了许多革命遗址和相关资料，填补了历史空白。全国共登记中国共产党的革命遗址近5万处，其他相关联如涉及国民党抗战的等遗址5000余处。山西省共普查出3400余处革命遗址，是以前掌握数据的一倍多。安徽省新发现300多处。

我们在《全国革命遗址普查成果丛书》中，专门将一部分重要的、有代表性的遗址集中编成了一卷共3册《全国重要革命遗址通览》。其中列为重要遗址收录的被公布为国家级爱国主义教育基地和省级爱国主义教育基地的革命遗址1027个，配有图片1917幅。另有副编部分86个，图片144幅；附录部分34个，图片54幅。个别重要的革命遗址因各种原因未被列入中央和省级爱国主义教育基地的，考虑到其在中国共产党历史上的地位和作用，也作为重要革命遗址收入。在这些革命遗址中，北京收入了30个，上海收入了28个，江苏省收入了 72 个，江西省收入了 36 个，山西省收入了 76 个。其他所有革命遗址，都由各个省、自治区、直辖市编入丛书。

这些革命遗址，有的已列为革命文物，为大众熟知，有的社会很少了解，大量的处于原始状态。如福建很多地方，留有成批的红军标语，有的还是红军和白军的叠加在一起。这些遗址，都留下了历史的印记，具有特殊的价值。

各地对革命遗址普查之后，积极开展了宣传保护工作，一是编辑出版了介绍革命遗址的读物，二是拍摄了宣传教育电视片，三是挂牌建立了一批党史教育基地，四是向地方党委提交了关于保护和利用革命遗址的意见建议，五是配合有关部门制定了革命遗址的保护规划。

各地运用普查成果，对革命遗址进行了积极的利用和宣传，取得了良好的效果。

（四）山西省在党史上的地位及红色遗址情况

山西在中国共产党的历史上有着非常重要的地位，其中尤为突出的有以下几个方面。

山西是中央红军长征到达陕北后北上抗日的战略通道和前进阵地。1936 年，红军在毛泽东、彭德怀的指挥下，以中国人民红军抗日先锋军的名义，举行了著名的东征战役，转战晋西吕梁、临汾、运城等地 50 余县，实现了宣传党的抗日主张、扩大党的政治影响、建立抗日游击队和游击区、补充供给等战略任务。

山西是华北敌后抗战的指挥中心，也是华北敌后抗战的主阵地和主战场之一。抗日战争时期，中共中央北方局、八路军总部转战山西，长期驻扎太行山，指挥华北敌后抗战。全面抗战爆发后，在中共中央北方局的领导下，创建了山西人民的抗日武装——山西新军。八路军三大主力师开赴山西前线抗战，以山西为主阵地向华北战略展开，创建了晋察冀、晋绥、晋冀豫、冀鲁豫、山东等抗日根据地，开辟了广阔的华北敌后战场。山西各抗日根据地军民进行了百团大战等70次较大规模的战役、战斗，歼灭日军近7万人，占日本华北派遣军总数的三分之一强。八路军和太行儿女在共产党的领导下，为夺取抗战胜利进行了英勇斗争，铸就了伟大的"太行精神"。

山西是支援全国解放战争的重要战略基地。山西各解放区有30多万名翻身农民参军作战，数十万名民工随军支援内外线作战，数万名党政军干部奔赴东北、中南、华东、西北、西南等地，发挥了全国解放战争的前进阵地、兵源基地、后勤保障基地和干部输出基地的重要作用。

山西还是开国领袖、开国元勋、开国将帅留下足迹最多的省份。红军东征期间，中共中央在孝义等地召开了政治局扩大会议，即晋西会议，毛泽东、张闻天、周恩来、秦邦宪、彭德怀、张浩、邓发、凯丰以及杨尚昆、林伯渠等出席会议。抗日战争期间，周恩来、刘少奇、朱德、彭德怀、任弼时、杨尚昆、左权、刘伯承、邓小平、贺龙、关向应、聂荣臻、彭真、徐向前、罗荣桓、陈毅、薄一波等曾在山西指挥华北敌后抗战。解放战争时期，1947年3月，刘少奇、朱德、董必武等由陕北路经山西转赴西柏坡；同时，以叶剑英为书记的中共中央后方工作委员会进驻临县长达一年之久；1948年3月，毛泽东、周恩来、任弼时等由陕北路经山西转赴西柏坡。

新中国成立后，1955年至1965年授衔的将帅中，有10位元帅、9位大将、42位上将、103位中将、784位少将都曾在山西工作和战斗过。山西籍的将帅有45人，其中徐向前为元帅，赵尔陆、董其武为上将，常乾坤为中将，还有41名少将。

山西人民为中国革命的胜利和新中国的建立作出了巨大贡献。山西的这片热土也培育了一大批新中国的党、政、军领导人，他们在山西生活和战斗期间留下了许多遗址、遗迹，是中国共产党的宝贵财富，也是山西人民的宝贵财富。

2010年1月19日，山西召开革命遗址普查工作会议。山西省委领导对这次会议高度重视。省委主要领导对党史办公室呈报的《关于在全省开展革命遗址普查和保护工程的请示报告》作出批示，高度肯定这项工作，并要求省财政给予大力支持。省委秘书长等人参加会议并讲话，表明了山西省委领导对党史工作和革命遗址普查的重视。我从北京赶来参加会议并讲话，肯定了山西省的党史工作，对革命遗址普查工作提出了要求。随后山西省的革命遗址普查工作取得了显著的成绩。

三、全国红色遗址的保护和利用状况

（一）党代会会址的保护和利用情况

新中国成立以来，虽然在不同时期有不同的特点，有时候也有过损害，但总体上，全国红色遗址得到了有效的保护。

我从2003年就任中共中央党史研究室副主任之后，组织党史部门和有关专家加强了对党代会的研究。与此同时，也尽力推动有关地方加强对党代会旧址的保护和修复工作。

1923年6月12日至20日在广州召开的中共三大，是党的历史上一次具有重大意义的会议。

三大会址在广州市越秀区恤孤院路3号，当年的门牌号码为恤孤院后街31号。原是一幢两层砖木结构金字瓦顶民居，坐西向东，门临大街。一楼南边是会议室，北边是饭厅。二楼是宿舍。大会召开前，中共广东区委受中央委托，租赁该房作为三大会址和代表们的宿舍。但遗憾的是，会址房屋在抗日战争时期被日军飞机炸毁。

2003年,中央批准广东省对中共三大会址、中共中央机关旧址进行修复保护。2004年,广州市文物部门运用现代考古学方法对三大遗址进行了发掘、考证,发现了当年建筑的墙基等,三大会址得到了科学的确认。

广东省、市各有关部门共同努力,仅用短短6个月时间,就完成了全部工程。工程投入8000万元。纪念设施由中共三大会址遗址广场、中共三大历史陈列馆、中共中央机关旧址——春园和旧民居5号楼组成。

2006年7月1日,在中国共产党85华诞之际,中共中央党史研究室、国家文物局、中共广东省委和广州市委在广州联合举行中共三大会址、中共中央机关旧址保护工程暨纪念馆落成典礼。时任中共中央政治局委员、广东省委书记张德江出席会议并讲话。张德江、李景田、单霁翔和黄华华为会址揭幕。广东省、广州市五套领导班子的主要领导均出席了揭幕式。

我一直负责与广东方面联系,共同推进三大会址的保护工作。在与此同时召开的研讨会上,我做了主旨报告,介绍了三大会址的修复和保护工作,论述了三大的历史意义,对广东省、广州市所做的工作给予了高度评价。

我将三大会址、中共中央机关旧址的保护修复工作概括为"四个工程",即党史文物的保护工程、领导艺术的实践工程、群众工作的基础工程、党史宣传教育的历史工程。为什么说是"四个工程"?我根据参与这项工作和了解的情况,作了详细说明。

我介绍,这次会址的保护与纪念馆建设,有五个方面的内容,一是发掘三大主会场,并对会址进行保护和展示;二是对中央机关办公和居住的旧址进行复原和改造;三是建设新的纪念馆及配套设施;四是对会址周边环境进行整治;五是陈列布展工作。这五个方面都做了大量的工作。

我指出，这次修建，从头到尾严格按照文物保护的要求和原则来进行。大家可以看到，在三大会址上没有建房子。原来的房子，1938年的时候，由于日本飞机的轰炸，被炸毁了。炸毁了就不宜重建，但又要把它展示出来。怎么办？办法是，把墙基用玻璃罩起来，可以看到下面的地基，让大家知道，这就是它的旧址。其他的建筑和内部的陈设，也都努力按照原址的要求，以历史的原样复原。实在搞不清楚的，就承认搞不清楚，尊重历史，尊重客观事实。包括三大代表的排名，我们都严格遵循历史的原貌，当时怎么样就怎么样，什么顺序就什么顺序，尽量符合原样。中央领导成员，都是按照当时中央委员会的顺序来排列的。

我特别强调，这是一项群众工作的基础工程。因为这个工程项目有拆迁内容。拆迁的范围涉及 72 个门牌，123 户居民，产权人共 113 人，拆迁面积 5600 平方米，而且还不回迁。拆迁工作 1 月启动，5 月底就全部完成了。在拆迁过程中，怎么处理好党史遗址修复与群众利益的关系，这是非常现实的问题。张德江书记交代，在整个过程中，不能有一个上访。我解释说，不是说不让上访，而是说不能因为工作做得不够好、不完善而出现上访的问题。据我了解，这个要求做到了，太不容易了。从最后的结果看，非常成功。所以，为我们提供了做好新形势下群众工作的宝贵经验。

中共三大会址纪念馆建成后，很快就被定为广东省、广州市爱国主义教育基地，广东省、广州市中共党史教育基地，广州市未成年人德育教育基地等。2009 年被中宣部公布为全国爱国主义教育示范基地。许多单位的干部群众或来举行入党宣誓仪式，或来过组织生活，或来参观学习。有一位观众即兴写下短诗《参观有感》：

青山埋忠骨，浩气振中华。春园倚珠江，旧址昭来人。国泰民安康，得之不言易。党群一条心，奋进谋发展。

我当时还组织写了一份内参，向中央报告了三大会址和中共中央机关旧址保护修复的情况。

值得一说的还有在莫斯科的六大会址的保护工作。

从2006年开始六大会址的寻访、确认、保护、建设等一系列工作，一直到2016年7月4日六大会址常设展览馆建成并举行开馆仪式，整整持续了11年的时间。我在2015年退居二线前，参与了这项工作的几乎全部过程。内部情况当然不便多说，但会址情况和保护工作概况还是可以略作介绍。

首先是会址问题。中共六大确实是在莫斯科召开的，但具体地址在哪里？以往代表的回忆和专家的著述，分别提到两个地方，一个是在兹维尼果罗德镇，一个是在纳罗法明斯克地区五一村。前一个在莫斯科的西北部，后一个是在莫斯科的南部，南辕北辙。

经过考证，我们确认的六大会址是：莫斯科郊区纳罗法明斯克地区五一村一座被称为"银色别墅"的贵族庄园。五一村现已称五一镇。

我们在给中央领导同志的报告中，除了确认地址外，还提出了保护和维修性建设六大会址的建议。

由于会址在国外，涉及俄罗斯，如何保护和修建就非常复杂。

中央领导同志对这件事高度重视。中央几个有关部门形成了联席会机制，多次召开会议专题研究。几个部门共同参与，各负其责。我们中央党史研究室负责会址确认，资料搜集，历史研究，展览大纲和内容的设计与审查等等。

在此前后，有关部门分工负责做了很多工作。国家文物局派出专家实地考察，拟订了保护和修建方案。我们中央党史研究室组织专家到俄罗斯和其他有关国家进一步搜集六大的档案资料，加强对六大及其会址的研究。

经过长期不懈的努力，到 2013 年 9 月 5 日，中俄双方代表正式签署了中共六大会址租赁合同。内容为俄方出租莫斯科市五一镇花园路 18 号 18 世纪庄园主楼及所在地皮（面积为 3267 平方米），供莫斯科中国文化中心分支机构建立中国共产党第六次全国代表大会常设展览，租期为 49 年。中方自费保障对该项目进行大修和日常维修以及旨在保障项目物理完好性所进行的修复工作。

该合同是在中国国家主席习近平访俄期间签署的，表明了双方高层对这一项目的高度重视。

随后便是紧锣密鼓的修复工作。

这项工程，本希望早日完工，后来商定在 2011 年 7 月中国共产党成立 90 周年之际完成，但最后是在 2016 年中国共产党成立 95 周年完成的。刘延东副总理前往莫斯科参加了六大会址常设展览馆的开展仪式。

不管花了多长时间，这件事终于办成了。于是，在异国他乡多了一个能够展示中国共产党特殊历史的红色遗址。

（二）红色遗址的成规模保护和建设

有些地方，革命遗址比较集中，所以，就有了一个成片保护的问题，如井冈山、瑞金、延安、西柏坡，都是成片保护的。

交通便利、九省通衢的武汉具有光荣的革命传统。特别是 1926 年底到 1927 年初，随着北伐的胜利进军和国民政府迁都武汉，革命势力由珠江流域扩展到长江流域，革命中心由上海、广东转移到武汉。党的一些领导人吴玉章、林祖涵、恽代英、彭湃、毛泽东、瞿秋白、刘少奇等先后到达武汉，陈独秀也于4月中旬到达武汉。在此前后，原在上海的中央组织部、中央宣传部、中央农委、中央工委、中央妇委、中央军委等部门也陆续迁到了武汉。武汉国民政府的成立和中共中央机关的迁汉，使江城武汉这座工商业大城市成为大革命的中心。1927年，中国共产党在这里召开了五大和八七会议，为挽救党和革命作出了巨大努力。抗日战争时期，中共中央长江局设在武汉。所以，武汉地区留下了大量的革命遗址。特别是中共中央的机关旧址比较集中，应该给予进一步的重视，努力加以适当的保护。

湖北省委省政府和武汉市委市政府对五大会址保护工作非常重视，多年来一直酝酿此事。2007年11月30日，中央党史研究室与湖北省委一起举行了中共五大会址纪念馆落成典礼，同时召开纪念中共五大和八七会议召开80周年学术研讨会。

在中共五大开幕式会址所在地，原先较好地保存有建于1915年的4栋建筑，建筑风格为清末武汉地区中西风格相结合的学宫式建筑。

五大会址纪念馆建成后，占地面积共7900平方米，修缮了4栋文物建筑，面积1963.14平方米；按原貌修复中共五大开幕式会场风雨操场、小礼堂和教工宿舍，面积1602.37平方米。在此基础上，在五大会址内布设了中共五大开幕式会场，陈潭秋、徐全直夫妇卧室，武昌第一小学教室和传达室4个复原陈列，以及"中国共产党第五次全国代表大会历史陈列"和"陈潭秋早期革命活动陈列"两个基本陈列。7幢建筑物呈"回"字形，均为砖木结构，建设规模为国内党代会纪念馆之最。

在450米长的武昌都府堤街上，有武昌农讲所旧址、毛泽东旧居两处重点文物保护单位，现在又有了中共五大会址纪念馆。这三个晚清风格建筑的群落，都有着深厚的革命内涵，既各有特色，又连成一体。而且，沿街的建筑风格也协调统一，绿化景观赏心悦目。在全国大城市中，能有这么几个意义重大、保护良好、特点鲜明的古建筑红色景点，集中在一条街上，非常难得。

（三）其他红色遗址的保护和利用

浙江省将革命遗址称为党史胜迹。经过普查，全省共梳理出党史胜迹1615处，基本理清了遍布浙江省各地红色历史资源"家底"。基本形成以中共一大南湖会址，萧山衙前农民运动，土地革命战争初期的武装斗争，艰苦卓绝的南方三年游击战争，抗战初期的浙江国共合作，抗战后期的浙东、浙西抗日根据地，解放战争时期的斗争等党史遗址、遗迹和纪念建筑群，以及一大批著名党史人物故居等为主的党史胜迹。

普查革命遗址的目的，在于更好地保护、开发、利用和宣传。在全面实施党史胜迹普查这项系统工程的实践中，浙江省形成一些好的做法和经验。在全国率先开展评选党史教育基地活动，着力发挥"红色印记"宣传党史、教育后人的示范作用。在2011年时，浙江革命烈士纪念馆等27个单位被评为第一批"浙江省党史教育基地"。在全国率先设立省级党史胜迹普查和保护专项经费。从2008年至今，省财政共下拨1050万元，分两批对全省46处革命遗址和纪念设施进行维护，各地也都拨出专款用于这项工程。据不完全统计，全省推进这项工程的财政资金共6500多万元。

为配合对党史胜迹的宣传和普及教育，省委党史研究室与浙江人民出版社联合编纂《红色印记——浙江党史胜迹图志》，与电视制作单位合作拍摄有关浙江党史胜迹的电视文献片将陆续推出，对全省重要党史胜迹的保护成果进行集中展示。

另外，还有红色遗址的保护和管理体制，在此不做展开论述。

四、充分认识红色遗址保护和利用的重大意义

第一，红色遗址是中国共产党百年历史的重要记录。中国共产党在领导人民进行革命的长期斗争中，在全国各地留下了许多珍贵的革命遗址。这些革命遗址，铭刻着中国共产党人和中国人民为民族独立和人民解放而英勇奋斗的光辉历程，蕴含着中国共产党人和中国人民艰苦奋斗、不屈不挠、一往无前、敢于胜利的革命精神，是重要的历史见证，是对广大人民群众特别是青少年进行爱国主义教育和革命传统教育的重要阵地，是宝贵的革命历史文化遗产，也是人类文明史上独特的文化遗存，是中华民族物质和非物质文化遗产的重要组成部分。

第二，红色遗址是人类文明的宝贵财富。

第三，红色遗址是资政育人的教科书。

第四，红色遗址是推动现代化建设的重要资源。如中央革命根据地的振兴和发展规划。如山西省，在全国红色旅游开展之初，就确定了多条多处红色旅游线路和地址。

1. 长治市红色旅游系列景区（点）（武乡县八路军太行纪念馆、王家峪八路军总部旧址、"百团大战"砖壁指挥部旧址、黎城县黄崖洞革命纪念地）。

2. 晋中市左权县麻田八路军前方总部旧址。

3. 大同市红色旅游系列景区（点）（大同煤矿万人坑遗址纪念馆、灵丘县平型关战役遗址）。

4. 忻州市红色旅游系列景区（点）（五台县晋察冀军区司令部旧址纪念馆、徐向前故居和纪念馆）。

5. 吕梁市红色旅游系列景区（点）（文水县刘胡兰纪念馆、兴县四·八烈士纪念馆、晋绥边区革命纪念馆）。

6. 太原市红色旅游系列景区（点）（山西省国民师范旧址革命活

动纪念馆、太原解放纪念馆）。

第五，提高认识，加大对红色遗址的保护力度。在全国革命遗址普查后，我们调查了解了各地在革命遗址保护中存在的一些问题。就当时而言，主要有：

1．损毁严重。有的地方约三分之一的遗址已不复存在，有些遗址面目全非。一部分是毁于战火，一部分是失于人为。随着城市建设飞速发展，城区用地日益紧张，部分遗址如今成了商业投资的黄金地段，有些遗址在城市改建中遭到了不同程度的损毁。

2．社会重视程度不高。由于革命遗址宣传和开发力度不大，造成许多人对参观革命遗址的积极性不高，使政府对革命遗址的投入相对较少。

3．法规条例有待完善。现行法规和条例在有关红色文化遗产的保护方面不够明确和完善，部门与部门之间，地区与地区之间，在保护、开发与利用上，存在信息不畅、各自为政的现象，造成革命遗址被损毁。

4．保护控制力度不够强。近年来，因城市建设之故，一些革命遗址被列入拆除范围，这是革命遗址目前需要解决的紧迫问题。

5．保护管理主体不明确。全省革命（其他）遗址保护管理多种多样，但由于管理保护主体不明确，造成不少遗址特别是散落在边远地方的一些革命遗址实际上处于无人管理或疏于管理的状态。

6．缺乏财政经费支持。由于经年累月的风雨侵袭和其他原因，一些革命遗址受到了不同程度的损坏，急需进行修缮。此外，新发现的一些遗址，虽然已确认为革命遗址，但由于缺乏资金，目前处于原始状态。缺少资金支持，革命遗址不仅得不到及时修缮维护，而且还会影响到宣传教育活动的开展。

7．深度挖掘和宣传利用不够。这次普查发现，过去市县对一些相对较小和地处偏远的革命遗址不够重视，深入宣传和挖掘整理这方面差距更大，时隔久远，这次普查困难很大，史料严重缺乏。

8．管理规范不够。根据普查到的革命遗址所属来看，产权归属不一，责任主体不明确，没有统一的管理机构，缺乏整体规划，多数处于有人使用、无人管理的混乱状况，革命遗址缺乏完善的管理保护机制和整体规划。

有关的建议是，加大社会宣传力度，搞好规划和建设，加强保护措施：

一是对一些损毁较严重的遗址，应尽快加以修缮。

二是对一些已不复存在的革命遗址，采取在纪念地立标示牌，以图片、文字叙述的形式加以保护性展示，这样可以让人们在接受革命传统教育的同时自发地保护好遗址。

三是在城市建设、新农村建设规划时应尽量保存好革命遗址原貌，不能随意拆除和人为损毁。

四是鉴于有些革命遗址散落在偏僻的农村，要特别重视这些革命遗址的发掘整理、管理、保护和利用，以推动农村红色旅游事业的发展。

五是健全管理制度。在重视保护开发利用的同时，应当健全革命遗址、遗迹的管理制度，做到制度规范化，有人管理，有人讲解。

六是与文化旅游部门协调，利用革命老区宝贵的红色资源，提高知名度，促进转型发展和跨越发展。

五、红色遗址保护需要注意的一些问题

（一）准确和科学认定红色遗址（实事求是、确保真实、妥善处理争议问题）。

（二）妥善处理原状保护与遗址复建的关系。

（三）妥善处理遗址保护与城乡建设的关系。

（四）妥善处理遗址保护与群众利益的关系。

（五）妥善处理政府主导与社会参与的关系。

（六）妥善处理长远规划与分步实施的关系。

"北京红色文化丛书"序言

纪事和说明：

  为贯彻落实习近平总书记对北京首都建设和文化建设的重要指示，中共北京市委决定编纂"北京文化书系"。书系包括"古都文化、红色文化、京味文化、创新文化"四个系列。其中"北京红色文化丛书"由我任主编。经过统筹安排、严密组织、有序推进，终于在 2020 年 4 月正式出版，率先按精品工程要求完成了北京市委布置的任务。

  编写"北京红色文化丛书"，不仅需要做大量组织工作，而且还要在理论上阐明红色文化的一系列问题。对这些问题，我进行了深入思考，也和编委会同志一起进行了深入研究。最后由我完成了这篇"北京红色文化丛书"序言。序言一共说明了八个问题。

  北京是千年古都，有着丰厚的文化积淀。1949 年伴随着中华人民共和国成立的脚步，北京获得新生。改革开放以来，北京文化得到新的更大发展。党的十八大以后，以习近平同志为核心的党中央进一步明确了北京作为全国政治中心、文化中心、国际交往中心、科技创新中心的战略定位，不仅为整个首都建设，也为北京的文化建设指明了方向、增强了动力。

为了深入挖掘北京文化内涵、推进全国文化中心的建设，北京市委决定编纂"北京文化书系"。书系包括"古都文化、红色文化、京味文化、创新文化"四个系列。按照市委要求和市委宣传部部署，由北京市委党史研究室负责、由我当主编，组织有关部门和单位的专家学者编纂了"北京红色文化丛书"。这是整个书系的一个重要组成部分。

对这套丛书，首先需要作几点总体上的说明和介绍。

一、北京红色文化的内涵和外延

编纂"北京红色文化丛书"，首先要界定"北京红色文化"的内涵和外延，这样才能确定写什么、怎样写。

文化，作为人类改造客观世界和主观世界的活动及其成果的总和，始终伴随着人类的活动而生成、发展，从而不断展现出五彩斑斓的色彩。当代中国文化，源自中华优秀传统文化，熔铸了中国共产党领导人民在革命、建设、改革中创造的革命文化和社会主义先进文化，到当代，本质上成为中国特色社会主义文化。如果以颜色作为象征，总体上可以说是一种以红色为基调的文化；而中国共产党培育、形成和展现的文化，则是一种比较完全意义上的红色文化。这是广义上的红色文化。

但在本套丛书中，我们对红色文化作了狭义上的界定，即将红色文化限定于主要在1949年前由中国共产党培育、形成和展现的革命文化。这样界定，主要是为了尊重文化自身内容的多样性和复杂性，避免过于宽泛造成内容上的庞杂，也为了更加突出不同时期文化的主要特点。否则，北京红色文化就会像一个硕大无比的筐子，什么都能往里装了。

因此，本套丛书所说的北京红色文化，主要是指1921年中国共产党成立至1949年中华人民共和国成立之间，中国共产党在北京地区领导人民群众为争取民族独立、人民解放而斗争所培育、形成和展现的革命文化。往前，回溯到五四运动前后红色文化的萌发；往后，延伸到新中国成立后到1966年前所创作的反映新民主主义革命的主要作品、建筑，如人民英雄纪念碑等。

无论广义还是狭义，红色文化都是中国共产党"为中国人民谋幸福、为中华民族谋复兴"的初心和使命的重要体现，都是在实现这一初心和使命的历程中培育、形成、发展和完善起来的重要成果。而北京红色文化，则是这一初心和使命在北京区域内的体现和反映。

北京红色文化与中共北京党史有着紧密的联系。北京红色文化，是在中国共产党在北京的活动、工作、斗争中培育、形成和展现出来的。因此，写北京红色文化，当然要写北京党史。但党史又不能完全等同于文化。所以，本套丛书安排几本书梳理和介绍了北京地区党的组织和活动，展示了党在北京地区的英勇和复杂的斗争。但撰写这些历史，不是简单地写历史，而是重在反映这些历史中的文化和精神，努力体现贯串其中的北京红色文化。因此，这些历史与标准的党史著作是有区别的。

二、北京红色文化的特殊地位

北京红色文化不是孤立的地域文化，而是党和国家整个红色文化中一个特殊的重要组成部分。

中国共产党这艘红船，在上海制造，在南湖起航。追根溯源，首先是在北京孕育的。北京地区的党组织，是中国共产党的地方组织，但某些时期也超出了地方的范围。如李大钊领导的北方区委，曾负责当时北方十几个省、区、市党的工作。北京发生的许多事件，如五四运动、一二·九运动、卢沟桥事变等，都对全国产生了重大影响，起到了引领作用。

特别是1949年，北平和平解放。中共中央决定定都北京。随即，进京赶考，从西柏坡迁驻香山，9月正式入住中南海。在这期间，党中央、毛泽东运筹帷幄，指挥夺取了中国革命的最后胜利；筹备和召开中国人民政治协商会议，建立了中华人民共和国。北京历史翻开了新的一页，中国的历史也翻开了新的一页。所以，从1949年初起，北京就实际上发挥了首都的作用。新中国成立之后，北京作为中华人民共和国的首都，围绕大局，服务中央，一直到今天，都发挥着特殊的作用。

所以，北京是地方的北京，但也是全国的北京。北京的红色文化，既具有地域性，也具有全局性。北京红色文化，在党和国家整体的红色文化中，发挥着一定程度上的全局性的作用；对全国的红色文化建设，也在一定程度上发挥着典型、示范和引领的作用。

所以，我们撰写"北京红色文化丛书"，既坚持立足于北京，又坚持着眼于全党全国，把北京红色文化放在全局中来认识和撰写，充分反映党中央对于北京党组织和北京地区革命斗争的领导，反映党中央在北京对于全国革命斗争的领导和指挥；同时，又充分反映北京地区革命斗争的实际，充分反映北京地区革命斗争在全局中发挥的特殊作用，从而，正确地反映北京红色文化与党和国家整体红色文化的关系。

三、北京红色文化的形态和表现

文化有物质和非物质两类基本形态。所以，北京红色文化，既包括精神领域的红色文化，也包括物质形态的红色文化。这种物质形态的红色文化，就是指蕴含在这些物质形态之中，以物质形态表现出来的红色的精神文化。比如中共中央在香山的办公旧址，表现为物质形态，但包含有丰富的文化内容。所以，我们将北京的红色遗存、红色地标等均纳入了北京红色文化的范围。

物质形态的北京红色文化，主要有三类。

第一类，是红色地标。在本套丛书中，我们提出了"红色地标"的概念。所谓红色地标，就是指北京区域内具有地标性的红色遗址、遗迹和纪念建筑。一般来说，每个城市都会有自己的地标性建筑。但北京的地标，不仅是北京的地标，而且很多是全国性的地标。如北大红楼、卢沟桥、天安门广场、国家博物馆、毛主席纪念堂等，它们有些是原先就有的，有的是1949年之后建立起来的。这些地标性建筑，都具有特别重大的意义，甚至从某个角度可以代表中国共产党、代表中华人民共和国。

第二类，是红色遗址遗迹。主要是除红色地标外反映革命斗争历史和精神的大量遗址遗迹。红色地标不少也是遗址遗迹，但因为其特别重要，就单列出来了。除此之外的大量红色遗址遗迹，也蕴含着丰富的红色文化。所以我们也在本套丛书里作了研究、介绍和展示。其中不少已经被列入不同级别的文物，有的还没有列入。北京党史部门曾对这些遗址遗迹做过调查，特别是曾按我们中央党史研究室的统一部署，做过一次大规模的全面普查。这次丛书进一步加以反映。所有这些遗址遗迹，都是北京红色文化的重要载体。

第三类，是可移动红色文物。包括红色文献，如党创办的很多杂志、出版的各种书籍；红色艺术品，如木刻、标语、宣传画、摄影作品、美术作品等。1949年及之后设计的国旗、国徽也是红色艺术品。它们是具有可移动性的物态，也是北京红色文化的重要载体。

其实还有一类，兼具物质形态和非物质形态。主要是红色的文学作品、音乐作品、戏剧作品、舞蹈作品、电影作品、民间文艺等。就其内容和表现形式而言,应该属于非物质文化形态,但它们也以一定的物质形态存留于世。其中有的是原生态的历史作品,也有的是1949年后创作的反映1949年前革命斗争的作品。

精神领域的北京红色文化,主要是在长期革命斗争中表达和反映的思想、理论、路线、政策、主张、观点、口号、精神、规范、要求、价值取向、道德要求等等。它们总体上都可以归入红色文化的范畴。如果直接在北京区域内形成和表现出来的,就是北京红色文化。

这类北京红色文化,也是非常丰富的。但如果单个加以研究和介绍,困难较多,也可能流于宽泛。所以,本套丛书主要从中提炼了一系列革命精神,用以集中反映北京在精神领域的红色文化。

由此,本套丛书集中展示了五四精神、红楼精神、抗战精神、香山精神。每一本书都有从不同侧面的展示,在《北京红色文化概述》里又作了集中的分析论述。五四精神产生于北京,其内涵党中央已经做了明确的界定。抗战精神产生的一个重要节点也是在北京,其内涵党中央也已经做了明确的界定。红楼精神、香山精神都是客观存在,但党中央还没有正式界定。本丛书做了深入挖掘,提炼了它们的主要内容,使我们对这些精神的研究向前推进了一步。

四、北京红色文化中的"建国精神"

除此之外,还有一个特殊的十分重要的精神——建国精神。我们在本套丛书研究和撰写过程中,多次讨论到这一问题。我个人认为,作为中国共产党,有建党精神,通常用红船精神来概括和标示。作为中华人民共和国,当然也有某种特定的精神,应该就叫建国精神。这种精神的内涵是非常丰富的,所回答的主要是建设一个什么样的国家、怎样建设国家的问题。70年来,中华人民共和国始终在思考、探索和回答着这个问题。70年前，在筹备建立中华人民共和国的过程中，中国共产党和中国人民政治协商会议初步回答了这个问题。从而实际上已经形成了"建国精神"。如果在庆祝中华人民共和国建立70周年之际，正式提出和使用"建国精神"这个范畴，应该是十分有意义的。

中华人民共和国的建国大业，是在北京实施和完成的。往前回溯，可以联系到中央苏区、延安、西柏坡等。在这样一系列局部执政和谋划执政的过程中，到北京终于得以实现和完成。不同地区都对建国大业的完成和建国精神的形成起了重要作用。但无论如何，建国大业是在北京完成的，所以，建国精神的标志性诞生地，应该非北京莫属。

1949年，中共中央到达北平后，首先在香山办公，由此而产生了香山精神。香山精神可以包含建国精神的很多内容。但是1949年9月17日、21日，中共中央机关和毛泽东主席先后正式移居中南海。所以香山精神还不能完全代表建国精神，在香山精神基础上进一步提炼和概括建国精神，仍然是必要的。

当然，由于这是一个重大的理论和政治问题，稳妥起见，本丛书还没有正式论述建国精神。但我在本序言中把这个问题提出来，并做简单的分析和介绍，以便今后进一步加以思考和研究。

五、北京红色文化的作用和价值

文化是一个国家、一个民族的灵魂。文化的发展繁荣与国家民族的命运紧紧联系在一起。北京的文化建设不仅与北京的发展紧紧联系在一起，而且在全国的文化建设和中国特色社会主义的建设中都起着重要的作用。

北京红色文化是北京文化的重要组成部分，同样具有十分重要的作用和价值。

从时间维度上来说，北京红色文化，既在新民主主义革命的过程中具有重要的价值，发挥了重要的作用，同时，又对1949年后的革命、建设、改革具有基础性、延续性、灵魂性的价值和影响，一直发挥并将继续发挥着重要的作用。

从空间维度上来说，北京红色文化，既对北京地区的革命、建设、改革有着重要的价值，发挥着重要的作用，又因为其居于首都地位，所以对党和国家的全局发挥着重要的作用，对于全国的红色文化建设，起着引领和示范的作用。

从历史而言，本套丛书将北京红色文化的作用概括为：传播马克思列宁主义，解答中国问题；认知基本国情，选择革命道路；加强政治宣传，动员鼓舞群众；团结进步力量，壮大统一战线；引领革命洪流，助推全国胜利。

对于现实而言，本套丛书将北京红色文化的时代价值概括为：传承红色基因，弘扬社会主义核心价值观；挖掘红色文化，助力全国文化中心建设；厘清历史真相，反击历史虚无主义；开发红色资源，促进地区经济社会发展。

这些提炼和概括，是在《北京红色文化概述》作者和编委会认真研究的基础上形成的，代表了我们整个团队对北京红色文化作用和价值的认识。

六、北京红色文化与其他文化的关系

北京文化书系包括"古都文化、红色文化、京味文化、创新文化"四个系列、四套丛书。因此，编纂"北京红色文化丛书"，除了界定北京红色文化的定义和范围之外，还必须厘清和处理好与古都文化、京味文化、创新文化的关系。

古都文化，是一种传统文化，而且是一种以古都为特点的传统文化。古都文化当然不是红色文化，但是红色文化多少也吸收和传承了古都文化的某些因子。作为京城、古都，北京长期居于国家政治、文化的中心地位，因此，那种天下观念、家国情怀、宽广视野，对于许多革命家在北京出发、许多历史事件在北京发生、中国共产党在北京孕育、新中国在北京诞生，都起了重要的作用。作为中华人民共和国的首都，北京不仅是全国的政治中心，也是全国的文化中心。北京文化是首都文化。长期形成的都市建设理念，对北京红色地标的规划、布局和建设也产生了深刻的影响。所以，北京红色文化在很多方面传承了中国传统文化的精华，也包括古都文化中的某些思想养分。

京味文化，是兼具都城性、生活性和民间性的一种文化。北京红色文化，运用了京味文化的很多形式，如戏剧、书画、礼仪、节庆、服饰、民俗、工艺、饮食等。中国共产党在革命、建设、改革中都利用其从事宣传、动员、教育、统一战线、党的建设、武装斗争，产生了明显的效果。比如，党中央、毛泽东到达北京的第一天，就会见民主党派负责人和其他民主人士，并在颐和园设宴招待和餐叙，这既是饮食，也是礼仪；是生活，也是政治。北京红色文化，在相当程度上渗入、影响和改造了京味文化。比如，1949年，中国共产党接管北京之后，在忙于一系列重大政治、军事事务的同时，立即着手整理市容、收容乞丐、封闭妓院，从而初步清除了传统京城的糟粕，改造了某些低俗的城市文化。

创新文化，是改革开放以来突出提出和强调的新型文化。作为中国共产党提出和确立的战略要求，创新文化甚至在广义上也是一种红色文化。两者在很多方面有着内在的联系、内在的共性。红色文化应该是一种富于创新的文化，创新文化也包含着红色文化的基因。但同时，我们也懂得，文化是一种庞大的社会历史现象，具有非常明显的多样性和复杂性。其中包含着众多的子文化、亚文化，也会有众多和不同的色彩。没有必要对所有的文化都贴上红色还是非红色的标签。所以，北京红色文化与北京创新文化是并行不悖的。两者互相促进、互相交融，共同丰富和发展着北京文化，共同构成全国文化中心建设的重要内容，共同为北京"四个中心"与和谐宜居之都的建设发挥着重要作用。

七、"北京红色文化丛书"的框架和特点

基于上述观点、分析和考虑，"北京红色文化丛书"一共列了 12 本著作，分别是《北京红色文化概述》《北京的红色觉醒》《北平抗战的红色脊梁》《迎接北平的红色黎明》《新中国在这里诞生》《北京红色先驱》《北京学府的红色文化》《北京红色地标》《北京红色遗存》《北京红色文艺》《北京红色出版》《北京红色设计》。

这 12 本书所写内容和角度并不完全一样。《北京的红色觉醒》《北平抗战的红色脊梁》《迎接北平的红色黎明》《新中国在这里诞生》，主要按时间顺序，分四段介绍了不同时期党在北京的活动及其形成和发展的红色文化。2019 年是中华人民共和国成立 70 周年，这几本书连贯回答了人民共和国从何而来的问题。特别是《新中国在这里诞生》，集中介绍了中共中央在香山及到中南海筹划建立中华人民共和国的主要过程，对我们重温中共中央在香山的历史，从中汲取力量和智慧很有帮助。这四本书，均是以北京党史为基础，但又着重从文化的角度切入和贯通。党史叙事是研究和介绍北京红色文化的前提和基础。如果不说明党在北京的活动和工作，就无法说明北京的红色文化。当然，如果简单地重复党史，而忽略红色文化的形成和发展，那就是党史而不是红色文化了。

《北京红色先驱》分别介绍了在北京革命斗争中涌现的著名人物

和英烈模范。没有以他们为代表的共产党人和志士仁人，北京红色文化就无从产生。这些先驱，既有个体，也有群体，都是北京红色文化的创造者、体现者和代表者。

《北京学府的红色文化》集中介绍和展示了北京大中学校中党的活动及其体现的红色文化。北京是学校特别是高校最集中的地区。北京的学府在中共党史和中国革命史上发挥了特殊的作用。以往介绍各个学校的革命斗争史，都是一个一个学校单个研究和介绍的。但这次，我们首先把各个学校打通和整合起来，从整体上介绍北京学府红色文化的形成、发展、内容和特点。这种写法虽然要困难得多，但体现了北京学府红色文化的整体性和统一性。

《北京红色地标》《北京红色遗存》反映的是物质文化遗产。它们代表了北京红色文化的一个重要类别。《北京红色地标》着重介绍了具有地标意义的红色遗址遗迹、重要建筑和纪念设施。不仅介绍了有关这些建筑设施的红色历史，还从建筑学和美学的角度介绍和分析了建筑设计上的特点。突出红色地标，这是红色文化研究的一个创新，也是北京红色文化的一个重要特色。

《北京红色文艺》《北京红色出版》《北京红色设计》分别展示了北京红色文化的几个重要领域和类型。其中的红色出版物和红色设计在党史研究中是个创举。迄今的党史著作，都是在叙述党史过程时提到这种或那种杂志、报纸或书籍。但它们的具体情况如何，中国共产党到底出版过哪些报纸、杂志和书籍，均语焉不详。《北京红色出版》首次做了集中研究和介绍。虽然只是北京地区的出版物，但仍然具有开创性的意义。《北京红色设计》更是一种新的探索和突破。它从艺术设计的角度介绍了一批建筑、雕塑、书刊、纪念物品、徽章标识中的红色文化，令人耳目一新，具有很强的知识性。

在这些单项著作的基础上，《北京红色文化概述》一书从整体上概述了北京红色文化的形成和发展、土壤和条件，物质形态的北京红色文化、精神层面的北京红色文化、北京红色文化的本质特点、北京红色文化的传承和发展、北京红色文化的时代价值、通过弘扬北京红色文化推进新时代新北京的建设等。这本书兼具历史概述和理论分析，集中回答了"北京红色文化是什么、有哪些"的基本问题。

所有这12本书，由于内容、角度不同，体例和风格上也有不同。我们一直努力保持体例和风格的统一，但很难完全统一，只能从实际出发，发挥各自的特色。不同角度、不同写法、不同风格，正好可以起互补和整合的作用。

八、"北京红色文化"工程的实施和推进

编纂"北京红色文化丛书"，是北京市委的决定和部署，是贯彻落实习近平总书记对于北京首都建设和文化建设重要指示的重要举措。丛书编委会和所有作者，特别是负责单位北京市委党史研究室，都不断增强"四个意识"、坚定"四个自信"、做到"两个维护"，从政治和大局的高度对待这项工作，勇于担当负责，积极主动作为，努力完成市委交代的任务。

从接受任务开始，编委会就制定了严密的工作计划，以钉钉子精神抓工作落实，一环紧扣一环、一步紧跟一步，稳步有序地把这项工程推向前进。从设计方案到选择作者，从确定选题到拟定提纲，从写出初稿到反复修改，从多次审议到最后统稿，从专家审核到编辑介入，每一个环节都召开专门会议，提出要求，落实措施，明确要求，规定时间。有布置、有检查、有落实。北京市委党史研究室从主任到有关人员，全程参与和负责，及时推进工程，及时请示汇报，及时解决问题。对每一本书都确定了联络员，随时沟通联系。各位作者深入研究，认真写作，准时完成了不同阶段的写作和修改任务。编委会成

员和有关专家多次审核每一本书，认真把关，提升质量。邵维正将军年事已高，但坚持参加了几乎每一次会议，并审稿把关。北京出版集团全程参与，及时配备了责任编辑，提前介入图书的审阅、编辑工作。正由于所有同志的共同努力，才使得这项工程按照市委的要求及时完成。全书形成第二、第三稿后，我们还专门将全套丛书报送给十几位有名望的学者型省部级领导，请他们审阅把关、提出意见。

"北京红色文化丛书"具有鲜明的政治性。所以，我们首先坚持正确的政治导向，坚持以党的两个历史决议的精神为准绳，在重大历史事实、基本观点和重大结论上，同党中央保持高度一致。同时，确保史实的准确性。尽力运用原始资料，认真核对比较，吸收最新成果，深入挖掘拓展，要求作者最大限度减少错漏和不准确之处。

"北京红色文化丛书"也具有很强的学术性。市委明确要求打造精品工程。所以，本套丛书从一开始就把打造精品作为基本标准，一切按精品要求来设计、写作、审核、研究、修改、编辑，不断消除与精品不符的问题。每一本书都大改了3—5次，小改更多。都是希望全方位展示北京红色文化研究的成果，努力为人们提供内容丰富、权威准确的北京红色文化读物，也为北京红色文化建设提供一个重要的工作基础。当然，由于种种原因，特别是预定交稿的时间提前了几个月，审稿时间便减少了，所以最后完成的书稿与精品工程还有不小的差距，这是我们深感遗憾的地方。

"北京红色文化丛书"也兼顾了读者的需求，力求增加一定的生动性、可读性。根据各本书的内容和任务，我们都要求语言文字上形象一点、生动一点。但实现的情况不完全一样，生动性、可读性各有差异。除了语言文字外，丛书还都查找和配置了适当的照片资料，还约请专业人员绘制了一批图画、漫画，也许可以增加丛书的活跃程度。

我们希望"北京红色文化丛书"能够成为向中华人民共和国成立70周年献上的一份礼物，能够从红色文化的角度清晰展示中国共产党在领导北京地区革命斗争过程中的初心和使命，也为全党和北京市开展"不忘初心、牢记使命"主题教育提供有益的参考读物。

作为主编，我根据这套丛书研究和编纂的实际情况，对上述八个方面作出说明和介绍。希望各方面领导、群众和广大读者看了这些说明和介绍后，能够更加准确地理解北京红色文化，理解这套丛书的内容和特点。

感谢参与这套丛书、以不同方式支持这套丛书的所有人员。

长征——永载史册的伟大文明

——《长征图鉴》序言

纪事和说明：

这是我 2006 年 9 月为我们中央党史研究室第一研究部所编撰的《长征图鉴》一书所写的序言。

长征的历史人们已经非常熟悉，对长征的介绍和评价也已成规范。但我的这篇序言却别具一格，第一次从人类文明的高度阐述了长征的价值和意义。这在以往中共党史和长征历史的研究中是从来没有过的。

本文强调，长征展示了一种特殊的人类文明，锤炼了一种珍贵的文明精神。长征本身就是一种伟大的人类文明。长征文明，与中华文明、人类文明一样，都是我们博大精深的宝库，都是需要深入解读的课题。今天我们纪念长征，需要站在更高的时代基点上，放眼更广阔的世界境域，思考更深刻的人类课题，以便更为有力地推动人类文明的发展。

红军长征胜利已经 70 周年。我们以崇敬的心情纪念这一伟大的事件。

无论岁月怎样流逝，我们都不会忘记长征。再过 10 年、50 年、100 年……我相信，中国人民仍将会以不同的方式纪念长征，世界上的许多人仍将会以极大的兴趣研究长征。

永远难忘长征，因为长征已经永载史册。

长征，是指 1934 年 10 月至 1936 年 10 月，中国共产党领导的中国工农红军第一、第二、第四方面军和第二十五军陆续从长江南北各革命根据地向陕甘地区进行的战略大转移。

长征，是人类历史上无与伦比的革命壮举，是中国共产党及其领导的工农红军创造的人间奇迹，是中华民族一部惊天动地的英雄史诗，是中国革命史上一座不朽的丰碑！

长征的胜利，实现了中国共产党北上抗日的战略方针，红军主力转移到抗日的前沿阵地，为建立抗日民族统一战线，为担负起抗日战争中流砥柱的使命，奠定了坚实的基础。

长征的胜利，使中国革命转危为安，成为中国共产党和中国革命事业从挫折走向胜利的伟大转折点。

长征的胜利，宣传了党的主张，播下了革命的火种，扩大了党和红军的影响。

长征的胜利，保存和锻炼了革命力量，经过长征考验的共产党员和红军将士，许多成为治党治国治军的骨干。

长征的胜利，确立了毛泽东在党中央的领导地位，逐步形成以毛泽东为核心的中央领导集体。这是党和革命事业不断开创新局面的最重要保证。

长征的胜利，向全世界宣告，用马克思主义理论武装起来的、代表中国最广大人民根本利益的中国共产党及其领导下的人民军队是不可战胜的。

所有这些，都是我们已经非常熟悉的长征的政治意义。

在这些政治意义之外，长征是否还有其他一些特别的意义呢？我的回答是：有的。

更为基础和深刻的，我认为，应该是长征对于人类文明的意义。事实上，许许多多普通人之所以被长征打动、震撼；再过百年、千年、万年，人们之所以还能记得长征，很大程度上，恐怕就在于这种对于人类文明的价值。

长征，展示了人类强大的内在潜能。人类到底有多大的能力？能创造多大的奇迹？是随着时代条件的变化而不断发掘出来的。长征，以一种特殊的方式积聚和展示了中国共产党领导下的人民军队特有的潜能和创造性。仅以长征的里程来说，按各路红军中所走最远的路程计算，红一方面军长征二万五千里，红二方面军长征二万余里，红四方面军长征一万余里，红二十五军长征近万里。加起来，各路红军长征的总里程达到六万五千余里。红军战士，在长达数百天的时间里，几乎每天行军数十里、上百里，对人的体能是一个极大的考验。再加上百万大军的围追堵截，自然环境的极端恶劣，人类面临的困难达到了极限，人类受到的挑战达到了极限，人类生存的能力也达到了极限。这种极限，无论此前、此后，常人难以想象，更难以逾越。但是，我们的红军逾越了。他们胜利了，他们成功了。他们用自己的行动，证明了人类具有战胜一切艰难困苦的能力。这种以超乎寻常的英勇显示出来的惊人能力，不仅是红军的光荣，更是整个人类的自豪和骄傲！

长征，塑造了人类伟大的文明精神。人类自诞生以来，代代繁衍，不断创造着自身的文明，也不断发展着自身的文明。岁月流逝，各种具体的人物和事件消失了，但由那些重大事件、重大创造、重大思想体现出来的文明成果却不断积淀,永远地保留了下来。红军长征,显于外的,是一个个具体的事件和人物,但涵于内的,却是一种伟大的人类精神。这种精神,是当年那种特定环境和条件的产物,又支撑起当年长征红军特定的英勇行为。正是在这种精神的鼓舞下,红军战士朝着理想的目标前进,虽遇万难而不辞;胸怀革命的信念奋斗,纵使献身也无悔。长征精神,继承和发扬了中华民族的传统美德,是中国共产党人世界观、人生观、价值观的全面展示,也是整个人类宝贵的精神财富。长征的具体事件,不可能再重复了,但长征体现出来的伟大精神,已经成为人类文明的重要组成部分。它将永远载于史册,以雄辩的力量展示着人类文明的辉煌,鼓舞人类走向新的更加光明的未来。

长征,丰富了人类深邃的政治智慧。人类作为一个庞大的社会共同体,以怎样的体系和方式组合起来?怎样处理相互之间的复杂关系?怎样保持社会的活力与稳定?怎样解决阶级、阶层、民族、国家、政党之间的矛盾?等等,都是人类长期探索的问题。这种探索的艰巨性、复杂性,甚至某种程度上的尖锐性和残酷性,在围绕长征的博弈上几乎达到了顶点。其经验、其教训,其启迪、其告诫,都值得所有党派、阶级、民族的人们,乃至整个人类深深地思考和研究。中国共产党之所以一再跌宕起伏,多次绝处逢生,就在于她不懈地探讨人类社会发展的规律,在实践中思考,在思考中总结,在总结中创新,在创新中前进。中国共产党的政治智慧在砥砺、磨炼中不断升华,不仅指导了自己政治实践的艰难前行,也极大地丰富了人类政治智慧的宝库,给现人、给后人以深刻的教诲。

从这样的意义上来说,长征,是一个事件,更是一种精神!是一段历史,更是一种文明!

长征胜利了,人类文明的花朵又一次绽放了。

长征结束了，人类文明的脚步又一次前进了。

英勇的长征，展示了一种特殊的人类文明！

伟大的长征，锤炼了一种珍贵的文明精神！

甚至可以说，长征本身，就是一种伟大的人类文明！

把长征与人类文明联系起来，这也许是第一次。但我认为，这种联系是必要的。因为它们两者之间，确实有着内在的联系。

这种文明，异常珍贵，值得研究，更需要倍加珍惜。

当然，这样的文明，是付出惨重的代价换来的。据有案可查的统计，长征途中，红军共进行了师以上规模的战役战斗120多次。红一、红二、红四方面军和红二十五军四路红军出发长征时，总人数为20.6万，沿途补充了1.7万，到结束时共保留下来5.7万。这就是说，在长征途中，红军一共损失了16万多人。其中牺牲营以上干部就达432人。

这还只是红军的损失。普通百姓的损失呢？甚至博弈另一方的损失呢？

所以，长征的每一步，既是对人类潜能的挑战，也是对人类自身的摧残；既是对人类和平的呼唤，也是对刀枪剑戟的无奈。长征的坎坷之路，每一步，都流洒着血，喷吐着火，倒下着躯体，丧失着生命。事实上，长征的胜利，是在血与火的搏斗中诞生的，是在善与恶的较量中实现的。长征胜利那高耸入云的丰碑，其实都是由一具具生命的躯体筑就和撑起的。

长征是伟大的，但也是悲壮的。长征是胜利的记录，但也是痛苦的回忆。

在长征胜利的背面，我们应该看到挫折、失败的另一面。正如毛泽东当年指出的，长征既有失败，也有胜利。丢掉了已经建立的很多根据地，这是失败；而粉碎了敌人消灭红军的企图，这就是胜利。

无论胜利还是失败，都是事出有因，也都有经验教训可以总结。总结好了，可以使我们变得更加聪明，少犯错误，少走弯路。所以，无论胜利还是失败，都是我们的财富，应该加以珍惜。

同样，在长征文明的背面，我们其实也可以看到人类野蛮的另一面。看到人类自身所受的折磨，看到人与人之间的相互摧残，看到人类那蒙昧、野蛮、丑陋、残酷的种种表现及其所造成的恶果。

无疑，文明与野蛮交织，进步与反动搏斗，黑暗与光明拉锯，这种斗争，我们希望避免，但有时也难以避免。在一定条件下，唯有用文明去改造野蛮，用进步去战胜反动，用光明去驱除黑暗，我们的社会才能一步步前进。这就是人类社会的辩证法。

这种辩证法是客观的，也是无奈的。是无奈的，当然就是希望避免的。

所以，我们讴歌长征，但并不希望长征重演。长征结束了，就应该让它永远地结束。

确实，随着岁月的流逝，长征已经一年一年地走远了，而且还会继续走远。我们民族、我们人类，都在不断提升着文明的水平。所以，如长征那样的艰难、长征那样的曲折、长征那样的痛苦，都在不断地减少。长征那样悲壮的故事，已经离我们越来越远。

但这并不是说我们应该忘记长征。走远的，其实只是那一个个具体的事件；而留下的，则是它永恒的精神和文明。或者反过来说，长征的丰碑、长征的精神、长征的文明，我们将永存心间，永远铭记。但长征的原因、长征的过程、长征中一个个具体的、悲壮的故事，我们却绝不希望在人类的历史进程中重演。

所以，我们虽然经常使用新长征的概念，但已经赋予它崭新的含义。它所指的，已经不是像当年长征一样的事件，而是指在新的历史条件下坚持和弘扬长征的精神。

所以，我们纪念长征，不仅仅是纪念长征的历史、长征的事迹，更多和更重要的，是纪念长征的精神，弘扬长征所体现的人类文明。

长征文明，与中华文明、人类文明一样，都是我们博大精深的宝库，都是需要深入解读的课题。今天我们纪念长征，需要站在更高的时代基点上，放眼更广阔的世界境域，思考更深刻的人类课题，以便更为有力地推动人类文明的发展。

去年，中央组织的纪念中国人民抗日战争暨世界反法西斯战争胜利60周年活动，已经在更高的层次上探讨人类文明问题，突出地从人类文明的角度剖析战争的原因，揭露日本侵略者反人类文明的本质，总结这场战争对于保护和发展人类文明的经验教训，强调要努力建设一个和平发展文明进步的世界。抓住这一主题，受到了广泛的好评，产生了深远的影响。

今年，我们纪念中国工农红军长征胜利70周年，是不是也应该从人类文明的高度来思考问题呢？这是一个新的视角，需要认真探讨。把研究长征的眼光和思考透射到这个领域和层面，很不容易。但它对于从人类社会发展规律的高度，更加深刻地认识长征、理解长征，发掘长征对于人类文明的价值和意义，十分有益。

在今天的世界舞台上，我们已经日益突出地触及人类文明问题。包括在如何认识和对待人类文明多样性等问题上，我们党和国家已经提出了一系列重要的主张和政策。

关注文明，研究文明，总结人类文明发展的经验教训，探寻人类文明不断进步的规律，这应该是我们研究历史、包括中国共产党历史的深层次的要求。同样也应该是我们研究和纪念长征一个基础和重要的课题。

在纪念红军长征胜利70周年之际，中央党史研究室第一研究部的同志们精心编纂了《长征图鉴》一书。这本书与2005年湖南人民出版社出版的《中国抗日战争图鉴》，是姊妹篇，具有许多共同的特点。它们都是图鉴，都是以历史照片为主集中展示一个历史性的事件。

那么，它们共同的精神和灵魂是什么呢？

我的思考和回答是：文明。一个是对文明的侵害，一个是对文明的建树。或者说，在两个历史事件中，建树和侵害两种因素都在交织。

两本书，都是要记录下建树或者侵害的历史，以史为鉴，警示后人与世界。

我们希望，所有的人都应该永远致力于建树和发展宝贵的人类文明，同时，坚决地反对对人类文明的任何践踏和侵害。

我相信，大力弘扬长征精神，深入研究长征文明，一定会有助于达到这样的目的。

是为序。

做好网络空间的党史宣传工作

纪事和说明:

这是我 2017 年 8 月在全国政协专题协商会上的发言。主要就做好网络空间的党史宣传工作提出了 6 点建议。

其中特别指出,很多网民受"文化大革命"影响太深,一开口就是骂人、戴帽子,语言污秽,庸俗粗暴。不仅玷污网络空间,而且毒化社会风气,还严重损害中国人的形象。因此,净化网络空间,首先要从不骂人开始。这好像是一个小问题,但实际是一个基础性问题。

中共党史,是网络空间的一个重点内容。主流网站经常发布关于党史的文稿,微博、微信关于党史的帖子数量也很大。根据我们请浪潮集团所做的统计,2017 年 4 月 17 日到 7 月 17 日三个月之间,涉及党史的舆论有 98778 篇,其中新闻类型的约为 46394 篇。元搜索网站有 10791 篇,头条号网站有 3374 篇,搜狐网站有 2398 篇。舆论最高峰出现在 2017 年 6 月 30 日。在这三个月内,新浪的相关微博达到 24194 条。微博热议顶峰出现在 2017 年 7 月 6 日。博主区域主要分布在北京、广东、江苏、山东，北京的此类报道最多，占媒体报道总量的 38%。

根据我在中央党史研究室工作的经验分析，关注网上党史的人群主要有四类，第一类是体制内的广大党员和干部，他们关心党史，希望了解党史，经常为政治学习的需要而查询党史资料，这是传播党史正能量的主体。第二类是社会上比较正面的党史爱好者，他们喜好对党史作深度挖掘和解读，关注教科书上没有或语焉不详的事情，也能挖掘出一些材料或事实，会引起网民兴趣。第三类是政治观念错误者，他们不相信官方党史，经常搜寻和发布与官方党史相反的材料，选取阴暗面，甚至编造事实，否定党的成就。第四类是一般群众，对党史好奇，但不甚了解，看到新奇的东西，不辨真假，就在跟帖、社交媒体或"两微一端"进行传播。

我们中央党史研究室主办的党史网，是传播党史的主渠道。党的十八大以来，围绕习近平总书记讲话精神，主动设置议题组织解读和阐释。积极配合中央的重要纪念活动，开设纪念抗战胜利、长征胜利、遵义会议、毛泽东、邓小平、习仲勋等专栏。针对歪曲攻击言论，开设"党史热点面对面"和"反对历史虚无主义"两个专栏。自2014年底以来，积极参与中央网信办等组织实施的"清理网上歪曲党史国史及涉军有害信息"专项行动，对净化网络党史空间发挥了重要作用。

党史舆情非常重要，但又比较复杂。营造风清气正的党史网络空间，主要有堵和疏两种办法。用屏蔽封堵的办法，方便、快捷，效果明显。堵得合适，很得人心；但堵得过度，也会失去人心。因此，更多要采取疏导的方式，加强正面宣传和引导，提高党史传播的艺术和水平。

第一，坚持实事求是，尊重历史事实。春秋时期，齐国权臣崔杼因与齐庄公争风吃醋，把齐庄公杀了。太史官秉笔直书，写下"崔杼弑其君"。崔杼看见大怒，要求改写，太史官不从，崔杼就把太史官杀了，一共连杀了三人，但第四个太史官仍坚持写"崔杼弑其君"。所以，秉笔直书是中国史学的优良传统。我们党一再强调，实事求是是党史工作的根本原则。网民对党史的总的要求也是实事求是。网上党史宣传，只有尊重历史事实，坚持实事求是，"不虚美，不隐恶"，才能赢得人心。否则网民不仅会对党史不信任，还会进一步对党不信任。权衡利弊，实事求是应该放在第一位。

第二，分类梳理党史，注重汲取营养。党史内容丰富多彩，有成就，有挫折；有贡献，有错误。网上党史传播既不能假大空，更不能一团黑。总的应该是中央在有关文件中要求的："用党的伟大成就激励人，用党的优良传统教育人，用党的成功经验启迪人，用党的历史教训警示人。"为此，要善于对党史内容进行分类解读，辩证处理。肯定主流，承认支流；弘扬正气，增强自信；总结经验，吸取教训。不要一锅煮，不要全盘肯定或全盘否定。

第三，适应网络特点，讲好党史故事。权威的党史基本著作，大都是大部头的。但现在大多数网民，都是喜欢看短平快的故事和材料。所以，要研究党史正面宣传的方式，提高正面宣导的水平。可以把宏大纪事改编成许许多多的小故事、小新闻、小信息、小知识、小图表、小视频、小评论、小对话等，以短小精悍的方式，在网络和手机上广泛传播。善于从党史遗址、革命文物、人物逸事、历史谜案等角度切入，将党的历史转化为网络语言和视频图像，尽可能增加知识性和趣味性。有关部门和网站要组织专业人员，对正规的新闻报道、文件政策、党史著作、思想理念等进行加工、改编，及时扩散到网络和自媒体上，增强网络宣导的正能量。

第四，抓住社会热点，回应群众关切。党史上的热点问题很多，有的还很敏感。对此，要善于科学辨析和妥善处理。对社会普遍关注的一些基本问题，应该全面梳理，认真研究，组织有水平的专家，搞清事实，讲明道理，及时发布权威的研究成果。对网上出现的各种"解密""揭秘"等等，要及时加以鉴别，查清哪些是真的、哪些是假的。对某些伪造或恶意攻击，有的要坚决封堵，有的要及时回击，善于用事实和真相加以反驳。对某些复杂的敏感问题，要运用政治艺术加以处理，不要被网民牵着鼻子走。有些问题可以在内部开展研究，争取做出实事求是的科学结论。有些问题越讨论、越反驳，反而越糟糕，对此就要采取回避政策，限制讨论，避免成为社会热点。

第五，坚持文明上网，净化网络语言。无论是宣传党史，还是讨论党史，态度和语言都要平和、理性、文明。很多网民，受"文化大革命"影响太深，一开口就是骂人、戴帽子，语言污秽，庸俗粗暴。不仅玷污网络空间，而且毒化社会风气，还严重损害中国人的形象。因此，净化网络空间，首先要从不骂人开始。这好像是一个小问题，但实际是一个基础性问题。建议管理部门开列推广使用的文明语言，任何人上网都要使用文明语言。同时，开列所有禁止使用的骂人用语。所有网站都要签署语言文明公约。凡带有骂人、咒人、戴帽子等污言秽语的，一律屏蔽，不得上网。网民连续违背公约多次的，列入黑名单。网站经常出现污言秽语的，停业整顿。

第六，加强队伍建设，提高发声水平。我在任时，每次重大纪念活动，都会按中央部署，组织编写一份内部掌握的党史宣传口径，效果很好。问题是网络管理人员切实加以利用，减少党史网络宣传的错误和混乱。增加体制内网站的专业人员，加强对网络管理队伍的培训，在提高政治素质和理论水平的同时，增加对党史知识的了解。对已经建立起来的网评员队伍，要分级分批办培训班，提高素质和能力。要发挥专家学者的作用。按中央文件规定，网络文章可以算作科研成果，用作评奖、评职称的依据之一。研究解决网络原创稿件的稿费问题，鼓励和组织更多的专家学者投入到网络空间的新领域、新战场、新天地。

第五章

建设先进的政治文明

追求真善美

纪事和说明：

  本文发表于 2006 年 7 月 1 日的《人民日报》。因这一天的"七一"特刊发了两篇我的文章，所以这一篇就用了"钟颉"这个笔名。

  真善美，似乎从来不是政治领域的事情。但我在该文中明确指出，要把政党放到人类文明的发展进程中来评估它们的所作所为，以及对人类文明的影响。这样一来，真善美就应该成为衡量一个政党是否先进的极为重要的价值标准，中国共产党也应该把真善美作为一种不懈的追求。

  "真善美"三个字，我们很熟悉。但与党有什么关系呢？多少年来，人们好像很少朝这个方向去思考。

  不错，"真善美"三个字，本来不是政治领域的问题。真，是一个哲学范畴；善，是一个伦理学范畴；美，是一个美学范畴。它们各有自己施展身手的领域和广阔空间。对它们的追求，主要是各自学科领域内的事，或者仅仅是个人的行为，似乎与政党无关。

但我想，"真善美"三个字，无论怎么界定，都是一种最高的境界。人类讨论它，讨论了几千年；人类追求它，也追求了几千年。这么一种至高的境界，怎么就与政党没有关系了呢？难道作为个人应该追求，将个人聚合到一起的政党，反而就不需要了吗？

当然不应如此。政党，本来是人类文明发展的产物，也是与人类文明紧紧联系在一起的现象。政党在人类文明发展的进程中，发挥了重要的作用。某些政党的弊端、错误等等，归根到底，也可以从对人类文明的破坏或伤害来说明。多年来，我们对政党的性质、地位、作用、影响以及各种长短优劣的考察，已经习惯了许多传统的评价标准和分析模式。其中很多是正确的、必要的。但，现在看来，似乎还应该有一种更为宏大、更为深刻的角度——这就是把政党放到人类文明的发展进程中，来评估它们的所作所为，以及对人类文明的影响。

站在人类文明发展的高度来看政党，真善美的问题自然就产生了。真——真实、真相、真诚、真理，等等，与假相对立，是指现实存在的客观事实以及对其加以认识和对待的态度；善——善良、善心、善行、善治，等等，与恶相对立，是指人的行为及其表现出的品德符合人性并有益于他人和社会的性质；美——美丽、美好、美景、美德，等等，与丑相对立，是指事物的存在形式及其精神价值能够使人产生愉悦感觉的特征。真善美是人类文明的基本要求和进步标尺。而政党，是一定阶级或集团为了谋取和维护自己的利益集合起来从事政治活动的社会组织。尽管政党的所有活动都受利益的驱使，都围绕着夺取和维护政权而展开，具有强烈的功利性的特点。但只要放到人类文明的长河中，我们就能发现它们与真善美的内在联系。从总体上说，凡属进步的政党，一般都会更多地尊重客观实际，努力追求真理，奉行比较实事求是的思想路线；会比较尊崇社会大众的意愿，实行比较人性化的德政善治；其所作所为，就会比较多地为社会接受，使大众感到满意、快乐、愉悦，使社会处于比较和谐的状态。反之，落后的甚至逆时代潮流而动的政党，其所作所为，与真善美的要求相比，必然有很大的差距，甚至是南辕北辙，只能归入到假恶丑的行列。

中国共产党，是中国工人阶级的先锋队，同时是中国人民和中华民族的先锋队。中国共产党顺应历史的潮流而诞生，宗旨是全心全意为人民服务，根本特征是它的先进性。所以，党的全部路线、方针、政策，以及全部行为，都要符合历史发展的客观规律，都要符合最广大人民的根本利益，都要始终在人类文明的大道上不断前进。把党放到人类文明的发展进程中加以考察，用人类文明的眼光和标准加以检视和判断，真善美无疑就是衡量我们党是否具有先进性的一个重要的价值标准。

85年来，我们党不断坚持和锤炼着自己的先进性，从而也在许许多多方面焕发出真善美的光彩。从真来说，我们坚持辩证唯物主义与历史唯物主义的思想方法，把实事求是作为自己的思想路线；从善来说，我们坚持立党为公、执政为民，为中国人民和中华民族办了很多德政善事；从美来说，我们不仅在神州大地上塑造了很多外在形式的美，如三峡大坝的宏伟美、绿水青山的秀丽美，而且在民族特征、社会风尚和人格力量上创造了许许多多的精神美。对这些真善美的努力和成果，我们应该有充分的认识，并给予高度的评价。

当然，这并不是说，我们在真善美的追求上已经达到了完美、最高的境界。从人类文明进程的高度看问题，我们所取得的成就，无不推动了人类文明的发展，丰富了人类文明的宝库；同样，我们所经历的曲折，某种意义上，也是对于人类文明一定程度的背离和伤害。比如"文化大革命"的十年内乱，就是这种背离和伤害的典型。有时候，当我们做了某些今天看来难以理喻的事情时，可能还自认为是站在正确的立场上，符合于某种固有的理念和主张。其实，"不识庐山真面目，只缘身在此山中"。只要跳出一时一事、一理一念的局限，从人类文明的角度看问题，很多事情的是非曲直就更清楚了，真善美与假恶丑的界限也就更清楚了。

所以，加强党的先进性建设，固然主要是在政治上努力，但如果换个坐标系，能够从人类文明的角度审视党的历史，指导党的行动，推动党的发展，我们至少能获得许多有益的启示，甚至能避免不少一时一地的偏颇。与此相联系，如果把真善美也作为党的一种不懈的追求，不仅是必要的，而且是很有意义的。

比如说，追求"真"，就要更加自觉地坚持党的思想路线，发扬解放思想、实事求是、与时俱进的精神。认真研究和探寻人类社会发展规律、社会主义建设规律和共产党执政规律，顺应潮流，把握趋势。认清中国的基本国情，把握所处的发展阶段，坚持一切从实际出发，从时代的要求出发。大力弘扬求真务实精神，大兴求真务实之风。坚持当老实人，说老实话，做老实事。重实际，求实效。少说空话，不做表面文章，不搞花架子，不搞形式主义。"不受虚言，不听浮术，不采华名，不兴伪事。"

追求"善"，就要更加自觉地坚持立党为公、执政为民的本质要求，保持党同人民群众的血肉联系，实现好、维护好、发展好最广大人民的根本利益，坚持权为民所用、情为民所系、利为民所谋。科学地制定国策、纲领、战略和政策，抓好发展这个党执政兴国的第一要务，贯彻落实科学发展观，实现全面建设小康社会的战略目标。坚持以人为本，多讲人性人道，多做德政善事，提高善治水平，以爱心温暖人心，以爱心赢得尊敬。

追求"美"，我们就要更加自觉地建设和谐社会与和谐世界，提高物质文明、政治文明、精神文明、社会文明和生态文明的水平。现实美和艺术美，是美的两个主要的表现形态。在现实美中又包括自然美和社会美两个方面。我们推动各种文明的发展，就是在以不同的方式创造美、提升美。要通过全面落实科学发展观，创造更为丰富多样的自然美。通过精神文明包括民主法制、荣辱观和人品人格等等的建设，提升全体党员的精神美。通过加强党的先进性建设，在全国人民乃至世界面前，树立整个党的更为美好崇高的形象。

建设先进的党内政治文化

纪事和说明：

  这是我 2017 年 1 月以北京市中国特色社会主义理论体系研究中心名义在《人民日报》发表的文章。此处是未经报社删改的原稿。

  该文认为，党内政治文化是党的深层次基础性建设。要保持党的先进性，就必须建设先进健康的党内政治文化，坚决清除党内不良的政治文化现象，特别是封建主义的"官场文化"。

  习近平总书记在党的十八届六中全会上指出，要注重加强党内政治文化建设，不断培厚良好政治生态的土壤。[①] 新形势下推进全面从严治党进程，特别是要严肃党内政治生活、净化政治生态，不仅需要全面加强党的各项建设，而且要注意从深层次上加强党内政治文化的建设，努力建设先进的、健康的、富有生机和活力的党内政治文化。

---

① 参见《习近平著作选读》第一卷，人民出版社 2023 年版，第 523 页。

一、党内政治文化是党的深层次基础性建设

在党的建设的长期探索和努力中，我们已经形成了包括思想建设、组织建设、作风建设、制度建设和反腐倡廉建设在内的党的建设的总格局。每个方面的建设都有基本的任务和要求，又有非常紧密的内在联系。其中，党内政治文化，既潜藏于各项建设的背后，又发挥着非常重要的作用。

广义的文化，是指人类改造客观世界和主观世界的活动及其成果的总和，它包括物质文化和精神文化两大类。通常所称的"文化"，一般多指精神层面的文化。而政治文化，就是精神文化中的一个重要类别和重要方面。它是社会的政治关系、政治过程、政治制度、政治活动等等在人们精神领域的反映，是一定的社会主体对于政治问题的认识、态度和价值取向，主要由政治心理、政治思想和政治态度等等构成。

政治文化，既渗透和存在于社会生活的各个方面，也存在于政党生活的内部。一个政党自身的指导思想、奋斗目标、路线纲领、制度规范、思维方式、价值观念、精神状态、作风习惯等等，往大处归类，其实都属于政治文化的范畴。由于这种政治文化是在政党组织内部存在和发挥着重要作用，所以可称之为党内政治文化。党内政治文化渗透于党内生活和党的建设的方方面面。党建总格局中的思想建设、组织建设、作风建设、制度建设和反腐倡廉建设等等，每一种建设的背后都蕴含着党内政治文化的因素，都受到党内政治文化的影响和制约。无论是否意识到，党在制定自己的路线方针政策、确定赖以遵循的制度纪律等等时，每个党员和领导干部在从事党内外的公务甚至一部分个人活动时，都受着一定的文化观念的支配，体现着一定的文化思想和文化风格。

党内政治文化，来自社会和国家的政治生活，也来自政党自身的

实践活动。往前追溯，还有或长或短历史传统的渊源。党内政治文化一旦形成，就对党的全部活动起着极为重要的指导作用。作为一种标志，它直接反映着党的基本性质、政治倾向、健康程度和进步水准。所谓先进的党、革命的党，必然也是在思想文化上进步的党。只有在先进文化的指导下，在代表先进文化的情况下，这个党才能在社会政治生活中发挥进步作用。相反，如果一个党的思想体系、价值观念、思维方式都处于非常落后的状态，甚至已经腐朽、没落，那它就决不可能对社会历史的进步起推动作用。

从历史上看，一些新兴的阶级、力量、集团、政党，刚刚登上政治舞台时，总是充满活力，锐意进取，有事业心，思想上不保守、不落后，所以能够走在当时时代的前列，干出一番事业来。但执掌权力的时间久了，思想上就容易懈怠，慢慢地就不思进取、僵化保守了，进而也就走向腐朽落后了，最后也就被历史淘汰了。这一过程其实也就是自身文化衰退的过程。

党内政治文化，既表现和反映着党的整体，也存在和表现在每一个个体，即共产党员身上。党内整体的政治文化，体现在党的指导思想、奋斗目标、路线纲领、制度规范、思维方式、价值观念、态度习惯等等上，最重要的文本载体即为党章和党的其他重要文件，动态载体即为全党组织特别是党中央的重要活动和工作。而党员和领导干部个体的政治文化，则主要表现为对党的整体文化的认识、认同和态度，表现为每个党员和领导干部内心深处的政治立场、政治态度、政治取向、政治信念等等，表现为影响、指导和制约每个党员和领导干部行为的政治心理、政治观念和政治规范。

这种整体和个体的政治文化，是一种辩证统一的关系。整体的政治文化指导、规范和决定着个体的政治文化，个体的政治文化也能影响、制约着整体的政治文化。整体又有全局性的整体和局部性的整体。某些塌方式的腐败，都表明这些局部性整体内的政治文化出了问题。而个体的政治文化，也不是孤立的。它会互相渗透、互相影响，促使局部整体乃至全局性整体的政治文化或向积极健康的方向发展或向消极落后的方向演变。如果共产党员和领导干部在政治文化上出了问题，不仅将导致这个党员和领导干部本身滑向错误的道路，而且会对党的整体形象乃至先进性产生严重的影响。

所以，党内政治文化建设是一种深层次、基础性的建设。习近平总书记说，文化是民族生存和发展的重要力量。一个国家、一个民族的强盛，总是以文化的兴盛为支撑的。同样，文化，特别是党内政治文化，也是我们党生存和发展的重要力量。党的生机和活力，同样要以党内政治文化的健康发展并始终走在时代的前列为支撑。无论从党内整体来说，还是从党员和领导干部个体来说，加强党内政治文化的建设都具有极其重要的意义。注重党内政治文化建设，是习近平总书记在全面从严治党进程中提到全党面前的一项重要任务，也是贯彻落实党的十八届六中全会精神和部署的重要内容。

二、建设先进健康的党内政治文化

中国共产党作为工人阶级和中华民族的先锋队，既要不断解放和发展中国社会的生产力，也要建设符合社会历史发展方向的中国特色社会主义文化；既要领导和组织整个社会的文化建设，也要积极推进党内政治文化的建设。

党内政治文化具有丰富的表现形式，也会有积极健康与落后腐朽之分。从党的主体和主流来说，我们的党内政治文化是进步、健康和先进的。但由于受外部环境或党内某些复杂因素的影响，党内政治文化也会在一定局部、一定层面出现一些消极、错误甚至腐败的现象。因此，在全面从严治党的过程中，我们必须始终按照正确的方向，大力建设先进健康的党内政治文化，确保党内政治文化保持先进状态，始终走在时代和人类文明的前列。

党内政治文化建设是一个继承和发展相结合的过程。在过去95年的历史中，我们党创造和建设了极其丰富的党内政治文化，形成了一系列优良成果和传统。通过党的思想建设，实现了马克思主义与中国实际相结合的两次飞跃，形成了毛泽东思想和中国特色社会主义理论体系两大成果，并通过理论武装，增强了广大党员和干部的思想理论素质，提高了党内政治文化的水平。通过党的组织建设，形成了正确的组织路线，培养和造就了一大批优秀党员和领导骨干，成为奉行、坚持和发展党内政治文化的主体。通过作风建设，形成了理论联系实际、密切联系群众、批评和自我批评，以及"两个务必""八个坚持、八个反对"等优良作风，将党内政治文化外化为全党的行为特点和风格习惯。通过制度建设，制定了以党章为核心、由一系列规章制度构成的党内政治和组织规范，将党内政治文化硬化为政治上和组织上的约束体系。通过反腐倡廉建设，不断阻止外部腐朽因素对党的入侵，剔除党内产生的某些病体，使党内政治文化在激浊扬清中增强了自我净化能力。党在新民主主义革命时期形成的红船精神、井冈山精神、苏区精神、长征精神、抗战精神、延安精神、红岩精神等等，在社会主义革命和建设时期形成的大庆精神、雷锋精神、"两弹一星"精神、红旗渠精神等等，在改革开放和社会主义现代化建设新时期形成的抗洪精神、载人航天精神、抗震救灾精神、奥运精神等等，都已是党内先进政治文化的代表和典范。党内政治文化的这些成果，都需要我们在全面从严治党过程中进一步加以继承和弘扬。

同时，我们也要适应新的时代要求，按照党的十八大以来习近平总书记关于治国理政新思想新理念新战略的要求，不断发展和创新我们党的党内政治文化。以党章为根本遵循，把加强和建设党内政治文化作为党内政治生活的重要内容，通过培养先进和健康的政治文化，增强党内政治生活的政治性、时代性、原则性、战斗性，增强党和党员自我净化、自我完善、自我革新、自我提高的能力。

从内容上来说，要把思想理论作为党内政治文化建设的首要内容，认真学习马克思列宁主义、毛泽东思想、邓小平理论、"三个代表"重要思想、科学发展观，学习习近平总书记系列重要讲话精神，认真学习党章党规，不断提高政治觉悟和理论水平。把理想信念作为党内政治文化建设的关键环节，坚定"四个自信"，始终不渝坚持中国特色社会主义道路、中国特色社会主义理论体系、中国特色社会主义制度、中国特色社会主义文化。把遵循党的路线作为党内政治文化建设的根本要求，坚持党的基本路线不动摇，坚持解放思想、实事求是、与时俱进、求真务实的思想路线，严格执行党的组织路线和群众路线。把严明纪律作为党内政治文化建设的重要内容，充分发挥纪律对于全党统一意志、统一行动的保障作用，大力增强全体党员遵守纪律的政治观念和政治意识。把坚持宗旨作为政治文化建设的落脚点，以人民群众为中心，全心全意为人民服务，保持党同人民群众的血肉联系，当好人民公仆。把反对腐败作为党内政治文化建设的重要任务，筑牢拒腐防变的思想防线和制度防线，践行社会主义核心价值观，讲修养、讲道德、讲诚信、讲廉耻。

从方式上来说，要把学习党章党规作为党内政治文化建设的基本措施，坚持民主集中制原则和其他政治规范，尊重党员主体地位，保障党员民主权利，营造党内生动活泼的政治局面。把正确选人用人作为党内政治文化建设的导向标杆。坚持德才兼备、以德为先，五湖四海、任人唯贤，严格防范和纠正用人上的不正之风。把组织生活作为党内政治文化建设的重要载体，坚持党的组织生活的各项制度，创新方式方法，增强党的组织生活活力。把批评和自我批评作为党内政治文化建设的重要手段，坚持自我解剖，认真整改，从谏如流，敢于直言，讲党性不讲私情，讲真理不讲面子。把加强监督作为党内政治文化建设的重要保障，完善权力制约和监督机制，确保正确运用权力，形成有权必有责、用权必担责、滥权必追责的制度安排。把家庭文化作为党内政治文化建设的延伸，注重家庭、家教、家风，教育管理好亲属和身边工作人员。

党内政治文化建设，是一个艰巨复杂的任务，要从多方面入手。思想教育是基本的方式，要长期坚持，常抓不懈。制度建设是根本的环节，只有建立和健全各种科学合理的制度体系，党内政治文化才能以比较完整和规范的形式存在。坚持奖优罚劣，提倡什么、鼓励什么、抵制什么、反对什么，应有明确的导向，并在干部制度和其他制度上体现出来。要注意人格的力量、品行的修养、知识的学习、文化的熏陶等等。

三、坚决清除党内不良的政治文化现象

加强党内政治文化建设，必须注意辨别党内政治文化哪些是先进的、哪些是落后的；哪些是健康的、哪些是腐朽的；哪些要坚持、弘扬，哪些要清理、改造；党应该吸收、培育哪些先进文化，抵制、清除哪些落后文化。在大力弘扬先进、健康党内政治文化的同时，坚决抵制、反对、清除形形色色的不良政治文化现象。

经过95年的努力，我们党已经有科学的指导思想，有长期培育的革命精神和优良作风，有经过艰辛探索而形成的建设中国特色社会主义的路线纲领政策，因此，我们党的整个价值体系、思想观念等等，是健康的、先进的，党员和领导干部所坚持和体现出来的政治文化是健康的、先进的。

但是，也要看到，在新的历史条件下，整个社会的思想文化呈现

着纷纭复杂的状态，我们党的精神生活领域，也不可避免地遇到了许多新问题，面临着很多新挑战。党的思想肌体中，遗留着一定程度的旧思想、旧观念、旧作风的影响，新形势下又受到了很多落后、腐朽思想的渗透和侵蚀。因此，党内政治生活、党内政治文化中也出现了不少消极腐败的现象。

比如，有些党员、干部理想信念动摇，政治观念糊涂。有些党员、干部脱离群众，独断专行，弄虚作假，慵懒无为。在一些地方，宗派主义、山头主义、拜金主义不同程度存在，形式主义、官僚主义、享乐主义和奢靡之风问题突出，滥用权力、贪污受贿、腐化堕落、违法乱纪等现象滋生蔓延。

封建主义的"官场文化"一度滋生蔓延。有些人对于各种"厚黑学"，不是嗤之以鼻，而是喜爱有加，奉为指南。有些人不是潜心工作，立足于做人、做事，而是千方百计拉关系、找靠山。有些人小人得志，一旦掌权，立刻把主管的部门或单位当成家天下，专横跋扈，颐指气使。有些人以我划线，任人唯亲，拉帮结派，排斥异己。有些人武大郎开店，自己没本事，就搞"逆淘汰"，千方百计打击有本事的人，以此树立自己的权威。有些人权欲熏心，整天琢磨着向上爬，跑官要官，买官卖官，拉票贿选。有些人迎合上司所好，见风使舵，溜须拍马，阿谀逢迎，失去了党的干部应有的气节和风骨。在某些地方，政治生态包括选拔干部的标准发生了变异。提拔干部，要看关系，靠幕后功夫，而不是看品质，靠贡献。有人品、有能力、有水平、有政绩的，反而受到压制和排斥。一些正派的、干活的、真正有能力、有贡献的干部，往往因为不屑于套磁拉关系，受到不公正的待遇。

对这类消极落后乃至腐朽的"政治文化"，习近平总书记已经多次从不同角度给予了揭露和批评。但有些地方和单位还没有给予警惕和注意，有的还缺乏制约的手段和措施。有的在巡视中已经发现了家长制和小圈子现象，但由于圈内人已经占据了不少岗位，调整很难，小圈子现象依然如故。

这类问题，严重污染党内政治文化，如果不加制止、不予清除，必将严重影响先进、健康党内政治文化的发展，侵蚀党的思想道德基础，破坏党的团结统一，损害党内政治生态和党的形象，腐蚀党的先进性和纯洁性，影响中国特色社会主义事业的发展。

习近平总书记指出："做好各方面工作，必须有一个良好政治生态。政治生态污浊，从政环境就恶劣；政治生态清明，从政环境就优良。政治生态和自然生态一样，稍不注意，就很容易受到污染，一旦出现问题，再想恢复就要付出很大代价。"[①] 新形势下，我们必须切实贯彻落实习近平总书记关于注重党内政治生态和政治文化建设的重要指示，认真贯彻实施党的十八届六中全会的部署，全面落实《关于新形势下党内政治生活的若干准则》，加强和规范党内政治生活，在建设先进、健康的党内政治文化的同时，有针对性地反对和清除不良的党内政治文化现象，营造风清气正的政治生态，使全党始终保持一种蓬勃旺盛的精神状态和良好风尚。

---

① 中共中央文献研究室编：《习近平关于协调推进"四个全面"战略布局论述摘编》，中央文献出版社2015年版，第150页。

把廉政文化建设作为一项基础性工程
不断推向前进

纪事和说明：

  2017年7月，人民论坛杂志社与河南省人民检察院联合举办廉政文化与中国梦高峰论坛。我在会上作了主旨演讲，其内容就是这篇《把廉政文化建设作为一项基础性工程不断推向前进》。

  该文首先对廉政文化和廉洁文化作了界定，认为从内涵上至少包含敬业文化、财道文化、权责文化、底线文化、奉献文化五个方面。腐败也是一种文化，但它与廉政文化、廉洁文化相对立，是一种消极的"亚文化"。腐败会涉及具体的家庭文化、友情文化、关系文化、空子文化、交易文化、官场文化。这些文化比较复杂，有的主要是积极因素，有的主要是消极因素，所以需要科学地加以清理，坚决遏制其腐朽的内容。开展反腐败斗争，必须把廉政文化建设作为基础性工程不断推进。

人民论坛杂志社联合河南省人民检察院，在这里举办廉政文化与中国梦高峰论坛。这是深入学习贯彻习近平总书记反腐倡廉战略思想的重要举措。按照论坛的安排，我就廉政文化建设问题谈一点自己的思考和看法，题目是"把廉政文化建设作为一项基础性工程不断推向前进"。讲三层意思。

一、科学界定和建设先进的廉政文化

廉政文化的概念提出很长时间了，对廉政文化的研究也已经开展了很长时间。廉政文化的概念和价值日益为越来越多的人所熟悉。但随着实践和理论的发展，对廉政文化的认识和界定也要进一步深化，特别是要通过对廉政文化内涵外延的梳理，进一步厘清廉政文化建设的内容和路径。

什么是廉政文化？展开来说，可能很复杂，简而言之，就是一种倡导、坚持廉洁从政的思想理论、价值观念、道德规范、制度体系和行为准则。

廉洁从政本身是一种政治行为，但为什么把它与文化联系在一起？因为任何从政行为都是在一定的制度体系中，按照一定的思想理论、价值观念、道德规范和行为准则来进行的。而所有的思想理论、价值观念、道德规范，往大里归类，都属于文化的范畴，而制度体系、行为准则，也都是在一定的思想理念、价值观念指导下形成的，虽然其也有超出文化范畴的形态，但总体上都可以归类于文化范畴。由此就不难理解，任何从政行为，都有一定的文化作为基础，受着一定文化的支配和制约。环绕着从政行为，便有了从政文化。这种从政文化就像物理学上"场"的概念一样，看不见摸不着，但却时时刻刻存在于从政行为的周围，发挥着巨大的作用。

任何从政行为，都要在廉政文化的指导和制约下进行，都要用廉政文化规范和指导所有领导干部的工作、生活和与之相关的所有行为，都要在全社会形成一种肯定、赞赏、鼓励、表彰廉政行为的社会舆论和道德环境，都要在所有相关的法律和其他规范体系中体现出廉政的要求和精神。反之，如果只有廉政要求和制度，但却没有一种纯洁、清新、浓厚的廉政文化弥漫于我们的社会空间，浸润于所有领导干部的心灵深处，那廉洁从政的基础是不牢固的，反腐败斗争的成效也是难以长久的。

所以，我们在开展反腐败斗争的过程中，必须高度重视廉政文化的建设，把廉政文化建设作为反腐败斗争的一项基础性、战略性、长远性的工程来抓，使廉政文化成为打虎拍蝇的思想基础和舆论氛围，成为廉洁从政的文化阳光和社会土壤，成为世代传承的文明要素和健康基因，成为实现中华民族伟大复兴中国梦的重要条件。

这里还要说明，除了廉政文化，还有一种更为广泛的廉洁文化。廉政，顾名思义，是指廉洁从政，即指执掌一定权力的领导干部在行使权力、从事公务活动中必须清正廉洁。但在实际的社会生活中，除了领导干部这个重点群体外，每一个普通人其实也都有一个是否清正廉洁的问题。比如滥收罚款、开个后门、找个关系，等等。有的人其实并没有行政职务，权力也不大，但其行为，实际也是一种不廉洁甚至腐败的行为。这种行为同样对社会有害。所以，建设廉政文化，也需要在整个社会建设廉洁文化，用廉洁文化为廉政文化创造良好的社会氛围，用廉政文化带动社会廉洁文化的发展。

那么，廉政文化和廉洁文化到底包括哪些内容呢？我们通常注意到的有理想信念、道德观念、社会习俗等等。这种分类基本属于外延上的分类。如果从内涵上来分，我认为至少应该包含五个方面，总的要求就是"廉洁"二字，但在不同的领域和问题上，会有不同的特点和要求，具体可以列举如下：

一是敬业文化。每个人，无论在什么岗位工作，既是个人的选择，也是社会的需要，很多还是党和国家的安排。所有的工作都是整个社会运转的一个环节，所有的工作归结起来都是为人民服务。所以，每个人都应该爱岗敬业，做好自己的本职工作。如果不爱这个岗，也可以另行选择，但只要一天还在这个岗位上，就要把这个岗位上的事情干好。如果是党和国家安排的岗位，则要把爱岗与敬业最大限度统一起来。敬业，不是敬财，不是敬钱。不能以获取钱财的多少来决定自己的工作态度，更不应该利用这个职业去谋取分外之物。

二是财道文化。君子爱财，取之有道。马克思主义承认物质利益对于社会生活和个人行为的基础性作用。改革开放以来，我们已经注意运用利益杠杆的作用，调动最广大人民群众的积极性。领导干部与其他人一样，也有自己的物质利益，也需要考虑自己的利益问题。但关键在于"取之有道"，即必须通过合法合规合理的途径来获取个人利益。比如说个人的工资、国家的补贴、合法的其他收入等等。无论干部还是群众，都不能在正道之外谋取非法的收入和钱财。尤其是领导干部，必须有高于一般群众的思想觉悟，更不能为了获取钱财而违规违纪违法。

三是权责文化。领导干部是掌握着一定权力，在不同岗位上参与治国理政的。所以，必须树立正确的权责观念。充分认识这种权力是党和政府根据人民的委托授予自己的，只能用来履职尽责，为人民办事，并受人民的监督。这种权力是公权，不是私权，决不能用来谋取个人私利。权力与职责相平衡。赋予何种权力，就要履行何种职责。超越授权干非分之事，就要追究责任。在职责范围内的事情没有干好，也要根据后果的大小实行问责、追责。

四是底线文化。任何社会都有底线，每个公民都要遵守底线。共产党员、领导干部更要守住底线。这种底线，有法律的，有道德的。

有党纪，有政纪，还有其他不同类型的纪律和规则。领导干部为人处世，应该有很高的标准，真正被查处的，都是因为突破了底线。所以，所有人都要牢固树立底线意识，对这些底线保持敬畏，不可以身试法、以身违纪。凡有突破底线者，都要予以惩处。

五是奉献文化。社会生活不是所有的一切都可以用利益、金钱、财富来衡量和交换的。因此，每个社会都要在普通文化的基础上倡导更高层次的先进文化。其中非常重要的一个，是奉献文化。每个人在获取正当个人利益的同时，也都要以适当的方式尽力奉献他人、奉献国家、奉献人民。共产党员和领导干部是社会的中坚和先进分子，更要有奉献精神。当处在握有一定权力的岗位上时，首先要考虑的是党和国家的根本利益、人民群众的根本利益。要为此而甘于奉献自己的力量和智慧，必要时也甘于奉献自己的利益。

二、科学清理和遏制有害的腐败文化

文化是个大概念，如果进一步划分，还有大文化、中文化、小文化等等。而且更为复杂的是，除了我们比较多地在正面意义上所说的文化外，还有不一定是正面的所谓"反文化""亚文化"。比如，法西斯主义，是反对和摧残人类文明的一种行为和社会现象，但它也是在一定的文化观念指导下发生的，所以也是一种文化现象。究其性质，当然是一种野蛮、落后、反动的文化，实际上是一种"反文化"。这种"反文化"概念，既可以作为动宾搭配的一个词组来理解，指一种反对人类文化和文明的社会现象，也可以作为一个纯粹的名词概念来理解，指代一种野蛮、落后、反动的文化类型。

"亚文化"的概念也是如此。比如说，黄赌毒现象、庸俗的低级趣味、社会上的流氓行为，也有它们的思想理念，某种意义上也是一种文化。这种文化，显然不是先进文化，但也够不上反动文化或反文化。从学术上来说，它们算是一种"亚文化"。如果更形象地说，可以称之为"灰文化"，即灰色文化。

为什么要作这样的划分？目的就是要强调，在我们研究和倡导廉政文化的同时，一定要注意到，在现实的从政行为中，还有另外一些"亚文化"甚至"反文化"起着作用。比如，千百年来流传的"有钱能使鬼推磨"，当代社会各种各样的"买官""卖官"现象，以及广泛流传的"生命在于运动，当官在于跑动"等等，概而言之，都可以称之为"腐败文化"。

腐败文化与廉政文化、廉洁文化相对立。千百年来，腐败文化不一定能登大雅之堂，但却始终存在于官场和社会中。如果当政者倡导或者默许腐败，腐败文化就会大行其道，腐败现象就会愈演愈烈。如果当政者反对腐败，提倡廉政，廉政文化就会占据主导地位，腐败文化就会受到很大遏制。古今中外，指导或影响官员从政行为的，并不仅仅只有廉政文化，与此相对立的，实际上还有"腐败文化"。人类社会的所有治国理政行为，都是在廉政文化与腐败文化的博弈过程中不断推进的。在不同的历史条件下，两者会呈现此消彼长的不同态势。所以，我们研究廉政文化，也要同时研究腐败文化。在建设廉政文化的同时，必须坚决反对腐败文化。

腐败文化，有的是公开的、露骨的。例如某些朝代明文规定的"捐官"、进贡。但毕竟腐败不仅有害于国家、民族，也在相当程度上有害于封建王朝，所以多数情况下，腐败文化是不被社会和人民认可的。到当代，腐败受到全世界几乎共同的谴责，腐败文化更加不能成为主流文化。特别是在中国，我们党和国家历来坚定不移地反对腐败，所以，形形色色的腐败文化更加不能公开出现。但是这不等于腐败文化就已经绝迹了。如果仔细考察，我们可以发现，在一些不同类型的文化中，始终存在着某些腐败文化的因子。这些文化有的本身是中性的，有的主体是健康的，但某些腐败文化仍会悄悄潜藏其中。这种情况是大量的，但有时还不被我们注意。所以，我们在建设廉政文化、廉洁文化的同时，必须对各种文化类型进行科学鉴别，弘扬精华，剔除糟粕。在此，我们可以择其要者加以分析。

一是家庭文化。家庭是社会的细胞，是社会生活、发展经济、维系秩序和稳定的最基本单位。在中国，家庭的作用更大。家庭本身是美好的。一个健康的家庭，能给人带来无数的帮助和温暖，能潜移默化地熏陶人的品质和素养。因此家庭文化总体是健康的、积极的。但是从古至今，我们都能发现，许许多多的贪官、腐败分子走上贪腐之路，都与家庭有关：为家庭谋利益，为亲戚谋利益，妻子、孩子以帮人办事的名义收受贿赂，等等。这些行为，都是把家庭亲情摆在了法律之上，为了家庭的利益而突破了法纪、党纪、政纪和道德的底线。所以，习近平总书记强调，领导干部要重视家教家风，管好配偶、子女。[①] 所以，如何弘扬健康的家庭文化，从家庭文化中剔除腐败的因子，防止腐败文化对家庭的侵袭，就应该是我们建设廉政文化、廉洁文化的重要课题。

二是友情文化。友情是温暖的、宝贵的。友情文化总体上也是健康的、积极的。所有人都应该珍惜同志之情、同学之情、同乡之情、同事之情、战友之情、同胞之情。但是，所有的友情都应该有一条不可逾越的底线，这就是法律和道德。越过底线，友情就会变味。很多领导干部走上腐败之路，都与这种友情的变味有关。因为是发小，因为是朋友，有的还是所谓的铁杆朋友，一个给点照顾、打个招呼，一个给点关心，意思意思。两相情愿，结果却成了权钱交易，双双跌进了腐败的泥坑。教训是：友情诚可贵，安全价更高，如果破底线，两者全没了。

---

① 参见《习近平谈治国理政》第四卷，外文出版社2022年版，第551页。

三是关系文化。从家庭、友情，演化出更大更多的社会关系。人是社会关系的总和。每个人的社会关系是一种客观存在。任何关系都要在法治、道德的轨道上运行和处理。但遗憾的是，在现实的社会生活中，关系却成了一种办事的润滑剂。有关系，办事就方便多了；没有关系，有些事就非常难办。虽然随着法治的健全和市场经济的完善，这种现象呈逐步减少的趋势，但仍须我们高度重视。关系异化到法律和道德之上，腐败现象就必然发生。膨胀和变味的关系文化，严重阻碍党纪国法的实施，侵蚀社会的公平和正义，必须加以清理和规范。

四是空子文化。即所谓喜欢钻空子。社会需要在制度、法治和道德的轨道上运行。但这种由制度、法律和道德结成的天网不可能天衣无缝。这就需要人的素质来加以补充。但是，在社会现实中，不少人却形成了喜好钻空子的习惯。面对制度、法律和道德的约束，不是自觉遵守，而是用显微镜和放大镜搜寻其中的空子，千方百计钻空子，规避法律和道德的约束。一些干部在犯错误的过程中，并非不知道对错和危险，而是往往有侥幸心理，以为自己做得很巧妙、很隐秘，不会被发现；或者认为，大家都钻了空子，我不钻，太老实、太吃亏了；或者认为，罚不责众，大家都钻空子，自己钻一钻也没关系。这种钻空子文化确实帮助一些人办成了某些事情，但也把一些人送去了失去自由的地方。空子文化总体上是消极文化、害人文化。

五是交易文化。市场经济是通过市场进行交易的经济。但这种交易不能扩展到公权力的使用上。一旦把权力作为一种商品，用以交换金钱、财富、美色、官位等，那就必然走向腐败。腐败的本质正是权钱交易。在这种交易中，似乎两相情愿、各得其所，但要害是，作为交易一方的权力不是个人私有的，而是党和国家的、人民赋予的。这种权力背后的利益，更不是个人所有的。因此，这种交易滥用了国家权力，侵害了公共利益，实际上是违法的。所以，建设廉政文化、必须清理这种交易文化，规范市场经济，杜绝用公权力来交换任何个人私利。

六是官场文化。中国的官场文化源远流长。"官场"是个俗称，多少带有一点贬义。但如果从中性的角度，把官场当作职场，那么涉及官场的文化也有很多正确的价值取向和规则要求。比如，"吾日三省吾身""慎独""天下兴亡，匹夫有责""先天下之忧而忧，后天下之乐而乐""舍生取义""富贵不能淫，贫贱不能移，威武不能屈"，等等，都是治国理政、为官处事的名言警句。但是，封建社会的官场文化也有很多糟粕，有的就是腐败文化，有的是滋生腐败的土壤。当今干部队伍中的很多问题，都与封建官场文化的负面影响有关。这种消极文化，与廉政文化相对立，严重污染政治生态，侵蚀党的思想道德基础，腐蚀党的先进性和纯洁性，必须坚决加以摒弃。

三、不断推进廉政文化建设的基础性工程

党的十八大以来，以习近平同志为核心的党中央全面从严治党，狠抓反腐败斗争，采取一系列重要措施，遏制腐败增量，减少腐败存量，以霹雳手段打老虎、拍苍蝇，查处的数量空前未有，查处的力度空前未有。同时，将治标与治本相结合，抓紧构建反腐败的制度和法律体系，要求把权力关进制度的笼子里。习近平总书记高度重视廉政文化建设，要求积极借鉴我国历史上的优秀廉政文化，大力加强反腐倡廉教育和廉政文化建设，筑牢拒腐防变的思想道德防线。

几年来，反腐败斗争已经取得了重大的阶段性成果，廉政文化建设也为反腐败斗争发挥了重要作用。但反腐败斗争毕竟是一个长期的甚至无止境的过程。只有不断地加强反腐败的各项基础性建设，腐败现象才能不断减少，廉洁政治才能日见辉煌。所以，我们今天研讨廉

政文化建设问题，就是要深入学习贯彻习近平总书记重要讲话精神和治国理政新理念新思想新战略，持续不断地把廉政文化建设这一基础性工程推向前进，为实现中华民族伟大复兴的中国梦提供风清气正的良好空间和条件。

加强廉政文化建设，有人可能以为就是要提高领导干部的思想觉悟，让他们自觉用廉政文化来约束自己。这当然是廉政文化建设的一个重要内容和目的，但不等于是这个目的和任务的全部。廉政文化建设，既要求把廉政文化融入所有领导干部的灵魂深处，真正做到内化于心、外化于行，也要求把廉政文化连同廉洁文化熔铸于制度、法律、道德等各项建设中，创造有利于领导干部廉洁从政的环境和条件。所以，廉政文化建设实际上是一项系统工程，要从思想理论、价值观念、道德规范、制度体系和行为准则这几个大的方面着手，不断在制度建设、法治建设、道德建设、思想政治工作、干部队伍建设、党员群众教育、精神文明建设中，融汇廉政文化的内容。从当前的实际来看，我认为需要突出加强以下几个方面的建设。

一是加强反腐倡廉的制度建设。廉政文化建设要从多方面入手，但最根本的还是在制度。重视制度建设，是我们党在经历了种种艰难曲折以后取得的深刻认识，也是党的建设、反腐倡廉建设的重要经验。邓小平说："我们过去发生的各种错误，固然与某些领导人的思想、作风有关，但是组织制度、工作制度方面的问题更重要。这些方面的制度好可以使坏人无法任意横行，制度不好可以使好人无法充分做好事，甚至会走向反面。"[1] 新形势下，习近平总书记要求，一定要加强制度建设，严格执纪，铁面问责，将制度的笼子扎紧，架起制度的高压线，划出纪律的红线。强化日常管理和监督，完善激励和问责机制，逐步实现"不能""不敢""不想"。

---

[1] 《邓小平文选》第二卷，人民出版社1994年版，第333页。

所以，建设先进的廉政文化，必须继续抓住制度建设这一根本，将廉政文化贯穿于制度建设的所有方面和全部过程。着重在改善制度和体制上下功夫，堵塞漏洞，消除弊端，形成能够遏制腐败现象的激励和导向机制。比如，进一步完善市场经济体制，调整资源和利益分配关系，减少领导干部对经济活动的直接干预；严格遵守党内政治生活准则，加强民主法治建设，提高决策的民主化、科学化水平；严格执行党内监督条例，加大对权力的监督力度，发挥监督体系和监督制度的作用；等等。

二是加强领导干部的人品建设。在现实生活中，老百姓看待和评价一个人，最常用、最基本的标准，往往是"人品"两个字。它非常直接地体现在对于金钱、财富、权力、名声的认识和态度上，非常具体地体现在家庭生活、人际交往、工作态度和社会活动中。人品好，腐败的概率就比较小。人品不好，就很容易出事，而且会严重损害党和政府的声誉。

所以，无论是全面从严治党，还是建设廉政文化，都有必要把人品建设当作一项重要内容。加强对党员、干部的人品教育，在人品上提出严格的要求。考察选拔干部，更加注重人品的状况，严格把好人品关。教育所有党员和干部注重道德修养和人品建设问题。作为党员、干部自身，则要时时刻刻注意人品修养，做到自重、自省、自警、自励。

三是完善干部选拔任用制度。为什么用人？用什么样的人？怎样选人用人？这是干部选拔任用要回答的根本问题。所有的干部都是在不同岗位上参与治国理政的，所以，必须按照治国理政的需要来选人用人，不能为权钱交易而用人；不能为照顾亲戚、朋友、同学、战友而用人，不能把领导职位当成"肥缺"，用来"照顾""奖赏""安慰"特定对象。如果用干部不是看政治、看品德、看才能、看政绩，而是看关系、看后台、看幕后的功夫，不该上的上了，该上的没上，就必然挫伤很多正派人、能干人的积极性，鼓励和助长溜须拍马、拉帮结派的歪风邪气。

选人用人对于廉政文化建设起着巨大的引导性作用。习近平总书记说："用一贤人则群贤毕至，见贤思齐就蔚然成风。选什么人就是风向标，就有什么样的干部作风，乃至就有什么样的党风。"①选对用对一个人，比做10次报告还管用；选错用错一个人，10场报告的作用都会打水漂。因此，一定要树立正确的用人导向，鼓励人们干实事，而不要鼓励人们拉关系；鼓励人们说真话，而不要鼓励人们说假话；鼓励人们正派做人，而不要鼓励人们趋炎附势、阿谀逢迎。

四是引领社会风气的变革和进步。廉政文化是与整个社会的廉洁文化联系在一起的。社会的生活方式、风俗习惯如何，对廉政与否起着基础性的作用。由于中国是人情社会，如果在人际交往中掺杂上金钱、财富和利益交换的因素，就会使腐败文化迅速扩散，改变政治生态的性质。比如，领导干部住院了，朋友、熟人去看望一下，本是人之常情，带点水果也无可厚非。但从水果开始，逐步变为贵重礼品，然后说，水果你也不一定吃，就给你现金吧，你爱买什么买什么。而现金的数额竞相攀比，越来越多，于是，腐败自然发生，钱物收受也就成了行贿受贿的行为。再比如，孩子结婚，办个婚礼，送点礼金，这是社会习俗。但只要送的人多了，礼金多了，很容易就达到了查处的标准。特别是领导干部办这种事情，不少人都会借机表达点意思，礼仪习俗就演变成了行贿受贿。

所以，腐败与否，经常是与这样一类社会习俗、交往方式联系在一起的。狠抓廉政建设，既要抓住关键少数，又要延伸到整个社会的生活方式、交往方式、风俗习惯的变革与改造上。既要抓住领导干部

---

① 《习近平著作选读》第一卷，人民出版社2023年版，第137页。

的廉政文化建设，又要抓好整个社会的廉洁文化建设，大力推动整个社会的人情往来、生活消费、饮食习惯、假日问候等等朝着清正廉洁的方向变革改造。党的十八大以来，全面从严治党的一个重要特点，是通过实行"八项规定"，整顿党的作风，带动了整个社会风气的巨大变化。廉洁从政的要求，有的已经深入到社会习俗的方方面面，使社会的生产方式、生活方式发生了很大变化。这是值得肯定的一个重要趋势。

第六章

正确认识和对待世界文明多样性

论世界文明的多样性

纪事和说明：

  本文写于 1994 年 10 月，发表于 1995 年 1 月 21 日《文汇报》。

  该文较早论述了世界文明多样性问题，并第一次提出了建立国际文明新秩序的主张。在随后几年的一些文章中，我又多次强调和论述了建立国际文明新秩序的问题。后来，中央领导人在多个场合提出了尊重世界文明多样性的主张，尊重世界文明多样性逐渐成为中国外交政策的重要内容和主张，如何正确认识和对待世界文明多样性也成为世界关注和迫切需要解决的一个重大问题。

  1993 年，美国哈佛大学政治学教授塞缪尔·亨廷顿在美国权威杂志《外交》季刊上发表文章，提出了引人注目的"文明冲突论"。亨廷顿认为，在冷战结束后的世界新形势下，国际冲突的根本原因将不再是意识形态或经济因素。人类的最大分歧和冲突的主导因素将是文化方面的差异。文明的冲突将主宰全球政治。

  亨廷顿的"文明冲突论"一出现，立即在国际上引起了广泛关注和争论。我认为，由亨廷顿引发的关于文明冲突的讨论，不能停留在到底什么是冷战后冲突的原因和模式上。这场讨论，实质上提出了一个根本性的问题：如何认识和对待世界文明的多样性？更具体地说，世界上各种不同的文明类型应如何处理相互之间的关系？

亨廷顿的文明冲突论提示了国际政治冲突中的文化因素和冷战后国际政治冲突的新特点，这对于我们全面分析国际关系中的复杂现象是有益的。但是亨廷顿并没有能全面揭示世界文明的特质和发展规律，也没有能正确阐明世界各种文明之间的相互关系。长期以来，西方国家的有些人一直持有一种片面和盲目的"西方文化优越论"，并常常以此作为侵略、干涉、压制非西方国家的借口。不管亨廷顿是否意识到，"文明冲突论"如果与"西方文化优越论"结合起来，很可能成为冷战后西方推行霸权主义政治的"理论根据"，对此我们不能不有所警惕。

一、多样性是世界文明的一个基本特质，也是促进世界文明进步发展的一个积极而重要的因素

世界文明发展的历史事实告诉我们，多样性是世界文明的一个基本特质。从古到今的人类社会，从来就没有出现过一个大一统唯一的文明类型。相反，不同区域、不同时期、不同传统的人类社会共同体，总是在社会的生产方式、生活方式和思想方式以及相应的语言、哲学、科学、文学艺术、伦理、宗教、公共机构、国家、政治、法律、技术等文化体系方面，表现出不同程度的独特性。这种独特性并不排斥人类文明的共同性和普遍性。但某些体系较高程度的独特性，却足以构成一些独特的文明类型。英国历史学家汤因比从现存的西欧文明、远东文明、基督教文明上溯到古代，列举了21种文明的类型。虽然他的分类和阐释不能说完全科学，但却毋庸置疑地肯定了世界文

明多样性的存在。亨廷顿当然也不否定这种多样性，他认为："村落、地域、族群、民族性、宗教团体，在不同层次的文化特殊性上，都有其独特之处。""尽管文化的界域很少像国界那般鲜明，但是文化的区别却是实实在在的。"他的文明冲突论，实际上就是以不同类型文明的存在为前提的。

问题在于对这种多样性文明的价值评价。世界文明的多样性不仅是一个客观存在的事实，而且是促进世界文明进步发展的一个积极和重要的因素。关于人类起源是多源还是一源，尚难定论，但人类文明的发展却无可置疑地是多线条的。每种文明都有其独特的历史发展过程。这种发展并不排斥其他文明的发展，也不必然地以其他文明的衰亡为前提。相反，各种文明的发展可以是并行不悖的。当然，任何文明都不能自我封闭，自我封闭必然导致自身的衰落。事实上，只要有社会生活的联系和交往，不同群体的人类之间就会有文化上的交流和相互影响。随着人类活动区域的扩大，交通和通信工具的改进，人类在经济、文化、社会活动方面的联系日益增多，不同类型文明之间的交流、影响、吸收、融合过程也会越来越广泛，越来越普遍，越来越深入。不管主观上意愿如何，客观上，每一种类型的文明都会从其他文明中吸取养分，同时，也会给其他文明以不同程度的影响。

比如，东方民族的许多重要发明，如阿拉伯数字、指南针、火药和纸等，曾经给西方文明以决定性的影响。伊斯兰文明与西方长达数世纪的交流，给中世纪欧洲在数学、科学、医药和农业方面的发展打下了基础。到近现代，迅速崛起的西方文明给东方国家以很大影响，而东方文明也仍然以不同方式给西方以一定影响。例如，中医中药这一纯粹中国的东西，如今已受到西方许多人的欢迎。

人类文明，正是在这种多样性的交流、融汇、统一中不断前进的。不同类型的文明，既有其独到的特征和表现形式，又有许多人类共同的东西。经过长期的交流，这类共同的成分越来越多，它们就构成人类文明的共同和基本的财富。如从哲学上看，佛教、基督教、印度教、伊斯兰教、犹太教、锡克教和道教等，都对人类与环境的关系、处理社会关系的准则、婚姻家庭的规范、生活的目标和意义等，提出了许多共同的观点，从而具有某些共同的价值。世界文明的总体内容和价值，正是这种不同文明普遍性和多样性的统一，它既是由各种文明中的共同价值组成的，又是由不同文明色彩纷呈的多样性予以丰富、融汇、促进和发展的。普遍性寓于多样性之中，多样性也离不开普遍性。在多样性中形成和融汇普遍性，这可以说是人类文明发展的一个基本规律。从这个意义上来说，多样性首先是一个积极的因素。

二、正确看待文明类型的差异，各类文明之间既有矛盾冲突的一面，又有统一共存的一面

多样性当然意味着差异。不仅有内容、形式的差异，而且就历史的某一个横截面而言，世界上各种文明类型往往有发展水平和程度的差异。但这种差异不能成为评价各文明类型对人类文明所作贡献的唯一标准，更不能成为某一所谓"先进"文明压制甚至消灭所谓"落后"文明的理由。人类文明的发展是不平衡的。在不同的历史条件下，往往有某种文明居于比较领先的地位，但随着历史条件的变异，这种地位往往会由新的其他类型的文明所取代，由此而造成新的历史横截面中新的文明格局。这种变动延续不断，所以历史上先后出现的各种文明类型，很少是始终处于领先地位的。当古埃及文明已相当发达时，希腊与罗马文明还处于很低的层次。而希腊文明，在古代显然比中欧、北欧的文明更为优越，但随着时间的推移，中欧与北欧文明又超过了希腊文明。一种文明处于衰退状态时，不能否认其历史

上对世界文明所作的贡献；一种文明比较先进时，也没有理由妄自尊大，摆出一副舍我其谁的架势。古代巴比伦文明，虽然后来衰落了，但它的文明成就，如创造楔形文字、编制《汉谟拉比法典》、测出圆周率为3.125、确定太阴历法并设置闰月等，谁能否认其对人类的贡献？当中华文明经历了5000多年的发展历史，并曾长期在世界上处于领先地位时，今日的"美国文明"当时还不知在何处，但又有谁能借这种差异而否认美利坚民族生存、发展的权利？即使在同一时代，无论较为先进的文明类型，还是相对落后的文明体系，都可以对世界文明作出自己的贡献，都有自己值得珍视的精华。后进的文明要向先进的文明学习，并抛弃自己的糟粕，但没有必要妄自菲薄；而先进的文明则要帮助落后的文明，但没有理由以"文明霸主"自居，鄙视其他文明的国家和民族。

不同类型的文明之间有差异，在一定条件下当然会发生摩擦和冲突，由此，也就可能构成亨廷顿所说的"文明的冲突"。这种冲突的深刻性、广泛性和持久性是不能低估的。但应该注意的是，这种"文明的冲突"只是各种文明类型相互关系中的一个方面，而不是其全部方面。各类文明既有矛盾、冲突的一面，又有统一、共存的一面。只讲一面，不讲另一面，是不符合事实的。我们政策的出发点，应该是促进各种文明的相互理解、相互尊重、相互学习、相互吸收，做到共同发展，共同繁荣，而不是有意无意地扩大各类文明之间的矛盾、冲突，甚至排斥、压制某一些文明的发展。

事实上，"文明之间的冲突"如果仅仅限于"文明之间的冲突"，它并不可能造成一种文明"消灭"另一种文明的结果，任何较大类型的文明是不可能被外来文明消灭的。历史上如果有什么文明衰落的话，那主要还在于自身内部的原因；而如果有什么外部力量的作用，那么这种外力只能是"野蛮的暴力"，而不会是"文明的威力"。文明之间的差异可以缩小，但不能打着"传播先进文明"的旗号，去入侵、统治和摧残处于较落后文明状态的其他民族。

三、国际冲突的根本原因是现实的利益矛盾，文明的冲突是其背景之一，但不是根本和直接的原因

历史上，人类各个部族、民族、国家、地区之间曾经发生过无数的战争和暴力冲突。如果从其社会历史根源来分析，当然有文化冲突的因素在内。但严格来说，文化或文明的冲突，只是造成某些战争或暴力冲突的背景之一，而这些战争或暴力冲突最直接、最主要、最根本的原因，还在于利益，在于经济利益或某种程度上国家、民族利益的矛盾，在于某些社会势力追求财富、土地、权力，扩张自身利益的贪欲。历史上发生的许多宗教战争，形式上是不同宗教或教派之间的冲突，文化冲突的色彩很浓，但究其实质，仍离不开物质利益。近现代西方列强对亚非拉广大地区的殖民侵略，往往打着传播文明的旗号，但实际上谁都不难发现它们掠夺财富、抢占市场、剥削和奴役殖民地人民的真实目的。否则，为什么要杀戮那么多土著居民？为什么要将千百万黑人变为奴隶？为什么要向中国输出鸦片，甚至将人类文明的瑰宝圆明园付之一炬？这些强盗般的行径与"传播"文明有何共同之处？战后几十年来苏、美之间的对抗，意识形态固然是一个重要原因，但意识形态的背后还是利益的争夺。美国积极推行遏制政策或"超越遏制"的和平演变政策，根本目的还是为了维护自己在世界上的霸主地位。持续多年的阿以冲突，固然是具有不同文化、宗教背景的民族之间的冲突，但谁不清楚他们争夺的焦点是中东的土地、河流，是各自国家的领土范围，是耶路撒冷的归属问题呢？

其实，人类历史上的各种暴力冲突，并不仅仅发生在不同文明类型的民族和国家之间，实际上还大量发生在相同文明类型的国家之

间。几百年来，欧洲国家之间的战争频繁发生，但在某种程度上它们都具有共同的文化背景。欧洲君主们互相联姻，在外交文书上常以兄弟相称，但在战场上的厮杀却丝毫也不逊色。所以，亨廷顿也承认，以往的王侯相争、民族国家相争、意识形态相争衍发的冲突，"大抵是西方文化的内部冲突。冷战如此，两次世界大战如此，较早的17、18乃至19世纪的战争皆如此"。很显然，文明的冲突不是各种暴力冲突的根本和直接的原因，也不是不同文明相互关系的唯一方面。用"文明的冲突"来概括文明类型之间的全部关系并总结各种冲突的模式，是不全面的。

那么，在冷战结束以后，文明的冲突是否将取代政治冲突、经济冲突而成为国际政治的新的主要模式呢？这要作具体分析。应该承认，亨廷顿指出了今后世界冲突的一个重要的作用因素。这种不同文明类型价值观之间的摩擦会在深层次上制约着不同国家、民族、地区间的政治、经济、外交关系，由发达国家代表的西方文明将会依仗其经济优势不断侵蚀各种非西方文明。这种冲突构成国际政治中一种内在的应力结构，也构成非西方文明面临的一种现实的威胁。但是，文明的冲突一般均表现在不同生产方式、生活方式和思想方式的摩擦和碰撞中，它带有一种潜移默化的特点。如果说在世界政治事务中发生什么外部形式的冲突，那么，可以断言，其主要的原因仍然是基于现实的利益。亨廷顿所划的文化断层线内的各种冲突，可能具有更多的文化背景和"文明冲突"的色彩，这种背景和色彩将会使这些地区的冲突更加复杂、更难以解决。但归根结底，它们仍然不可能超越政治经济的现实利益而真的成为什么纯粹"文明的冲突"。只要现实的利益问题得以解决，一切文明或文化问题的雾纱都会消退。

实际上，正如国际上很多专家指出的，在过去、当今及可以预见的未来，以美国为首的西方国家企图支配其他国家的霸权主义政策，才是世界许多冲突的祸根。美国是世界排名第一的军事大国和军火输出大国。美国自恃财大气粗，盲目地自以为"文明优越"，以世界领导者和世界警察自居，到处指手画脚，无端地干涉别国内政，挑起各民族、国家的内部冲突，动辄进行封锁、制裁。而且蛮横地奉行双重标准，对人一套，对己一套，霸气十足。这种貌似"先进"实则粗野的"文明"，人为地加剧了美中之间的矛盾，造成了不少国家的经济困难和社会灾难，更造成了不少地区的动荡不安。相反，对于那些非西方文明类型的民族和国家来说，尽管它们与西方文明之间存在着深刻的差异和矛盾，但在现有的世界战略格局和力量对比关系下，怎么可能设想它们会主动向西方国家挑起事端、扩大冲突？西方国家有意散布各种所谓"中国威胁""儒教威胁""伊斯兰威胁"等传言，完全忽视了客观存在的世界现实，甚至有悖于国际政治的常识。其目的无非是把引发国际冲突或动荡的责任推向别人，借以掩饰自己的霸权主义政策。

四、每一种文明都要加强对外交流，对所谓"文明冲突"要具体分析，既不可妄自尊大，也不可妄自菲薄

强调世界文明的多样性，肯定多样性的积极意义，要求尊重这种多样性，并不意味着世界上的各种文明类型都要自我封闭，拒绝与其他文明类型的交流。每种文明都要不断地与其他文明进行信息、能量、资源的流通和交换，才能始终保持旺盛的生命力，否则，就会自生自灭，走上衰退、消亡的道路。在当今世界上，随着科学技术的迅猛发展、通信和交通工具的日益发达以及经济文化交流的不断扩大，人类社会生活的国际化已经发展到一个新的阶段，世界成了一个小小的地球村。任何国家、任何文明都不可能在闭关自守、与世隔绝的状态下生存和发展。所以，对外开放已是当今世界发展的共同趋势。每

一种文明都要加强与其他文明的交流，都要善于向其他文明学习，同时，还要不断抛弃自身落后于时代的东西。在这个过程中，不可避免地会出现不同文明的碰撞和冲突。西方文明对东方文明的影响和侵蚀也必然会加大。对此，我们必须有充分和清醒的认识。对这样的"文明冲突"，要区分不同的情况采取不同的态度。对确实先进的文明，要大胆接受；对鱼龙混杂而来的糟粕，则要坚决抵制。既不可妄自尊大，也不可妄自菲薄。西方文明实力雄厚，影响巨大，有许多值得我们学习的东西。认真研究学习和借鉴其科学技术、管理方法、市场经济的规则和方法等等文明的精华，是我们当前突出的任务。同时，也应该注意，大量的事实已经证明，在世界各国走向现代化的过程中，西方文明并不是一种最健康、最完善、最积极、最有效的文明类型。相反，东方文明固然有其弱点，但在强调集体主义、互助互爱、情感、家庭、秩序等方面的价值、观念，却不断证明其不仅对于经济的现代化，而且对于人类社会的全面进步，特别是创造良好的生活质量、保持人与大自然的和谐平衡、维护社会各个层面的稳定等，都具有不可比拟的积极作用，而这些正是崇尚极端个人主义、自由主义的西方文明所缺乏的。所以，东方国家和民族应该有充分的自信力，相信自己的文明不会被西方同化，而只会在兼收并蓄、熔东西方文明精华于一炉之后，焕发出更大的光彩，对现代化建设起更大的促进作用。

五、世界上每一种文明都要学会与其他文明共处，建立国际文明新秩序，是当代世界的一项突出任务

大自然是千姿百态、丰富多彩的。正因为其形态、质地、色彩、运动的多样性，才使得自然的世界充满了生机和活力。同样，人类文明也是千姿百态、丰富多彩的。唯有这种多样性，才促进了人类文明

的融汇、发展和进步。世界文明的多样性，不仅是一种客观存在，而且有益于世界文明的进步。所以，世界上每一种文明都要学会与其他文明共处、共存，学会从别的文明吸收养分，而不是自以为优越、高贵，而对别的文明类型的国家和人民指手画脚，横施暴力。亨廷顿似乎为了弥补自己观点的缺陷，后来又发表一篇题为《每种文明必须学会与其他文明共存》的文章。他批评某些西欧人认为世界其他地方的人也应该"像我们一样"反映了西欧的傲慢，并认为这种想法本身就是引起"文明的冲突"的因素。亨廷顿认为，现代化并不意味就是西欧化，那种设想印度教徒与伊斯兰教徒、俄罗斯人与塔吉克人、日本人与美国人都可以属于西欧规定的一种普遍的文明，只是脱离现实的想法而已。亨廷顿的这种观点我们是赞同的，因为它比较现实和客观。尊重其他类型的文明，不将自己的意志强加于人，这将是未来世界保持和平与稳定的一个重要因素和条件。在这个意义上，和平共处的原则，不仅在国际政治领域，而且在文明类型关系上，都是适用的。努力建立国际文明的新秩序，这应该是当前及今后在建立国际政治和国际经济新秩序之外又一项突出的任务。

让亚洲的太阳更加温暖和明亮

——构建互利共赢的亚洲命运共同体

纪事和说明：

  2019年5月，亚洲文明对话大会在北京举行，主题是"亚洲文明交流互鉴与命运共同体"。我应邀参加亚洲文明周的沙龙活动，并作主旨演讲。演讲讲什么？我忽然想到，亚洲名字的意思是"太阳升起的地方"，于是便将主题定为"让亚洲的太阳更加温暖和明亮"，这既形象，又贴切，效果非常好。

  在这篇讲话中，我不仅提出要珍惜和用好亚洲文明的宝贵财富，强调互利共赢是亚洲和平发展的上策，而且还明确提出了建立亚洲命运共同体的主张，认为它的形成对于构建人类命运共同体具有非常巨大和积极的影响，希望这个共同体从"自在"状态走向"自觉"状态，使亚洲的太阳更加温暖和明亮地照在我们身上，照在我们心里。

各位朋友，女士们、先生们：

  很高兴与大家进行交流。我发言的题目是"让亚洲的太阳更加温暖和明亮"。讲三层意思。

一、珍惜和用好亚洲文明的宝贵财富

亚洲是全世界人口最多的一个洲。亚洲名字的意思是"太阳升起的地方"。这个名字虽然是古代腓尼基人所起，但近代以来的哲学大师黑格尔也说过，世界历史同太阳的行程一致，从东方的中国开始，经过希腊、罗马，到日耳曼结束。不管他们这样说的本意是什么，"太阳升起的地方"——这一美妙的称谓多少值得我们亚洲人感到自豪，并赖以自勉。太阳升起，应该是朝气蓬勃，充满活力、充满希望、充满光明的。

太阳从亚洲升起已经很久了。在亚洲大陆上，诞生了中国、古印度和古巴比伦三大文明古国，它们占了世界四大文明古国中的四分之三。亚洲的经济和文化水平曾经在世界上长期居于领先地位，中国的四大发明、印度人和阿拉伯人发明的十进位制，以及其他许多科学上的发明创造，都曾经为世界作出过重要贡献。世界上的主要宗教，如基督教、佛教、伊斯兰教、印度教，以及锡克教、儒教等，都诞生于亚洲。亚洲人民很早就开始了交往和合作。丝绸之路就是由中国长安经过西域和中东，远达欧洲和非洲的。亚洲的多数国家都处在"一带一路"的交通线上。

亚洲地域广大，是七大洲中面积最大、人口最多的一个洲。亚洲占地球陆地总面积的29.4%，占世界总人口的约60.5%（2019年）。有48个国家和地区，占联合国成员的四分之一。亚洲之"大"，必然就与"多"联系在一起。亚洲的山川多，河流多，地形变化多，气候形态多，相应地，亚洲的民族多，国家多，语言文字多，文化类型多，生活方式、思维方式的差异也多。这种多样性，是人类文明多样性的体现。这种多样性，在亚洲表现得非常突出。这是好事，当然也是难事。"多",就有了一个如何处理"多"之间的关系问题。本质上,就是如何处理亚洲文明的多样性,如何处理各国之间的利益关系,如何解决历史和现实的多种矛盾。所有这些,成为对亚洲文明智慧的一大考验。

我们相信,亚洲文明有足够的智慧和能力,能够促进亚洲各国的发展和进步,争取在经济全球化的大潮中、在科技革命的大潮中、在世界现代化的大潮中、在建设良好生态环境的大潮中,不仅跑得更快更好,而且能在某些方面跑在世界的前列。

我们相信,亚洲文明有足够的智慧和能力,能够妥善解决亚洲内部的各种复杂问题。任何时代和地区都会有这样那样的问题,不同国家之间也会有种种矛盾和冲突。但所有问题都应该用智慧的方式加以解决。亚洲文明应该有更大的胸怀和耐心,为亚洲内部的多样性创造更多的包容、更大的空间。

我们相信,亚洲文明也有足够的智慧和能力,能够处理好与其他大洲、其他文明的关系,处理好与整个世界的关系。亚洲内部的很多矛盾,不同程度地与外部力量有关。友好的合作,文明的互鉴,我们应该倡导和欢迎,但对于所有各种外部力量,我们对他们的希望是:帮忙,而不是添乱。

一生多,多合一。一,不能僵化;多,不能混乱。亚洲迫切需要在多样化中求沟通、求合作、求互利、求统一、求进步,从而逐步迈向一个在多样化中蕴含更多统一性的亚洲。

面对当今世界的机遇和挑战,亚洲文明为我们提供了重要的经验和智慧。作为太阳升起的地方,我们应该珍惜亚洲文明的宝贵财富,善于丰富和发展亚洲文明,善于利用亚洲文明的智慧,让亚洲的太阳更加温暖和明亮。我们也应该有足够的自信、作更大的努力,让亚洲的太阳更加温暖和明亮!

二、互利共赢是亚洲和平发展的上策

古老的亚洲创造过历史的辉煌，但到近现代，都不同程度遇到严峻的挑战。很多国家曾有被殖民压迫的命运，或者遭受过侵略战争的蹂躏。目前，亚洲发展中国家的数量还大大超过发达国家的数量，因此，发展，是亚洲各国的第一要务。亚洲文明的进步需要发展，解决亚洲内部的问题需要发展，消除各种矛盾冲突的根本基础也在发展。

发展需要合作。与其他大洲比较起来，亚洲在多样性中寻求团结合作的任务更艰巨。亚洲历史遗留的矛盾冲突比较多，面临的热点问题比较多。一些老大难问题长期消耗着亚洲发展的能量。面对各种传统和非传统威胁，亚洲争取和平、保障安全的任务非常艰巨。

维护和实现亚洲地区的和平与发展，需要运用亚洲文明的智慧。在中国古代文明中，对解决各种复杂问题，往往会区分上策、中策、下策。亚洲面临的挑战和问题纷纭复杂，就事论事可能令人迷茫，说不定会选择下策、下下策。但如果登高望远，运用亚洲文明的智慧，还是能找到上策的。

什么是上策？应该说，互利共赢就是上策，甚至是上上策。亚洲的各种矛盾冲突，无论是领土的、边界的、经济的、贸易的，还是文化的、宗教的、资源的、环境的，虽然都有很多极其复杂的原因，但说到底，都是利益问题，或都以利益为基础。每个国家都有自己的利益，也有权谋求和维护自己的利益。但在全球化日益发展的今天，世界各国的利益都有了更加紧密的联系，从而形成了联系利益、共同利益、全亚洲的利益、全人类的利益。许多利益已经很难单靠自己的努力、单按自己的愿望得到实现。传统的零和博弈已经过时。那种指望赢者通吃的念头几乎没有实现的可能。很多利益，都必须通过有关方的协商、对话、谈判、妥协，才能获得。

从根本上来说，亚洲国家有共同的命运、共同的任务、共同的挑战、共同的利益。1998年的亚洲金融危机，"非典"和其他传染病的流行，互联网的发展和应用，恐怖主义的威胁，都告诉我们，所有亚洲国家，乃至更多国家，都已经是"一损俱损，一荣俱荣"的关系。解决我们面临的紧迫问题，比如贫困问题、环境问题、资源问题、劳工问题、农业问题、贸易问题、毒品问题、恐怖主义问题等等，都需要各国的共同努力、互相帮助和密切配合。这种共同利益对所有各方都是十分重要的。通过携手合作，获得最大的共同利益，不仅对各方都有好处，而且能够促进某些具体问题的解决。

所以，促进亚洲和平与发展的上策，只能是互利共赢。互利共赢，就是扩大同各方利益的汇合点，在实现本国发展的同时兼顾对方的正当关切和利益。以自己的发展促进亚洲和世界的共同发展。互利共赢，就要坚持正确的义利观，树立共同、综合、合作、可持续的新安全观，谋求开放创新、包容互惠的发展前景，促进和而不同、兼收并蓄的文明交流，构筑尊崇自然、绿色发展的生态体系。

三、从"自在"的命运共同体走向"自觉"的命运共同体

近年来，中国国家主席习近平提出了推动构建人类命运共同体的思想和呼吁。按照这一战略思想，中国积极构建全方位、多层次和立体化的全球伙伴关系。从亲诚惠容的周边外交理念，到真实亲诚的对非工作方针，再到共建"一带一路"倡议……中国不仅坚持走和平发展道路，更以互利共赢的实际行动为构建人类命运共同体注入中国智慧，贡献中国力量。

人类命运共同体意识，超越了种族、文化、国家和意识形态的界限，为思考人类未来提供了全新的视角，为推动世界和平发展给出了理性可行的行动方案。所以，获得了广泛的国际认同，得到了国际社会越来越多的认可与赞扬。2017年2月，"构建人类命运共同体"写

进联合国社会发展委员会第 55 届会议的决议。同年 3 月，联合国人权理事会第 34 次会议通过的关于"经济、社会、文化权利"和"粮食权"两个决议，都明确表示要"构建人类命运共同体"。

世界有命运共同体，亚洲也有命运共同体。亚洲命运共同体是世界命运共同体的重要组成部分。由于亚洲的分量、特点，由于亚洲之"大"、亚洲之"多"，如果亚洲能够成为真正的命运共同体，对于世界构建命运共同体的影响将会非常巨大和积极。

命运共同体有"自在"和"自觉"两种存在形式。在现实中，无论亚洲还是世界，这种命运共同体已经是客观存在。人类只有一个地球，各国共处一个世界。经济全球化让"地球村"越来越小，社会信息化让世界越来越平。不同国家和地区已经是你中有我、我中有你。不论人们身处何国、信仰如何、主观意愿如何，实际上都已经处在一个命运共同体中。这就是"自在"的存在。

问题在于，对于这种命运共同体的存在，我们是否都充分意识到了呢？是否都清醒认识到不同国家的命运已经紧紧绑在一起了呢？是否已经采取实际的行动来维护我们这个命运共同体呢？

也许意识到了，也许还没有意识到；也许有的国家认识到了，有的国家还没有意识到；也许在某些方面意识到了，有些方面还没有意识到；也许道理明白了，但在行动上还不够有力、不够迅速。所以，我们还需要努力将亚洲命运共同体和世界命运共同体从"自在"的存在转化为"自觉"的存在。

为此，我们需要行动，关键也在于行动。为了构建亚洲命运共同体，亚洲国家需要行动。为了构建世界命运共同体，世界各国需要行动。我们亚洲行动了，对我们亚洲有利，对世界也会起促进作用。为了构建"自觉"的亚洲命运共同体，我们急需自觉行动，从伙伴关系、安全格局、经济发展、文明交流、生态建设等方面做出更大的努力。政治上，努力形成平等相待、互商互谅的伙伴关系；安全上，努力消弭冲突，化解种种热点、燃点、爆炸点；经济上，积极推动共同发展与合作共赢；文化上，坚持相互尊重、兼收并蓄和开放包容。

今天，我们在这里举行亚洲文明对话，这是一种思想的碰撞，是一种沟通交流。如同这次亚洲文明对话是第一次举行，接下来还需要有第二次、第三次一样。我们的对话是行动的先导，我们不能仅仅停留在思想上、语言上，还要付诸更多、更大的实际行动。我们可以从扩大贸易往来开始，从加强经济合作开始，从推进文化交流开始，从解决具体矛盾和问题开始……通过实际行动，加强道路联通、城市联通、人心联通、发展联通，推动亚洲成为一个统一的大市场、一个统一的发展大平台。

只要一步一个脚印地前进，一个"自觉"的亚洲命运共同体就有可能展现在我们面前，亚洲就有希望成为一个真正的和平共同体、发展共同体、命运共同体，亚洲的太阳就会更加温暖和明亮地照在我们身上，照在我们心里！

以互鉴之笔添彩世界文明画卷

纪事和说明：

  这是我 2022 年 9 月 2 日在《环球时报》"读懂新时代的中国共产党"专栏发表的一篇文章。

  该文不仅形象生动地提出了以多样色彩塑造人类文明之美、以强健韧性推动人类文明进步，而且明确提出了"从深层次上构建人类文明共同体"的重要主张。认为建设、维系和发展人类命运共同体，就需要正确处理不同文明类型之间的关系。从根本上来说，建设人类命运共同体的理念，就是人类文明发展的重要成果。建设人类文明共同体，将能够更加牢固地系紧人类命运共同体的纽带。

  当今世界正处在一个重大的十字路口。人类社会向何处去？不同的人和国家会有不同的回答。但追根溯源，都会归结到一个词上："文明"。是顺文明方向前进，还是逆文明方向倒退？是在文明互鉴中升华，还是在野蛮恶斗中坠落？抓住了这个根本，我们才能更加深刻地读懂世界、读懂中国、读懂中国共产党，也才能朝着正确的方向走向中国和世界的未来。

一、以多样色彩塑造人类文明之美

记得有一次到美国去进行对外交流，有人问到不同国家的制度选择时，我在答问中说了一段话："很可惜，今天房间里没有摆上一盆花。但不要紧，大家不妨看看窗外，是什么样的颜色？是一种颜色吗？还是赤橙黄绿青蓝紫？如果外面只有一种颜色，比如一片灰色，您会感到愉悦吗？"

我说："这其实是一个深刻的哲学问题。世界是丰富多彩的，每个国家都有自己的国情，都有自己的选择，也有自己的发展道路。""每个国家都要看到自己的长处，也要看到自己的短处。相互之间不要互相指责，而要互相学习和借鉴。这样世界才会变得更加绚丽多彩。"

接下来我又阐述了不少观点。虽然双方有一定分歧，但还是找到了契合点，交流的效果很好。

是的，文明是一个共同的话语，也是一个共同的准则。虽然文明的内涵和主张极其复杂，但大概谁也不会宣称："我宁要野蛮，不要文明。"因为人类社会的发展本来就是一个从兽性走向人性、从野蛮走向文明的过程。兽性与人性、野蛮与文明，始终处在博弈过程中。任何兽性和野蛮的表现和爆发，都是对人性和文明的反动。

文明的定义五花八门，文明的内容更是复杂多样。人类社会，从来就是一个由不同类型文明构成的共同体。多样性是世界文明的一个基本特质。人类的各种文明，自诞生以来，就以生活交往、经济活动、科技交流等为纽带，进行着不同形式的联系和交流。文明的多样性如同色彩的多样性，从三原色出发，可以组合演化出无穷无尽的图案、图画来。世界上所有伟大的艺术作品，特别是视觉艺术，至少从表现形式来说，都是各种色彩的绝妙组合。

100多年来，中国共产党虽历经曲折，但总体上都在不断深化着对文明互鉴的认识。一方面，努力正确地认识和推动中华文明的发展；另一方面，努力正确地吸收和借鉴世界文明的有益成果；同时，也努力推动世界各种文明类型的开放包容、交流互鉴。

进入新时代，习近平总书记明确指出："文明因交流而多彩，文明因互鉴而丰富。文明交流互鉴，是推动人类文明进步和世界和平发展的重要动力。"①

中国共产党坚持立足于中国国情，把马克思主义基本原理同中国具体实际相结合、同中国优秀传统文化相结合，不断丰富和发展中国特色社会主义的新型文明；同时，坚持求同存异，以宽广的胸怀学习和借鉴世界文明，努力推动建设一个开放包容的世界。

中国共产党人一再呼吁，坚持文明多样性的理念，让人类创造的各种文明交相辉映，编织出斑斓绚丽的图画，共同消除现实生活中的文化壁垒，共同抵制妨碍人类心灵互动的观念纰缪，共同打破阻碍人类交往的精神隔阂，让各种文明和谐共存。

文明的色彩可能是杂乱的，有时也会有冲突和斗争。绘制世界文明之画，塑造人类文明之美，并不是把一大堆颜料胡乱地堆砌在一起，而是要有一定的筛选和修饰，也要有一定的治理和规则。

在当前世界上，各种文明类型的关系错综复杂。相对比较规范、协调、和谐的世界文明之画和人类文明之美，并不是那么容易形成的。这也没有什么奇怪。历史上，有的美术作品的完成，曾经经历过几年、几十年甚至上百年的过程。以多样化的色彩绘制世界文明之画、塑造人类文明之美，不可能一蹴而就。但中国共产党有信心、有耐心，一定要把这样的文明之画一直绘制下去。

---

① 《习近平著作选读》第一卷，人民出版社2023年版，第228页。

二、以强健韧性推动人类文明进步

整个世界，无论自然物质，还是人类自身；无论社会生活，还是意识观念，说到底，都是作为一种过程而存在的。因此，世界上不存在任何绝对的东西、永恒的东西、达于顶峰而至高无上的东西。对任何物质来说是如此，对任何社会和国家来说是如此，对任何文明类型来说当然也同样如此。

一切文明都需要发展，一切文明都处在发展过程的进行时。100多年来，中国共产党对人类文明和中华文明的认识愈益深刻，对自己发展和推动文明建设任务和使命的认识也愈益深刻。改革开放以来，中国共产党相继提出了建设社会主义物质文明、精神文明、政治文明、社会文明、生态文明的任务，并取得了一个又一个成就。

进入新时代以来，以习近平同志为核心的党中央传承中华文明，进一步明确在全面建成小康社会的基础上，分两步走在本世纪中叶建成富强民主文明和谐美丽的社会主义现代化强国，明确中国特色社会主义事业总体布局是经济、政治、文化、社会、生态文明建设"五位一体"。在长期探索奋斗的基础上，党领导人民成功走出中国式现代化道路，创造了人类文明新形态。

新时代的中国共产党不断提高科学执政、民主执政、依法执政水平，以自我革命的精神，增强党的自我净化、自我完善、自我革新、自我提高能力，坚持全面从严治党，推动反腐败斗争取得压倒性胜利并全面巩固，在建设政党文明上作出了新的探索，丰富了社会主义政治文明的成果。

新时代的中国共产党努力用博大胸怀吸收人类创造的优秀文明成果，促进人类文明交流互鉴。致力于将"一带一路"建成文明之路。组织开展了多种形式的文明交流活动，即使在逆全球化倾向发展、文明交流受阻的情况下，仍继续倡导文明互鉴，举办了线上线下的各种文明论坛，促进了不同类型文明之间的沟通、交流和理解。

中国共产党的事业始终在路上，中华文明和人类文明的建设也都始终在路上。我们为中华文明的发展进步而自豪，但不能认为我们的文明已经达于顶峰而完美无瑕。文明的发展和水平没有最高级，只有比较级。自信不等于自傲，更不是自大。在吸收人类先进文明的道路上我们仍需要继续前进，在提高自身文明水平的道路上我们仍需要继续前进。对外开放的大门不能关上，文明交流互鉴的大门也不能关上。我们反对别人堵上，我们自己更不要主动关上。只有在更高的基点上观察时代、把握时代，以强健的韧性紧跟时代、引领时代，我们才能推进中华文明有更大的进步。

三、从深层次上构建人类文明共同体

新时代中国共产党推进文明互鉴的标志性成果，是习近平总书记提出的人类命运共同体理念。

人类只有一个地球，所有国家都共处一个世界，随着全球化的发展，人类越来越成为你中有我、我中有你的人类命运共同体。珍爱和呵护地球是人类的唯一选择。

人类命运共同体的思想，对于认识和处理当代世界的各种复杂关系具有重要的指导意义。每个国家的命运都与世界其他国家紧紧联系在一起。只有确立人类命运共同体的理念，才能正确认识本国与他国的关系，才能以正确方式处理各种复杂的国家关系，才能真正坚持和平发展、互利共赢的原则，才能真正摒弃冷战思维和侵略手段，才能免于世界重演两次世界大战的悲剧。

人类命运共同体是一个客观的存在。在这个共同体中，存在着不同的国家和民族，也存在着不同类型的文明。它们相互之间必然存在着利益的差异、矛盾和冲突，也必然存在着文明的差异、分歧和斗争。但是，既然所有人的利益和命运在相当程度上绑在了一起，那么，正如习近平总书记指出的，没有哪个国家能够独自应对人类面临的各种挑战，也没有哪个国家能够退回到自我封闭的孤岛。[①]

为了建设、维系和发展这样的人类命运共同体，就需要正确处理不同文明类型之间的关系，就要以科学、理性、大局、包容、共赢的观念正确认识和处理相互之间的利害关系，形成有助于构建人类命运共同体的理念和价值取向，也就是要不断提高这个命运共同体的文明水准，切实做到互利共赢、文明互鉴，促进人类命运共同体的建设。

所以，我认为，要建设人类命运共同体，就要建设人类文明共同体。从根本上来说，建设人类命运共同体的理念，就是人类文明发展的重要成果。它为不同的国家和民族、不同的文明类型提供了认识和处理相互之间关系的指南和准则。建设人类文明共同体，将能促进人类不仅加强物质方面的交流，而且加强精神方面的交流，使各自在文明互鉴、利益与共上取得更多的共识，从而更加牢固地系紧人类命运共同体的纽带。

我们通常所说的人类文明，其实就是一个现实的人类文明共同体。只不过这个共同体内，还存在着许许多多的差异、矛盾，需要不断地磨合甚至斗争，摒弃种种糟粕，发展共同的先进文明，从而放射出更多的文明之光。

建设人类文明共同体，就要充分认识人类文明是共性与个性、普遍性与多样性的统一，总体的人类文明既是由各种文明中的共同价值组成的，又是由色彩纷呈的多样性丰富、补充的；就要正确对待文明类型的差异和矛盾，既不能妄自菲薄，也不能当"文明霸主"，坚持求同存异、相互尊重，相互借鉴、相互吸收，做到共同发展、共同繁荣；就要推动建立国际文明新秩序，尊重每个国家自主选择符合本国

---

① 参见《习近平著作选读》第二卷，人民出版社2023年版，第48页。

国情的社会制度、发展战略、生活方式和价值观念的权利，建立和完善涉及文明问题的各种规则，制定更多的处理国际文明关系的准则和文件，形成文明互鉴的制度和机制。

中国共产党具有独特的文化底蕴，新时代开辟了通过交流互鉴推动人类文明发展进步的新前景。即将召开的党的二十大，将要谋划未来 5 年乃至更长时期党和国家事业发展的目标任务和大政方针。只要我们既不走封闭僵化的老路，也不走改旗易帜的邪路，紧跟时代，勇毅前行，就能在人类文明的建设上有更大的作为。

奥林匹克与人类文明[①]

纪事和说明：

本文写于2002年2月，发表于《北京大学学报（哲学社会科学版）》2002年5月第3期。当年4月5日，作者应邀以"奥林匹克与人类文明"为题，在奥组委举办的"人文奥运"研讨会上作主旨演讲。

该文着重说明了奥林匹克运动与人类文明的发展、交流、融合、进步紧密地联系在一起，是人类文明的一个重要载体和组成部分。奥林匹克以体育运动作为基本的中介形式，具有极大的包容性、灵活性和多元性，能够最大限度地超越各种自然和人为的藩篱，促进不同类型文明的交流和发展，这种独特的引力和张力，是它作用于人类文明的最大特点和优点之一。正因为如此，任何主办奥运会的国家，都不能不充分利用这个机遇，加强不同文明的相互交流，扩大本国文明的国际影响。准备和举办北京2008年奥运会，必须高度重视"人类文明"这个主题词，把文化交流和推介的工作做好。

---

① 本文引文和有关资料均引自2001年7月30日至8月21日《北京日报》所载《北京2008年奥运会申办报告》、人民体育出版社1993年出版的《奥林匹克运动》一书。

奥林匹克运动，与人类文明的发展、交流、融合、进步紧密地联系在一起，是人类文明的一个重要载体和组成部分。《北京2008年奥运会申办报告》将"人文奥运"作为2008年奥运会的主题之一，并且宣布，在今后7年中，将相继举办以"奥林匹克运动与人类文明"为主题的高层国际论坛。我们认为，研究奥林匹克运动与人类文明的关系，符合"人文奥运"的精神，对于利用奥运机会，加强世界文明的交流，展示中国文化的神韵，是很有意义的。准备和举办北京2008年奥运会，必须高度重视"人类文明"这个主题词，把"人类文明"的文章做足做好。

一、奥林匹克运动是人类文明的重要载体

奥林匹克是一种大规模集群性的体育运动组合形式。体能的竞技是它的基本形式，但它的内涵又绝不仅仅是竞技。《奥林匹克宪章》的基本原则明确规定："奥林匹克主义是将身、心和精神方面的各种品质均衡地结合起来，并使之得到提高的一种人生哲学。它将体育运动与文化和教育融为一体。奥林匹克主义所要建立的生活方式是以奋斗中所体验到的乐趣、优秀榜样的教育价值和对一般伦理的基本原则的推崇为基础的。"这段话再明白不过地说明了奥林匹克与人类文化的关系，说明了它所体现的深刻而丰富的文明内涵。

奥林匹克运动与人类文明的关系主要表现在以下几个方面：

第一，奥林匹克作为一种体育运动，本身就是一种包含着丰富文明内涵的人类物质和文化活动。体育运动以人体的物质形态为作用对象，在科学的训练和锻炼原则指导下，通过一系列有规律的身体运动方式，使人体的解剖结构、生理机能得到积极的生物学改造。因此，它是人类实现自我完善、自我发展的一种重要的物质形式。而且，人的肉体与精神不可分离。在体育锻炼和体能竞技中，人类不断培养、

锻炼和表现出积极进取的精神、顽强拼搏的精神、公平竞争的精神、团结友谊的精神，乃至爱国主义和国际主义的精神。奥林匹克运动，通过日常的组织工作和四年一度掀起的奥运高潮，把这种物质文化活动推向极致，使其所蕴含的文明价值得到了大规模的普及和张扬。

　　第二，奥林匹克作为一种具有哲学内涵的社会运动，包含着极其丰富的文明财富，并推动这种文明的发展和普及。奥林匹克不同于一般的竞技活动。它从创立起，就将体育与文化、教育结合在一起，强调精神文化对于这一运动的重要意义。在长期的发展过程中，它逐步形成了一种作为其灵魂和精神的人生哲学——奥林匹克主义。奥林匹克主义试图通过体育运动与教育和文化的结合，促进人的和谐发展，进而促进一个维护人的尊严的、和平的社会的建立。奥林匹克主义赋予了奥林匹克运动以极强的教育价值和文化价值，使之对人类文明的发展产生了极大的影响。奥林匹克的宗旨是："通过没有任何歧视、具有奥林匹克精神——以友谊、团结和公平精神互相了解——的体育活动来教育青年，从而为建立一个和平的更美好的世界作出贡献。"奥林匹克的格言是"更快、更高、更强"，以最高水准和优秀选手为榜样激励人们奋发、进取、向上。奥林匹克以公平竞争的规则和精神来反对欺诈行为，推广法治精神，净化人类的心灵。奥林匹克以一系列独特而鲜明的象征性标志，如会旗、会歌、会标、奖牌、吉祥物以及其他各种简明洗练的艺术形象等，形象化地展示奥林匹克的价值取向和文化内涵。其中最突出的奥林匹克标志，即蓝、黄、黑、绿、红互相套接的五环，表示五大洲的团结和全世界的运动员在奥运会上相聚一堂。在某种意义上，今天甚至已成为世界和平、民族团结的象征。

　　第三，奥林匹克将多种文化形式汇聚到一起，集中展示了浓郁的艺术性，创造和表现着一个美的世界。奥林匹克不是一个简单的体育竞技活动，而是集中了各种文化艺术形式在内的综合性社会运动。在奥林匹克运动里，不仅通过体育竞技展示着世界第一流的人体形态美、力量美、运动美、韵律美，而且还通过相关的各种活动展示着一个更加广阔的、五彩缤纷的艺术世界。恢弘壮观的建筑艺术，形象生动的绘画、雕塑艺术，旋律起伏的声乐、器乐艺术，文学、诗歌等想象艺术，戏剧、歌舞等综合艺术，等等，无不给人以美的享受。汉城奥运会在不到两个月的时间里，就推出了41项大型文化活动。尤其是每次奥运会气势磅礴、华彩四溢的开幕式、闭幕式等仪式，更是奥林匹克运动奉献给人类文明的一块瑰宝，它以极强的艺术魅力，吸引了全世界几十亿人的注意，把美与欢乐带给了人类。奥运会为艺术家们提供了发挥聪明才智的广阔舞台，促进了各种文化艺术形式的发展。人们在创造美好事物的同时，也陶冶着自身的美的修养和美的情感，从而不仅使人类文明，也使人的内心精神得到了巨大的升华。

第四，奥林匹克的跨地区、跨民族、跨国家性质，促进了世界不同类型文明的接触、交流和融合。人类社会进入工业文明以后，世界各个民族之间的经济、政治、文化等联系日益紧密，交往日益增多，人类的历史逐步从民族的历史走向真正世界的历史。在这种背景下兴起的现代奥林匹克运动，挖掘古代奥林匹克运动的文化成果，顺应了现代人类交往发展的历史潮流，开拓了一条体育国际化的道路。1896年举行的第一届奥运会，就有13个国家的运动员参加。1968年墨西哥奥运会的参赛国家和地区突破了100个。到2000年悉尼奥运会，则已有200个国家和地区的11000多名运动员和5100名官员参加。四年一次的奥运会，已经成为全世界体育运动员、教练员，甚至新闻记者、体育官员、观光旅游者们相聚欢庆的盛会，实际上是人类有史以来规模最大的国际社会文化活动。由于它采用的是具有普遍价值、超政治、超国界的体育运动形式，因而大大减少了各民族文化交流中的障碍，缩小了各民族文化在空间上和内容上的距离。通过这样一种聚会和交流的形式，融汇各民族优秀体育文化的国际体育文化得以形成和发展，不同肤色、不同语言、不同信仰的人加深了相互之间的了解和沟通，主办国用最集中、最丰富的形式向世界展示自己最具代表性的文化艺术，世界不同国家和民族的价值观念、文化艺术、生活方式等等也得以展开广泛的交流、碰撞和融合。

第五，奥林匹克受惠于现代科学技术，同时又向现代科学技术提出了课题，提供了实验场所，成为促进现代科学技术发展的一个动力。体育是一项运动，但也是一门科学。随着奥林匹克运动的发展，现代体育科学也有了迅猛的发展，运动技术和训练方法有了长足的进步，训练设施和测试技术也不断改进。现代科学技术大大改变了奥运赛场的面貌。从运动员的服装、鞋帽到训练、竞技使用的器材，从场地的铺设材料到计时测距装置，都凝聚着现代尖端科技成果的结晶。奥运会的管理工作，大量地运用了控制论、系统论、运筹学等现代软科学理论成果。大型电子信息服务系统，已成为现在每届奥运会不可缺少的神经枢纽。卫星电视实况转播，把奥运信息瞬间传播于世界每一个角落。随着奥林匹克运动的发展，体育运动越来越广泛地成为现代科学技术的直接研究对象。为解决奥运课题而做的努力，促进了信息科学、生物遗传工程、分子生物学、生物物理学、新材料技术、激光技术等等高新技术的发展。在一定意义上，奥林匹克运动已成为现代科学技术的一个巨大的实验室，奥运会已成为各国展示科技成果的橱窗和进行国际科技交流的盛会。

当然，奥林匹克也并非一切都是美好的。在不同的历史时期，奥林匹克运动也遇到各种反文明力量和行为的挑战。当代，它所遇到的最大挑战之一，就是兴奋剂问题。1960年，丹麦自行车运动员詹森由于服用兴奋剂而死亡，成为奥运史上第一例因服用兴奋剂而丧生的运动员。此后，兴奋剂问题日益突出。据估计，第二次世界大战结束以来，至少有 120 名著名运动员死于滥用违禁药品。尽管国际社会与使用违禁药品的行为进行了长期的斗争，但这种反文明的行为迄今仍然严重存在，需要人们继续开展不懈的斗争。

二、奥林匹克运动特有的文明引力和张力

奥林匹克运动对于人类文明的发展起着非常巨大的作用。但它这种作用不是机械的、生硬的、由外部力量强行推动的。恰恰相反，它以体育运动作为基本的中介形式，因而，对于人类文明来说，具有极大的包容性、灵活性和多元性，能够最大限度地超越各种自然和人为的藩篱，促进不同类型文明的交流和发展。这种独特的引力和张力，是它作用于人类文明的最大特点和优点之一。认真研究这种文明的引力和张力，对于我们更好地利用奥林匹克促进中华文明和世界文明的发展、交流，具有十分重要的意义。

人类文明发展的历史告诉我们，多样性是世界文明的一个基本特质。自人类文明出现以来，不同区域、不同时期、不同传统的人类社会共同体，总是在社会的生产方式、生活方式和思想方式，以及相应的语言、哲学、科学、技术、文学、艺术、伦理、宗教、政治、法律、公共机构、国家等文化体系方面，表现出不同程度的多样性。其中一些体系化程度较高的独特性状，还足以构成一些独特的文明类型。这种文明类型的多样性，是促进人类文明发展进步的重要因素。随着人类活动区域的扩大，交通和通信工具的改进，人类在经济、文化、社会活动方面的联系日益增多，不同类型文明之间的交流、影响、吸收、融合过程也就越来越广泛，越来越普遍，越来越深入。不管主观上意愿如何，客观上，每一种类型的文明都会从其他文明中吸取养分，同时，也会给其他文明以不同程度的影响。

到当今世界，经济全球化迅猛发展，人类社会生活的国际化也发展到一个新的阶段，世界成了一个小小的地球村。对外开放成了当今世界文明发展的一个普遍趋势。任何国家、任何文明都已经不可能在闭关自守、与世隔绝的状态下生存和发展。每一种文明都要不断地与其他文明进行信息、能量、资源的流通和交换，加强与其他文明的交流。既要充分展示自己文明的内涵和特点，发展精华，弘扬自我，在世界文明的舞台上争取应有的地位；同时，又要善于向其他文明学习，吸取其他文明的优秀成果，不断抛弃自身落后于时代的东西。只有在与其他文明的这种共存、共处中，各种文明类型才能始终保持旺盛的生命力，否则，就会走上衰退、消亡、自生自灭的道路。

在这种文明的交流、沟通、融合中，我们注意到，各种文明类型，既有内涵"质"上的不同，也有外部"势"上的差异。就是说，每一种文明对于外部世界的引力和张力是不同的。比如，很多土著居民的文明在现代社会呈日渐消失的趋势，而以美国为代表的西方文明则表现出咄咄逼人的态势。中华文明是世界上屈指可数的少数几个历史最悠久的文明类型之一，但在当今世界却承受着现代文明的巨大压力。为什么不同类型的文明会具有不同的态势呢？基本原因就在于，任何一种文明除了都有自己不同的内涵以外，还有在与其他文明相处中所表现出的引力和张力。引力，就是吸纳、融汇、同化其他文明的能力；张力，就是向其他文明渗透、扩展，甚至予以同化的能力。这种引力和张力之大小，与内涵的质量有密切的关系，但又并不仅仅是由这种质量决定的。它还有其他种种复杂的原因，如经济后盾、与大众的关联度、传输手段的先进与落后等等。当今美国文化的强势扩张，与它有强大的经济力量作后盾，以及公民自身的参与度高是不无关系的。

奥林匹克运动，之所以对世界不同类型的文明有如此巨大的引力和张力，能够如此广泛地汇聚全世界不同文化背景的人，在把各种自然和人为的障碍减少到最低程度的情况下促进不同文明的交流和融合，这是由它很多特有的条件和因素决定的。

第一，奥林匹克据以促进文明交流的基本中介形式是体育。体育，无论何种项目，都是通过有规律的身体运动和有规则的比较竞争，达到健身强体和获取愉悦的目的。它对于所有的人类来说，都有积极的意义和强大的心理引力，因而，也能够为所有的人所接受和欢迎。作为体育运动，具有最大限度的人类无差别性，能够超越任何地理的、民族的、宗教的、政治的、文化的、历史的差别，吸引人类共同参与。奥林匹克运动，正是以体育这种人类最大限度的无差别性为基础，才取得了对世界所有文明的最大的包容性，才拥有了能够使各种文明走到一起的最为中性的基本手段，从而，也才能成为促进人类文明发展和交流的非常有效而重要的载体。

第二，奥林匹克提供了吸引各种文明聚汇的环境、场所和条件。奥林匹克运动，经过多年的发展，已经形成了以奥林匹克主义为核心的思想体系，以国际奥委会、国际单项体育联合会和各国或地区奥委会三大支柱为骨干的组织结构体系，和以奥运会为周期性高潮的活动内容体系。这种庞大的综合性体系，是任何其他体育运动体系所不能比拟的。这种体系，特别是四年一度的奥运盛会，以及其他有关的活动，集中了全世界绝大多数体育项目中的顶尖人才，以公平竞争的形式，向世界展示出"更快、更高、更强"的水准。在这里，由于它所具有的广泛性、综合性、规范性、权威性，因此，不仅对于参与者来说具有极大的吸引力，而且对于其他不同类型的人来说，也同样具有巨大的吸引力。特别是当今世界，借助于先进的通信手段，甚至能把全世界几十亿人吸引到小小的电视屏幕上。这种力量，几乎是世界其他任何力量都无法比拟和抗衡的。因此，奥林匹克，也就成了展示世界不同文明的最好、最大、最广阔的一个舞台。谁不参与，谁就失去了最好的机会；谁不利用，谁也失去了最好的机会。

第三，奥林匹克与现代社会经济和科学技术的结合，大大增强了将文明内容扩张于世界各地和人类生产和生活方式之中的渗透能力。奥林匹克需要大量的经济支持。社会对于奥林匹克的经济投入，不仅促进了奥林匹克运动的发展，也对社会经济本身产生了巨大的推动作用。筹备奥运会期间，要兴建各种体育、交通、市政、通信、服务等基础设施。举办奥运会期间，要组织大量的服务、旅游、商业活动。生产销售各种运动项目所需的服装、鞋帽、器材、仪器、工具等等，以及通过出售奥林匹克门票、专用标志、纪念品等等，带动了许多产业的发展。这类经济活动涉及世界绝大多数国家，因而使得大量经济资源在全球范围内流动。所有这些，都不可避免地渗透到很多国家人们的生产和生活中去，对各个文明类型的生产和生活方式产生引导、激励作用。与此同时，现代科学技术的应用，大大扩大了奥林匹克在体育、经济、文化等等方面的扩张能力。特别是电视转播，1936年，闭路电视第一次被用来转播奥运会实况。1964年东京奥运会第一次进行了卫星电视实况转播。1972年慕尼黑奥运会观看开幕式实况转播的观众达到了10亿人次。甚至观众一向较少的冬季奥运会，1992年也达到了20亿人次。在这类通信手段上出现的形象、文字、风土人情等等，无不对人们产生潜移默化的影响。

三、以举办奥运会为契机，推介中华文明，促进文明交流

由于奥林匹克运动与人类文明有着如此密切的关系，并且有着如此强大的文明引力和张力，因此，在当今世界，无论哪一个国家获得举办奥运会的主办权，对这个国家来说，都是一个极大的机遇。这个机遇，不是仅仅对于体育、对于娱乐、对于经济，更深层次，还在于

对于本国的文明发展和进步。从申办来说，申办过程不仅是一个争取主办权的问题，而且是一个城市（乃至影响到一个国家）用世界第一流城市的标准来衡量和要求自己，不断地进行自我改进和完善、提升自己现代化水平的过程。围绕申办而在广阔的国际社会中展开的交往活动，也使得这个国家和城市有机会向世界展示自己的文明水准，改善自己的国际形象。从主办来说，奥运会有世界规模最大、覆盖面最广，囊括31个大项、数百个小项的体育比赛；有包括隆重的火炬点燃传递、盛大的开幕式闭幕式、激动人心的发奖仪式等等在内的庆典仪式；有从建筑到园林、从戏剧到歌舞、从绘画到雕塑等等在内的各种文化形式。《奥林匹克宪章》规定，"奥运会组委会必须制定一项文化活动计划"，即主办奥林匹克文化节。这已成为奥林匹克运动的重要组成部分。组委会在国际奥委会的同意下，要组织安排充分展示举办国和世界文化特色的文化活动，将音乐、舞蹈、文学、绘画、雕刻、摄影、戏剧、建筑、集邮等各种文化形式汇聚一堂，既是为奥运会增添光彩，也是为举办国增添光彩。

正因为如此，任何主办奥运会的国家，都不能不充分利用这个机遇，加强文化交流，大力弘扬自己的文明特色，扩大本国文明在国际上的影响。如1896年，希腊举办第一届现代奥运会时，为筹措资金，一批希腊艺术家以古希腊奥林匹亚竞技为题材设计了8种图案的12枚纪念邮票，构思新颖，别具一格，受到广泛的欢迎，既解决了资金问题，也扩大了希腊作为奥林匹克运动发源地的影响。1984年，洛杉矶奥运会的开幕式，精心设计并连续演奏了《共和国战歌》《扬基歌》《古老的骑士》等10首美国历史名曲，配以身穿美国拓荒时代服饰的演员演出精彩的歌舞剧。将不同时代、不同风格的流行音乐和舞蹈结合在一起，等于向世界展示了一幅绚丽的美国历史画卷。汉城奥运会的组织者，举行了两次国际雕塑研讨会，从30个国家各邀请一名雕塑名家，到韩国进行创作，修建了一座雕塑公园，展出了奥林匹克大家庭中具有国际水平的雕塑作品。

中国是一个有5000多年历史的文明古国，曾经在世界文明的行列中长期居于先进的地位。但到近代，却落后了。中国，作为一个独特的文明类型，理当在当今世界重新崛起，与时俱进，放射出新的光彩，并为人类文明作出自己应有的贡献。为此，需要着重在两个方面努力。一是在自身文明的内涵上，要不断更新、不断发展、不断从现代生活中吸取营养，也不断从其他文明中采集精华，使其焕发青春，重新走到世界文明的前列。二是扩大开放，更多地向世界推介中华文明，让世界人民更多地认识和了解中华文明，加深不同文明之间的沟通和理解，在全世界树立更加良好的中华文明的形象。一个高水平的、具有丰富的现代内涵又为世界人民所认识和赞同的中华文明的新形象，有利于加强全国人民的团结，增强人民的信心和爱国主义感情；有利于巩固国家政权和社会制度的价值基础，保证国家的长治久安；有利于发展与世界各国的友好关系，扩大中国的国际影响；有利于解决各种分歧和矛盾冲突，促进双边和多边合作事务的发展；有利于扩大对外开放，增强外国政府、企业、投资者、贸易界人士的信心，更好地吸引资金、技术、人才；有利于开拓国际市场，拓展中国商品的销售渠道，扩大市场份额；有利于加强同各个国家间的科学、技术、文化、教育交流和合作，吸取外国文明成果，弘扬中国优秀文化。总之，中国要真正成为一个有世界影响的大国，就要有一个积极的文明发展战略，以各种有效的方式，推动中华文明的进步，扩大中华文明在世界的影响。

为此，我们要以各种方式，大力加强世界范围内的文明沟通和推介工作。而举办奥运会，无疑为我们提供了一个极好的契机和条件。《北京2008年奥运会申办报告》将"人文奥运"与"绿色奥运""科技奥运"一起，作为北京 2008 年奥运会的主题，并制定了奥运文化计划，准备在奥运会前三年围绕以下主题展开各种文化活动："2005 年——体育与人类——从奥林匹亚到万里长城；2006 年——环境与人类——从征服自然到天人合一；2007 年——文化与人类——从个体的和谐到社会的发展。"到 2008 年，组委会将在北京举行大型奥林匹克文化艺术节，使奥林匹克文化活动达到高潮。其中包括一系列展览、文艺演出、大型庆典、火炬接力等。抓住人类文明做文章，我们相信，将能够使高贵典雅的东方神韵与活力四射的现代奥运实现完美的结合，既为奥林匹克精神，也为悠久的中华文明注入新鲜血液。

为了圆满地实现奥运文化计划，使"人文奥运"的理念成为现实，必须进一步加强对于文化、文明问题的认识。科技、绿色、人文三大主题，各有自己的特色，也有密切的内在联系。"人文奥运"，充分体现了以人为中心的思想，既是近代人文主义思潮在现代社会的张扬，更是当今社会发展进步趋势的必然要求。我们要努力将有着丰富内涵的人文精神贯通于"科技""绿色"之内，贯穿于筹备和举办奥运的各种工作和活动之中。就形式来说，所有的文化活动都要为体育比赛服务；但就其深层和长远的影响来说，各种体育比赛又都是一定程度上在为文化服务。因此要辩证和妥善地处理好文化与体育、文化与教育、文化与科技、文化与环保的关系。要紧紧抓住"交流"和"推介"两个重点，设计文化活动的具体计划，使各项文化活动目标明确，重点突出，效果明显。要提高组织工作的水平，把整个奥运的大系统组织和管理得井然有序，而每个子系统又保持清楚的脉络。"人文奥运"这个子系统，既要有自己的相对独立性，开展好专门的活动项目，又要有机地渗透到其他各个方面和系统中去，使所有的活动内容都体现出高贵典雅的文化精神和文化气息。要充分利用和展示中国最优秀、最有民族特色的文化形式，组织最能代表中华文明水平的文化活动。处理好古代与现代、传统与创新、中国与外国的关系，既保持中华文明的本色，又体现与时俱进的精神。要了解国外人们的文化背景和心理特点，采用最易于为人所接受和理解的方式，充分体现人的情感、人的情趣和人的情意，让各种文化活动和文化形式收到最好的效果。

让图书插上翅膀，促进中外文明交流

——在第21届北京国际图书节和第29届北京国际图书博览会"名家大讲堂"的演讲

纪事和说明：

2023年6月，第21届北京国际图书节和第29届北京国际图书博览会在北京国际会议中心举行。其间举办了"名家大讲堂"，我应邀作第一讲。考虑到图书节和博览会的性质和主题，我将演讲的题目定为"让图书插上翅膀，促进中外文明交流"。

该演讲以大量古今中外的事实，说明了图书是世界文明交流互鉴的中介和桥梁。在当今时代，要让图书插上更加坚实的翅膀，在世界飞得更快、更高，促进人类命运共同体的建设。

各位嘉宾，女士们、先生们：

大家好！

很高兴在第21届北京国际图书节开幕之际与大家相聚。

党的二十大提出了把马克思主义基本原理同中华优秀传统文化相

结合的重大命题和"推进文化自信自强，铸就社会主义文化新辉煌"的历史任务，并要求"深化文明交流互鉴，推动中华文化更好走向世界"。最近一段时间以来，习近平总书记对文化建设发表了一系列重要讲话，强调"推动文化繁荣、建设文化强国、建设中华民族现代文明，不断促进人类文明交流互鉴"[①]。在这样的形势下，中国的文化建设和北京国际图书节都面临着大好机遇，也肩负着重要的责任。

所以，我今天讲座的题目是"让图书插上翅膀，促进中外文明交流"。准备讲三层意思，与大家交流和分享。

一、图书是世界文明交流互鉴的重要桥梁

（一）世界是一座桥梁

我注意到，北京的图书节，叫国际图书节；与图书节同时举办的还有一个北京国际图书博览会，两个名称都有一个"国际"。这与其他一些图书节有所不同，符合北京作为首都的特点和定位。北京城市建设的一个重要目标和战略定位，就是国际交往中心。举办国际图书节，应该就是建设国际交往中心在文化方面的一个重要举措。

那么，什么叫"国际"呢？不言而喻，就是国与国之间的意思。再大一点，还有"世界"。世界就是全球的意思，比国际更大、更广，按中国人的说法，叫"天下"，把所有的国家都包含在内了。党的二十大要求我们，"坚持胸怀天下"，"拓展世界眼光"，"推动建设更加美好的世界"。这是一种眼光，也是一种世界观；是一种胸襟，也是治国理政不可缺少的基本素质和要求。

这种眼光、胸襟、任务和要求，都在一定程度上与图书有关系。

[①] 《习近平致信祝贺首届文化强国建设高峰论坛开幕强调 更好担负起新的文化使命 为强国建设民族复兴注入强大精神力量》，《人民日报》2023 年 6 月 8 日。

2014年，我在人民出版社出过一本书，书名叫《与世界对话——对外交流演讲答问实录》，内容是把我与外国政要、智库、专家、记者进行交流对话的过程和情况，原汁原味地记录下来。包括我回答外方说的所有话，都是当时说的和记录下来的，不是后来编的。其中，有很大一块内容，记录了我在党的十七大后到美国、加拿大进行对外交流的情况。

当年，我参加了党的十七大报告的起草工作。大会结束后，中央选派5个人分别到一批国家宣讲和介绍党的十七大精神，把我派到了美国和加拿大。

这件事在国内不作报道，但中央高度重视。中宣部、外交部和国务院新闻办负责这项工作，驻美国、加拿大的大使馆和领事馆在前方具体安排，我的活动都是大使、总领事或公使、参赞亲自陪同。在12天时间里，共举办了29场活动，最多的一天5场。

接触的对象十分广泛，主要有美国和加拿大的政府官员、国会议员、历届驻华大使、主要智库、主流媒体、大学、工商界、文化界人士和华人华侨等。大多是社会各界的精英人士，具有较强的代表性。还有美洲国家组织的27位大使、公使、代办、代表等，其中有4位还是当时未与中国建交国家的大使。

交流的形式，既有几十人或百人以上的大范围演讲，也有与少数政界重要人士小范围的会见，还有各种餐会形式。大部分活动，都是我先以"中国的发展和未来走向"为题，作10到20分钟的演讲，然后回答他们提出的各种问题。

多次有人问："我们是否可以提任何问题？"我都肯定说："可以，任何问题！"结果，提问非常踊跃。我是有问必答。根据使馆统计，最多的一场回答了16个问题。总共回答了160多个问题。活动结束后，还有很多人留下来单独与我交流。好多场次都有人排着队等候。

外方所提的问题，涉及领域相当广泛。政治、经济、文化、科技、教育、环境、能源、中美中加关系、中国外交政策等等都有。其他还有民主、人权、新闻自由、政治体制改革、民族、宗教、反腐败；西藏、台湾；社会保障、收入差距、医疗卫生、企业改革、金融风险、人民币汇率、对外贸易；伊核、朝核、伊拉克、阿富汗问题；等等。

对这些问题，我都冷静沉着、机智灵活，不卑不亢、柔中寓刚，结合党的大政方针和我国实际，列举生动事例和具体数字，耐心地讲解和介绍，受到听众欢迎，经常爆发热烈的掌声。

其中有一次，前往洛杉矶的世界事务委员会参加午餐会。与会人员有飞机公司的、银行的、大学的、投资公司的、导演、律师、牧师、联合国开发署前官员等，均为各界精英名流。当我进入该机构所在的大楼看到"世界事务委员会"这个名称时，突然冒出一个灵感。于是，当我开始演讲时，即兴抓住"世界"这个词做了发挥。我说："女士们、先生们，很高兴来到世界事务委员会与各位进行交流。当我刚刚走进这座大楼的时候，忽然想到一个问题：贵会谓之'世界事务委员会'，那么，'世界'是什么呢？"

"我想，在天文学家眼里，世界可能是一个小球；在历史学家眼里，世界可能是一座画廊；在我们普通人的眼里，世界可能是一座火山，也可能是一座五彩缤纷的花园。当然，我们还可以说，世界是一座桥梁，它把各个不同的国家和民族连接在了一起。"说到这里，下面马上响起了一片掌声。

确实，世界是什么呢？这是一个似乎很简单但却极为复杂的问题，从不同的角度可以作出不同的界定。从天文学的角度来说，它确实就是飘浮在茫茫宇宙中的一个微不足道的小球；从历史学的角度来说，它就是一个由无数故事、人物不断演绎而连成的历史画廊，五彩缤纷而又惊心动魄；从我们老百姓的角度来说，它就是日复一日、平平常常、该吃就吃、该睡就睡的日常生活；从不同民族、不同国家的关系和交往来说，它确实又非常像是一座桥梁。

蔡国庆曾经唱过一首歌《北京的桥》。北京立交桥多，世界江河沟壑的桥更多。一座座桥梁，跨过江河、穿过山峦，横空飞跃，立体交叉，把一个个原本隔绝的地方和道路连接了起来。世界，其实就是由无数的桥梁连接起来的。这些桥是什么桥？形象地说，是跨越千年的贸易之桥，是消除藩篱的开放之桥，是弥足珍贵的和平之桥，是汇融共赏的艺术之桥，是互利共赢的繁荣之桥。全球化连接起了无数桥梁。有桥梁，世界才能成为一个整体。没有桥梁，世界就是一座座孤岛，或者说，就是一地鸡毛。世界由桥梁而连接，整个世界也就像是一座桥梁。

（二）正确认识和对待世界文明的多样性

怎样认识和架设这一座座桥梁呢？这首先就遇到世界文明的相互关系问题。

30年前，哈佛大学政治学教授塞缪尔·亨廷顿在美国《外交》季刊上发表文章，提出了引人注目的"文明冲突论"，立即引发广泛的关注和争论。我当时认为，这场关于文明冲突的讨论，不能仅仅停留在到底什么是冷战后冲突的原因和模式上，而必须充分认识，这场讨论实质上提出了一个如何认识和对待世界文明多样性的问题、世界上各种不同的文明类型如何相处的问题。这才是整个世界必须充分认识和妥善解决的一个根本性问题。

因此，我在1994年10月撰写了一篇文章，题目叫《论世界文明的多样性》，发表在1995年1月的《文汇报》上。我的文章鲜明地提出，多样性是世界文明的一个基本特质，也是促进世界文明进步发展的一个重要因素。世界不同区域、不同传统的国家和民族，在自身文明发展过程中，都会表现出不同程度的独特性，并构成一些独特的文明类型。英国历史学家汤因比从现存的西欧文明、远东文明、基督教文明上溯到古代，列举了21种文明的类型。虽然他的分类和阐释不能说完全科学，但却毋庸置疑地肯定了世界文明多样性的存在。

世界文明的多样性不仅是一个客观存在的事实，而且是促进世界文明进步的一个积极和重要的因素。

在那篇文章中，我还提出了人类文明"共同价值"的概念。如从哲学上看，佛教、基督教、印度教、伊斯兰教、犹太教、锡克教和道教等，都对人类与环境的关系、处理社会关系的准则、婚姻家庭的规范、生活的目标和意义等，提出了许多共同的观点，从而具有某些共同的价值。世界文明的总体内容和价值，是普遍性和多样性的统一，既是由各种文明中的共同价值组成的，又是由不同文明的多样性予以丰富、融汇、促进和发展的。普遍性寓于多样性之中，多样性也离不开普遍性。在多样性中形成和融汇普遍性，这可以说是人类文明发展的一个基本规律。

2022年，党的二十大报告第一次使用了"共同价值"的概念，指出："我们真诚呼吁，世界各国弘扬和平、发展、公平、正义、民主、自由的全人类共同价值，促进各国人民相知相亲，尊重世界文明多样性，以文明交流超越文明隔阂、文明互鉴超越文明冲突、文明共存超越文明优越，共同应对各种全球性挑战。"[①]

（三）马克思、恩格斯笔下的中华文明

那么，书籍、图书在这种文明交流、文明互鉴、文明共存中起着

[①]《习近平著作选读》第一卷，人民出版社2023年版，第51—52页。

什么样的作用呢？

我先举例说明马克思、恩格斯在他们的书中是怎样看待和论述中华文明的。我们中国人对马克思主义非常熟悉，但是，对马克思、恩格斯直接论述和评论中国的思想是不是熟悉呢？我估计很多人不熟悉，甚至不了解。

所以，2019年8月，我在北京人民出版社出版了一本《马克思恩格斯怎样看中国》的专著。该书入选中宣部"十三五"国家重点出版物出版规划，被列为"'十三五'国家重点图书"。入选为北京市文化精品工程，受到2018年国家出版基金的资助。在这本书里，我详细考察了马克思、恩格斯涉及中国的全部论述，哪怕只有一个字、一个词，只要与中国有关，我全找了出来，研究他们说的是什么意思，并归纳了他们对中国的基本看法。

我发现，在半个世纪左右的时间里，马克思、恩格斯在他们的著作中多次论及中国，其范围涉及政治、经济、文化、外交、军事、科技等等，仅《资本论》就有39处论述到中国。特别是1851至1862年间，马克思、恩格斯比较集中地论述了中国问题，其中专门论述中国的文章就有23篇。这些文章都编入了《马克思恩格斯选集》或《马克思恩格斯全集》。

在这些论述中，马克思、恩格斯高度评价了中华文明对于世界历史的贡献，科学地分析了中国社会经济结构的特点，细致考察了世界经济与中国市场的关系，尖锐抨击了西方列强在中国的残暴掠夺行为，对苦难的中国人民寄予深切的同情，对中国人民的革命斗争又给予了坚决的支持，深刻地论证了中国革命与欧洲革命的辩证关系，对中国革命的前景寄予殷切的期望。

100多年前，当中国人民还不知道马克思和恩格斯这两个名字的时候，他们就已经在自己的笔下提及和介绍了中国的文明成就。

1842年4月,马克思在《第六届莱茵省议会的辩论(第一篇论文)。关于新闻出版自由和公布省等级会议辩论情况的辩论》中,提到了一位"中国人",即孔子,还提到了"中国人的直线——八卦"。

在《自然辩证法》一书中,恩格斯全面列举了中国的一系列发明创造及这些发明创造传入欧洲的时间、途径。

中国古代四大发明和其他科学技术传入欧洲后,极大地推动了欧洲社会生产力和近代科学技术的发展,从而对欧洲的经济、政治、宗教、文化、教育等产生了广泛而深刻的影响。马克思在《机器。自然力和科学的应用》一书中,对此给予了高度的评价。

其中的印刷术又与图书密切相关。印刷术在欧洲的出现,把学术、教育从基督教修道院中解放出来。马克思说:"印刷术则变成新教的工具,总的来说变成科学复兴的手段,变成对精神发展创造必要前提的最强大的杠杆。"恩格斯说:"书刊印刷业的兴起和商业发展的需要,不仅打破了僧侣对读书写字的垄断,而且也打破了他们对高等教育的垄断。"从此,欧洲的学术中心由修道院转移到了各地的大学,先进的思想文化得到了更广泛的交流和传播。

(四)图书报刊架起了文明交流的桥梁

马克思、恩格斯在这些论述中,多次提到了"中国古代的著述""古代阿拉伯的一些著作家""印刷术""书刊印刷业""读书写字""文献""史料"等等。这些概念和表述,都是从图书衍生出来的。马克思、恩格斯从来没有到过中国。他们对于中国的知识是从哪里来的?显然,大多数都是从大英博物馆的图书中来的,从当时发行的报刊资料中来的。

我还专门考证了马克思最早是什么时候说到中国的。我们大家都知道,北京有一个《新京报》,影响很大。该报2003年创刊。为什么用了一个"新"字?我不清楚。但我知道,历史上的北京,曾经有一个或几个《京报》。而马克思最早知道中国，很可能与北京的《京报》有关。

马克思写的第一篇政论性文章，是 1842 年 1 月至 2 月间的《评普鲁士最近的书报检查令》。正是在这篇文章中，马克思第一次提到了中国，原文是："请给我们一种完善的报刊吧，这只要你们下一道命令就行了；几个世纪以来中国一直在提供这种报刊的范本。"

马克思在这里指的是中国的什么报刊呢？从文章短短的行文中，我们看不出来。于是我梳理了一下中国古代到近代的报刊史，发现能在几个世纪里印制发行的，大概只有《京报》。

《京报》在历史上有过多种，包括邵飘萍办的《京报》。但最早的《京报》始见于明末，直到辛亥革命才停办。

当时在中国的外国人是能够看到和收藏《京报》的，也有人带回或寄回了他们的国家。至于近代中国其他的报纸，都没有长达几个世纪的。所以，马克思提到的中国报纸，很可能就是《京报》。报纸不是图书，但与图书有密切的关系。作为文明传播和交流的工具，报纸和图书各有千秋。

所以，图书、报刊把马克思、恩格斯与中国联系了起来，把古代、近代、现代、当代联系了起来，把中国与世界联系了起来，把不同国家和不同的文明类型联系了起来。所以，说图书是世界文明交流互鉴的重要桥梁，既非常形象生动，也非常准确实际。它不是唯一的桥梁，但却是最重要的桥梁之一。

二、让图书插上翅膀在世界飞翔

（一）图书是插上翅膀的桥梁

图书在世界文明的发展、交流和互鉴中发挥着重要的作用。我说它是桥梁。但这个桥梁不是死的，而是活的；不是静的，而是动的。这一座座桥梁由无数的图书构成。千百年来，它们实际上一直在人类文明的时空中飞翔，在当今时代，我们希望它们插上更为坚实的翅膀，飞得更高、更快、更好。当然，我还不敢说自由飞翔，只能说，有序、平和、可控地飞翔。

为什么要让图书插上翅膀在文明的时空里飞翔？因为图书从本质上和主要效用上，就是文明的载体，也是文明的使者。图书当然也有不少糟粕，但总起来，还是蕴含着、反映着不同程度的文明。

如果要下一个基本的定义，所谓图书，就是以传播信息、知识、文化为目的，通过文字、图像或其他符号记录于一定形式的材料之上并装订成卷册的著作物，通常由许多页（由纸或纸莎草、羊皮纸、牛皮纸等制成）装订在一起并用封面加以保护。书籍是图书的重要组成部分，图书包括书籍、画册、图片等出版物。

按联合国教科文组织对图书的定义：凡由出版社（商）出版的不包括封面和封底在内49页以上的印刷品，具有特定的书名和著者名，编有国际标准书号，有定价并取得版权保护的出版物称为图书。这是当代在规范形态下从管理角度对图书所下的定义。

进入20世纪90年代，随着网络的普及，图书已经摆脱了纸张的局限，各种形式的电子书以其占用空间小、传播速度快、便于保存和携带等优势，成为图书的新趋势。到了现在，比较多地采取了数字化、智能化和网上传播、网上阅读的形式。

图书是适应人类文明发展的需要而出现和发展的，也是伴随着人类文明特别是科学技术的发明创造而不断发展的。与其他出版物相比，图书的内容比较系统、全面、成熟、可靠，而且不受时间、空间的限制，易于保存、传承、传播系统化的信息，因此，具有广泛地宣告、阐述、贮存与传播思想文化的功能。

从 15—18 世纪初，中国编纂、缮写和出版了卷帙浩繁的百科全书性质和丛书性质的出版物——《永乐大典》《古今图书集成》《四库全书》等。

现在的我们，能够了解中国 5000 多年文明发展的历史，知道 2000 多年前春秋战国百家争鸣的情形，欣赏优美的汉赋、唐诗、宋词、元曲，读到《红楼梦》《西游记》《水浒传》《三国演义》四大名著……这一切，除了借助于文物和考古外，很大程度上都有赖于图书的出现和发展。

进入 21 世纪，随着科学技术的发展，传播知识信息的手段，除了书籍、报刊外，其他工具也逐渐产生和发展起来。但书籍的基础性作用，是其他传播工具或手段不能代替的。在当代，无论是中国，还是其他国家，书籍仍然是促进社会政治、经济、文化发展和在世界范围内促进文明交流互鉴必不可少的重要工具。

（二）图书将中华文明带到了世界

中国与世界的文化交流，很大程度上借助了图书的生产和传播。

从中国文化向世界的传播来说，《马可·波罗游记》是欧洲人撰写的第一部详尽描绘中国历史、文化和艺术的游记。全书以纪实的手法，记述了马可·波罗在中国各地包括西域、南海等地的所见所闻，记载了元初的政事、战争、宫廷秘闻、节日、游猎等等，尤其详细记述了元大都的经济文化、民情风俗，以及西安、开封、南京、镇江、扬州、苏州、杭州、福州、泉州等各大城市和商埠的繁荣景况，第一次比较全面地将地大物博、文教昌明的中国形象展示在欧洲人面前。

该书 1299 年写完几个月后，就已在意大利境内随处可见。1324 年马可·波罗逝世前，该书已被翻译成多种欧洲文字，广为流传。现存的《马可·波罗游记》有 119 种文字的版本。该书激起了欧洲人对东方的热烈向往，导致了欧洲人文的广泛复兴，对以后新航路的开辟产生了巨大的影响。西方地理学家还根据书中的描述，绘制了早期的"世界地图"。

早期来华的传教士利玛窦，为了帮助在华的传教士学习中文和了解中国文化，与人合作于1598年完成了用拉丁文注释"四书"的工作，第一次向欧洲全面介绍了中国的道德和宗教思想，欧洲人从此知道了中国圣人——孔子和中国文化的精粹——儒学经典。

法国国王路易十四（1638—1715）执政期间，资助白晋等六名耶稣会士赴中国传教。这些法国传教士都受过高等教育，有丰富的学识，在中国长期居住，并且熟悉中国文献，其中不少人在中国的宫廷中供职，有的成为康熙身边的"教师"和"谋士"，能够获得其他外国人不可能得到的中国文化知识。他们写了大量有关中国的著作，传播给法国和欧洲的公众。中国的《论语》《大学》《中庸》《孟子》等四书，以及《诗》《书》《礼》《易》《春秋》等五经在法国翻译出版。其中，《论语》《大学》以《中国的智慧》为名，于1662年在法国翻译出版，《中庸》以《中国政治道德学》为名，于1663年在法国巴黎翻译出版。还有《乐经》《孝经》以及朱熹的著作，也被翻译成多种文字在西方出版。耶稣会士们还撰写了大量介绍中国历史、地理、社会制度以及天文、医学、动植物学和文学等方面的著作。从1685年到1789年，在欧洲形成了持续百年的"中国文化热"。

在科学和技术方面，战国时出现中医学的第一部专著《黄帝内经》。此后，《神农本草经》《伤寒杂病论》等相继出现。明朝李时珍的《本草纲目》被称为"东方医学巨典"。

中国古代科技典籍作品历史悠久、内涵丰富，几乎涵盖了人类文明的各个领域。据统计，"仅中国古代医药学的著作就有万种以上，数学著作也有上千种，农学著作近400种"。《四库全书》虽说以"阐圣学明王道者为主",还是收录了一些科技作品,如《本草纲目》《农政全书》《九章算术》,尤其是《梦溪笔谈》。《四库全书》著录的科技文献有300余种,其中以数学、天学、农学、医学、生物学和地学方面的书籍最多。

1936年6月至10月,美国记者埃德加·斯诺访问中国西北革命根据地(即后来以延安为中心的陕甘宁边区)。在保安,他与毛泽东进行了长时间交谈,搜集了关于二万五千里长征的第一手资料,了解了毛泽东的革命生涯,并访问了许多中央领导人,详细地考察了根据地的政治、军事、经济、文化等情况。1937年,他将其通过采访、对话和实地考察后的所见、所闻、所感,写成《红星照耀中国》一书,于1937年在伦敦首次出版。因此时中国已在建立抗日民族统一战线,所以在中国的书名译成《西行漫记》。

《红星照耀中国》一书出版后,在国内外引起巨大反响,吸引了大批爱国进步青年奔赴延安。据说,美国时任总统罗斯福仔细阅读了全书,被其内容、情节深深吸引。在中国抗战期间,罗斯福三次会见斯诺,向他了解中国的情况。1947年美国总统杜鲁门也阅读了此书,然后会见了斯诺,听取了他对蒋介石的看法。[1]

20世纪40年代,英国生物化学家、科学技术史专家李约瑟,以设立在中国重庆的英中科学合作馆馆长并领参赞的外交官头衔在中国活动,支援抗战中的中国科学事业。1943年至1946年间,他考察了中国大量的科学技术设施、历史遗址和文化教育科学机构。从20世纪50年代起,他历时数十年,编写了《中国的科学与文明》,后翻译成中文,名为《中国科学技术史》,共7卷34册,第一次全面系统地向世界展示了中国古代的科技成就。

---

[1] 马海德之子、马海德基金会会长周幼马:《毛泽东、斯诺与"公共外交"》,《公共外交季刊》2010年第1期。

（三）中国从图书中发现了外部世界

从外部世界的文化和文明向中国的传播来说，唐朝的玄奘，从印度带回佛经657部，后耗时20年，译出佛经75部、1335卷，并把《老子》译为梵文送往印度。

近代以来，西学东渐。这方面的情况大家比较熟悉。我只说我亲自了解到的一件事。中国共产党最早的党员中，有一位叫李中的，湖南人，与毛泽东是同校同年级的同学，但后来进了江南造船厂当工人，建立了中国第一个机器工人工会。2021年，江南造船集团拍摄李中的电视片，请我去考察、指导。其间，我知道了两件事。

第一件是，还在1867年，江南机器制造总局就建立了翻译馆，用以介绍西方兵工、科技知识，以及培养语言和科技人才。在1868—1907年的40年间，译书达160种，除以军事科技为主之外，旁及地理、经济、政治、历史等方面的书籍，其所翻译书籍的水准，被认为超过晚清数十年其他翻译书籍的质量。对于晚清西方科技等知识在中国的传播发挥了重要作用。

第二件是，1918年江南造船厂接受美国政府订货，制造4艘同一类型的万吨远洋运输货轮。4艘船为全遮蔽甲板的蒸汽机货船。虽然图纸是从美国进口的，但船的心脏是自己制造的三缸蒸汽机。这是中国人有史以来首次建造万吨级运输船，也是中国从未签订过的最大的造船合同。

4艘巨轮分别命名为"官府号""天朝号""东方号""震旦号"。船长135米，宽16.7米，深11.6米，排水量14750吨。第一艘"官府号"于1920年6月下水，1921年2月开赴美国。这是远东乃至亚洲制造的第一艘万吨巨轮，国人无不骄傲自豪。"官府号"下水典礼当天，北洋政府海军总长、美国驻华公使克兰氏携夫人均出席，中外官员、各界宾客云集。1921年，4艘万吨轮全部按时交船，经验收各项指标都达到要求，其中船速还超过合同指标。美方对此非常满意，认为其"工程坚固，配置精良，成绩优异，可称最优美之轮舰，实驾乎旧有之舰之上"。

这4艘万吨轮得以成功建造，除了其他原因外，与翻译馆翻译了大量外国的图书资料、设计图纸密切相关。

20世纪初以来，马克思主义在中国产生了巨大影响。那么，中国人最熟悉的马克思主义产自哪里？当然是西方，它是典型的西方文明的产物。我们常说，十月革命一声炮响，给我们送来了马克思主义。其实，马克思主义进入中国的具体途径有三条。一条是欧美，一条是日本，一条是俄国。都与图书有关。

第一条是欧美。早在1898年，上海就出版了一部系统介绍社会主义学说的中译本著作《泰西民法志》。当中写道：马克思"是社会主义史中最著名和最具势力的人物"。梁启超1902年在《新民丛报》上发表文章，介绍马克思；1904年又发表《中国之社会主义》。

第二条是日本。实际上是传播马克思主义的主要渠道。20世纪初，中国出现了多种译自日文的介绍社会主义思潮的论著。湖南的赵必振早在1902年、1903年就翻译出版了幸德秋水的《二十世纪之怪物——帝国主义》、福井准造的《近世社会主义》。中国的孙中山、陈独秀、李大钊、李达、李汉俊等人，都是在日本留学或避难时接触到或接受了马克思主义的。1912年10月，孙中山曾在上海大戏院专题演讲社会主义，连续讲演了三天，轰动一时。

第三条是俄国。十月革命的一声炮响，使中国人看到了一个现实的工人政权，社会主义已经不仅是学说，而是成了实际的存在；苏俄政府两次发表对华宣言，废除沙皇俄国与中国签订的不平等条约。虽然当时和后来都打了折扣，但当时确实使中国人大大增加了对苏俄的好感；苏俄政府以及1919年建立的共产国际，有组织地派人来中国，寻找同盟者，介绍俄国情况和马克思、恩格斯和列宁的学说。所以，李大钊等一批知识分子迅速接受了马克思主义，并与俄国人一起大力介绍和宣传俄国的情况，掀起了马克思主义在中国传播的热潮。

马克思主义本来姓"西"，但直到今天，我们中国人从来没有因为它姓"西"而排斥它、拒绝它。相反，它今天在中国的地位比在它的老家德国的地位高得多，也比在世界上所有其他国家的地位高得多。

长期以来，特别是改革开放以来，出版机构做了大量引进国外学术名著的工作，使中国人睁开眼睛看到了世界。以"汉译世界学术名著丛书"为例，1905年，商务印书馆以铅印本首次出版严复翻译的英国博物学家赫胥黎的《天演论》。此后，商务印书馆一直致力于约请名家译介各国思想文化精粹：1929年，成套出版"汉译世界名著丛书"，广泛收录康德、黑格尔、笛卡儿、弗洛伊德等名家的著作；1931年，将严复所译西方学术经典汇编成丛书出版，其中含亚当·斯密的《国富论》、孟德斯鸠的《论法的精神》等名著；新中国成立初期，围绕马克思主义学术上的3个来源——德国古典哲学、法国空想社会主义、英国古典政治经济学译介相关名著，形成一个由400种译稿组成的书籍出版选题库。

1982年，丛书推出第一辑共50种，其中收录了亚里士多德的《形而上学》、塔西佗的《编年史》、达尔文的《物种起源》等著作。2009年10月，中华人民共和国成立60周年，丛书推出珍藏本400种，涉及哲学、伦理学、社会学、政治学、经济学以及自然科学等多个领域，不少著作都代表某一时代、某一学派的学术最高水平。

到近年，"汉译世界学术名著丛书"已经出齐了700种，其中包括哲学类255种、政治法律社会学类165种、历史地理类135种、经济类130种、语言类15种。这些书籍对于中国人从学术上和理论上了解和认识世界起了非常重要的作用。

（四）改革开放打开了中国图书进入世界的大门

改革开放进一步打开了中国与世界交往的大门，中国与世界的文化交流发生了历史性的转折和巨变。中国图书走向世界和外国图书走进中国，都迈开了空前未有的步伐。这方面的情况很多，我就说一点自己经历的事。

就在 2008 年我在美国交流时，有一场活动是到美国国会图书馆，给美国国会议员的助手、秘书等做演讲并与他们交流。时任驻美大使周文重专门陪同我前往。根据安排，我们先到国会图书馆看一看。到了后，图书馆负责人把我们带到图书馆内一张长方形的大桌子前面。一看，上面摆放的全是我的著述。有的平放，有的竖立。有的是我的专著，也有我在杂志发表的文章。我和大使都很惊讶，事先我们对此都一无所知。浏览了以后，我对图书馆表示感谢，顺便也说，还不全。大使说，你回去后，再搜集一下，可以用外交邮袋送过来。后来回国后，我本来要整理一下我的著作，但因为一直太忙，就没有马上办理，结果此事就这样搁置了。

驻美使馆的工作人员当时抓拍了一张照片，于是就把美国国会图书馆收藏我的著作的实际情形记录和留存了下来。

美国国会图书馆是世界上最大的图书馆。其首要任务是满足美国国会研究需要，此外，还通过国会图书馆网站和设在美国国会山的 22 个阅览室为全美国人提供服务。它从全世界收集各种类型的资料、书籍、刊物、地图、报纸、图片、录音、录像等。图书馆拥有 2.1 亿件藏品，其中有用 470 种语言写成的印刷品 1 亿多件，包括 1800 多万册图书；980 多万册特殊图书、古版书、专著、连续出版物、乐谱、装订报纸、小册子、技术报告及其他印刷品，其中永久收藏的期刊

75000种、报纸1200种；8850万件特殊收藏品，包括250万件各种录音资料、490万张地图、5500万页手稿、1330万件缩微品、1350万件可视资料，包括80万盘电影胶片、1200万张照片、85000张招贴画；40万件版画和绘画等；还有从华盛顿到柯立芝23位总统的文件。图书馆书架的总长超过800千米。

根据国会图书馆中文部的统计，到2015年为止，它共藏有中国古代的善本书籍5万多册。收藏着1938年至1945年中国抗战期间在重庆、成都、云南等地大后方的政治、经济、文学、艺术、戏剧、歌谣等实况记录达5000种左右。这些资料，是由当时美国的特派专员费正清搜集整理后交给美国政府，再由美国政府送到国会图书馆保存的，已成为专家学者研究中国抗日战争历史的珍贵文献。美国国会图书馆仍在不断搜集各种中文典籍，并每年从中国大陆、台湾和港澳等地进书15000册，期刊2400种，报纸50种，以继续充实中文书库。

美国国会图书馆藏书当然是有他们的标准和考虑的，收藏的中国学者的著作有很多。作为个人，并不一定要特别在意。但如果从文明交流的角度来说，如果中国有更多的图书，被美国国会图书馆和世界其他的著名图书馆收藏，对于中国图书、中国文化、中国文明走向世界，应该说是一件好事。这样，就可以有更多的外国人、更多的外国政要和精英、更多的中国问题研究者、更多的外国不同阶层的读者读到中国、了解中国、认识中国，从而大大促进中外文明的交流和互鉴。也许他们很多人并不一定接受我们的观点，但至少可以让他们看到另一种情况，听到另一种声音，这比对中国完全不知或无知总是要好一点。

还有一件事。我在中央党史研究室副主任任上时，从2004年10月开始，专门组织全国党史部门和其他部门单位的有关人员，围绕"抗日战争时期中国人口伤亡和财产损失"这一课题进行大规模的调研工作。先后共有60多万人参与，持续了10多年的时间。①前前后后有多位中央领导批示。有一位中央领导的批示是："感谢中央党史研究室做了一件对中华民族十分有意义的事情。"他退下来后，还再次强调这是对中华民族十分有意义的事情，而且说，这件事如果你们不做的话，恐怕就永远做不成了。

在全国性详细调研的基础上，我们将全部调研成果，按照统一规范和体例，编纂成"抗战时期中国人口伤亡和财产损失调研丛书"，分为A、B两个系列，陆续分批出版，总数有200本左右。

调研工作全部是用事实说话，用档案资料说话，用证人证言说话。这些调研成果，极其详尽和具体地揭露了日本侵略者在整个侵华战争期间的罪行。如日军制造的一次性伤亡平民800人以上的重大惨案就有170多个，说明南京大屠杀绝不是孤立的个案。另外，还使用化学武器2000余次，强制役使中国劳工2000余万人。

为了查明当年中国伤亡的具体人员，还特地安排山东省组织32万名工作人员，专门走访调查了全省95%以上的行政村和80%以上的70岁以上老人，收集见证人和知情人的证言证词79万余份。整理形成包括156个县（市、区）的《山东省抗日战争时期伤亡人员名录》，收录46.9万名伤亡人员名单。然后，又选择其中信息比较完整、填写比较规范的资料，经省市县三级严格核实，编纂出14册《山东省百县（市、区）抗日战争时期死难者名录》，收录死难者169177人，记录了每个人的姓名、籍贯、性别、年龄、死难时间等基本信息。

我在组织这场大规模调研和编纂成书时，就提出和坚持了"基础工程、精品工程、传世工程、警示工程"的要求。在给中央的报告

---

① 参见李忠杰：《〈抗日战争时期中国人口伤亡和财产损失调研丛书〉总序》，《人民日报》2014年12月10日。

中，希望届时将"抗战时期中国人口伤亡和财产损失调研丛书"配送给全国各大图书馆。这个计划，已经在2019年实现。在纪念抗日战争胜利75周年时，虽然我已经不在岗了，但按照中央要求，中央党史和文献研究院已经将这套丛书配送给全国各大图书馆和985高校图书馆。

我们当年给中央的报告里还提出了另一个建议，将这些丛书赠送给世界各大著名图书馆、博物馆，如美国国会图书馆、大英图书馆、法国国家图书馆、哈佛大学图书馆等，同时，还要选择一部分翻译成外文。目的就是要让全世界都更加清楚地知道日本侵略中国的事实和真相，知道日本侵略给中国人民造成的巨大伤害。10年、50年、100年、200年后，外国的学者要研究中国的抗日战争和中日关系，都可以到这套书里去查找事实。但不无遗憾的是，我从领导岗位上退下来后，这事到现在还没有完成。

（五）新时代中国图书更多地向世界飞翔

党的十八大以来，习近平总书记站在中华民族和中华文明永续传承的战略高度，就弘扬和发展中华文化提出了一系列重要论述，为坚持和发展马克思主义文化理论作出重大贡献，为建设社会主义文化强国指明前进方向。

在习近平总书记亲自引领推动下，《关于实施中华优秀传统文化传承发展工程的意见》颁布，首次以中央文件形式推动延续中华文脉、传承中华文化基因；随后，《关于加强文物保护利用改革的若干意见》《长城、大运河、长征国家文化公园建设方案》《关于在城乡建设中加强历史文化保护传承的意见》等相继出台。

在此背景下，以图书为载体的中外文化交流得到了更大的发展。2014年9月，国务院新闻办公室会同中央文献研究室、中国外文局编辑，并由外文局所属外文出版社出版了《习近平谈治国理政》一书，以中、英、法、俄、阿、西、葡、德、日等多语种版本面向海内外发行。

2015年10月15日，中央决定编辑出版《习近平谈治国理政》第二卷。2017年11月、2020年6月，《习近平谈治国理政》第二卷、第三卷先后出版，面向海内外发行。

到2020年7月，《习近平谈治国理政》第一卷已出版33个语种、38个版本，第二卷已出版12个语种、15个版本。除了在国内大量发行、组织学习外，该书发行遍及160多个国家和地区，成为改革开放以来翻译出版语种最多、发行量最大、覆盖面最广的领导人著作。

2022年10月，在法兰克福书展上，西班牙巴塞罗那咨询集团总裁诺伯特·卡拉布罗说，他去年拿到《习近平谈治国理政》第三卷，已经全部读完，很有启发，现在想继续读第四卷，目的就是要更好地了解一个真实的中国。他对于中国共产党成功解决贫困问题非常感兴趣。德国出版商索伦·施尔腾已经读完《习近平谈治国理政》一至三卷，正期待读第四卷。

党的二十大召开前，《习近平谈治国理政》第四卷中英文版又面向海内外发行。

2021年，是中国共产党建党100周年。为庆祝建党百年，出版界出版发行了一批以外文讲述中国共产党历史的著作。有的书籍出版了12个语种、13个版本。

关于中国经济社会发展成就的书籍，也占据了国外图书畅销榜的榜单。展现中华文化魅力及其对世界意义的书籍，常年受到国外欢迎。中国现实题材文学精品力作也纷纷推出了外文版。随着中国综合国力的提升，展现中国科技创新成果的外文版图书也越来越受欢迎。

2022年，国家重大文化工程《复兴文库》出版发行。该文库集中展现了影响中国发展进程、引领时代进步、推动民族复兴的思想成果，深刻揭示了中华民族走向伟大复兴的历史逻辑、思想源流和文化脉络。

我自己写的著作也有多部翻译成外文或改成繁体字向海内外发行。2012年由中共党史出版社出版的《走向未来的中国与世界》，2014年人民出版社出版的《与世界对话——对外交流演讲答问实录》，2018年出版的《中国的国家发展战略》，都由外文出版局的下属出版社翻译成英文出版。人民出版社的《领航——从一大到十九大》《改革开放关键词——中国改革开放历史通览》，东方出版社的《中国扶贫脱贫史》都由中国香港和中国台湾的出版社改成繁体字出版发行。

图书在中国与世界之间架设了一座不同文明相互沟通、交流的桥梁，拉近了与世界其他文明的距离，吸收和借鉴了大量人类文明的优秀成果，同时，也将具有悠久传统和现代特色的中华文明，更多地传播到了世界。这样的作用，虽潜移默化，但不可低估；其意义，既在即时，又更在长远。

唐朝李白诗句有："大鹏一日同风起，扶摇直上九万里。"改革开放以来的中国就像一只大鹏扶摇直上。图书大概算不上大鹏，但比作燕子还是可以的。"翩翩新来燕，双双入我庐。""燕子家家入，杨花处处飞。"如果能成为飞鹤，那就是"鹤鸣于九皋，声闻于天"。如果能成为凤凰，那就更好了。《诗经·大雅》里有："凤皇于飞，翙翙（huì）其羽，亦傅于天。"江苏的凤凰传媒集团取名凤凰，大概就是这个意思，所以它的理念里就有一句"凤凰于飞"。现在它已经连续15届入选"全国文化企业30强"，并位列"2022年全球出版50强"第10位。希望中国的出版界都能插上翅膀，成为美丽的凤凰，在世界文明的广阔天空高高飞翔。

三、用图书促进构建人类命运共同体

（一）以高度自信为中国故事插上翅膀

中国图书走出去的主要任务，我觉得，按照从低到高的顺序，依次应该是：第一，读懂中国。就是让世界了解中国、读懂中国，从而为中国的现代化建设创造一个更好的国际环境，促进中国全面建设社会主义现代化国家的各项事业。第二，文明交流。就是促进不同国家、不同民族、不同文明类型的交流互鉴，相互学习、取长补短，扩大中国特色社会主义的影响、扩大中华文明的影响，提供能为别人所信服和接受的中国智慧和中国经验。第三，走在前列。就是逐步在科技、文化、生活乃至物质文明、精神文明、政治文明、社会文明、生态文明等方面发挥引领作用，推动建设一个更加美好的世界。

这三个位次，是交叉和交融的。但总体上是一个逐步递进和提升的过程。层次越高，说明中国文明的领先程度和影响力越高。目前我们在这方面的层次还不够高，需要继续努力。当前首先要做好的，是让世界读懂中国。

在读懂中国方面，中国的出版界已经做了很多工作，尤其是出版了许多介绍中国和中国共产党的、介绍中国改革开放和社会主义现代化建设的图书。

以科技图书出版为例，2022年10月，中国科技出版传媒股份有限公司（科学出版社）再度入围"全球出版50强"，排名由2021年的第41名升至第38名。榜单中的50家企业年收入都在1.5亿欧元（或2亿美元）以上。2022年，中国4家公开上市的出版机构榜上有名。

自2019年至2022年，中国科技出版传媒股份有限公司已经连续4年入围"全球出版50强"。在这样权威的排名中能够实现连续上榜并且排名逐年攀升，不仅代表了科学出版社品牌的国际影响力在不断巩固提升，而且反映了其背后中国科技水平的进步和科研水平的提高。

2016 年 5 月 17 日，习近平总书记在哲学社会科学工作座谈会上指出："坚定中国特色社会主义道路自信、理论自信、制度自信，说到底是要坚定文化自信，文化自信是更基本、更深沉、更持久的力量。"

中国的古代文明，源远流长；中国改革开放取得的成绩和进步，举世瞩目。对中国成就、中国文化，我们完全可以有足够的自信，运用我们的图书，将中华文明介绍给世界，将改革开放的伟大成就展示给世界，将中国特色社会主义的丰富内涵和内在逻辑阐释给世界。

比如，贫困问题是一个世界性的难题。新中国成立以来，特别是改革开放以来，中国共产党和中国政府坚持不懈减贫脱贫。党的十八大以后，以习近平同志为核心的党中央打响了一场新的脱贫攻坚战。到 2020 年底，我国现行标准下 9899 万农村贫困人口全部脱贫，832 个贫困县全部摘帽，12.8 万个贫困村全部出列，区域性整体贫困得到解决，完成了消除绝对贫困的艰巨任务。中国扶贫脱贫的伟大成就举世瞩目，得到联合国和国际社会的高度评价，创造了一个彪炳史册的人间奇迹！

对这样一个伟大的事件和成就，我们不仅完全应该把它载入史册，而且应该理直气壮地向世界介绍和宣传。所以，我在脱贫攻坚的过程中就着手撰写《中国扶贫脱贫史》一书。当习近平总书记宣告我国脱贫攻坚战取得全面胜利时，我的书也完成了。《中国扶贫脱贫史》一书最后达到 85 万字，系统回顾了中国历史上的贫困问题，全面梳理和介绍了中华人民共和国成立以来不同时期党和国家开展贫困治理、全力扶贫脱贫的历史进程，重点反映了党的十八大以来脱贫攻坚的历史壮举，全景式记录了不同时期中国扶贫脱贫的重大决策、方针政策、具体措施、实际效果、进展状况和典型案例，全面总结了中国扶贫脱贫的伟大成就和宝贵经验，将中国告别绝对贫困的历史丰碑完整地载于史册。该书也成为国内第一部完整反映新中国扶贫脱贫历史进程和伟大成就的标志性著作，也向世界提供了一份了解和研究中国贫困治理的重要文献。该书出版后，得到了多位中央领导同志的肯定和鼓励。2022年5月，被中宣部出版局列入"奋进新征程，建功新时代"好书荐读活动5月榜单。

2021年，我还在人民出版社出版了《中国规划》一书。原因就在于，中国规划是中国共产党治国理政的重要方式，是中国式现代化的最显著特点，也是中国足以向世界展示的一张非常靓丽的名片，值得向国人宣传，向世界介绍。

从20世纪50年代初起，中国开始制定和实施五年计划。后来对五年计划进行了一系列改革。从"十一五"开始，改成五年规划。到现在，中国已经完成了13个五年规划（计划），并正在实施"十四五"规划。我国以五年规划为主干，逐步形成了"三级三类"的规划体系。

所有这些规划，具有鲜明的中国特色，其规模、数量、内容、时空跨度严整、系统、有效，都是世界上其他国家难以比拟和想象的，因此，我把它们统称为"中国规划"。

中国规划是中国共产党治国理政的重要方式，是国家组织推进经济和社会发展的基本手段和主要工作，是中国特色社会主义的重要组成部分。中国规划在中国式现代化的进程中发挥着极其重要的作用，融汇了治国理政的几乎所有战略，是中国式现代化的独特方式和鲜明特色。如果要说中国智慧、中国经验、中国方案，中国规划应该算是一个无可比拟的典型，完全值得向世界介绍。

举这两个例子，主要是说明，让图书插上翅膀，首先要将中国最重要的成就、最令人信服的事实插上翅膀。

（二）善于与世界交流对话

在图书的交流中，必须正确认识和处理不同文明之间的关系，善于与世界对话。

大自然是千姿百态、丰富多彩的。正因为其形态、质地、色彩、运动的多样性，才使得自然的世界充满了生机和活力。同样，人类文明也是千姿百态、丰富多彩的。唯有这种多样性，才促进了人类文明的融汇、发展和进步。世界上的每一种文明类型，都既有共性，又有个性。世界上每一种文明都要学会与其他文明共处、共存，善于从别的文明吸收养分，而不是指手画脚，横施暴力。

有一次在对外交流中，有人提了一个比较尖锐和具有挑战性的问题，我当即从世界文明多样性的角度作了客观理性的回答。刚一说完，下面马上一阵热烈的掌声。

交流活动结束后，好多位人士排着队继续与我交流，表达感受。有两名华美银行的华人高级主管走到我面前，激动地说："您今天的回答太好了！非常有尊严，充分体现了中国的尊严、中国人的尊严。您的演讲和回答，不卑不亢。我们听了都非常高兴。作为身在美国的华人，深感自豪和光荣。"刚才提问题的那位先生，也到我跟前说："您回答得非常好。如果刚才我提的问题冒犯了你的话，请您原谅。"他排队等了好一会儿，就是为了说这简单的几句话。

所以，我深深体会到，不同国家、不同民族、不同文明之间，一定要善于交流、善于对话。我给《与世界对话——对外交流演讲答问实录》这本书写的序言，题目就是"善于与世界对话"。我还根据自己的实践经验，具体总结了对外交流中在具体方式上需要注意的一些问题和技巧：

1．交流的方式要灵活多样。除了演讲、会谈、会见、座谈、考察外，主要应采取现场答问的方式，侧重于回答对方提出的问题。

2．演讲的内容一定要简短。不能按照自己的意图长篇大论。只能抓住要点，简单说明，一般不要超过 20 分钟。比较详细具体的内容要放在答问中说出。

3．无论演讲还是答问，都不能照本宣科念稿子。一定要脱稿，最好连稿子都不要，完全根据现场情况来讲话，在对党的政策和实际情况融会贯通的情况下组织恰当的语言。

4．要口语化。不能用干巴巴的文件语言、书面语言。一定要用非常随和、自然的口语来讲话。尤其要用对方能够接受和理解的语言、道理来讲话，让对方感到亲切、自然、有人情味。

5．交流的话题和内容要具体，不要空泛，但又不要太琐碎。空泛了没有针对性，琐碎了抓不住要害。大小、粗细要恰到好处。要善于抓住关键之点加以阐述，给人留下深刻印象。

6．中心突出。如有可能，每个场次的交流最好围绕一两个相对集中的主题展开。或者将一场交流分成几段，每段阐述和讨论一个话题。所提问题也要相对集中。

7．善于举例。理论性、结论性的话只能点到为止，不能像写论文一样细细展开。提出观点后，就要用事例、数据加以说明。或者从事例讲起，再点明道理。

8．把坚定的原则包裹上柔和的语言。交流介绍的内容，都要符合党和国家的方针政策、原则立场，不能有任何含糊。但既然作介绍交流，就是去做工作，争取让人家更多地了解和理解。所以，语言要柔和、不能生硬。如果有不同意见，也不能吵架。要以理服人，以事实服人。态度要客气、和气，始终面带笑容。柔中寓刚，不卑不亢。

9. 要敢于回答问题。外方都会提出很多问题，有些还会比较尖锐。对这些问题，不应该回避，要采取客随主便、有问必答的态度，原则上对所有问题都应回答。当然，这需要有比较广博的知识、经验和政策水平，或者要有恰当的人员组合，对各种敏感问题都要有深入的研究，能够把道理讲清楚。如果不愿回答或回答不了问题，效果就会大打折扣。

10. 对于现场提出的比较尖锐的问题，要善于迅速捕捉到最关键、最恰当、最有效的切入点，有理有据地作出说明，尽可能掌握交流沟通的主动权，防止陷入被动和尴尬局面。还要善于调控议论话题，及时切换到自己所需要、所关心的话题上来。

11. 交流要平等、对等。如果是单向介绍，不能把话说得太满。对本国存在的问题和不足，在不损害原则的前提下，也要适当承认，说明改进的方向。对对方的成绩和进步，可以适当肯定。如果是双向交流，则要虚心听取对方介绍，适当给以肯定。双方使用的时间也要对等，一段对一段，适时转换，不能光是自己夸夸其谈。

12. 语言要流畅、幽默、得体。尽可能联系当时当地的场景，借题发挥，说明自己想说的话题、内容和观点。设法使用生动语言，适当开点玩笑，调动现场气氛。也可以反提问题，调动现场情绪。语言要简洁、明了、流畅，不能啰唆，不能颠三倒四。无论在政治上、政策上还是礼节上，都要掌握分寸，做到准确、文明、得体、高雅。

当然，这些都是从现场的语言交流来说的。图书则是另外一种形式。比起语言交流来说，图书更正规、更系统、更理性化，能更详细地介绍某一个方面的情况，能比较完整地阐述某一个方面的问题，也能作更多更深入的讨论，并且能留下足够的时间让读者自己去琢磨和思考。但是，图书这种形式，交流的双方并不在同一个时空里。对方是谁？持有什么观点？兴趣在哪里？想知道什么？你完全不知道。总体上，这种交流是单向的。因此，以图书这种形式促进世界各种文明的交流，就要首先把握这种特点，做好前期的工作，把功夫下在图书的选题、内容、语言、形式和宣传、推介上。

作为作者来说，也要会写。即使理论著作、学术著作，也要会讲故事，尽量减少八股式表达和文件式的语言。我参加过、审阅过规范的党史基本著作，对这种规范的写法很熟悉。但我自己在中共中央党校出版社出版的《中国共产党历史通览》《共和国识别码》，在中共党史出版社出版的《党章内外的故事》《党代会基本知识》等著作中，却一直努力另辟蹊径，创造一种新的风格，目的是让读者愿看、爱看、耐看。比如在语言文字上，尽量用口语说话，力求活一点、生动一点，同时穿插一些生动活泼的小故事，还夹杂一些传统文化的内容，增加可读性，减少枯燥性。在《马克思恩格斯怎样看中国》这本书里，还大胆穿越了一把，最后一章的内容和标题是"邀请马克思、恩格斯到中国来旅游"。用这种口语化聊天、幽默、调侃说古道今，甚至以穿越的方式来论述马克思的理论，这是过去从来没有过的，效果也是好的。该书 2021 年被评为中国马克思主义研究基金会第七届马克思主义研究优秀成果奖著作类二等奖。

（三）正确处理中国与世界的关系

善于与世界对话的背后，是正确处理中国与世界的关系。

中国与世界，是相互联系、相互影响、相互作用的辩证统一关系。中国的发展离不开世界，世界的发展也离不开中国。中国走向世界的过程，就是中国与世界双向互动的过程，本质上，是中华文明与世界其他文明相互学习、相互借鉴、相互融合的过程。

所以，作为东方文明代表之一的中国，完全有充分的自信力，相信自己的文明会在兼收并蓄、熔东西方文明精华于一炉之后，焕发出更大的光彩，对现代化建设起更大的促进作用。

但在实际生活中，中国文化和中国文明走向世界的道路还是艰难和漫长的。

中国图书出版能力和影响力，在一定程度上可以从中国出口国外的图书数量、品种和区域分布等多种数据反映出来。根据《2022中国图书海外馆藏影响力报告》发布的数据，2017年中国图书海外图书馆收藏总品种数为29608种，但此后逐年下降，2018年为24757种，2019年为24168种，2020年为18208种，2021年为17300种。2022年度为15217种，跌至海外图书馆永久收藏品种数的最低点。

这种下降趋势固然有新冠疫情等因素的影响。但连年下滑毕竟不是一件好事。它说明在中国文明走向世界、中国图书走向世界的道路上，我们还需要做出更大的努力。国务院新闻办原主任赵启正表示，中国图书海外馆藏研究以全球化的视角，利用世界图书馆书目数据库，追踪中国出版的中外文图书在全世界的传播轨迹，为中国文化走向世界提供一个确切的参照。中国出版业应积极发挥主体作用，以更多有竞争力的优质图书在世界舞台上讲好中国故事。

怎样认识和处理中国与世界的关系，不仅是关系中国党和国家前途命运的大事，是关系能不能全面建设社会主义现代化国家、实现中华民族伟大复兴的事，也是中国和中华民族价值观念、文明水准的重要体现，是衡量中国和中华民族是否成熟的重要标志。

脱离国情，失去自我，照抄照搬外国的模式，甚至唯某些外国马首是瞻，甘愿被国外操控和侵蚀，那是危险的。但盲目地夜郎自大，在中国与世界之间筑起一道高墙，简单地排斥外部世界，拒绝向外部世界学习，也是错误的。看不到我们取得的伟大成就，缺乏自信，甚至自暴自弃，是可悲的，应该防止的；但过高估计自己的成绩，洋洋自得，妄自尊大，再也看不起别人，也是可叹的，必须警惕的。

中央党校原常务副校长郑必坚领衔创办了"读懂中国"国际论坛，也出版了"读懂中国"丛书。我曾参加论坛工作，也在"读懂中国"丛书中出版了一本《中国的国家发展战略》。在开展这项工作的过程中，我多次提出，我们希望世界读懂中国，但首先自己要读懂中国；希望世界读懂中国，我们也要读懂世界。既读懂中国，又读懂世界，才是真懂。如果自己都还不是真懂，那就很可能"以其昏昏，使人昭昭"了。只有双方都读懂、都真懂，才能真正交流和融汇，才能真正做到文明互鉴。我们的图书出版，既要在让世界读懂中国上下功夫，也要在让中国读懂世界上下功夫。

中国发展进步的过程，很大程度上就是中国与世界双向互动、合作博弈的过程，是中华文明与世界其他文明相互碰撞、相互学习、相互融合的过程；越是快速崛起、越是成熟强大的中国，就越需要以更加自信而又谦和、更加坦诚而又理性的态度，展开与外部世界的对话，加强与外部世界的沟通和交流。

世界赞赏中国，并与中国加深交往合作的最大动因，是中国自身的发展、进步和强大，是与中国在利益上的互利共赢。中国要处理好与外部世界的关系，真正赢得世界各国的理解和尊敬，首先要把自己的事情办好。

我们的对外图书出版工作，必须对中国智慧、中国经验到底在哪里、要不要和怎样向世界介绍等有清楚的把握，努力让世界对我们的宣传介绍能够理解，甚至心悦诚服。在此过程中，必须始终把握和处理好中国与外部世界的关系。

（四）用图书促进构建人类命运共同体

党的十八大以来，习近平总书记提出了构建人类命运共同体的重要思想，强调要继承和弘扬联合国宪章的宗旨和原则，构建以合作共赢为核心的新型国际关系，打造人类命运共同体。[①]

构建人类命运共同体的理念，直面当今世界最重要问题，解决了人们心中最大的困惑，为世界发展和人类未来指明了正确方向。

构建人类命运共同体，需要全方位的努力，需要各种渠道和方式的运用。其中，图书可以也应该发挥其特有的作用。

1878年，中国第一位留美学生、1854年毕业于耶鲁大学的容闳，曾经向他的母校捐赠了1000多册他收藏的珍贵中文图书，耶鲁大学自此开始建立中文图书的馆藏。近130年后，2006年4月，时任中国国家主席胡锦涛，访美时向耶鲁大学赠送了精心挑选的567种、1346册中国图书。其中，有世界上发行量最大的工具书《新华字典》，有中国第一部大型综合性百科全书《中国大百科全书》，有中国历史文化古籍经典《论语》《礼记》，有用故事体写成的中华文明史"话说中国"丛书……这是中国国家领导人首次如此多地向一所美国大学赠书。

耶鲁大学校长也向胡锦涛赠送了两件纪念品，一件是早年容闳捐赠的清代《小学纂注》珍本，另一件是容闳的肖像油画。

胡锦涛向耶鲁大学校长介绍了这些书，其中有一本画册《中国古代雕塑》，是外文出版社和耶鲁大学出版社合作出版的图书，中英文版分别在中国和美国发行。

胡锦涛说："我知道耶鲁大学的发展与图书有着深厚的渊源，我愿借此机会向耶鲁大学赠送一批中国图书。这些图书涉及中国的政治、经济、历史、文化等各个领域。我希望这有助于耶鲁大学师生了解中国和中华文明，衷心祝愿耶鲁大学越办越好，并为促进中美教育交往作出更大贡献。"

2010年6月，访问澳大利亚的时任国家副主席习近平，向澳大

---

① 参见《习近平谈治国理政》第二卷，外文出版社2017年版，第522页。

利亚国立大学中华全球研究中心赠送了专门带去的一批中国书籍。习近平把一本红色的赠书书目和一套"中华数字书苑"郑重送给查布校长。其中包括了881种、1723册纸质书籍，60多万种电子书籍。这批赠书，记载了中国的昨天和今天，像一座连接中澳两国的桥梁，跨越南北半球的千山万水，传递认知、传播理解、传承友谊。查布校长也精心准备了一批澳大利亚的书籍，如《澳大利亚名人录》，澳大利亚前总理惠特拉姆的《一位澳洲总理看中国》，回赠给习近平。

2015年6月24日晚，国家主席习近平在北京中南海同到访的比利时国王菲利普会晤时，向菲利普国王赠送了一本反战题材小说《盖世太保枪口下的中国女人》。该书讲述的是二战期间一位身处比利时的中国女性从德国秘密警察枪口下营救100多名比利时人的真实故事。

同样，外国政要和友人也向中国领导人赠书。

2014年，中法建交50周年之际，习近平主席曾在给吉美博物馆举办的"汉风——中国汉代文物展"的序言中写道，中法分别是东西方文明的重要代表，两国加强文明交流互鉴，有助于夯实中法关系的民意基础，有利于促进中华文化和法兰西文化交相辉映，有利于推动世界文明多样化发展。

2014年，《论语》与《道德经》《水浒》《西游记》《家》等名著一起入选"在法国最有影响的十部中国书籍"之列。

2019年3月24日，国家主席习近平在法国尼斯会见法国总统马克龙。会见前，马克龙向习近平赠送1688年法国出版的首部《论语导读》法文版原著。马克龙介绍说，《论语》的早期翻译和导读曾对孟德斯鸠和伏尔泰的哲学思想给予启发。这部《论语导读》原著目前仅存两本，一本送给习近平主席，另一本存放在巴黎的法国国立吉美亚洲艺术博物馆。习近平说，这个礼物很珍贵，我要把它带回去收藏在中国国家图书馆。

2020年11月,法文本《论语导读》原著典藏仪式暨展览在国家图书馆国家典籍博物馆开幕。国图虽藏有230多种与《论语》有关的外文译本,但早期作品仅有30余种,而法文本的手稿此前还是空白。

除了政要互送外,有关政府、机构和大学也会互相赠送。

有的外国政要很喜欢阅读中国书籍。

法国前总统吉斯卡尔·德斯坦曾对新华社记者说,他读过很多关于中国历史文化的著作,《论语》就摆放在自己的床头柜上。他曾多次访问中国,耄耋之年仍坚持学习中文。在他看来,除了经贸和国际合作,文化交流也是中法关系的重要组成部分,包括彼此应了解对方的文学和哲学。

韩国前总统朴槿惠说,自己在绝望中阅读了大量中国古典书籍,其中冯友兰的《中国哲学简史》,她称作是"在我最困难的时期,使我重新找回内心平静的生命灯塔"。她发表过的一篇文章,题目就叫《遇见我人生的灯塔——东方哲学》,文中说道:"自与《中国哲学简史》相遇,我恢复了心里的宁静,明白了之前所不能理解的许多事情。所谓人生,并不是与他人的斗争,而是与自己的斗争。"

所以,图书在促进文明交流互鉴、构建人类命运共同体的过程中是不可缺少的,也是能发挥巨大作用的。

在图书的交流中,翻译是一个重要的环节。

2022年8月25日,习近平总书记给外文出版社的外国专家回信,向全社员工致以诚挚问候,对外国专家们予以亲切勉励。习近平总书记指出,翻译是促进人类文明交流的重要工作。中国历史上佛经汉译,近代西方学术文化著作汉译,马克思主义经典翻译传播,十七、十八世纪中国文化经典在欧洲的流传,对人类文明进步产生了积极作用。今天,中国共产党领导人民成功走出中国式现代化道路,创造了人类文明新形态。通过准确传神的翻译介绍，让世界更好认识新时代的中国，对推进中外文明交流互鉴很有意义。

让图书插上翅膀，是历史的需要，是推动世界文明进步的需要，是建设中华民族现代文明的需要，是推动构建人类命运共同体的需要。

2023年6月2日，习近平总书记在北京出席文化传承发展座谈会并发表重要讲话，强调要"在新的起点上继续推动文化繁荣、建设文化强国、建设中华民族现代文明"。要"秉持开放包容"，"坚持马克思主义中国化时代化，传承发展中华优秀传统文化，促进外来文化本土化，不断培育和创造新时代中国特色社会主义文化"。[①]

6月7日，习近平总书记致信祝贺首届文化强国建设高峰论坛开幕，强调要更好担负起新的文化使命，为强国建设民族复兴注入强大精神力量。

建设中华民族现代文明的任务光荣艰巨，中外文明的交流任重道远。我们要随时随地关注世界潮流的变动，紧紧瞄住世界文明发展的前沿，海纳百川，兼收并蓄，守正创新，文明互鉴，不断充实和提升自己。

中国特色加世界眼光，祖国根基加世界胸怀。特色要鲜明，视野要广阔。根基要扎实，胸怀要博大。两者紧密结合起来，我们才能真正立于时代的高峰，引领世界潮流的前进。

---

① 习近平：《在文化传承发展座谈会上的讲话》，《求是》2023年第17期。

展现可信、可爱、可敬的中国形象

纪事和说明：

本文摘编于我 2023 年由人民出版社出版的《二十大关键词》。

党的二十大要求："围绕举旗帜、聚民心、育新人、兴文化、展形象建设社会主义文化强国"。"增强中华文明传播力影响力"，"展现可信、可爱、可敬的中国形象"。

"形象"一词貌似简单，但解析看来很复杂。所谓"形象"，精确地说，是指一定主体基于其内在本质而表现出的外部状态和面貌，通过中介渠道的传输，由客体接受而形成的关于主体面貌的总的感觉、印象、认知和判断。

中国共产党的形象，就是中国共产党基于自身本质而表现出的行为状态和面貌，通过向外部展示和传输某种信息，然后在人们头脑中形成的关于中国共产党总体面貌的认知结果和价值判断。

所谓形象，主要是由三个因素决定的，一个是主体，一个是客体，一个是中介渠道。任何形象，都是这三个因素在辩证运动中互相作用的结果。

中国共产党的形象，首先是由中国共产党自己形成和决定的，它不能无中生有，也不能化有为无。而党内党外国内国外所有人都是对中国共产党的形象进行认知和判断的客体，但这种客体是五花八门的。不同的国家、政党和个人，都可能有不同的认知和判断。主体和客体之间的中介渠道如何描述、传播、宣传，对中国共产党国际形象的形成和塑造则起着重要的作用。它不能决定党的形象，但能影响和左右广大客体对党的形象的认知和判断。

中国共产党是世界最大的马克思主义政党。有没有一个好的形象，对中国、对世界都具有重大的意义。在不同的历史时期，中国共产党有过不同的形象，同时也非常重视形象问题。邓小平多次说过，中国要给外部世界一个好的形象、一个改革开放的形象。党的十五大报告说："旗帜就是方向，旗帜就是形象。"

党的十七大设想，到 2020 年全面建设小康社会目标实现之时，我们这个历史悠久的文明古国和发展中社会主义大国，应该是一个什么样的国家。其中之一是："对外更加开放、更加具有亲和力、为人类文明作出更大贡献的国家。"[1]

中国共产党的形象，应该有哪些呢？从本质上来说，应该有许多，如先进、为民、善治、改革、民主、法治、廉洁、奋斗、开放、文明、和平、理性等等。

习近平总书记说："我们要永葆蓬勃朝气，永远做人民公仆、时代先锋、民族脊梁。"[2] 这里的"人民公仆""时代先锋""民族脊梁"以及"蓬勃朝气"，应该就是中国共产党形象的集中概括。

党的二十大报告提出"可信、可爱、可敬"三个词。这是从客体情感判断上提出的要求。无论主体怎么做，无论中介渠道怎么传播、

---

[1] 中共中央文献研究室编：《十七大以来重要文献选编》（上），中央文献出版社 2009 年版，第 16 页。
[2] 《习近平谈治国理政》第三卷，外文出版社 2020 年版，第 67 页。

宣传，最终都要使客体感觉可信、可爱、可敬，这才是最终检验的标准。虽然客体本身极为复杂，但总体上，只有大多数人、大多数国家感到中国和中国共产党可信、可爱、可敬，才真正证明我们党自身各方面做得很好，证明我们的宣传工作收到了实际效果。

所以，树立中国共产党可信、可爱、可敬的形象，需要从主体、客体、中介渠道三方面下功夫。这个任务似乎简单，其实是一个庞大的系统工程。

党的二十大的所有部署，从形象角度来说，都是在致力树立可信、可爱、可敬的中国形象。从中介渠道来说，党的二十大要求增强中华文明传播力影响力。

为此，要坚守中华文化立场，提炼展示中华文明的精神标识和文化精髓，加快构建中国话语和中国叙事体系，讲好中国故事、传播好中国声音，展现可信、可爱、可敬的中国形象。

要加强国际传播能力建设，全面提升国际传播效能，形成同我国综合国力和国际地位相匹配的国际话语权。

要深化文明交流互鉴，推动中华文化更好走向世界。

架设世界不同文明交流的桥梁

纪事和说明：

  这是我应约而写，于 2009 年发表在教育部下属《神州学人》杂志的文章。

  该文回顾了中国派遣留学生的历史，从人类文明的高度，说明通过组织和开放出国留学，在中国与世界之间架设了一座不同文明相互沟通、交流的桥梁，拉近了与世界其他文明的距离，吸收和借鉴了大量人类文明的优秀成果，同时，也将具有悠久传统和现代特色的中华文明，更多地传播到了世界。这样的作用，虽潜移默化，但不可低估；其意义，既在即时，更在长远。

  中华人民共和国成立 60 年来，特别是改革开放以来，大批青年学子走出国门，走向世界。通过组织和开放出国留学，中国与世界之间架设了一座不同文明相互沟通、交流的桥梁，拉近了与世界其他文明的距离，吸收和借鉴了大量人类文明的优秀成果，同时，也将具有悠久传统和现代特色的中华文明，更多地传播到了世界。这样的作用，虽潜移默化，但不可低估；其意义，既在即时，更在长远。

一、从人类文明的高度打开国门，架设走向世界的桥梁

1978年10月，邓小平到日本访问。在参观汽车装配线时，他说道："我知道什么是现代化了。"乘坐新干线列车谈观感时，他又意味深长地说，"就感觉到快，有催人跑的意思"[①]。这一经典故事，形象而深刻地告诉我们，通过与外部世界的直接交流，能够多么有效地拓展人们的视野、多么深刻地影响我们治国的理念、方略和政策。

出国留学，从直接意义上，是不同国家之间的教育合作和交流；扩而大之，是各国科技、文化、教育乃至社会、政治、军事交流的重要形式。对于每一个特定时期、每一个具体的个人来说，出国留学的动机、过程、内容和结果是千差万别的。但从总体和根本上来说，出国留学实际上是一座不同文明相互沟通、交流的桥梁，它所发挥的是促进世界不同类型文明之间沟通、交流、学习和融合的作用。

正因为如此，出国留学，成为人类文明发展史和交流史上的重要现象。要不要出国留学？怎样认识和对待出国留学？出国留学学什么？出国留学之后干什么？等等，所有这些问题的认识和界定，以及相应采取什么样的政策措施，都与一定时期的社会历史背景密切相关，与国家、政府和执政党的治国理念和治国方略密切相关。

近代以来，中国留学教育的100多年历史，无论规模是大是小、方式何种何样，都始终与当时的国情世情相联系，围绕着如何解决中国面临的重大课题而展开，并且受到当时执政者治国思路和政策的影响。每一次留学热潮都与当时发生的重大社会变迁相契合，背后都有中国与世界关系的大环境、大背景。

[①] 中共中央文献研究室编：《邓小平年谱（1975—1997）》（上），中央文献出版社2004年版，第413页。

新中国成立前，中国面临救亡和进步两大历史任务。许多中华儿女负笈远航，寻找救国救民真理，学习富国强兵技艺。许多人回国后在政治、经济、军事、科技等领域发挥了重要作用。但由于受政治制度、社会环境的制约，出国留学的规模和成效都相当有限。

新中国成立后，实现国家富强和人民幸福成为基本的历史任务。无论革命还是建设，都需要大量人才。因此，在全国解放战争胜利前夕的1948年8月，中共中央就批准由东北局选派21名青年去苏联学习科学技术。50年代，中国与苏联、东欧国家结成社会主义阵营，因此，主要向这些国家派出了公费留学生。其中，先后向苏联派出了12018名留学生，分布在苏联的220多所大学和科研机构的40多个专业。后来，留学苏联、东欧国家的18000多名人员全部回国，成为国家建设的骨干力量。与此同时，新中国成立前留学欧美的学生、知识分子，为新中国的诞生所鼓舞，为国家的发展所感召，纷纷冲破阻力，回国参加建设。据统计，1955年中国科学院首届学部委员的172人中，有158人是归国学者；荣获"两弹一星功勋奖章"的23人中，有21人是归国学者。

但总体上，在改革开放前的近30年中，由于国际环境的严峻和国内"左"倾错误的发展，国家长期处于封闭的状态。向欧美国家派遣留学生的工作未能继续，与苏联、东欧国家的交流后来也被中止。延续近百年的留学传统到"文化大革命"前则完全中断。直到70年代初，随着中法建交，中国才向西方国家派出第一批留学生，成为将要打开与西方国家交往大门的前兆。

1978年的中共十一届三中全会，实现了新中国成立以来党和国家历史的伟大转折。改革开放拉开大幕，长期封闭的大门终于打开，中国进入了改革开放和社会主义现代化建设的新时期。百废待兴的中国需要睁开眼睛认识真实的世界，需要学习发达国家先进的科学技术和管理经验，需要大量吸引外资、引进国外先进设备，因而更需要大量现代化急需的人才。从严酷的现实中，党和国家看到了世界不同文明的差异，看到了中国与世界之间拉大的距离，看到了发展进步的中国需要学习和借鉴国外先进的文明成果。正是在这样的时代背景下，加强国际教育交流、恢复和扩大派遣留学生成为历史的必然。

1978 年 6 月 23 日，时任中共中央副主席邓小平作出了扩大派遣留学生的重要指示，并且强调："要成千上万地派，不是只派十个八个。请教育部研究一下，在这方面多花些钱是值得的。这是五年内快见成效、提高我国科教水平的重要方法之一。"[①] 7 月 11 日，教育部向中央提出了《关于加大选派留学生的数量的报告》。当年 12 月 26 日，也就是中共十一届三中全会结束的第 4 天，改革开放后中国首批 52 名访问学者踏上了前往美国的旅途，中国历史上从未有过的留学大潮亦由此兴起。

扩大派遣留学生，是中国历史大变革的产物。它成为中国对外开放的前奏曲，也成为邓小平为中国设计的改革开放宏伟蓝图的重要组成部分。在短短时间内，中国陆续与英国、埃及、加拿大、荷兰、意大利、日本、联邦德国、法国、比利时、澳大利亚等国政府达成交换留学生的协议。1981 年 1 月，国务院批转了教育部等部门《关于自费出国留学的请示》等文件，第一次提出自费出国留学是培养人才的途径之一。1985 年，国家取消了"自费出国留学资格审核"，自费留学的限制被进一步放宽，中国向外留学的大门完全打开。

在此之后，出国留学被进一步纳入国家对外开放、科教兴国、人才强国的战略之中。江泽民、胡锦涛多次强调：人才资源是第一资源。人才问题是关系党和国家事业发展的关键问题。要把实施科教兴

---

① 中共中央文献研究室编：《邓小平年谱（1975—1997）》（上），中央文献出版社 2004 年版，第 331 页。

国、人才强国战略作为党和国家一项重大而深远的任务抓紧抓好。鼓励出国留学，学习国外先进的科技文化知识，是国家培养人才的重要途径。相应地，党和国家的政策也一再调整和放宽，坚持贯彻支持留学、鼓励回国、来去自由的方针，鼓励留学人员以不同方式为祖国服务。

正是伴随着治国思路和方略的进步，正是从人类文明的高度拓展了视野，中国的出国留学事业才在经过了艰难曲折之后，获得生机，不断发展，成为中华文明与世界其他文明沟通、交流的一座桥梁。

二、以海纳百川的胸怀走向世界，吸收其他文明的成果

出国留学的首要任务，当然是学习其他国家的科技、管理、文化。实质上，就是以一种海纳百川的胸怀和态度，学习和借鉴国外文明中的先进成果。

20世纪初至20年代"留法勤工俭学"和留苏学生中的很多人，直接接受了国外的社会主义思想，回国后参与领导中国的革命运动，成为中国革命的先驱和骨干力量。出席中共一大的13位代表中有8人是归国留学生。新中国10位元帅中有6位在外国留学或工作过。

新中国成立后留学苏联、东欧国家的江泽民、李鹏、李岚清、罗干等人，也都成为党和国家的重要领导人。他们所学习到的科学技术和管理知识，对于他们日后治国理政，管理政治、经济、文化和科技等各方面的事业，奠定了不可忽视的基础。

改革开放以来，我国的出国留学工作，更大规模地开展，成为改革开放和中外交流的重要窗口。从国家到地方，从高等院校到科研院所，逐步建立起一整套与社会经济发展相适应的出国留学管理和运行机制，形成了国家公费、单位公费和自费出国留学的三大主渠道，三者优势互补，发挥着各自不同的作用。

从 1978 年到 2008 年底，各类出国留学人员总数达 139.15 万人，留学回国人员总数达 38.91 万人。以留学身份出国，目前在外的留学人员有 100.24 万人。其中 73.54 万人正在国外进行本科、硕士、博士阶段的学习以及从事博士后研究或学术访问等。联合国教科文组织 2006 年公布的统计数字显示，中国目前是世界上出国留学生人数最多的国家，全世界几乎每 7 个外国留学生中就有 1 个中国学生。

改革开放初期，适应现代化建设的需要，外派留学生的专业主要集中在科技领域。随着社会主义市场经济的建立和发展，有更多的留学生选择经济学、市场营销和企业管理等专业。新世纪以来，留学生的学习兴趣日趋多元化，专业也更加细化，反映了国家和个人需求的新变化。

每个国家都有自己的文明成果。其中，相当多的部分应该是可以由人类共享的。所以，2009 年 2 月 2 日，温家宝总理在英国剑桥大学演讲时，充分肯定："剑桥举世闻名，培养出牛顿、达尔文、培根等许多杰出的科学家、思想家，为人类文明进步作出了重要贡献。"毫无疑问，其他许多大学也在不同程度上积累了先进文明的成果。出国留学的主要任务，就是要更多地将这些成果学到并恰当地在中国加以应用。

原铁道部部长傅志寰 1981 年赴德国留学，学习电力机车设计制造。德国发达的工业、先进的科学技术给他留下了极为深刻的印象。那时，德国铁路列车时速最高可以达到 200 千米，而中国只有 100 千米。如此巨大的差距，使作为工程技术人员的傅志寰深受震动。类似的震动其实几乎所有的留学生都曾有过。他们几乎共同的问题是：什么时候才能赶上人家？正是这种差距、正是这种比较、正是这种赶超先进的理念，激发着莘莘学子刻苦攻读，力图掌握更多的先进文明，尽快走向世界的前沿乃至一流。

最早国家公派出国留学的学生，都是从各高校和科研院所选拔产生的。这些"精英"，通过留学，带回了国外先进的知识和技术，也带回了先进的理念和国际化的视野。据统计，中国科学院院士中的81%、中国工程院院士中的51%、国家重点项目学科带头人中的72%，以及中国大学校长的77%，均有留学经历。他们成为中国在科技、文化、教育等领域最急需的骨干人员。国家发展的蓝图也在他们的参与下一步步变成现实。今天，奔驰在北京—天津城际高速铁路上的"和谐号"列车，时速达到350千米。像傅志寰这样的留学生的许多梦想都已经实现。

扩大出国留学，是一个解放思想的过程。改革开放之前，出国留学，有着严格的政治条件。能否出国，不是依据品德、才华和需要，而是根据政治身份。这种不平等的规则，到改革开放之后终于被废除。改革开放初期，曾有人担心留学生出国后难以管理，万一有人叛逃不好交代。对此，邓小平认为，不能把留学生圈起来，要让他们广泛地接触外国的社会和群众。除了科学知识，留学生还应该了解国外的社会状况。即使个别人出了问题也没什么了不起。

在出国留学事业发展过程中，如何对待和解决留学生回国问题，成为长期困扰人们的突出问题。解决这一问题，同样需要有长远的眼光和大度的胸怀，并通过时代进步和国家发展来逐步解决。

1992年，邓小平视察珠海留学人员高科技企业时，表示："希望所有出国学习的人回来。不管他们过去的政治态度怎么样，都可以回来，回来后妥善安排。这个政策不能变。告诉他们，要做出贡献，还是回国好。"[①] 根据邓小平谈话的精神，国务院办公厅发布由国家教委起草的《关于在外留学人员有关问题的通知》。次年，"支持留学，鼓励回国，来去自由"的十二字出国留学方针被写入中共十四届三中全

---

① 《邓小平文选》第三卷，人民出版社1993年版，第378页。

会的文件。

党和政府高度重视留学人员回国工作，采取多种措施和政策，积极引导和支持优秀留学人员回国工作或以多种方式为国服务。教育部十几年来实施了一系列具有示范作用的重大项目，如"留学回国人员科研启动基金""跨世纪优秀人才培养计划""春晖计划""长江学者奖励计划""海外留学人才学术休假回国工作项目"等等。很多部门和地方，创新人才引进方式，采取灵活多样的方式吸引海外高层次人才回国工作。同时创新人才使用机制，组织在外优秀留学人员回国开展学术交流、合作研究等多种形式为国服务活动。中央办公厅、国务院办公厅印发的《2002—2005年全国人才队伍建设规划纲要》强调，要进一步加强和改进留学人员创业园区建设，为留学人员回国工作或为国服务提供发展空间。

2008年12月，中央人才工作协调小组召开会议，对实施引进海外高层次人才"千人计划"作出部署。对引进的高层次创业人才，中央财政给予每人人民币100万元的资助，有关地方提供配套支持；给予多次出入境签证；国家和地方科技型中小企业技术创新基（资）金给予优先支持；可承担国家重点科技、产业、工程项目任务，其产品符合要求的，纳入政府采购目录。创业人才在作出突出贡献后，国家有关部门予以表彰，并在永久居留、医疗、保险等方面给予特殊待遇。

留学归国的人员，被称为"海归"，他们已经是当代中国一个重要的精英群体。"海归"承载着中外文明交流的使命，以巨大的热情参与和改变着中国社会进步和发展的历史进程，为国家和社会带来了众多的新思想、新观念、新知识、新技术。他们构成了国家现代化建设的新要素，成为推动改革开放进一步深化的新力量。

随着中国的发展和综合国力的增强，中国在世界的影响越来大，对于出国留学人员的吸引力也越来越强。特别是国际金融危机发生以来，海外学子选择"回国发展"前所未有地升温。2008年度，各类留学回国人员总数达6.93万，国家公派出国留学到期回归率达98%以上。

可以相信，只要中国自身继续得到快速和稳定的发展，只要国内的环境和条件继续改善，只要吸引留学回国的政策继续得到很好的贯彻落实，回国工作的留学生将会越来越多，在外的留学生也会对祖国作出更多的贡献。

三、用发展进步的成果展示形象，促进中华文明的传播

中国学子出国留学，固然是向外国学习。但同时，他们也以各种有形和无形的方式，向外部世界传输着中国的文明，影响着外部文明，不断扩大着中华文明的亲和力和影响力。在留学生所架设的中外文明沟通的桥梁上，不仅移动和流淌着外国文明，也同样移动和流淌着中国文明。

在国外的留学人员中，不少人成为民间大使和文化使者；一些留学人员组织，在向国外介绍当代中国、宣传中国传统文化、加强中国与不同国家人民之间相互理解和沟通等方面发挥了重要作用。有些人还利用自身独特的语言和社会交往的优势，牵线搭桥，促进外商投资、开展中外贸易，为国家和家乡建设作出贡献。因此，留学人员的派遣，反过来也让世界通过他们了解了中国社会的发展情况，促进了中国与其他国家的交流和沟通，推动了中华文明走出去。

随着中国成为世界第三大经济体、第二大贸易体，世界各国对中国政治、经济的兴趣日益扩大，对中国文化、教育的兴趣也不断扩大。面对金融危机，中国的实力、表现和所采取的有力措施，成为保持世界经济稳定的重要力量，使得世界更加关注和看好中国。"东风

西渐"虽然还只是"微风初起",但其意义和逐渐增长的力度却已日益显示出来。美国亚洲协会2005年《扩大美国的中文教学》报告,认为学习汉语已涉及美国的国家安全,提出到2015年,希望美国高中生学习汉语达到5%的目标。加拿大、德国、澳大利亚、日本、韩国和泰国等,也都已把汉语作为大学生选修的外语课程之一。

目前,全世界有109个国家、3000多所高等学校开设了汉语课程。特别是中小学开设汉语课的热情越来越高。全世界汉语学习的人数已经超过了4000万,很多国家以50%甚至翻番的速度增长。

顺应"东风西渐"要求,中国自2004年11月开始,在全球开设孔子学院,使之成为推广汉语教学和传播中国文化的全球平台。统计显示,目前全世界已有81个国家建立了256所孔子学院和58所孔子课堂。到2010年,全球孔子学院数量将达500所。

不仅中国学生走向国外,国外学生也在走向中国。新中国成立60年来,我国累计接收来华留学生146万人次。

2006年,共有来自184个国家和地区的162695名各类来华留学人员在我国31个省、自治区、直辖市(不含台湾省和香港、澳门特别行政区)的519所高等学校和其他教学、科研机构学习。根据我国与有关国家的教育交流协议和交流计划,2006年我国向167个国家提供了中国政府奖学金;共有来自165个国家的8484名外国来华留学生享受中国政府奖学金,占全年来华留学生总数的5.21%,比2005年增加1266人。

2008年,共有来自189个国家和地区的22.3万各类来华留学生,比2007年增加27996名。来华留学人数首破20万,韩、美、日名列前三位。

2009年2月,温家宝总理访问剑桥大学时,向剑桥大学赠送了"中华数字书苑",其中收录了中国出版的20万种电子图书,涉及中国政治、经济、历史、文化等各个领域。类似的举动，改革开放以来已经越来越多，也越来越受到各国的欢迎。

进入 21 世纪以来，经济全球化、信息网络化正在日益把世界连成一体。文明的发展将越来越不是各自封闭的，而是在相互影响中多元共存。千姿百态、丰富多彩的人类文明，正在互相学习、取长补短。每个国家和民族对人类文明所作的贡献，越来越取决于她吸收外来文明的能力和自我更新的能力。中国将永远坚持开放兼容的方针，既珍视传统，又博采众长，用文明、和谐的方式推动中国的发展和世界的进步。出国留学和吸引留学，将不断发挥着人类文明重要桥梁的作用。

《一个中国人画〈资本论〉》（画册）序

纪事和说明：

  著名画家戴敦邦先生用绘画的形式展示《资本论》的内容，创作和出版了《一个中国人画〈资本论〉》（画册）。2021年6月，在建党100周年之际，上海市对外文化交流协会和上海百年老店朵云轩集团等，在朵云轩艺术馆举办了《一个中国人画〈资本论〉》的专题展览。我应邀为画册和展览作序，并出席展览开幕式，发表了祝词。此处收录的就是为画册所写的序。

  序和祝词认为戴敦邦先生将一部高难度的经典著作，用艺术的形式展示出来，在《资本论》研究和美术创作史上创造了一个高难度的新纪录。

  戴敦邦先生以80多岁的高龄，闯进一个高难的新领域，创作了一组高难的新作品——《一个中国人画〈资本论〉》（画册），从而在《资本论》研究和美术创作史上创造了一个高难的新纪录。

  戴敦邦先生将自己的这一举措称为"一个中国人画《资本论》"。恰巧一个很有意思的对应是，《资本论》里也曾经出现过一个中国人，他的名字叫王茂荫。在德文版《资本论》第一卷第一篇第三章中，马克思在论述货币和商品流通问题时，以第 83 条"附注"的方式，专门提到："清朝户部右侍郎王茂荫向天子（咸丰）上了一个奏折，主张暗将官票宝钞改为可兑现的钞票。"①但他受到严厉申斥，理由是"所论专利商而不便于国"。马克思将王茂荫的主张作为一个例证，用来说明货币的有关问题。

王茂荫是安徽歙县人，道光十二年（1832 年）考中进士步入仕途，历任清代道光、咸丰和同治三朝户部、兵部、工部、吏部官员。曾任户部右侍郎兼管钱法堂事务。王茂荫最突出的事迹，是在咸丰年间，先后 3 次上书，提出防止无限制发行纸币而造成货币贬值的主张。

有人统计，在《资本论》中，马克思一共提到过 680 个人。而王茂荫是《资本论》中提到的唯一一位中国人。

马克思大概不会想到，他逝世 130 多年后，居然会有另一个中国人，将他的皇皇巨著，用中国传统艺术的形式，绘制和展现了出来。这个中国人，就是戴敦邦先生。

这算不算是中国人对马克思的回报呢？可以算，但又不仅仅是。

2018 年 5 月 4 日，习近平总书记在纪念马克思诞辰 200 周年大会上指出："1867 年问世的《资本论》是马克思主义最厚重、最丰富的著作，被誉为'工人阶级的圣经'。"②

当《资本论》第一卷出版时，恩格斯的评价是："自从世界上有资本家和工人以来，没有一本书像我们面前这本书那样，对于工人具有如此重要的意义。"③

《资本论》全书共 3 卷，第一卷研究了资本的生产过程，分析了

---

① 《马克思恩格斯文集》第五卷，人民出版社 2009 年版，第 149 页。
② 习近平：《在纪念马克思诞辰 200 周年大会上的讲话》，人民出版社 2018 年版，第 3 页。
③ 《马克思恩格斯全集》第二十一卷，人民出版社 2003 年版，第 362 页。

剩余价值的生产问题，是整个《资本论》的基础部分。第二卷在资本生产过程的基础上研究了资本的流通过程，分析了剩余价值的实现问题。第三卷论述了资本主义生产的总过程，分别研究了资本和剩余价值的具体形式，使资本的生产过程、流通过程和分配过程统一起来，并分析了剩余价值的分配问题。

《资本论》第一卷是马克思在世时的1867年出版的，后两卷是恩格斯在马克思去世后帮助整理的，分别于1885年和1894年出版。恩格斯曾打算整理出版《资本论》第四卷，可惜未能如愿。这部分后来被考茨基整理为《剩余价值学说史》，于1904年、1905年、1910年分三卷出版。

马克思在《资本论》中以唯物史观的基本思想为指导，通过深刻分析资本主义生产方式，揭示了资本主义社会发展的规律，并使唯物史观得到科学验证和进一步丰富发展。《资本论》跨越了经济、政治、哲学等多个领域，成为马克思主义理论最重要的基石。

《资本论》以多种方式和版本在中国翻译出版、广泛传播，成为中国共产党指导思想的重要组成部分，也成为中国高校许多专业的教学内容之一。中国经济发展的基本理论、基本范式，主要来自《资本论》。《资本论》影响了中国共产党的百年历程，也影响了中国近现代的历史进程。

所以，由一个中国人来画《资本论》是值得的，要说"回报"，也未尝不可。但最主要的，还是以一种独特的艺术形式，展示《资本论》的深邃思想，提示和帮助人们更好地理解和掌握马克思主义的基本理论。

这是一个高难度的"动作"。因为《资本论》本身就是一部高难度的著作。我系统学习过《资本论》，也研究过《资本论》，深感要把《资本论》读懂就很不容易。坦率说，如果没有专业教师逐段逐句的解读，一般学生是看不懂的。中国人经过几代人的努力，包括搬用苏联的政治经济学，才勉强写出了政治经济学教科书的资本主义部分，而社会主义部分，至今还不能说已经成熟。

而且，所谓读懂，不能仅仅指字面上理解了《资本论》中每个段落、每个章节的意思，更主要的还在于，从总体上掌握了《资本论》的理论体系，而且通过不同理论的比较，并运用实践加以检验，理清了《资本论》的逻辑关系并能够对之作出科学的分析和判断，说清了它与实践的契合关系。这样的"读懂"才是真正的"读懂"。要达到这样的水准，难度就更大了。

还有更难的，是《资本论》与实践的关系，尤其是与中国实践的关系。中国共产党人坚持和运用了《资本论》的基本思想，但也在改革开放的进程中丰富和发展了《资本论》的思想。尤其是在建设社会主义市场经济的过程中，改变了对资本一概否定和消灭的态度，充分发挥了资本的作用，对资本的长短优劣进行了科学的分析，注意扬长避短，防止可能出现的弊端。

在对"怎样认识中国特色社会主义条件下的劳动和劳动价值论"的调查和研究过程中，我曾提炼出了价值创造的四句话："劳动创造价值，资本提供条件，管理整合要素，科技催化效益。"只有将这四句话整合在一起，才能真正说清楚劳动价值的实际创造过程，也才能科学制定中国特色社会主义条件下基本的经济制度和经济政策。

所以，在当今时代和当今中国，如何真正读懂并科学运用《资本论》的思想，本身就是一个难度极大的课题。没有一定的社会条件，没有对于真理的求索精神，没有对于实践的尊重态度，是很难做到的。

对于这样一部高难度的经典著作，要用艺术的形式展示出来，这就更是一个高难度的挑战了。

回归本源，人类思想的载体，最初就是简单的图画。后来逐步向两极发展，一极是越来越抽象、简化，便形成了文字；一极是越来越具体、复杂，便成了图画。文字和图画成了两种不同的文化形式。文字，是记录语言和交流思想的符号；而图画，则是用线条和色彩构成、能给人带来某种视觉感受的形象。

文字与图画，发挥着不同的功能，但在很多情况下，又能够瑕瑜互补。如能巧妙结合，往往有珠联璧合之功效。所以，写诗，都要讲究一个意境，当我们念起某首诗的时候，脑子里就会出现一幅图画。有此奇效者，才称得上是一首好诗。反过来，一幅图画，线条加色彩，也许观者百思不得其解，但加上一首题词，或一首短诗，便立即顿悟，感到豁然开朗，意趣无穷。

这种由合到分再由分到合的过程，也许可以称作是螺旋式上升、否定之否定吧。分分合合，合合分分，都是为了更好地表达、传输人类的思想和情感。为此，就需要文字和艺术的各种探索和创造。只有不断探索和创造，人类文明才能不断发展和进步。

戴敦邦先生用绘图的形式展示《资本论》的内容，应该说，就是这种螺旋式上升过程中的一种探索、一种创造。

戴先生在这方面有雄厚的实力和基础。他是蜚声海内外的中国画大家，长期潜心为中国古典文学巨著创作人物群像画谱。为电视连续剧《水浒传》创作了人物形象造型，创作和出版了《红楼梦》《金瓶梅》《聊斋志异》《西游记》《西厢记》《长恨歌》等几十部大型画册。其作品气魄宏大厚重，笔墨雄健豪放，形象生动传神。在这些创作中，他积累了用绘画表现经典的丰富经验。

据说，从20世纪60年代起，戴先生就有了画《资本论》的梦想，而且始终没有熄灭这个梦想。近年，虽然年已八旬，他却正式开始了这个浩大的工程。先是画出了《资本论》第一卷，然后又接连画出了第二卷、第三卷，构成了完整的《〈资本论〉绘本》。在这些画作中，戴先生将《资本论》中的主要内容、重要观点、闪光语言，将资本的生产、流通和分配的主要过程特别是资本的本质，通过一幅幅精心构思的画面、形形色色的人物、五花八门的资本、颇为夸张的造型、严重挤压的空间，画龙点睛般展示了出来。而且，还联系世界历史的重大事件，也包括侵略中国的鸦片战争等，提供了《资本论》背后的社会历史背景。这些画作，把《资本论》极为抽象的思想转化成可以感知的具象，引领人们在观赏这些画作时，不由自主地跨进了《资本论》的大门。

国内对《资本论》的介绍已经很多很多，但以大型绘画的形式系统解读《资本论》，这还是第一次，可谓以重量级的系列艺术作品揭示经典著作深邃思想的重要尝试。戴先生为此作出了探索性的重要贡献。上海交大等单位也为这批画作的问世发挥了重要作用。

《资本论》的内涵极其丰富，仅靠一批画作是不可能完全读懂的。尤其是在新的时代条件下、在建设和发展中国特色社会主义的实践中，如何科学认识和运用《资本论》的思想，是一个极具挑战性的课题。所以，这批画作并非《资本论》的简单图解，而毋宁称之为《资本论》的一张名片或艺术 Logo。从现实来看，它适应了新时代的需要，有助于激发人们重温经典的热情，进一步打开通向真理宝库的大门；从艺术方面来说，它以一种独特的风格，为中国画坛增加了一批新型的画作，丰富了中国艺术的宝藏。

今年是中国共产党成立 100 周年。值此之际，戴敦邦先生完成《资本论》三卷绘本的创作，是对这一世纪盛事的献礼，也是对世界哲人表达的敬意。而我们，则应该向戴敦邦先生的勇敢探索和贡献表示深深的敬意。希望在中国美术史上，能留下戴先生新的一笔。我在了解了戴敦邦先生的生平后，才知道我们还是镇江丹徒的老乡，所以，也为有这样一位老乡而感到骄傲。

是为序。

第七章

切实推进社会文明建设

融通先进文化，建设社会文明

纪事和说明：

这是我 2018 年 4 月 14 日在由中央党校党建教研部等单位举办的政治文化盐湖区案例研讨会上的发言。

这一发言，将社会实践理论研究结合起来，论述了建设社会文明的问题，强调要高度重视社会文明建设，把各类先进文化融通到整个中华文明的发展和进步上来。

很高兴参加今天的会议。我 2003 年到中央党史研究室工作前，曾在中央党校工作多年，参与组织过三轮大规模的党建调研，对党建工作和党校的党建教研部比较了解。这次党建教研部与有关单位合开研讨会，邀请我参加。我觉得这是一个向基层学习、向实践学习的好机会。听了前面同志发言后，很受启发。所以，作一个即席发言，题目是"融通先进文化，建设社会文明"。主要讲三层意思。

一、值得点赞的基层社会文明建设样本

我在中央党史研究室副主任岗位上时，有一项职责是分管地方党史，所以对地方历史和地方党史很有感情。盐湖区作为原来的运城市，有着悠久的历史文化传统，在中华文明的形成和发展上起过积极的作用。在党史上也比较早建立了党组织，抗战期间建立过民主根据地，在 1947 年就获得了解放。盐湖区党史部门参加过我主持的抗战时期中国人口伤亡和财产损失的大调研和全国革命遗址普查。盐湖区的烈士陵园还是山西省的党史教育基地。悠久的文明传统成为盐湖区的宝贵财富之一。

那么，这一文明传统到当代又发展到什么程度呢？有关材料介绍了盐湖区的情况。很抓我眼球的是：中宣部和全国妇联曾在盐湖区召开过"弘扬德孝文化、践行核心价值"现场交流会。"德孝文化建设实践研究"被立为国家社会科学基金特别委托项目，纳入马克思主义理论研究和建设工程计划。全区涌现出一大批先进典型，有 5 人入选"中国好人"，7 人被评为"山西省道德模范"；一个村被评为全国文明村、全国基层先进党组织；一个村的支部书记荣获全国脱贫攻坚创新奖和山西省优秀共产党员称号。2017 年，盐湖区取得 4 项国家级精神文明创建成果，包括一个文明家庭、一个文明单位、一个文明校园、一个未成年人思想道德先进单位等。

一个区获得这么多与"文明"两个字联系在一起的成果，说明什么？说明这个地方的风气比较健康，社会比较文明。盐湖区这样那样的成绩，在我看来，根本上都是社会文明的展现。盐湖区当然还有这样那样的问题需要解决，但从其主要方面来说，可以称之为基层社会文明建设的样本。

二、建设社会文明是党的十九大提出的重要任务

"社会文明",是党的十九大正式使用的一个新概念。很多人可能还没有注意到,但其实非常重要。

人类社会的发展是以人类文明的程度来度量的。人类的脚步,根本上是社会文明的脚步;社会的发展,根本上是人类文明的升华。

改革开放以来,党和国家逐步强调"文明"建设,先后提出了物质文明、精神文明、政治文明、生态文明。但还一直缺一个"社会文明"。10多年前我就发表过文章,呼吁使用"社会文明"的概念。我与龚育之老师一起指导的一位博士生于2007年完成的博士论文,题目就叫《论建设中国特色社会主义的社会文明》。

现在,党的十九大报告第一次使用了"社会文明"的概念,将我们所要建设的文明扩充为五个文明,分别对应于五个建设,解决了原来长期不够对应的问题。党的十九大将建设社会主义强国的目标扩充为"富强民主文明和谐美丽"五个方面,要建设的文明也就相应地包括了物质文明、政治文明、精神文明、社会文明、生态文明五个文明。这一扩展,更加体现了中国特色社会主义是全面发展的社会主义,中国的现代化是全面进步的现代化。

社会文明有广义和狭义之分。广义的"社会文明",在"社会形态"的层面上运用,包括一切文明成果。狭义的社会文明,主要是与物质文明、政治文明、精神文明相并列,直接表现在社会主体和社会关系上的"社会文明"。它包括:第一,社会主体文明,主要指个人、家庭、社区、民间组织、政府等主体自身表现出的文明程度;第二,社会客体文明,主要指社会事业的发展和进步;第三,社会关系文明,主要指人、家庭、社区、民间组织、政府等内部和外部关系上表现出的文明;第四,社会环境文明,主要指社会结构、城乡关系、区域关系、社会风气、社会安全的状况;第五,社会管理文明,主要指

社会制度、社会体制的文明水平。

从这个角度来看,盐湖区的个人、家庭、社会事业、社会关系、社会环境、社会管理都呈现着一种比较积极健康的状态。包括今天研讨的政治文化,既是这种文明的灵魂,也是这种文明的表现。所以,盐湖区不仅在大的五大文明建设方面取得了成绩,而且比较突出的,是在社会文明建设方面取得了显著成绩。作为一种反衬,山西省一度在政治生态上出了问题,其实就是在社会风气、社会环境、社会文明上出了问题。

三、做好融通各类先进文化的大文章

文明与文化有着不可分割的联系。"观乎人文,以化成天下。"如果说"以文化人"是一个过程的话,那么,文明,就是这种过程的成果和达到的水平。因此,社会文明是要靠人的努力和建设的。

当代中国文化,包含着丰富的内容。习近平总书记说:"中国特色社会主义文化,源自于中华民族五千多年文明历史所孕育的中华优秀传统文化,熔铸于党领导人民在革命、建设、改革中创造的革命文化和社会主义先进文化,植根于中国特色社会主义伟大实践。"所以,当代中国的文化,统称为中国特色社会主义文化,它不是哪一个单方面的文化,而是多种文化的融汇、熔铸和融合。

因此,建设中国特色社会主义,包括建设社会文明,就要做好各种文化的融通工作。习近平总书记在山西考察时指出,要融通党的优良传统、中华优秀传统文化、革命文化、社会主义先进文化,建设正气充盈的党内政治文化。[①] 党内政治文化建立在社会文明的基础之上。建设先进的社会文明,就要按习近平总书记的要求,做好各类先进文

---

① 参见《习近平在山西考察工作时强调 扎扎实实做好改革发展稳定各项工作 为党的十九大胜利召开营造良好环境》,《人民日报》2017年6月24日。

化融通的大文章。

盐湖区历史悠久，习近平总书记所说的各种先进文化，在这里都有。有的基础还比较雄厚，比如中华优秀传统文化，就有舜帝德孝文化和关公忠义文化，而且在群众中影响深厚。盐湖区委多年来借助优秀传统文化资源，促进习近平总书记系列讲话精神"七进"行动，建设六位一体德孝文化苑，开展德孝典型评选表彰、移风易俗德孝礼、家风家训等活动，助力社会主义核心价值观建设和基层社会治理，推动了良好党风、政风和民风的形成。

中华传统文化，是一个复杂的集合体。既不能全盘否定，也不能全盘肯定，必须进行辩证的分析和梳理，取其精华，去其糟粕，特别是随着时代的进步不断挖掘其丰富的精华内涵，使其在新时代社会文明建设中发挥作用。同理，其他各种文化，也都有一个改革创新、与时俱进的问题。因此，各类文化的融通，归根结底，都是要融通到中国特色社会主义文化上来，融通到时代发展和进步的方向和潮流上来，融通到整个中华文明的发展和进步上来。

运城盐湖区的同志们在这方面已经做了很好的工作，希望再接再厉，取得更大的成绩。我们也要以盐湖区的实践为样本，深入研究社会文明建设的规律，不断把五大文明包括社会文明的建设提高到一个新的水平。

思考"幸福"

纪事和说明：

　　这是 2010 年我出席中央编译局和江苏省江阴市政府联合召开的"幸福江阴"国际学术研讨会的发言，后来作了扩充。

　　这一文稿把理论与实践结合起来，从为了幸福、提升幸福、创造幸福三个方面，深入探讨了人的幸福问题。界定和解析了幸福的定义，说明幸福的内容和程度是随着时代条件不断扩展和提升的。幸福要靠我们自己的努力，不断地创造和实现。革命、建设、改革的根本目的，就是为了人民的幸福。江阴在建设"幸福江阴"的过程中创造了很多很好的经验。

　　幸福是一个美好的字眼。"幸福江阴"的关键词，是"幸福"二字。怎样认识幸福？怎样创造幸福？怎样对待幸福？这是整个中国社会越来越关注的问题，从某种意义上说也是世界越来越关注的问题。随着现代化进程的发展，人们对这样一些问题的思考也越来越多、越来越深入。所以，在这样的大背景下，认真研究"幸福江阴"带给我们的启示，是很有意义的。

"幸福江阴"的建设创造了很多很好的经验。由"幸福江阴"，引发了我对"幸福"这一话题的几点思考。总体上，可以叫"思考幸福"。具体包括三个方面的问题：一是"为了幸福"，这是目标、目的问题；二是"提升幸福"，就是怎样认识幸福的内涵，尤其是随着时代的发展，如何与时俱进地深化幸福内涵；三是创造幸福，我们都希望幸福，但幸福从何而来？我们怎样去创造它？用什么战略、什么方针政策、什么实际行动去创造它？下面，我对这三个方面的问题做一些具体的分析。

一、为了幸福

幸福，首先是一个价值目标，是无数人为之努力的一个奋斗方向。我们搞革命、搞建设、搞改革，根本上是为了什么？我们所做的一切，根本上是为了什么？归根结底，就是为了实现人民的幸福。所以，幸福，是我们应该认真研究和确立的基本价值，是我们致力于科学发展、和谐发展、和平发展所要达到的基本目标。

对"幸福"这一概念，我们应该很熟悉了。但其内涵到底是什么？包含哪些内容？随着时代的变迁会有哪些变化？这依然是一个需要不断研究和探讨的重要课题。

所谓幸福，就是作为主体的人，在一定时期、一定环境下，对于生存发展条件以及自我价值实现感到满意的一种心理状态和价值取向。根据这一界定，我们就不难发现，幸福包括客观基础和主观感受两个方面。就是说，幸福首先需要有物质、精神、文化生活的基本条件，能够满足人们对于这些基本条件的需求。没有这些条件，或者条件严重欠缺，那就很难幸福。同时，幸福本身是一种主观的感觉，实际上是主观感觉与外在条件之间的某种平衡。如果平衡了，就会感到幸福。如果不平衡，条件很好也可能感到不幸福；或者条件虽然很差，但是平衡了，他也可能会感到幸福。这种主观感觉的标准弹性很大，其伸缩的幅度与该人的基本素质、价值标准、文明水平、个人性格等等有着密切的关系。另外，幸福还包括自我价值的实现，而与客观条件没有太大的联系。不管客观条件如何，只要自我价值实现了，很多人也会感到幸福。所以，无论什么情况，幸福都是一个动态的平衡问题。

上面这些，首先是一个哲理的分析和界定。具体怎么体现？怎么实现？幸福的条件和感觉表现在哪里？这从理论上可以继续研究。而从实践上来看，江阴抓住"幸福"这样一个基本的范畴、价值和目标，鲜明地提出了"幸福江阴"的口号，这是对幸福内涵的科学挖掘，是对建设幸福社会的有益探索，给我们提供了非常有益的启示。

"幸福江阴"作为一种理论和实践探索的价值在于：第一，准确鲜明地抓住了"人民幸福"这一基本价值，作为江阴一切奋斗和努力的主要目标，尤其是把科学发展观落实到"幸福江阴"的建设上。第二，推进了全面小康建设目标的战略进程。相对于人民小康，提出了更高的要求。总体上，我们是在全面建设小康社会，但这里面还有很多目标。进一步提出幸福的要求，相对于小康而言，它的内涵的要求更高了一些。第三，对幸福的内涵外延进行了分析梳理，提出了一系列量化的指标。主要表现在通过实践的探索和理性的分析，提出了有关的指标体系，这对于全局有参考或进一步研究拓展的意义。第四，江阴的党委、政府和人民群众用自己创造性的工作推动了"幸福江阴"的不断实现。因为幸福不是天上掉下来的，需要通过我们的工作去创造。江阴在这方面做了很大的努力。

所以，"幸福江阴"对于充分实现执政为民的要求，对于科学发展观的贯彻落实，对于全面建设小康社会战略目标的实现，对于促进社会主义核心价值体系的建设和实现,都是很有价值和启迪意义的。

二、提升幸福

幸福不是静止的具象性的事物,而是一个不断实现、不断满足,又不断提出新的要求,再进一步加以实现的过程。

从历史上来看,幸福的内涵是不断深入、外延是不断拓展的。比如说早期的人类,如果能找到一个洞穴避风遮雨,就会感到幸福。处于饥饿中的人们,如果有一口饭吃,就会感到幸福。随着时代的发展,今天的人们又会对什么感到幸福呢?未来的人们又会对什么感到幸福呢?显然不会停留在多少年前了。所以,仔细考察一下就会发现,幸福的内容和程度显然是随着时代条件不断扩展、不断提升的。

江阴的探索,就在于根据目前江阴所处的发展阶段和环境条件,提出了"幸福江阴"的一系列内容,并且用量化的指标来加以体现。概括起来包括:

以民生为本,力求个个都有好工作;
以民富为纲,力求家家都有好收入;
以民享为先,力求处处都有好环境;
以民安为基,力求天天都有好心情;
以民强为重,力求人人都有好身体。

这些内容很实在、很具体,与老百姓的日常生活、直接需求联系得非常紧密,同时也很有针对性。江阴本身的发展水平在全国是领先的,不仅温饱问题早已解决,小康程度也已较高。但江阴没有满足和停留,而是抓住新形势下提升发展质量,满足人民群众更高需求的重要课题,把发展的目标进一步集中到"幸福"上,努力提升赖以满足幸福需求的客观条件，以及人民群众对于幸福生活的满意程度。这些得到拓展的内容，体现了科学发展观的要求，强调了民生，强调了环境，还强调了生活质量，强调了发展的全面性、协调性和可持续性。因此，"幸福江阴"提升了我们对于发展和幸福的认识，提升了科学发展、执政为民的实践。

当然，幸福是一个动态的过程。随着实践的发展，条件的改进，认识的提高，幸福的内涵和外延必然还需要而且还会有新的提升。除了物质条件之外，还要有文化条件；除了生活条件之外，还要有精神条件；除了富裕程度之外，还要有更多的公平、正义，人的尊严等等。这些都是客观的。

同时我们也要估计到，幸福的主观评价也是一个不断变动和提升的过程。随着生活条件的改善，人们会对物质、文化等各方面生活的条件提出更高的要求。由此，幸福的内涵和标准就会进一步提高，幸福的具体内容、领域也会进一步扩展。在这样的情况之下，人们怎样理性地认识幸福，怎样客观地对待幸福，也需要加以注意和引导。因为在很多地方、很多情况下，尽管那里的生活条件大大改善了，但一些人还是感到不幸福。这里有一些客观的原因，也有一些主观的非理性的因素，所以是需要我们适当加以引导的。关键在于对幸福要有一个历史感，要有一个辩证感。

所谓历史感，就是要历史地看到满足幸福感觉的客观条件的变化。要认识到当今中国的客观条件比之以往已经有了极大的变化和提升。今天所遇到的一些不能令人满意的问题，大都是发展到一定程度后更加凸现出来的问题，也是幸福的主观标准大大提升以后表达出来的一种更高的愿望。因此，今天我们对于幸福的期望值和满意度，也要与一定的历史条件相适应。过低，不必。但过高，就会永远都感到不满意、不幸福，幸福就无从实现了。

所谓辩证感，就是说，任何幸福都是相对的、辩证的。主观与客观是相对的，物质与精神是相对的，今天与昨天是相对的，自己与他人是相对的。幸福的感觉不存在一个绝对的标准，而主要是在于一种平衡。所以，一个人追求幸福，关键在于寻找到一种平衡，使自己对现有的客观条件相对感到满足，或使自己的主体价值得到更好的体现从而感到满足。

总之，幸福是一个不断实现、不断满足又不断提出新的要求的过程。随着社会的发展、条件的改变、认识的提高，幸福还会有新的提升。我们希望江阴以这种辩证的态度，继续地不断追求，不断实现，不断改进，从而不断满足人们对幸福的追求。

三、创造幸福

幸福不是天上掉下来的，也不是上帝赐予的，是要靠我们自己的努力，不断地创造，不断地实现的。为此，至少从今天来说，我们就需要注意以下几点：

第一，仍然要把发展作为执政兴国的第一要务。发展是幸福的根基所在。没有发展，就很难有客观条件的发展和满足，也就很难有幸福。所以幸福离不开发展，幸福依赖于发展。新中国成立60多年特别是改革开放30多年来，中国人为什么会感到比较满意？感到今天相比之前有很大的进步？就是因为改革开放以来，我们始终抓住了发展这样一个关键、这样一个要务。

新形势下，我们应该清醒地看到各方面的条件虽然有很大的改变，但是仍然存在着很多差距，仍然有很多需要解决的问题。从总体上来讲，中国仍然是一个发展中国家，仍然处于并将长期处于社会主义初级阶段。我们要追求幸福，但必须继续抓住发展，才能获得更大的幸福。所以，发展这个要务绝不能丢，绝不能动摇。就江阴而言，

"幸福江阴"来自哪里？当然是来自发展，也要依靠发展；"幸福江阴"的提升来自哪里？当然也是来自发展，仍然要依靠发展。

第二，要发挥人民的主体性，由人民自己的创造来实现幸福。幸福从何而来？根本上是人民创造的。人民是幸福的创造者，同时也是享受者。创造就应该享受，享受就必须创造。幸福的实现程度要看人民群众如何发挥主体能动性。作为一个执政党来说，如何去组织动员人民创造幸福，这是一个非常实在的问题。我们"执政为民"的要求是非常明确的，但是同时还要注意"执政靠民"，就是说执政还要依靠人民。发展为了人民，发展也要依靠人民。

所以，在现实生活当中，我们要正确处理好政府与市场的关系，统筹与自主的关系。要发挥政府的组织和引导作用，但根本上还在于广泛深入调动人民群众的积极性，让人民的创造性尽可能充分发挥出来。政府对很多建设和工作需要统筹，但这个统筹不是代替人民去创造，而是要为人民自主的创造提供更好的条件。

第三，在实践的过程中不断创新实现幸福的条件和方式。江阴的发展是实践的过程，也是不断探索的过程。从整体上来说，我们所有的幸福，我们所有的发展，也是实践的过程、不断探索的过程。改革开放前我来过江阴，2009年3月参加第八届中国政府创新论坛暨"幸福江阴"国际学术研讨会，又一次来到江阴。我感到，这些年来江阴的发展变化非常之大。从这些重大的变化中，我们可以看到江阴人民大胆实践和探索的过程。如果没有实践，没有探索，没有创新，江阴很难达到今天的水平，也很难进一步实现幸福的目标。从江阴人民的实践中，可以看到他们在改革开放进程中，是如何解放思想，如何实事求是，如何创新发展的手段、方式，如何提升经济社会发展水平的。创新是一个民族的灵魂，是一个国家发展的强大动力，也是一个政党充满生气和活力的关键所在。毫无疑问，面向未来我们依然需要创新精神。

第四，发扬优势，解决问题，不断推进幸福实现的过程。改革开放30多年来，我们取得了非常巨大的成绩，但是也面临着很多新的课题、新的挑战。这些，有的是我们长期需要研究面对和解决的问题，也有的是随着发展水平的提升而进一步提出来的问题。比如说，对住房的需求，30年前我们基本上没有个人的住房，大量的人住在筒子楼里，那个时候有一套自己的住房、单位的住房，就感到非常非常满意了。而现在我们再不是简单地找一个栖身之地，而是需要或者希望住上更舒适、更宽敞的房子，而且还要求环境更好。这就是对住房提出了更多的要求，由此引申出一系列新的问题。这是在发展新阶段上不断提出的新要求。对这些新要求，我们当然需要面对，认真加以解决。诸如此类的挑战还很多。所以，要立足于解决在发展过程中、在追求更加幸福的过程中我们所遇到的各种课题。

就江阴来说，也同样面临着很多课题需要解决。比如说环境问题，这是江阴需要注意的问题。再比如说平衡发展问题，不仅是全国或江苏省有如何更加平衡的问题，江阴市本身也有一个区域之间如何平衡发展的问题。诸如此类，都需要认真研究，加以解决。我们相信，只要坚持不断地探索、不断地创新、不断地努力，"幸福江阴"一定会越来越幸福，全面小康的目标一定会更加充满幸福的内涵和感觉。

第五，拓展视野，在中国特色与世界文明的交流互动中建设"幸福中国"。我们要建设中国特色社会主义，这是总结多少年经验教训而提出来和不断推进的一个重要的思想、一面重要的旗帜。中国是一个发展中的大国，治理中国的艰巨性和复杂性超过很多人特别是很多外国人的想象。我在与美国朋友交流时曾经说过，如果你去当一年中国的市长、省长，你就对这种复杂性、艰巨性有深切的体会了。前不久，美国国务卿希拉里也说到，要治理中国这样一个大国，其难度是难以想象的。

所以，建设"幸福中国"一定要从自己的国情出发，不能简单想象，简单照搬任何外国的模式。同时，我们也要认识到，"中国特色"并不意味着自我封闭。就像成语"井底之蛙"一样，这只蛙在井里，其实也是立足于实际的，但它这个实际的空间太小了。只看到井里的事物，而看不到井外的天地，这样的实际是有很大局限性的。

所以，我们坚持立足于中国的实际，但绝不意味着可以封闭起来，不看外部世界的变化，不走向世界，不与外部世界交流，不向外部世界学习。我们坚持"中国特色"，同样也需要国际环境、国际资源、国际条件、国际经验。

"中国特色"必然同时需要"世界眼光"，而且不仅是"世界眼光"，今天的中国还越来越需要到世界的舞台上去展开合作、展开博弈、展开学习、展开交流，共同推动世界的发展和进步，共同解决世界面临的挑战和课题。对此，我们应该有充分的认识。

让科学之光普照大地

纪事和说明：

  这是2006年4月接受解放军报记者采访所写的访谈稿。

  访谈着重论述了科学与道德的关系。首先肯定科学的地位和价值，科学就像一支火炬、一座灯塔，照耀着人类探索真理、发展真理的道路，照耀着人类文明不断发展前进的方向。科学与道德，在一定程度上不仅是相通的，而且是互补的。由于科学是双刃剑，所以必须处理好科学与道德的关系。现代科技的发展，已经越来越突出地提出了科学伦理的问题。我们要通过贯彻落实科教兴国战略，让科学的光芒普照神州大地和我们每一个人的心灵。

  记者：科学，是一个美好而又崇高的字眼。科学的出现，犹如一把无尽燃烧的火炬，照亮了人类发展的道路。胡锦涛在"八荣八耻"中鲜明地提出要"以崇尚科学为荣、以愚昧无知为耻"。我们理解，这个"荣耻"，首先是从价值标准的角度对科学技术重要地位的高度肯定。

李忠杰：是的。为什么要崇尚科学，甚至把它作为一条重要的道德准则，就是因为科学对于我们人类来说，实在是太重要了。你看看我们的周围，仅仅带"电"的东西有多少！电灯、电话、电视、电影、电脑、电冰箱……所有这些，都来自哪里？来自科学和技术。设想一下，假如没有科学的发现，没有技术的发明，没有所有这带"电"的一切，我们的生活将会是什么样的图景！

科学的价值，就在于它作为一种特殊的社会历史现象，是人类对于自然、社会和思想等现象的认识活动和知识体系。它伴随着人类文明的进程而出现，又推动着人类文明不断地向新的高峰发展。科学，拓展了人们的视野，帮助人类认识宇宙的奥秘；科学，为人类插上了翅膀，赋予社会以腾飞的神力。科学，确实就像一支火炬、一座灯塔、一轮冉冉升起的红日，照耀着人类探索真理、发展真理的道路，照耀着人类文明不断发展前进的方向。

"科学技术是第一生产力"，邓小平的这句名言，充分揭示了科学技术作为经济发展和社会进步的推动力量而发挥的巨大作用。无数的事实证明，科学技术的每一次重大突破，都会引起生产力的深刻变革和人类文明的巨大进步。从量子理论和相对论的创立，到脱氧核糖核酸双螺旋结构的发现，从信息科学的诞生，到人类基因序列图谱的绘制，给人类创造了巨大的物质和精神财富。当代世界，科技革命的浪潮正逐浪奔腾，进入一个新的阶段，无论广度，还是深度，都正在以指数速度发展。科学技术飞速向现实生产力转化，愈益成为现代生产力中最活跃的因素和最主要的推动力量。

正因为如此，科学技术的进步对一个国家经济社会的发展越来越具有决定性的作用。正因为如此，当代世界综合国力的竞争，越来越首先表现为科技实力的竞争。正因为如此，我们党和国家早在20世纪90年代，就明确提出并开始实施了科教兴国的战略。

记者： 在我们的印象中，科学技术总是与生产力联系在一起的。但在这里，胡锦涛把科学作为判断"荣耻"的一个重要标准，似乎又成了道德问题。科学与道德能够联系到一起吗？

李忠杰： 科学与道德有着内在的联系。首先从科学技术的角度来说，科学技术始终有一个从知识体系向社会规范转化的过程。科学技术从来是与人类的社会生活紧密联系在一起的。现代人类的一切生活条件，甚至所有的消费物品，都已是"人工自然物"，成为科学技术的物化形态。我们的一切社会生活，不管是有意识还是无意识，都受着大大小小各种自然和社会规律的支配。科学技术的任务，就是要揭示这些规律，使人们自觉地掌握和运用这些规律，并使之成为社会生活的规范和准则。科学技术，不断地处在由知识体系向社会规范转化的过程之中。科学越发达，人们社会生活的规范就越科学、越明晰；反之，科学越落后，人们社会生活的规范也就越愚昧、越混沌。

再从道德的角度来说。道德，是调节人们社会关系的一种手段和方式。道德的认知基础，就是人们对社会关系、生活规律的认识水平。科学技术的发展水平越高，道德的认知水平和科学水准也就越高。人类发展初期的很多道德戒律，其实都是建立在对自然、社会缺乏科学认识的基础之上的。例如，古代人们对气象科学的认识水平很低，无法揭示许多复杂的气象甚至天文现象，于是，便以种种想象的、怪诞的，甚至是愚昧的理由加以解释，也就出现了诸如将活人投入河中以祭奠的现象。中国古代妇女长期裹小脚的现象，作为一种道德要求，其实是对人体知识的无知和对美学标准的误判。相反，随着科学技术的发展，人们社会生活的科学化水平也不断提高了。科学，提高着人们的精神境界，陶冶着人们的道德情操，使人们更易于树立正确的人生观，恰当地处理个人与社会、个人与国家、个人与他人的种种关系，从而更加自觉地用道德规范约束和激励自己。因此，科学与道德,在一定程度上不仅是相通的,而且是互补的。

记者:我们注意到,科学的发展也会带来大规模杀伤性武器、各种形式的环境污染等等问题,所以,对科学是否也要采取辩证的态度呢?

李忠杰:是的。科学在本质上当然是积极的,但是它的社会运用却是复杂的。某种科学的发现和技术的发明,既可能给人类带来便利、幸福,但也可能带来麻烦、灾难。但这并不是科学本身的过错,而是人类自身的问题。因为在"真善美"这三个社会发展的最高境界中,科学解决的主要是"真"的问题,而"善"和"美",则是需要以其他的方式来解决的。例如"善",就需要依靠法治和道德的力量来解决。正因为如此,现代科技的发展,越来越突出地提出了科学伦理的问题。如,人类已经在相当程度上具有器官移植的能力,但如果贩卖器官以赢利,就违反了伦理道德,不能允许。农药化肥的应用,能够解决农作物生长的营养和保护问题,但也会带来环境污染,这就需要采用科学的方法防治污染,同时,也需要以法律和道德的方法,限制人类自身的某些行为。所以,科学与道德的结合,不仅是需要的,而且越来越紧密了。

记者:胡锦涛把对待科学的态度纳入"荣耻"之中,目的在于进一步弘扬尊重科学、热爱科学、崇尚科学、发展科学的生活态度和社会氛围。这对于我们当今社会来说,是非常重要的。

李忠杰:"以崇尚科学为荣、以愚昧无知为耻"是在科学方面的道德规范和价值标准。一"荣"一"耻",对立两极,鲜明地表达了我们提倡的是什么、反对的是什么。荣,要求我们对科学的思想、精神、行为、事物给予充分的肯定、鼓励和表彰;耻,要求我们对违反科学的思想、精神、行为、事物给予坚决的否定、批评和抵制。荣与耻结合起来,就成为一种重要的价值标准,广泛作用于社会生活的各个方面，衡量和评价着每个社会成员的思想和行为，通过鼓励和限制两方面的作用，大力推动社会形成崇尚科学的氛围，引导社会在科学理性的道路上不断向前发展。

记者： 那么，"以崇尚科学为荣、以愚昧无知为耻"具体对我们有什么要求呢？

李忠杰： 第一，要尊重知识、尊重科学、尊重人才。改革开放以来，知识、科学、人才越来越得到人们的尊重。但是，由于长期"左"的错误的影响，在我们的社会中，轻视甚至鄙视知识、科学、人才的现象还不同程度地存在。所以，很有必要通过弘扬在科学问题上的荣辱观，在全社会进一步形成尊重知识、尊重科学、尊重人才的良好风尚，形成学科学、用科学、爱科学、讲科学的社会风气和民族精神。

第二，要认真学习、掌握、运用现代科学技术知识，不断推动科学技术的创新、发展。总体上来说，我国的教育水平还比较低，公民的科学素质也比较低。所以，必须继续全面实施科教兴国战略，尽快地提高全社会的科学文化水平。要按照科学发展观的要求，大力推动科技进步，加强科技自主创新，努力在科技进步与创新上取得突破性的进展，赋予中国特色社会主义事业以更大的动力。

第三，要培养和弘扬科学的精神和方法。科学精神是人们科学文化素质的灵魂。科学方法是认识和改造世界的途径、工具。它们不仅对于树立正确的世界观、人生观、价值观，而且对于提高执政水平和领导能力，都具有重要的意义。科学知识与科学精神和科学方法是相辅相成的。掌握科学知识，有助于培养科学精神、掌握科学方法。但知道一点科学知识，还不等于就有了科学精神和科学方法。所以，崇尚科学，应该在普及、掌握科学知识的基础上，进一步培育科学精神、掌握科学方法。使人们能够自觉地按照科学规律办事，依据科学的原理和方法进行科学的决策。

　　第四，要反对各种愚昧落后的现象。科学技术是战胜愚昧落后的强大力量，是反对封建迷信的锐利武器。在现实生活中，不少愚昧落后的东西还不同程度地存在，有的早已销声匿迹的落后现象又沉渣泛起。算命、看风水之类的现象日见蔓延。连"巫毒娃娃"这类不可理喻的东西居然都堂而皇之地向学生兜售。面对这种落后的现象，唯有进一步高举科学的大旗，与反科学、伪科学的种种现象作坚决的斗争。所以，一定要大力加强科学教育和科学普及工作，大力传播科学知识、科学精神、科学思想、科学方法，大力倡导健康文明的生活方式，增强社会各方面的群众抵制愚昧落后现象的能力。

　　希望通过大力倡导科学的荣辱观，进一步高举起科学的火炬，推进科教兴国战略的进一步落实，让科学的光芒普照神州大地和我们每一个人的心灵。

李谷一艺术实践在改革开放进程中的历史地位

——在李谷一艺术实践研讨座谈会上的讲话

纪事和说明：

  2012年4月9日，中国音协、中国东方演艺集团在全国文联召开"李谷一从艺五十周年——李谷一艺术实践研讨座谈会"。我参加座谈会，并作了这一发言。

  发言介绍了我与李谷一的特殊关系，着重从中国社会历史发展的角度，说明了李谷一在中国改革开放进程中的特殊作用，并用"人民音乐家，改革先驱者"10个字，概括了李谷一声乐艺术在中国历史舞台上的贡献。

  2018年12月18日，党中央、国务院授予李谷一改革先锋称号，颁授改革先锋奖章。

  很高兴参加李谷一大姐的艺术实践研讨座谈会。我不是搞音乐的，本来想稍后一点发言，但主持人点名，只好勉为其难了。在座的大都是搞音乐的，肯定会对谷一大姐的艺术风格、特点和贡献等发表很好的意见。所以，我想从另外一个角度，把谷一大姐放到中国社会发展的历史进程中、放到中国改革开放的历史进程中，来看她的贡献和历史地位。只有这样，才能更加清楚和准确地把握她所进行的探索、她所发挥的作用、她所作出的贡献。

谈这个话题，我想先说一点大家可能不知道的情况。

我与谷一大姐的关系很有意思。还在20世纪70年代初，我在农场工作的时候，就看过谷一大姐演的湖南花鼓戏《补锅》，感到非常精彩，也很受感染、很受教育。后来，80年代初，在大学读书的时候，有幸听到了谷一大姐演唱的很多歌曲，感到非常优美、非常动听。同学们都特别喜欢听她的歌曲。用现在的话来说，都应该算是她的"粉丝"了。但是没有想到，到了90年代，一不留神，或者说，叫阴差阳错，我却成了她的老师。大家可能很奇怪，你怎么有资格当她的老师？当然，不是声乐老师。就声乐而言，我哪怕当她最蹩脚的学生都不够格。当时我在中央党校工作，担任中央党校校务委员会委员和政法教研部主任、博士生导师。为了提高领导干部的素质，中央党校开始通过严格的考试，招收一批地厅级干部读在职研究生。谷一大姐以很好的成绩通过考试，被批准入学，成为政治学在职研究生，我就成了她的导师。她跟我学的是政治学，不是一般的时事政治，而是作为一门学科的政治学。我负责给他们上课，指导撰写论文。谷一大姐已是大名人，但总是叫我老师。我没法叫她老师，于是就称她为大姐了。"大姐"这个称呼，在我们党内，是一个很特殊的称呼。如邓颖超，党内都称她为大姐。像王稼祥的夫人朱仲丽，都已经90多岁了，我们还称她为大姐。所以，称谷一为大姐，也是对她的尊重。

其实，谷一大姐当时已经功成名就。再读研究生，如果从功利的角度来说，对她并没有任何实际的意义。但她非常愿意学习，希望通过这种系统的学习，获得在她熟悉的艺术之外的更多知识。这种热爱学习、勤于学习的精神令人感动。当然，她那时候担任东方歌舞团的党委书记。作为领导干部，学一点政治学，进一步熟悉党和国家的方针政策，对于提高领导水平、做好领导工作，还是有一定帮助的。

当时，谷一大姐学的课程有政治学理论、当代中国政治制度、行政管理学、国际政治、世界社会主义运动、领导工作中的法律问题，等等。她的学习态度非常认真，每一门课程都按照要求进行自学，同时定期进行面授。上课时间都安排在星期六、星期天。谷一大姐的工作和演出任务很重，但她始终坚持上课，认真做笔记，参加讨论。每门课程都要写一篇文章，还要参加考试，撰写毕业论文。有几次，她有演出和录制节目的安排。但只要我上课，她都把原来的安排推掉或改变时间，坚持来听我讲课。她对人家说："李老师有课，我必须去听。"我为此感到很不好意思。通过几年的学习，她最后取得了中央党校政治学研究生的毕业证书。

谷一大姐的这一情况，外界一般都不知道。我介绍这么一点，就是告诉大家，谷一大姐并不仅仅是歌唱家，她还是一位优秀的学员、一位挑过重担的领导干部。她的生活、工作、经历，并不仅仅是演唱，而是还有其他非常丰富的一面。她的艺术实践，是与当代中国丰富多彩的社会生活联系在一起的。对她的认识、了解，对她艺术实践的考察、研究，不要简单地从艺术到艺术、从歌唱到歌唱，而是要把她放到几十年来中国社会历史的大变动、大发展中去考察和认识。

所以，我今天要说的最重要的一点就是，谷一大姐的艺术实践，是与几十年中国社会的发展进程，特别是改革开放的历史进程紧紧联系在一起的。谷一大姐的探索、创新，不仅对新时期我国声乐艺术的发展起了重要的推动作用，而且对改革开放的起步和推进、对解放思想的历史进程，也都起了某种特殊的作用。具体表现，我认为至少有五个方面：

第一，谷一大姐80年代初对声乐艺术的探索，是当时社会思想解放的产物，也对当时解放思想的进程产生了重要影响。

多年来，中国文艺舞台的变迁始终与社会政治的变迁联系在一起。风云变幻，潮涨潮落，无不牵连到文艺，并在文艺领域反映出来。这种过于紧密的联系，给文学艺术带来了很多麻烦，但要想割断它也不可能。1976年，"四人帮"被粉碎，"文化大革命"结束。1978年，真理标准问题的大讨论在全国展开。随后，以十一届三中全会为标志，党和国家实现了新中国成立以来的伟大历史转折。改革开放的潮流喷涌而出。在文艺领域，除了平反大量冤假错案外，广大人民群众迫切要求改变长期以来思想禁锢、百花凋零、文化生活单调乏味的状况，希望看到更多更好的文艺作品，听到旋律和演唱形式更加多样和优美的歌曲。

正是在这样的大背景下，谷一大姐演唱的《乡恋》应运而生。这首歌曲，特别是谷一大姐的演唱，在形式和风格上进行了大胆的创新，更加真切地表达了人的感情。在那刚刚"解冻"的季节里，《乡恋》的出现无疑给人以一种耳目一新的感觉。因此，深受广大人民群众的欢迎。但是，长期以来，我们总是喜欢把各种文艺现象贴上政治标签，凡是不合"正统"的文艺形式和表现方法都会被当作"资产阶级""资本主义"的异端。这种状况到改革开放之初还没有完全改变。对于新出现的文艺表现形式，无论高层还是基层，党内还是党外，都有很多不同意见。所以，《乡恋》的演唱，不可避免地引起了广泛的争论。一些领导干部受"左"的思想的束缚，不愿为这首歌曲放行。由此便引发了围绕《乡恋》的很多故事。

从本质上来看，《乡恋》牵动的，并不仅仅是社会的听觉神经，而是要不要推进改革、要不要解放思想的政治神经。尽管谷一大姐为此受到很大的压力，但时代的潮流不可阻挡，人民群众的意愿难以违背。到1983年的春节晚会，《乡恋》终于开禁，谷一大姐终于在无数群众的强烈支持和呼唤中，堂堂正正地把这首歌曲献给了热爱它的人民。围绕《乡恋》的争论终于画上了圆满的句号。

把《乡恋》的命运与当时的时代背景联系起来，可以清楚地看到，这场争论，实际上是当时围绕改革开放和解放思想而展开的一种政治和思想博弈在文艺领域的反映。《乡恋》的演唱和开禁，是思想解放的一个成果和标志，反过来，也进一步推动了文艺领域思想解放的发展，在某种意义上成为文艺领域改革开放的先声。

第二，谷一大姐参与了改革开放以后党和国家一系列重要的文艺活动，发挥了声乐艺术在社会历史发展进程中的积极作用。

从1961年开始，谷一大姐就在花鼓戏方面塑造了20多个人物形象，宣传了新思想新风尚。特别是因主演花鼓戏电影《补锅》而成名，曾受到毛泽东、周恩来的接见。

改革开放以后，谷一大姐的艺术生涯进入了辉煌时期。她的艺术活动服务于人民，又受到人民的欢迎。几十年来，她承担了大量演出任务，参加了中央台和许多省市台的各种电视、广播节目。据不完全统计，她先后为138部电影、电视片配唱主题歌曲和插曲178首。共计原唱歌曲234首，翻唱中国歌曲及外国歌曲174首（这些数字只是到2012年开会时的简略统计，2012年后还有很多——作者注）。

她参加了很多重大的政治性演出和节日演出。如，赴云南老山前线慰问演出，参加大型音乐舞蹈史诗《中国革命之歌》的演出和电影拍摄工作。完成了中央部委组织的"心连心艺术团""京九铁路慰问演出团""香港回归晚会""澳门回归晚会""祖国颂""七一晚会""南昆铁路文化列车"等重要的演出活动。为此，她多次受到邓小平、江泽民、胡锦涛等党和国家领导人的接见，多次受到文化部和地方政府、部队的表彰。

她演唱的很多歌曲长期流传，陶冶了人们的思想和心灵。她的一曲《难忘今宵》，连续20多年一直作为央视春晚的结束曲。其中有一年，曾试图换一首，一试不行，第二年又重新换上了《难忘今宵》。可见这首歌曲与其时其地、其景其情的高度契合，以及受到人民群众欢迎的程度。

第三，谷一大姐亲自创立中国轻音乐团，在文艺领域的改革中进行了大胆的探索。

中国的文艺领域，曾经是"左"的思潮和错误的重灾区。长期以来，不仅在文艺的表现形式和内容上受到严重限制，而且在体制机制上也存在很多弊端。进入改革开放和社会主义现代化建设新时期之后，从经济到政治，从科技到教育，都开始进行改革。文艺领域要不要改革、怎样进行改革，也成为迫切需要回答的问题。在这样的时代要求和背景下，谷一大姐又走在了前列。

1982年，她着手中国轻音乐团的筹备工作。1986年中国轻音乐团正式成立，她亲自担任团长。在中国轻音乐团工作的十多年中，她筹划演出了几套轻音乐曲目，为我国音乐园地增添了新的品种，并培养了一批优秀的歌手和演奏员。创建中国轻音乐团，不仅是在推广一种为群众所欢迎的文艺表演形式，也是在探索一条文艺更好地与群众、与市场结合起来的新路子。谷一大姐敢于吃螃蟹的精神令人钦佩。最初条件很差，困难很多。尤其是如何开拓市场，更是一个崭新的课题。谷一大姐他们以无畏和忘我的精神，做了大量探索性的工作，使轻音乐在中国的文艺舞台上得到了传播，受到了群众欢迎。这种探索，多多少少为新时期的中国文化体制改革发挥了一点先驱性作用。

第四，谷一大姐连续担任了13届中央电视台青年歌手大奖赛的评委，为当代中国文化领域另一种新潮流的涌现作出了贡献。

从1981年开始的青歌赛，为一大批青年歌手的出现和走上广阔舞台发挥了重要作用。因此，文艺界和社会上大都从这样的角度来评价青歌赛。其实，我认为青歌赛的意义远不在此。

从更广阔的背景来看，随着改革开放的展开，中国社会的竞争意识、主体意识大大增强。过去在计划经济体制下，人们所做的一切都要由国家来安排。人的能力、水平，也都要由领导来认定。人与人之间谈不上什么竞争。个人干什么、不干什么，都不是由自己决定的。有能力没能力，有水平没有水平，也没法由自己来证明。在这样的体制下，人的积极性、创造性受到很大压抑，人才的涌现也受到很大限制。这种弊端，在经济领域存在，在社会领域存在，在文艺领域也存在。邓小平针对这种弊病倡导的改革，归结起来，就是要放开、搞活。当年"松绑""搞活"这样一类词语，都非常贴切地说明了改革的实质。

青歌赛的举办，给广大青年歌手提供了一个展示自己实力和水平的机会，大大鼓舞了青年演员和社会上的主体意识和竞争意识。正是因为有了这样一种机制和舞台，许多青年歌手脱颖而出，成长为著名的歌唱家，为社会和广大人民群众带来了更多的艺术享受。所以，青歌赛的举办，不仅对文艺界有着重要的意义，对社会风气的改变，对人们主体意识和竞争意识的增强，都有着重要的影响。

谷一大姐作为唯一一个连续13届的资深评委，积极发挥作用，鼓励青年歌手成长，鼓励进行多种艺术风格的探索。她的很多观点和点评，都在社会上产生了重要影响。虽然由于她的直率也引起了不少争论，但即使这些争论本身，对于活跃文艺领域的百家争鸣，对于文艺领域的求真务实，也发挥了积极作用。

第五，谷一大姐还在改革开放后比较早地走向世界，为声乐艺术的对外开放起了推动作用。

1978年，谷一大姐出访美国，受到美国时任总统卡特的接见。

1981年至1982年，她两次与美国纽约交响乐指挥家吉尔伯合作，演唱交响乐组曲。她曾以中国艺术家的身份，数十次出访美国、法国、荷兰、日本、新西兰、澳大利亚以及中国香港、中国澳门举行演出，受到欢迎和好评。

特别是1985年，她分别在法国巴黎和荷兰阿姆斯特丹、鹿特丹等地举办了4场独唱音乐会，获得极大成功，是中国大陆第一位在这些国家举办独唱音乐会的歌唱家。法国《欧洲时报》称赞："李谷一打通了中法文化交流之路。"

她曾多次参加日本、德国、南斯拉夫、哈萨克斯坦等国家和地区各类音乐比赛的评选工作。1988年，她被美国传记协会列入《世界杰出人物录》。1996年，获美国ABI协会颁发的"世界艺术家成就奖"金奖。1999年，获CCTV-MTV（中国中央电视台与美国MTV电视台）颁发的"终身成就奖"。谷一大姐在国际舞台上的这些活动、成就和影响，同样是改革开放的产物，也为中国文化艺术的对外开放作出了贡献。

所以，谷一大姐的艺术实践，其实都不是她个人单独的实践。她所进行的探索，她所作出的贡献，都是与她生活和服务的整个社会的大背景联系在一起的。她早年的成名，与那个时代的一些特点有关。她在"文化大革命"期间的一些磨难以及后来获得学习提高的机会，也能从当时的时代变迁中找到缘由。而她创造出自己演唱艺术的最高辉煌，并产生重大的社会影响，也要归功于改革开放的伟大事业。谷一大姐的艺术实践，归根结底，是中国社会历史进步的产物；而她的贡献，也正是以一种特殊的形式，发挥了对于中国改革开放进程的推动作用。

从这个意义上，我认为谷一大姐可以称为"人民音乐家，改革先驱者"。所以，参加今天的会议，我带来了自己写的一幅字，上面写的就是这十个字。送给谷一大姐，以表达我的敬意。